卷壹

YE BOOK

让 思 想 流 动 起 来

论世衡史
- 丛书 -

# 王世贞史学研究

一 修订版 一

孙卫国 著

四川人民出版社

**图书在版编目（CIP）数据**

王世贞史学研究 / 孙卫国著. —— 修订本. —— 成都：
四川人民出版社，2021.4
ISBN 978-7-220-12154-8

Ⅰ.①王… Ⅱ.①孙… Ⅲ.①王世贞（1526-1590）—史学思
想—思想评论 Ⅳ.①K092.48

中国版本图书馆CIP数据核字（2021）第023842号

WANGSHIZHEN SHIXUE YANJIU（XIUDING BAN）

# 王世贞史学研究（修订版）

孙卫国　著

| | |
|---|---|
| 出品人 | 黄立新 |
| 策划统筹 | 封　龙 |
| 责任编辑 | 赵　静 |
| 版式设计 | 戴雨虹 |
| 装帧设计 | 周伟伟 |
| 责任印制 | 周　奇 |

| | |
|---|---|
| 出版发行 | 四川人民出版社（成都槐树街2号） |
| 网　址 | http://www.scpph.com |
| E-mail | scrmcbs@sina.com |
| 新浪微博 | @四川人民出版社 |
| 微信公众号 | 四川人民出版社 |
| 发行部业务电话 | （028）86259624　86259453 |
| 防盗版举报电话 | （028）86259624 |
| 照　排 | 四川胜翔数码印务设计有限公司 |
| 印　刷 | 成都东江印务有限公司 |
| 成品尺寸 | 145mm×210mm |
| 印　张 | 13.375 |
| 字　数 | 300千 |
| 版　次 | 2021年4月第1版 |
| 印　次 | 2021年4月第1次印刷 |
| 书　号 | ISBN 978-7-220-12154-8 |
| 定　价 | 86.00元 |

# 序 一

郑克晟

　　王世贞是明代重要的文学家和史学家，长期以来研究其史学成就的著述并不多，评价也不高。但王世贞的史学成就对明清以来的史学史具有很大的影响，孙卫国选择王世贞的史学作为博士论文选题，应该说是很有学术眼光的。他的这本《王世贞史学研究》是第一本系统研究王世贞史学的著作，学术上有其开创性。大致说来，本书具有以下特点：

　　本书全面而翔实地研究了王世贞史学的诸多方面。绪论介绍学术动态，第一章论述王世贞出仕的时代背景和他的仕途生涯，看似与王世贞史学没有直接关系，其实不然。关于王世贞与当时诸首辅的关系是否影响他的史学著述历来有不同看法，作者正是通过探讨王世贞的仕途生涯，在有关章节中对此提出了自己的看法。第二章是关于王世贞的史学理论，包括他的史学思想、历史编纂学理论和史学批评思想。第三、第四章探讨了王世贞的史学实践，包括他的明代史学批评与考证、明史著述与研究。最后第五章探讨王世贞史学的影响，包括对明清史家以及对朝鲜的影响。全书既研究王世贞的史学成就，又分析论述他受前人影响以及他给后来者的影响。这样从学术发展史的角度来看王世贞的史学成就，既可对王世贞的史学成就有更准确的了解，也有助于明清史学史的研究。可以说，本书是相当全面系统的。

本书提出了一些新的观点，探讨了一些新的问题。如通过探讨王世贞与诸首辅的关系以解释王世贞坎坷的官宦生涯，提出王世贞对于经史关系的探讨是对陆王心学所提出问题的回应，对王世贞《史乘考误》以外考史学的探讨，对王世贞明史著述分类的论断、对《弇山堂别集》的"别集"含义的解释和在体例上模拟《史记》特点的观点；认为《嘉靖以来内阁首辅传》并非只是一部内阁首辅传，而是探讨嘉、万时期内阁政治变化与特点的史学专著的观点；对王世贞在明史研究上的成就与特点的梳理；对王世贞史学的影响，也有不少是前人没有研究过的。这里所举只是想到的几点，书中创新之处还有不少。

对于历史研究来说，史料是一切研究的基础。本书的论述正是建立在扎实的史料基础和细致的分析论证之上的。作者不但仔细研读王世贞全部现存著述，还广泛搜集相关明清史籍和文集的史料，这从书后所附参考书目中，就可以看出作者利用史料之广。

本书是第一部全面研究王世贞史学的专著。但作者并不像时下有些人那样动辄以填补学术空白自居，他在"绪论"中对学术界有关明代史学史和王世贞研究的成果作了详尽的回顾，既有已经出版的专著、论文，也有尚未出版发表的硕士、博士学位论文，范围包括中国大陆及香港、中国台湾地区和日本、美国的论著。作者对有关成果作了平实的介绍，指出其成就和不足。不但如此，作者在每一章的开头亦介绍前人研究的成就和不足，提出作者的努力方向。这不仅使作者站在一个较高的起点上，也表现了作者尊重前人成果而又勇于创新的朴实良好学风。

上面简要介绍了本书的主要特点，至于其中的成败得失，读者自可品味。

本书是孙卫国在杨翼骧先生指导下攻读博士学位的毕业论文。当他撰写这篇论文时，他还在香港科技大学攻读另外一个博士学位，白天有诸多听课及助教工作，真正用于研究、写作的时间，只能在晚上，学习之紧张可想而知。在香港科技大学的五年中，卫国不但完成了本书的写作，还使自己的英语及各方面的知识，得到了充实提高。尽管这篇论文是在紧张的工作学习期间完成的，仍顺利通过了南开大学的博士学位答辩，并得到答辩委员会诸位先生的很高评价。但卫国对此并不满足，将论文打印多份广泛征求意见，又根据全国高校古籍整理委员会匿名专家的评审意见，对论文反复修改，增删补充，可见卫国虚心向学、精益求精之意。

我与卫国相识已近二十余年，深知其学习异常刻苦，钻研问题孜孜不倦，甚至通宵达旦。卫国精于明清中朝关系史的研究，已写出《朝鲜王朝尊周思明问题研究，1637—1800》的大作，以及这方面的论文数十篇，得到了海内外专家的称赞。这是令我们欣慰的。我们正期待他在这一研究领域以及明清史学史方面，都有丰富的成果。我们相信，他是不会辜负这一期待的。

# 序 二

乔治忠


　　孙君卫国的这部书稿，是在其博士学位论文的基础上修订而成。我与孙君，皆为业师杨翼骧先生门下博士弟子，唯因齿序稍长，先于孙君数年毕业任教。时翼骧师年迈且事务繁重，指令我负责初步审阅孙君学位论文。虽然自知学薄识浅，然师命不得不从，故勉力为之，却导致孙君视我如师，实则对修订文稿，帮助不大，颇为感愧。

　　孙君答辩顺利通过，获得南开大学历史学博士学位之后，仍继续在香港科技大学攻读哲学博士课程，后遂以优秀课业成绩和优秀博士论文再获哲学博士学位。这部研究王世贞史学的书稿，六七年内未曾谋求出版，但其间陆续发表有关论文多篇，已在学术界很有影响。如今，孙君将之认真修订，融入近年新的学识，水平又非当年博士论文答辩时所可比拟，已为成熟的学术专著，将在明代史学史的研究中占一显著席位。今值我访问日本早稻田大学之际，孙君不忘当年论文商榷之情，通讯索序。因思适宜为孙君大作撰序者，非翼骧先师莫属，但先师乃于两年前驾归道山，不得已，谨再次出位代笔，简述管窥之见，忝列卷首。

　　中国传统史学发展至于明代，其状况纷纭复杂，史家之众、史论和史评之新奇怪异，史书之多、内容与形式之各出胸臆，远迈于前代，亦后来清朝所莫及。今人或言明代史学衰微，或言明代史学兴盛，判断标准不同，各执一端。然明代史学特征，乃广泛结合、参与、纠绕于社会各个层面的政治活动、经济运营与文化生活，整编前代史书记载，以及纂辑本朝当代之事，其两大撰史支脉也。而力求史著畅行于当世，又为普遍意旨，此则考察明代史学之基本要领，岂"盛""衰"二字了得？诸如最高统治阶层以修史推行教化、记功颂德、党同伐异；文人学者欲以史经世救国、以史为名山事业；文武官僚各以撰史述所历事、所知事；世家大族、高官显宦、朝野缙绅热衷于纂史而自我标榜，亦不乏藉史以排遣闲情、搜奇据侠者，更兼各层次群体皆欲史书之流传与历史知识之普及，书坊则肆意编排、刊印史书以射利，如此等等，总汇成一激荡洪流，携带大量泥沙渣滓，滥漫而来，浑浊而逝。即使一些颇具造诣的史家，亦往往被风气所裹挟。故研讨明代史学史，良非易事，宏观综论，往往浩瀚迷茫，单一个案，或恐无从评断。若干年来，学界发掘明代史学史中典型的个案课题，得如官修《元史》、如王世贞、如李贽、如胡应麟、如焦竑等等，屈指可计。孙君研讨王世贞之史学，自是有意择取学界多所关注、已有不少成果可资参考的问题。

读这部修订后的大作，颇觉文风朴实、谦和，学术创获甚多，大而言之，有五项特点与优点：

第一，此前关于王世贞史学的论文，虽屡有发表，但从史学史角度全面系统研究者，孙君此书乃为第一部。全面研究之作，不同于就具体事项而论的零散文章，亦不能等同于多篇论文的总和。例如论述王世贞的历史考据成就，单篇论文专从其《史乘考误》一书着眼，自无不可，然而若全面研究，则必当爬梳王氏所有著述的有关材料，力求得出最切近的分析。孙君正是致力于此，故清理史实与抒发见解，皆能在前人已有成果的基础上，有因有革，收"更上一层楼"之效。

第二，研究王世贞史学，将之置于明朝社会政治及文化环境中考察，对其出入官场的经历，特别是与几名内阁首辅的关系和纠葛，做出原原本本、深入细致的考述，这不仅使王氏生平履历清晰地展现，更重要的是剖析了时代背景，为分析王世贞治史的眼光、视角、史学思想、撰著成就及其某些偏颇之见，提供了深层次的依据。如本书第三章第五节指出王世贞对首辅严嵩的记述乃存有"恩怨之心"，"有悖著史的客观性"，而不是一般的讹误，即立足于对王世贞与严嵩结有仇怨等史实的考察。

第三，见解精湛，分析周密，评论允当，是本书的学术价值所在。如第四章将王世贞所有的历史著述全面考述，分类厘清，哪些是本人撰著，哪些是后人编辑、抄录，哪些属于他人伪托，乃至每一种书的结构、内容和特点，均清晰陈述。特别是对《国朝纪要》一书的考订分析，指出现存之本乃是书坊抄录纂辑，非王世贞所撰，据现知资料，不足以证明王氏曾经著有《国朝纪要》。这个见解力排异议，严谨精湛，显示了优良的治史风格。其他如第三章对王世贞史学考证的原则与方法的论述，条分缕析，周密允当，亦为精研极思之所得。类似实例甚多，不遑枚举。

第四，本书征引丰富，具备巨大的学术信息量，表现了作者扎实、深厚的功力。在涉及研究王世贞史学的前期成果上，中国内地、香港、台湾地区及国外的所有论文论著，几乎网罗殆尽，其中如杨文信、Kenneth James Hammond等诸人的文章，乃海外年轻学者之学位论文，孙君一样着力搜集和加以重视，实属难能可贵。读者只要阅读本书第一章，关乎王世贞研究的学术信息即粲然展现，令人有耳目一新之感。值得特别提出的是：本书论王世贞史学的影响，已突破国界，立"王世贞对朝鲜的影响"的专题，其中所述史实，岂不是一种卓异的史学信息？而如此思路，岂不是预示出中国史学史另一别开生面的内容？

第五，本书以研究王世贞史学为基点，做出探讨明代社会、学术及史学总体发展状况的努力。书中论述王氏官场浮沉及其与权臣的纠葛，涉及明朝颇多政治人物与事件，而第三章考察了明代学风的演变，第五章论述王氏的影响，从明代下及清朝乃至域外，表明作者已经初具由点及面、贯通成线的研究思路。这无疑是值得肯定、需要发扬的研究方法。

有此五大特点与优点，孙君此书，洵足以自立于著述之林，其余具体的发掘和创见，如繁星、若碎金，读者自可随意指点、随手俯拾，不必一一毛举矣。

孙君硕士专业，乃研修明代历史，攻读博士，转为史学史，随后更研讨中国古代与朝鲜半岛文化关系史，其重点为中朝史学的交流与相互影响。三个阶段，看似区别不小，但孙君研究明史，即重于明朝与朝鲜王朝的关系，研究史学史，则亦立足明代。而对王世贞的研究，既是从研究明史转入史学史专业的过渡，又触及王氏在朝鲜的影响，从而进一步探讨朝鲜王朝思明、尊周的史学文化，其中治学理路的连续、发展以及跨越，是十分清晰的。不断开拓新的学术境界，是孙君治学的优点之一、迥异于时下某些新人的短期行为，相信后日会有更出色的学术创树。

序言至此，意已达而情未尽，敬以《读孙君大作拟柏梁体二十韵》作结：

今世网邮系八方，遮山隔海犹在乡。
孙君评议夼山堂，大作飞天至扶桑。
早稻田中读华章，萤屏书页发幽香。
择善祛非志端庄，条分缕析立宏纲。
考校孜孜见识长，出言娓娓有谦光。
文海波澜水溯滂，史坛金鼓声铿锵。
时分至今寄厚望，莫使神思限河梁，
牛刀初试露锋芒，虎步再跨越峦冈。
漠野寥廓任腾骧，广宇苍茫展目量。
停笔临轩夜未央，星辉灯火两煌煌。

——乔治忠于日本早稻田奉仕园寓所
2005年3月31日

# 目 录

# 绪　论

　　学术界对明代史学的研究，长期以来既不如其前代的宋朝，又不如其后代的清朝，只是近十余年来，才有较大改观。明人对本朝史学的评价原本不高，清朝以来则颇多批评而鲜有赞誉。顾炎武论明代史学的发展状况曰："国初人朴厚，不敢言朝廷事，而史学因以废失。正德以后，始有纂为一书附于野史者，大抵草泽之所闻，与事实绝远，而反行于世，世之不见于实录者从而信之。万历中，天子荡然无讳，于是实录稍稍传写流布，至于光宗而十六朝之事具全。然其卷帙重大，非士大夫累数千金之家不能购，以是野史日盛，而谬悠之谈遍于海内。"[①]《四库全书总目》则言："明人学无根柢，而最好著书，尤好作私史。其以累朝人物汇辑成编者，如雷礼之《列卿记》、杨豫孙之《名臣琬琰录》、焦竑之《国史献征录》，卷帙最为浩博，而冗杂泛滥，不免多所牴牾。"[②]批评虽多，但具体的研究却很少。这种状况一直延续到二十世纪八十年

---

① 　（清）顾炎武：《顾亭林诗文集·亭林文集》卷五《书吴潘二子事》，北京：中华书局，华忱之点校，1959年，第114—115页。
② 　（清）永瑢等编：《四库全书总目》卷五八《史部传记类二·今献备遗》，北京：中华书局，1965年，第524页。

代。在二十世纪出版的几部史学史著作中，对明代史学都未有详细的论述。①而相关的专题研究亦很少，截至1989年，据施丁先生统计，"有关明代史学史的论著太少了。其论文66篇，仅占论文总数之2.2%，居于末位。其论著6种，仅占著作总数之3%，也是倒数第一"②。而且主要集中在李贽与《史纲评要》和谈迁与《国榷》的研究上。

明代史学如此不受重视，二十世纪初以来就一直受到学术界的批评，尤其是后半期批评更烈。谢国桢认为清修《四库全书》贬低

---

① 魏应麒《中国史学史》（太原：山西人民出版社，2014年）下编第八章《元明清之史学》对明代史学略加提及。金毓黻《中国史学史》（上海：上海古籍出版社，2014年）涉及明史学的内容亦少。刘节《中国史学史稿》（北京：商务印书馆，2020年）第十五章《辽金元明史学概观》中以一小节不足六页的篇幅谈《明代的国史与野史》。李宗侗《中国史学史》（北京：中华书局，2010年）虽列专章谈，第十三章《明代的史学》，也只有四页。尹达《中国史学发展史》（郑州：中州古籍出版社，1985年）在第三编第五章《宋明间的史论与史考》和第四编第一章《明清之际历史思想的进步性》中涉及明代史学，但对明代史学的整体论述阙如。高国抗《中国古代史学史概要》（广州：广东高等教育出版社，1985年）"明代史学略述"亦不过八页的篇幅。在仓修良、魏得良编的《中国古代史学史简编》（哈尔滨：黑龙江人民出版社，1983年）是诸史学史书中对明代史学论述篇幅最多的，本书第四编《具有启蒙色彩的明清史学》中分六章讨论了明清史学的特点，其中第一章《明清时期史学的特点》和第二章《再度以褒贬人物为中心的明代史学》，都与明代史学有关，有六十余页的篇幅。可见，总体而言，对明代史学的研究都未给予足够的重视。其实，外国学术界对明代史学的研究倒较为重视，日本学者内藤虎次郎（内藤湖南）《支那史学史》（东京：弘文堂，1950年；中文版译名《中国史学史》，马彪译，上海：上海古籍出版社，2008年）专辟一章《明代的史学》，讨论了明修《元史》、掌故学的兴盛、李贽的史论、杨慎的学问、归有光的《史记》评点、胡应麟的笔丛、焦竑的目录学及有关正统论、金石学的问题，是较早也较全面研究明代史学史的著作，有些观点现在看来依然有价值。二十世纪六十年代德国学者傅吾康（Wolfgang Franke）出版了《明代史籍汇考》（*An Introduction to the Sources of Ming Dynasty*, Kuala Lumpur：University of Malaya Press, 1968），此书比较系统介绍了明代重要的史书及相关研究资料，迄今仍有较高的学术价值。

② 施丁：《中国史学史》，收入肖黎主编：《中国历史学四十年：1949—1989》，北京：书目文献出版社，1989年，第586—587页。

明代学术与史学乃别有用心①，他对明代史家大为推崇，一生致力于明代史籍的研究，三十年代就出版了《晚明史籍考》，后来又出版增订本。他先后出版了《明清笔记谈丛》《江浙访书记》等多部与明代史籍有关的著作，并称："吾尝以为有明一代，史学最盛。若焦竑之《献征录》、王世贞之《四部稿》、何乔远之《名山藏》、郑晓之《吾学编》，恢弘典则，蔚为巨观。"②杜维运批评诸史学史书："多失之浮泛粗略，自其中难窥中国史学之大。读其书者，觉中国史学，不过尔尔，亦宁足怪哉！"③吴智和亦认为："国人所著史学史在通论明代史部分，所述多失之浮泛粗略，不然就是厚诬明人。"④批评之余，对明代史学史的研究亦渐渐多起来了。首先表现在对明代史家的重视，除以前研究较多的李贽、谈迁外，关于陈建、郑晓、何乔远、焦竑、朱国桢、傅维麟、查继佐、柯维骐、何良俊、祝允明、谢肇淛、孙承泽等等史家，渐有学者论及。而近十余年来对明代史学史的研究则呈现蓬勃发展之势。首先是先师杨翼骧教授《中国史学史资料编年》第三册元、明部分的书稿，在出版社积压了数年之后，终于在1999年2月由南开大学出版社出版。此书梳理了明代史学的发展脉络，将重要的史书、修史活动及相当丰富的资料按照编年排列出来，对明代史学研究起了极大的推动作

---

① 谢国桢：《明清野史笔记概述》，载氏著《明末清初的学风》，北京：人民出版社，1982年，第83页。
② 谢国桢：《增订晚明史籍考·自序》，上海：上海古籍出版社，1981年，第4页。
③ 杜维运主编：《中国史学史论文选集·序》，台北：华世出版社，1976年，第7页。他因为当时对已刊史学史不满意，故有一庞大计划，要写一部四卷本的史学史。现已出版《中国史学史》三卷本，台北：三民书局，1993年；北京：商务印书馆，2010年。
④ 吴智和：《何良俊的史学》，《明史研究专刊》1985年第八期，第4页。

用。①钱茂伟随杨先生之后，也编成了《明代史学编年考》②。而《四库全书存目丛书》《续修四库全书》《四库禁毁书丛刊》《四库未收书辑刊》等丛书也于近十年内相继出版，其中有相当多的明人史籍与文集。这样在资料上，就为明代史学史研究的进一步拓展深化奠定了基础。在具体研究层面，也出版了几部新的史学史专著，其中瞿林东的《中国史学史纲》③，对明代史学进行了较深入而全面的论述。在吴怀祺主编的多卷本《中国史学思想通史》和《中国史学思想会通》中，向燕南相继完成断代专书《中国史学思想通史·明代卷》和《明代史学思想卷》④，对明代最为重要的史学家在史学思想上的贡献进行了系统的阐述。武汉大学谢贵安的《明实录研究》⑤、南开大学李小林的《万历官修本朝正史研究》⑥、广西师大任冠文的《李贽史学思想研究》⑦、宁波大学钱茂伟的《明代史学的历程》⑧、安徽大学傅玉璋与傅正的《明清史学史》⑨、扬州大学王嘉川的《布衣与学术：胡应麟与中国学术史研究》⑩等论著

---

① 杨翼骧先生生前编成三册《中国史学史资料编年》（先秦至隋唐五代卷、宋辽金卷、元明卷），先后由南开大学出版社出版。后乔治忠、朱洪斌增补订正前三册，并新编第四册清代卷，成四卷本《增订中国史学史资料编年》，北京：商务印书馆，2013年。

② 钱茂伟：《明代史学编年考》，北京：中国文联出版社，2000年。

③ 瞿林东：《中国史学史纲》，北京：北京出版社，2000年。

④ 吴怀祺主编，向燕南著：《中国史学思想通史》之《明代卷》，合肥：黄山书社，2002年；吴怀祺主编，向燕南著：《中国史学思想会通》之《明代史学思想卷》，福州：福建人民出版社，2018年。

⑤ 谢贵安：《明实录研究》，台北：文津出版社，1995年。

⑥ 李小林：《万历官修本朝正史研究》，天津：南开大学出版社，1999年。

⑦ 任冠文：《李贽史学思想研究》，桂林：广西师范大学出版社，2000年。

⑧ 钱茂伟：《明代史学的历程》，北京：社会科学文献出版社，2003年。

⑨ 傅玉彰、傅正：《明清史学史》，合肥：安徽大学出版社，2003年。

⑩ 王嘉川：《布衣与学术——胡应麟与中国学术史研究》，北京：商务印书馆，2005年。

相继出版；同期，学术界发表有关明代史学的论文达二百余篇，从而把明代史学的研究，无论从广度还是从深度，都大大地向前推进了一步。港、台从二十世纪八十年代以来也刊出不少成果，林庆彰《明代考据学研究》①、高春缎《黄佐生平及其史学》②、李文琪《焦竑及其〈国史经籍志〉》③、杨永安《吴中四才子——祝允明之思想与史学》④等等都是较重要的专著。在国际上享有盛誉的《剑桥中国史》系列中，《剑桥中国明代史》第十二章《明代的历史著述》⑤，系由德国汉学家、马来亚大学教授傅吾康所撰，介绍了明代史学发展的趋势，和官方、私家等各类史学著作。美国明史专家司徒琳（Lynn A.Struve）出版了一本《明清之际史学与资料指南，1619—1683》（*The Ming-Qing Conflict, 1619–1683：A Historiography and Source Guide*）⑥，继续深化了谢国桢《增订晚明史籍考》的工作，也是西方近年来出版的与明代史学有关的重要著作。可见，从二十世纪末叶开始，关于明代史学的研究开始呈现蓬勃发展之势。在这种研究明代史学的大势下，对王世贞的研究成为热点之一，尤为令人注目。

---

① 林庆彰：《明代考据学研究》，台北：台湾学生书局，1983年；上海：华东师范大学出版社，2015年。
② 高春缎：《黄佐生平及其史学》，高雄：台湾高雄文化出版社，1992年。
③ 李文琪：《焦竑及其〈国史经籍志〉》，台北：汉美图书有限公司，1991年；台北：花木兰文化出版社，2007年。
④ 杨永安：《吴中四才子——祝允明之思想与史学》，香港：香港先锋出版社，1987年。
⑤ ［德］傅吾康：《明代的历史著述》，参见［美］牟复礼、［英］崔瑞德编：《剑桥中国明代史》，北京：中国社会科学出版社，张书生、谢亮生等译，1992年，第777—833页。
⑥ Lynn A.Struve, *The Ming-Qing Conflict, 1619–1683：A Historiography and Source Guide*, Ann Arbor, Mich.：Published by the Association for Asian Studies,1998.

王世贞（1526—1590）是明代著名的文学家和史学家。因他作为明朝"后七子"的领袖二十余年，倡导文学复古运动，在明代文坛上有十分重要的地位，故长期以来其史学声名为其文学声誉所掩盖。① 二十世纪三十年代，黄文如所撰《弇州先生文学年表》② 即是最早研究王世贞文学的论文，以后研究其文学之论著陆续刊出。而王世贞的史学成就，直至二十世纪六十年代末才开始引起注意。③ 进入二十世纪九十年代，对于王世贞的研究则受到多方重视，不仅有许多论文发表，讨论王世贞的文史成就，出版了几部年谱，而且中国内地和香港、台湾等地及美国等国皆有以王世贞为题作学位论文者。下面就撷其精要略述如次：

## 一、王世贞年谱

清人钱大昕编过《弇州山人年谱》。④ 据谢巍编《中国历代人物年谱考录》载，尚有王元钧《王世贞先生年谱》、吕明《王世贞年谱订补》、徐鑫之《重编王世贞年谱》（三者皆自藏未刊稿本）。⑤ 吴晗有《王世贞年谱》（未刊）和《清明上河图与〈金瓶梅〉的故

---

① 其实明人对王世贞的文学与史学上的成就都加以肯定，这从陈继儒、李维桢等人给《弇山堂别集》写的序中就有体现，清人亦如此。但相比之下，因其文学自成一派，在明代文坛有十分重要的地位，故其文学声名较之于史学，为更多人所熟知。

② 黄文如：《弇州先生文学年表》，《文学年报》1938年第4期。

③ 当时有包遵彭：《王世贞及其史学——为〈弇山堂别集〉影印本作》，《新时代》（台湾）1965年第8卷第5期；另见吴相湘主编：《弇山堂别集·序》，台北：台湾学生书局，1965年，第1—13页。

④ （清）钱大昕：《弇州山人年谱》，田汉云点校，收入陈文和主编：《嘉定钱大昕全集》（增订本）第4册，南京：凤凰出版社，2016年，第629—638页。

⑤ 谢巍编撰：《中国历代人物年谱考录》，北京：中华书局，1992年。

事及其衍变——〈王世贞年谱〉附录之一》。①而二十世纪九十年代以来，又出版了徐朔方的《王世贞年谱》和郑利华的《王世贞年谱》。②二者大同小异，徐谱主要以王世贞著作中的资料为主，勾勒王世贞的生平事迹和其著作年表。郑谱除王世贞的著作外，还兼及了其他相关资料。两谱都相当有价值。

## 二、研究王世贞史学的论著

包遵彭的《王世贞及其史学》应是二十世纪第一篇比较全面介绍王世贞的著述、明史成就及《弇山堂别集》的特点与贡献的文章。顾诚《王世贞的史学》③偏重于王世贞的史学思想、其治史与政治关系的探讨。仓修良、魏得良编的《中国古代史学史简编》之第四编第二章第四小节，题为《王世贞和李贽的史学思想》，将王世贞与李贽并列，讨论其史学思想，可见相当重视。此篇主要就王世贞对于经史关系、人物评价的标准、反对宗教迷信等方面的思想都有论及。④魏连科在《弇山堂别集》点校本前言中亦对王世贞的史学有所论述。⑤陈作荣、赵毅《王世贞与明代史学》对王世贞

① 吴晗：《清明上河图与〈金瓶梅〉的故事及其衍变——〈王世贞年谱〉附录之一》，《清华周刊》1931年第36卷第4、5期；后收入北京市历史学会主编：《吴晗史学论著选集》第一卷，北京：人民出版社，1984年，第37—54页。
② 徐朔方：《王世贞年谱》，收入氏著《晚明曲家年谱》第1卷，杭州：浙江人民出版社，1993年，第483—698页；郑利华：《王世贞年谱》，上海：复旦大学出版社，1993年。
③ 顾诚：《王世贞的史学》，收入中国社会科学院历史研究所明史室编：《明史研究论丛》第2辑，南京：江苏人民出版社，1983年，第331—346页。
④ 仓修良、魏得良编：《中国古代史学史简编》，哈尔滨：黑龙江人民出版社，1983年，第402—410页。
⑤ （明）王世贞：《弇山堂别集·点校本前言》，魏连科点校，北京：中华书局，1985年。

的史学思想及其对明代史学的影响有论及。[①]杨文信《浅论王世贞的当朝史著作》较详细地介绍了王世贞计划中的明史体例和其对洪武、永乐史的重建与对嘉、万朝历史的研究。[②]仓修良《明代大史学家王世贞》对王世贞的史学思想、《弇山堂别集》体例上的特点有较多的论述。[③]夏素青《浅谈王世贞的史学》论及了王世贞的史学理论、明史成就及其对后世的影响。[④]姜胜利《王世贞与〈史乘考误〉》，从内容与方法上，对《史乘考误》进行了细致的研究，指出《史乘考误》是明代第一部以考证为主的史学专著，给予了相当高的评价。[⑤]钱茂伟《弇州史学新探——从历史上对弇州史学的评价说起》对于王世贞理想中的明史、王世贞未能修成明史的原因及其史学贡献予以了探讨[⑥]；《论王世贞对理学化史学的批评》认为王世贞一生反对宋学，批评春秋笔法，是位值得注意的理学化史学批评家。[⑦]向燕南的《中国史学思想通史·明代卷》专辟一章讨论王世贞的史学思想，涉及经史关系、王世贞对"史"的论定等问题。

---

① 　陈作荣、赵毅：《王世贞与明代史学》，《长白论丛》1992年第2期，第87—95页。

② 　杨文信：《浅论王世贞的当朝史著作》，《论衡》（香港）1994年第1卷第1期，第75—92页。

③ 　仓修良：《明代大史学家王世贞》，《文献》1997年第2期；另见氏著《史家·史籍·史学》，济南：山东教育出版社，2000年，第304—324页。

④ 　夏素青：《浅谈王世贞的史学》，收入南开大学《中国历史与史学》编辑组编：《中国历史与史学——祝贺杨翼骧先生八十寿辰学术论文集》，北京：北京图书馆出版社，1997年。

⑤ 　姜胜利：《王世贞与〈史乘考误〉》，《海南大学学报》（社会科学版）1997年第2期，第42—47页。

⑥ 　钱茂伟：《弇州史学新探——从历史上对弇州史学的评价说起》，《论衡》（香港）1995年第2卷第1期，第100—112页。

⑦ 　钱茂伟：《论王世贞对理学化史学的批评》，《华东师范大学学报》（哲学社会科学版）2002年第5期，第31—36页。

近年鲍永军也发表了《王世贞的史学思想》和《王世贞史学理论探析》，对王世贞的史学理论与史学思想也进行了探讨。[①]由上可见，对王世贞史学的研究有全面深入的趋势。

### 三、研究王世贞的博士与硕士学位论文

姜公韬《王弇州的生平与著述》，重点论及了王世贞的生平与家世、考订了其著作，并以《史乘考误》为中心，详论了王世贞的考史学。[②]黄志民《王世贞研究》，着重对王世贞文学上的成就进行了较深入的研究，对王世贞的著作亦有考订。[③]许建昆《王世贞评传》，重点探讨了王世贞的生平事迹。[④]颜婉云《王世贞〈艺苑卮言〉诗论析论》，对《艺苑卮言》进行了详细的研究，进而探讨了王世贞的文学批评思想。[⑤]夏素青《论王世贞的史学》，对王世贞的史学理论、明史著作及对清修《明史》的影响都有论述。[⑥]徐彬《王世贞史学研究》，也对王世贞的生平、明史研究等问题有所讨论。[⑦]杨文信《王世贞史学研究》，比较全面地涉及了王世贞的生平、著述、史学理论、明史贡献，是研究王世贞史学较深入的一部论文。[⑧]王燕《王世贞史学研究——简论明代中后期的私人修

---

① 鲍永军：《王世贞的史学思想》，《史学史研究》2001年第3期，第34—39页；《王世贞史学理论探析》，《杭州师范学院学报》（人文社会科学版）2001年第4期，第93—96页。
② 姜公韬：《王弇州的生平与著述》，台湾大学硕士学位论文，1971年。1974年列入该校文史丛刊第39种出版。
③ 黄志民：《王世贞研究》，台湾政治大学博士学位论文，1976年。
④ 许建昆：《王世贞评传》，台湾东海大学硕士学位论文，1976年。
⑤ 颜婉云：《王世贞〈艺苑卮言〉诗论析论》，香港大学硕士学位论文，1975年。
⑥ 夏素青：《论王世贞的史学》，南开大学硕士学位论文，1985年。
⑦ 徐彬：《王世贞史学研究》，北京师范大学硕士学位论文，1986年。
⑧ 杨文信：《王世贞史学研究》，香港大学硕士学位论文，1992年。

史》，分上、下两篇。上篇《王世贞的史学特点》，论及王世贞之生平、史学思想、史学的编纂特点和方法、史学影响与评价。下篇为《明代中后期的私人修史》，对修史风气之盛、当代史成为主流有所涉及。[1]Hammond, Kenneth James：*History and Literati Culture：Towards an Intellectual Biography of Wang Shizhen*（1526–1590），这是一篇哈佛大学的博士论文，全文五章：第一章（Introduction）导论，主要介绍明朝在中国历史上的地位及中国士大夫的特点；第二章（Background and Biography）重点论述王世贞的家庭背景及其生平；第三章（Wang Shizhen as "wenren"）谈及王世贞作为文人的思想与活动，重点论述王世贞的文学思想，对"法"与"意"的理解及其对苏轼的评价；第四章（The Broader Arena）主要论述王世贞在文化艺术上的活动与成就，如对画与书法的赏评、园林的建造等；第五章（Historiography and Statecraft）讨论王世贞的编史活动，末为结论。此论文对王世贞的各个方面都有涉猎，侧重把王世贞作为明代一个典型文人的代表进行研究，试图透过对王世贞的研究，去把握明朝中国士大夫的特征，视角独特，立论新颖。[2]

　　而有关王世贞文学方面的研究就更多，恕不一一列举。值得注意的是郑利华的《王世贞研究》，该书是一部系统研究王世贞生平与文学成就与文学特点的专著。[3]孙学堂的《崇古理念的淡退——

---

[1]　王燕：《王世贞史学研究——简论明代中后期的私人修史》，苏州大学硕士学位论文，2003年。

[2]　Hammond, Kenneth James：*History and Literati Culture：Towards an Intellectual Biography of Wang Shizhen*（1526–1590），PhD dissertation, Harvard University, 1994。

[3]　郑利华：《王世贞研究》，上海：学林出版社，2002年。

王世贞与十六世纪文学思想》，则主要研究王世贞复古思想的渊源与变化及其在十六世纪文学思想转变中的地位与影响。[①]而西方对王世贞的研究势头依然很盛，美国新墨西哥州立大学历史系主任韩慕肯（Kenneth J.Hammond）教授在荷兰莱顿大学国际汉学研究院担任客座研究员时，于2003年6月13至14日，组织召开了"文化政治与政治文化：王世贞与十六世纪中国的士大夫"的专题讨论会（Symposium on "Cultural Politics and Political Culture：Wang Shizhen and the Literati World of 16th Century China"），来自美、荷、英、德、日等国的学者参加了此次讨论会。笔者亦受到邀请，并提交了论文[②]，但因"非典"影响，签证困难，未能成行。此次会议对于王世贞以及明史的研究，起了极大的推动作用。由兹可见，二十世纪九十年代以来，对王世贞的研究无论是深度还是广度，较之以前都有很大的进步，而且王世贞的研究已跨出了国门。事实上，日本早在二十世纪二十年代就有关于王世贞的研究，此后陆续有论文发表。[③]现在可以说，王世贞的研究已成为海内外中国学领域共同关注的学术热点，王世贞的学术与历史地位愈来愈受到重视，而研究也日渐广泛深入。

笔者仔细研读原始材料，再详细对比诸家研究，发觉虽然研究

① 孙学堂：《崇古理念的淡退——王世贞与十六世纪文学思想》，天津：天津古籍出版社出版，2004年。

② 笔者论文即 "Two Different Types of Scholar-Officials During the 16th Century in China：Wang Shizhen the Scholar and Zhang Juzheng the Minister，"刊于*Ming Studies*（美国明史研究会会刊《明史研究》），vol.53, pp.4—50.

③ ［日］桥本循：《王世贞の文章观と其文章》，刊于《支那学》（日本）1921年第1卷第5期；桥本循：《王世贞的文章观及其文章》，汪馥泉译，《青年界》1933年第4卷第4期，第105—121页。

已有不少，但依然有许多问题模糊不清：

其一，对王世贞生平研究是最多的，但诸《年谱》只在于排列史实，相关论文亦流于史实的介绍，少有探究其史实背后根源者。即如王世贞与诸首辅的关系，既有研究多重其与严嵩的关系。其实，王世贞与高拱、张居正的关系也很冷淡，与徐阶的关系亦甚微妙。王世贞仕途不利，生前未获任何首辅重用，其背后的根源如何？这与王世贞写《嘉靖以来内阁首辅传》有何关系？王世贞与诸首辅的恩怨是否影响他公平论史？这些皆有深入研究的必要。

其二，对王世贞的史学理论虽有人涉猎，但尚有系统梳理之必要。即如对于王世贞论经史关系、正统论之看法、评论史实与人物的标准、史学重模仿的思想等等问题或阙焉不论，或论而不深，有待更为系统深入的研究。

其三，对王世贞的著述虽已进行了很深入的考订，但对有关书籍的论述尚值得商榷，即如对《嘉靖以来内阁首辅传》与《弇山堂别集》之成书与刊行时间、王世贞明史著述之类别、王世贞未成史书之体例与评价等问题皆有重新探讨的必要。

其四，王世贞的史学贡献主要体现在明史研究上，但对明史哪些问题王世贞有独创？他对明史研究的广度与深度如何？亦甚模糊。即便是在通论明代史学的相关著作中，对王世贞明史贡献亦未给予应有的评价。

其五，对王世贞"考史学"的研究，史学界虽已进行过较深入的探讨，但以往的研究都只局限在《史乘考误》中，且对"考史学"的外延与内涵皆语焉不详，对《史乘考误》涉及史书的状况亦较模糊。其实考证是王世贞治史作文的一种方法，因而将其局限在

《史乘考误》中是远远不够的。

其六，王世贞的史学对后代有深远的影响，亦尚无系统的研究。

既有如此多的疑问和有待深入之处，故笔者就以王世贞的史学为中心，爬梳原始材料，力求在前人研究的基础上能有所创见，将此问题的研究推向深入，进而对明代史学的研究做点贡献。这是本书的出发点，亦是其意义之所在吧。

# 第一章
# 王世贞生活的时代与生平

　　王世贞生于嘉靖五年（1526），卒于万历十八年（1590）[①]，享年六十五岁，历嘉靖、隆庆、万历三朝。时当明中后期，明帝国已是日薄西山，渐趋衰败，国力不振，危机四伏。嘉靖一朝，备受"南倭北虏"的侵扰，朝政由宦官专权到归政内阁，权臣辈出，党争激烈。文化思潮则呈现出迥异于明代前期的特色，王阳明心学备受士人重视，产生了广泛的影响。王世贞的治史与时代颇有关系，

---

[①]　关于王世贞的生卒时间，张廷玉《明史·王世贞传》（北京：中华书局，1974年）记载有误，其言"年十九，举嘉靖二十六年（1547）进士"，古人是用虚岁，照此记载，则推出王世贞生于1529年；又言"（万历）二十一年卒于家"，则是1593年，皆误。王世贞自撰《弇州山人续稿》卷一百四十《亡弟中顺大夫太常寺少卿敬美行状》有言："明年丙戌（嘉靖五年，1526）举不谷，又十年丙申（嘉靖十五年，1536）举吾弟。"（王世贞：《弇州山人续稿》，此书封面书名为《弇州山人续稿碑传》，内文则为《弇州山人续稿》，实际上就是影印《弇州山人续稿》，故用《续稿》名。参见周骏富辑《明代传记丛刊·综录类》第154册，台北：明文书局影印本，1991年，第497页。）可见，王世贞当生于1526年。王世贞之生卒在王世懋之孙王瑞国所著的《琅琊凤麟两公年谱》中考订精详，钱大昕《弇州山人年谱》载王世贞生于嘉靖五年丙戌十一月五日，又为后来诸家年谱所佐证，王世贞生于嘉靖五年（1526），卒于万历十八年（1590）十二月。前人既已言之甚详，故无须再考辨。

而他的生平经历亦对其治史产生深远影响，在其史书中亦能看到他自己的影子。知人有助于论事，考察他的时代与生平将有助于我们理解他的史学思想与治史动机，进而更好地对其史学成就与贡献进行评价。

## 第一节　王世贞生活的时代背景

嘉靖以后，明代的政治、经济、文化、社会等等各个方面都发生了很大的变化，明帝国陷入了各种矛盾之中。王世贞生活于动荡的嘉、万时期，这样的时代造就了王世贞这样的史家。我们先来考察王世贞所生活的时代背景。

首先，明朝制度上的各种弊病充分暴露，政治日益腐败。

明朝立国之初，朱元璋创设各种制度，明成祖加以完善，在明初得以良性运作，起过一定的积极作用。但明中叶以后，弊病则愈来愈明显，问题也越来越多。洪武十三年（1380），朱元璋借胡惟庸案，废除丞相制度，大权由皇帝独揽，极度强化以君主集权为核心的封建专制主义。沿袭了一千多年的丞相制度，原本对皇权有一定的制约和补救作用，丞相既是皇帝的左膀右臂，又是百官之首，可以保证封建中央政权机构的稳定和正常运作。丞相制度废除，皇权绝对化，制度上丧失了给皇权拾遗补阙的功能，皇帝过错无法弥补，制度上出现大的漏洞。黄宗羲对废除丞相带来的后果有非常精辟的论断，他说："有明之无善治，自高皇帝罢丞相始也。"何也？一则，"宰相既罢，天子更无与为礼者矣。遂谓百官之设，所以事我，能事我者我贤之，不能事我者我否之"，这样无形之中加强了皇帝集权。二则，若天子不贤，"尚赖宰相传贤足相补救……宰相既罢，天子之子一不贤，更无与为贤者矣"，可明代的皇帝自明英宗以后多昏庸无能，不理朝政，却没有宰相弥补，致使国事日坏。三则，为宦官专权提供了方便，"盖大权不能无所寄，彼宫奴者，见宰相之政事坠地不收，从而设为科条，增其职掌；生杀予夺出自宰相者，次第而尽归焉……故使宫奴有宰相之实者，则罢丞相之过也"①，宦官因系皇帝私臣，借其日侍皇帝左右的机会，遂渐渐攫取朝中大权。明中叶以后，宦官干政愈演愈烈，王振、汪直、刘瑾等权阉先后乱政，致使国政日非，制度大坏。成化十三年（1477），汪直乱政时设立西厂，监督百官，"自京师及天下，旁午侦事，虽王府不免"②，"自诸王府边镇及南北河道，所在校尉罗列，民间斗鬻鸡狗琐事，辄置重法，人情大扰"③。汪直贪赃枉法，无恶不作。西厂"先后凡六年，冤死者相属，势远出（锦衣）卫上"④。朝臣公卿唯汪直之命是从，见汪直时皆俯首叩头不已，"公卿多为屈膝，故有'都宪叩头如捣蒜，侍郎扯腿似烧葱'之谓"⑤，以致当时天下臣民"知有汪太监，不知有天子"⑥。正德时刘瑾专权，刘瑾常常趁武宗玩乐正酣之际，"多取各司章疏请省决，上每曰：'吾用尔何为，乃以此一一烦朕耶！'自是瑾不复奏，事无大小，任意剖断，悉传旨行

---

① （明）黄宗羲：《黄宗羲全集》第一册《哲学经学政治学·明夷待访录·置相》，吴光主编，杭州：浙江古籍出版社，2012年，第7—8页。

② （清）张廷玉等：《明史》卷九五《刑法志三》，第2331页。

③ （清）张廷玉等：《明史》卷三○四《宦官·汪直传》，第7779页。

④ （清）张廷玉等：《明史》卷九五《刑法志三》，第2331页。

⑤ （明）郎瑛：《七修类稿》卷一二《国事类·本朝内官专权》，上海：上海书店，2009年，第119页。

⑥ （清）谷应泰：《明史纪事本末》卷三七《汪直用事》，北京：中华书局，2015年，第559页。

之，上多不之知也"①。刘瑾遂攫取了朝政大权，并借机打击朝臣，培植亲信，"内揣合帝意，外日以深文诛求诸臣，使自救不暇，而莫敢进言"②。正直如刘健、谢迁皆被排挤，而依附者如焦芳、刘宇辈则被委以重任。朝臣奏疏要先由刘瑾审阅，然后方上通政司。大臣上书刘瑾，往往自称"门下小厮某，上恩主老公公"③，以致当时"近而京师，远而天下，皆曰两皇帝：朱皇帝、刘皇帝；又曰坐皇帝、立皇帝"，武宗是坐皇帝，刘瑾就是"立皇帝"了。④明中叶以后，唯嘉靖一朝，宦官权势受到限制，《明史》称赞道：

> 世宗习见正德时宦侍之祸，即位后御近侍甚严，有罪挞之至死，或陈尸示戒。张佐、鲍忠、麦福、黄锦辈，虽由兴邸旧人掌司礼监，督东厂，然皆谨饬不敢大肆。帝又尽撤天下镇守内臣及典京营仓场者，终四十余年不复设，故内臣之势，惟嘉靖朝少杀云。⑤

嘉靖一朝宦官得以控制，但正如有的学者所指出的，"与宦官内侍势力互为消长的是内阁权力的上升"⑥。朱厚熜继承帝位，乃

---

① （清）夏燮：《明通鉴》卷四二《武宗毅皇帝纪》，沈仲九点校，北京：中华书局，2014年，第1610页。
② （清）谷应泰：《明史纪事本末》卷四三《刘瑾用事》，第632页。
③ （明）王世贞：《觚不觚录》，收入《丛书集成初编》第2811册，北京：中华书局，1985年，第16页。
④ （明）张萱：《西园闻见录》卷一〇〇《内臣上》，北平：哈佛燕京学社排印本，1940年，第7241页。
⑤ （清）张廷玉等：《明史》卷三〇四《宦官传》，第7795页。
⑥ 傅衣凌主编，杨国桢、陈支平著：《明史新编》，北京：人民出版社，1993年，第196页。

得内阁大学士杨廷和、梁储、蒋冕、毛纪等人拥戴，由此奠定了内阁在嘉靖一朝的地位。嘉靖时期内阁是权力的重心，内阁权势在隆庆、万历初年继续发展，一直到崇祯末年。同时内阁也是朝廷党派斗争的中心。可以说宦官专权与内阁权重都是宰相制度废除之后的产物，明中叶后都得以充分展现。

正如黄仁宇把《万历十五年》称为"一个大失败的总记录"，因为书中所涉及的主要人物，从万历皇帝朱翊钧、大学士张居正、申时行，南京都察院都御史海瑞、蓟州总兵官戚继光，以知府身份挂冠而去的李贽，"他们或身败，或名裂，没有一个人功德圆满"，其他偶尔提及的人物如冯保、高拱、张鲸、郑贵妃等"也统统没有好结果"。究其背后的原因，黄仁宇认为"断非个人的原因所得以解释，而是当日的制度已至山穷水尽，上自天子，下至庶民，无不成为牺牲品而遭殃受祸"[①]。正因为制度到了山穷水尽的地步，所以政治腐败，而各种危机都充分表露，生活于当时的人们自觉不自觉地深陷其中，而深受其祸了。

其次，各种政治、经济、社会危机相继爆发。

国力衰微是个首要问题，"南倭北虏"问题长期困扰着明朝政府，嘉靖朝尤烈。自洪武元年（1368）徐达攻破北京，元顺帝率蒙古贵族逃往漠北，维持北元政权后，蒙古就一直对明北部边疆构成威胁。明初设九边，并屡次派大兵出征，明廷基本上控制着局势。正统十四年（1449），英宗在亲征瓦剌途中，被俘于土木堡，此后，在北部与蒙古诸部战斗中，明朝就丧失了主动权，完全处于被

---

① ［美］黄仁宇：《万历十五年·自序》，北京：中华书局，2006年，第4页。

动防守的地步。嘉靖年间，蒙古鞑靼部俺答汗势力强大，不断侵扰延绥、大同诸边，明朝耗费大量兵力军资，终究无济于事，"战守无尺寸功"。嘉靖二十九年（1550），俺答汗围困北京城达八日之久，明廷束手无策，严嵩指示"惟坚壁为上策"[①]，让俺答汗饱掠而去。终嘉靖一朝，俺答汗始终对明朝构成极大的威胁。"南倭"与"北虏"遥相呼应，嘉靖年间席卷东南沿海的浙江、福建、广东，明廷先后派朱纨、王忬、张经、胡宗宪、戚继光等将领，费时几十年，消耗庞大军力与物力，方将其平息下去。

与"南倭北虏"相表里的是财政危机日益严重。中叶以后，明初制定的鱼鳞图册和赋役黄册制度早已废坏，以致变成了"富者田连阡陌，坐享无苗之利；贫者地无置锥，反多数外之赔。富益富，贫益贫，其不均有如此者"[②]的反常现象。但为了保证政府财政收入不减少，明廷只得不断加重所控制自耕农的赋税，致使自耕农负担愈来愈重，不堪忍受，只得纷纷抛荒田产，逃亡四方。这种恶性循环，使明廷收入颇受影响。

收入虽很紧张，而开支却愈来愈大。首先是宫廷营建耗资日多。《明史》称：

> 世宗营建最繁。十五年以前，名为汰省，而经费已六七百万。其后增十数倍，斋宫、秘殿并时而兴。工场二三十处，役匠数万人，军称之，岁费二三百万。其时宗庙、万寿宫

---

① （清）谷应泰：《明史纪事本末》卷五九《庚戌之变》，第905页。
② （清）顾炎武：《天下郡国利病书·福建备录·沙县》，黄珅等校点，上海：上海古籍出版社，2012年，第3016页。

灾，帝不之省，营缮益急。经费不敷，乃令臣民献助；献助不已，复行开纳。劳民耗材，视武宗过之。①

而穆宗较之世宗更甚，"视嘉靖末征求愈急，而中官复趣之，库藏为之一竭"②。皇帝肆意营建，加重了原本紧张的财政困难。宗藩俸禄又是另一个日益膨胀的包袱，世宗一朝，正如御史林润所指出：

> 天下财赋岁供京师粮四百万石，而各处王府禄米凡八百五十三万石，不啻倍之。即如山西存留米一百五十二万石，而禄米三百一十二万石。河南存留米八十四万三千石，而禄米一百九十二万石，是二省之粮借令全输，已不足供禄米之半，况吏禄、军饷皆出其中乎？③

隆庆年间更是"每年竭国课之数不足以供宗室之半也"④。以致出现了"边供费繁，加以土木、祷祀，月无虚日，帑藏匮竭。司农百计生财，甚至变卖寺田，收赎军罪，犹不能给"⑤的财政危机。

而更大的开支是边供，"南倭北虏"问题严重，连年战事，消耗

---

① （清）张廷玉等：《明史》卷七八《食货志三》，第1907页。
② （清）夏燮：《明通鉴》卷六五《穆宗庄皇帝纪》，第2610页。
③ 《明世宗实录》卷五〇四，嘉靖四十一年十月乙亥，台北："中央研究院"历史语言研究所影印本，1984年，第8448—8449页。
④ 《明穆宗实录》卷五八，隆庆五年六月丁未，第1424页。
⑤ （清）张廷玉等：《明史》卷七八《食货志二》，第1901页。

了其原本十分有限的财政收入。"京边岁用，多者过五百万，少者亦三百余万，岁入不能充岁出之半。"嘉靖三十年（1551），"京边岁用至五百九十五万，户部尚书孙应奎蒿目无策，乃议于南畿、浙江等州县增赋百二十万，加派于是始"。自此开了加派之风，此后各种名目的加派纷纷出现，"由是度支为一切之法，其箕敛财贿、题增派、括赃赎、算税契、折民壮、提编、均徭、推广事例兴焉"[1]。这些加派对原本已十分贫弱的老百姓来说不啻是雪上加霜，由兹更激化了阶级矛盾，农民无路可走，只得铤而走险，起义此起彼伏，更加剧了社会动荡。

社会阶级矛盾日益尖锐，农民起义此起彼伏，加重了社会危机。正统十年（1445），浙江叶宗留领导矿工发动起义；正统十三年（1448），福建爆发了邓茂七领导的农民起义，广东爆发了黄萧养起义。景泰年间开始，广西大藤峡就爆发了苗民起义，一直持续到正德年间。湖北也爆发了荆襄流民起义。在北京附近的河北，正德年间也爆发了刘六、刘七领导的农民起义，他们"自畿南达山东，倏忽来去，势如风雨"[2]。嘉靖中期以后，农民起义更为频繁，"总计不下四五十次，涉及的地区很广，几乎所有的省份都有发生。有的规模很大，人数达数万，甚至达十来万。参加起义的成分以农民为主，此外也有盐徒、矿工和散兵游勇等"[3]。这些起义莫不对当时的统治带来很大的冲击。

诸如此类的危机莫不触动王世贞的内心，所以在他的史书中，

---

① （清）张廷玉等：《明史》卷七八《食货志二》，第1901页。
② （清）谷应泰：《明史纪事本末》卷四五《平河北盗》，第667页。
③ 南炳文、汤纲：《明史》上册，上海：上海人民出版社，2003年，第403页。

嘉、万时期的内阁（《嘉靖以来首辅传》）、宦官专权问题（《中官考》）、南倭北虏问题（《庚戌始末志》《北虏志》《倭志》）、宗藩问题（《诸王表》《宗室策》）等皆成为王世贞研究的重点，他试图通过自己的研究，寻得一条救世良策。他警告当朝者，"夫虏与倭，乱我者，非欲有我者也。忧不在南北，而在中土；机不在将帅，而在朝廷；失不在地利，而在人心"①。王世贞非常敏锐地看到明代各种危机的根源，在王世贞看来人心是最重要的，若人心尽丧，大厦将倾于一旦，这充分显示他的明史研究具有强烈的经世意图。

其三，社会经济蓬勃发展，工商业十分繁盛，由此带来社会风气大变。

明中叶以后，虽然政治危机日益深重，但社会经济则出现了新的倾向。工商业得以迅速发展，在全国出现了许多著名的工商业市镇，"大之而两京、江、浙、闽、广诸省（会），次之苏、松、淮、扬诸府，临清、济宁诸州，仪真、芜湖诸县，瓜州、景德诸镇"。这些市镇既是手工业中心，又是商业重镇。而商人足迹遍及大江南北，"南北舟车并集于天津，下直沽、渔阳"，而"四方财货骈集于五都之市"，南至两粤、云、贵，"食不待贾，而贾恒集"。东则齐、鲁、闽、越，"多贾治生不待危身取给，若岁时无丰，食饮被服不足自通"。西到巴蜀、汉中、关外，"往来贸易，莫不得其所欲"，"贾人趋厚利者不西入川，则南走粤"。②商业发展由兹可见一斑。

商业的发展使社会风尚发生了巨大的变化。在国运日衰、政治

---

① （明）陈子龙等编：《明经世文编》卷三三〇《王弇州文集》，北京：中华书局，1962年，第3557—3558页。
② （明）张瀚：《松窗梦语》卷四《商贾纪》，盛冬铃点校，北京：中华书局，1985年，第80—87页。

日益腐败之际，社会经济则日见繁盛，而金钱愈来愈重要，地主官绅们无不竞相追逐金钱，社会去俭崇奢。当时有论曰："甚哉，风俗之移人也！闻之长者，弘、正间居官者，大率以廉俭自守，虽至极品，家无余资，此如胡之弓、越之剑，夫人而能之也。嘉靖间，始有一二稍营囊橐为子孙计者，人犹其非笑之，至迩年来则大异矣。初试为县令，即已买田宅、盛舆服，金玉玩好，种种毕具，甚且以此被谴责，犹恬而不知怪。此其人与白昼攫金何异！"[1]社会上唯金钱是好，商人与士人的关系也较之以前不同，以当时具有代表性的"苏州文人"与"新安贾人"为例，他们就常常互相联络，彼此利用，甚至不分彼此。余英时在《中国近世宗教伦理与商人精神》对明中叶以后士商的互动，进行了系统的探讨，认为"明代中叶以后，士与商之间已不易清楚地划界线了"[2]。归有光《白庵程翁八十寿序》曰：

> 新安程君少而客于吴，吴之士大夫皆喜与之游……古者四民异业，至于后世而士与农商常相混。今新安多大族，而其地在山谷之间，无平原旷野可为耕田，故虽士大夫之家，皆以畜贾游于四方。猗顿之盐、乌保之畜、竹木之饶，珠玑、犀象、玳瑁、果布之珍，下至卖浆、贩脂之业，天下都会所在，连屋列肆，乘坚策肥，被绮縠、拥赵女、鸣琴跕屣，多新安之人也。程氏由洺水而徙，自晋太守梁忠壮公以来，世不乏人，子

① （明）程三省等纂修：《万历上元县志》卷一〇《人物志二》，刊地未详，1948年铅印本，第169页。
② 余英时：《中国近世宗教伦理与商人精神》，载氏著《士与中国文化》，上海：上海人民出版社，2003年，第458页。

孙繁衍，散居海宁、黟歙间，无虑数千家，并以诗书为业。君岂非所谓士而商者欤？然君为人恂恂，慕义无穷，所至乐与士大夫交，岂非所谓商而士者欤？[1]

归有光清楚地说明新安已无士商之别，"虽士大夫之家，皆以畜贾游于四方"。余英时特别注意到文中的"士而商""商而士"，"表示这两句话已是当时流行的成语"。[2]而文中的程白庵即是一个新安商人，却是"以诗书为业"，且"乐与士大夫交"之人。

王世贞的好友汪道昆就出身于新安商人家庭，汪的祖父以盐业起家，而他与王世贞于嘉靖丁未（1547）同年中进士，官至兵部左侍郎。汪道昆就说："大江以南，新都以文物著。其俗不儒则贾，相代若践更。要之，良贾何负闳儒！"[3]余英时说汪道昆是新安商人的有力代言人，并指出："'良贾何负闳儒'这样傲慢的话是以前的商人连想都不敢想的。这句话充分地流露出商和士相竞争的强烈心理。"[4]

王世贞生当其时，对于商人与士人的关系，亦有所感触，有曰："凤洲公（王世贞）同詹东图在瓦官寺中，凤洲公偶云：新安贾人见苏州文人，如蝇聚一膻。东图曰：苏州文人见新安贾人，亦如蝇聚一膻。凤洲公笑而不答。"[5]由于经济繁荣，商人地位提高，而

① （明）归有光：《震川集》卷一三《白庵程翁八十寿序》，《影印文渊阁四库全书》第1289册，上海：上海古籍出版社，1987年，第200—201页。
② 余英时：《士与中国文化》，第458页。
③ （明）汪道昆：《太函集》卷五五《诰赠奉直大夫户部员外郎程公暨赠宜人闵氏合葬墓志铭》，《四库全书存目丛书》集部第117册，济南：齐鲁书社，1997年，第652页。
④ 余英时：《士与中国文化》，第459页。
⑤ （明）周晖：《二续金陵琐事》上《蝇聚一膻》，《笔记小说大观》第十六编第四册，台北：新兴书局有限公司影印本，1977年，第2364—2365页。

"文士无不重财者"①，商人又想附庸风雅，故商人与士人之间往来十分密切，他们相互吸引，竟如"蝇聚一膻"，形成当时的一大特色。王世贞敏于时事，既对政治斗争、各种社会危机有深刻的洞察力，又对社会风俗的变化有极度的感触，因而其治史深入社会的各个层面，有关社会风俗的变化，在其史书中亦得以反映。

其四，王阳明心学影响日大，广受关注，对王世贞治史亦颇有影响。

程朱理学自明初被奉为正统学说以后，就一直主宰着明代士人的思想。但弘治以后，"天下之士，厌常喜新"②，因为朱子学钳制人的思想，加上明朝政府的高压，学人更增反感。明中叶后陈白沙、王阳明心学兴起之后，"嘉、隆而后，笃信程朱、不迁异说者，无复几人矣"。王阳明倡导"心即理""知行合一"和"致良知"学说，"显与朱子背"。③顾宪成形容当时士人闻良知之说："一时心目俱醒，恍若拨云雾而见白日，岂不大快！"④可见王阳明学说影响之大，成为一时风尚。余英时指出："良知教之所以能风靡天下正因为它一方面满足了士阶层谈'本体'、说'工夫'的学问上的要求，另一方面又适合了社会大众的精神需要。"⑤王世贞治史也受到这样的时代影响，尽管不能说王世贞是王学弟子，但他也的确深受王阳

① （明）李诩：《戒庵老人漫笔》卷一《文士润笔》，魏连科点校，北京：中华书局，1982年，第16页。
② （清）顾炎武，（清）黄汝成集释：《日知录集释》卷一八《朱子晚年定论》，栾保群、吕宗力校点，上海：上海古籍出版社，2006年，第1065页。
③ （清）张廷玉等：《明史》卷二八二《儒林传》，第7222页。
④ （明）顾宪成：《顾端文公遗书·小心斋札记》卷三，《四库全书存目丛书》子部第14册，第265页。
⑤ 余英时：《士与中国文化》，第448页。

明的影响。

王阳明卒时（1529），王世贞方两三岁，自然是无缘得王阳明教诲，但他对王阳明充满了尊敬，对王阳明生前不平遭遇深表同情。他在《题正学元勋卷后》说：

> 故新建王文成侯取叛王，正德中勋最大，而又能直指心诀，以上接周、程氏之统，诸言立德、立功者无两焉。然其封爵属大司马，纷拏垂四十年，至隆庆初始定，而从祀之典属太宗伯，迄于今尚在议也。此何以故？说者谓扬雄氏白首矻矻著书天禄而不闻道，李广将军结发七十战而不获侯，独文成以一悟而师世学，以一胜而开国封，能无为老将宿儒忌也！彼其称老将宿儒者，馘死沿壄戈戟间，亦徒自苦耳。《易》有之：易，简，而天下之理得。文成庶几哉盛德大业矣，于忌乎何有！①

他对王阳明生前遭遇谤毁、排挤之境况深表同情②，而所谓遭人忌妒，认为文成"盛德大业"，实至名归。王世贞对王阳明评价甚高："於乎！明兴以来，称文武才者，独王文成、杨文襄（杨一清）、王肃敏（王廷相）而已。"③又作诗赞道：

---

① （明）王世贞：《弇州山人四部稿》卷一二九《文部·题正学元勋卷后》，台北：伟文图书出版有限公司，1976年，第6012—6013页。
② 对于《武宗实录》之肆意谤毁，王世贞在《史乘考误》中予以驳斥，第三章将会详细讨论，此处暂置之不论。
③ （明）王世贞：《弇州山人续稿》卷一二三《光禄大夫太子太保兵部尚书居来张公墓志铭》，《影印文渊阁四库全书》第1283册，第720页。

明有两文成，新建尤卓荦。

少多宏奇藻，而抱纵横略。

抗疏得投荒，精神始收着。

时清出奇遭，才真任恢拓。

唾手收逆王，易如秋振落。

虚怀绥叛酋，蔼若春磅礴。

信心见良知，千古开绝学。

频仰宇宙内，卓然负先觉。

却顾素王宫，堂庑殊龙蠖。①

　　评价不可谓不高。而作为"后七子"的文坛领袖，王世贞对王
阳明的文章也大加赞颂。他十四岁时读《王文成公集》，"读之而昼
夜不释卷，至忘寝食，其爱之出于三苏之上"②。在《艺苑卮言》
中称："文章之最达者，则无过宋文宪濂、杨文贞士奇、李文正东
阳、王文成守仁。"③虽然后来他未再研习王阳明学说，但他认同
"致良知"之学说，论道：

　　王文成公之致良知，与孟子之道性善，皆于动处见本体，
　　不必究析。其偏全而沉切痛快，诵之使人跃然而自醒。人皆

① （明）王世贞：《弇州山人续稿》卷八《故奉天翊运推诚宣力守正文臣特进光禄
　　大夫柱国南京兵部尚书兼都察院左都御史总督四省军务新建伯赠新建侯王文成
　　公守仁》，《影印文渊阁四库全书》第1282册，第102页。
② （明）王世贞：《读书后》卷四《书王文成集后一》，《影印文渊阁四库全书》
　　第1285册，第54页。
③ （明）王世贞：《弇州山人四部稿》卷一四八《说部·艺苑卮言五》，第
　　6755页。

可以为尧舜，要不外此，第孟子之所谓善，足矣；乃必尽辟他说，以独伸吾是，文成之所谓良知，足矣。乃至尽引经语以证吾、合吾、伸吾是，而彼之所谓是者，亦出矣。吾证吾合，而诸牵蔓而不能悉合者，亦出矣。譬之行道而得康庄，见者振足；啖酪而得醍醐，闻者朵颐。何暇辨他歧、别异味哉！乃北人不学，妒文成之俎豆而肤辞诋诃之，真蜉蝣之撼树，可笑也。①

王世贞认为"致良知"学说"遍全而沉切痛快，诵之使人跃然而自醒"，其方法是"以经证吾"，使经为己所用，真使人耳目一新，并认为"夫使良知之学明，遇遭而发之气节，为功业，为文章，亦何不可"②。可见，他是心服"良知"之学。

对于王阳明身后，其诸弟子以讲学推广其学说，他也加以肯定，"毋论能为文成公与否，良知之学亦藉以大明于天下"③。虽然王世贞肯定讲学有助于宣扬王阳明的学说，但是他对将王学发展到极端的泰州学派，从而形成狂禅一派，则进行了强烈的批评。他撰有《嘉隆江湖大侠》一文，其言："嘉隆之际，讲学者盛行于海内，而致其弊也，借讲学而为豪侠之具，复借豪侠而恣贪横之私。其术本不足动人，而失志不逞之徒相与鼓吹羽翼，聚散闪倏，几令有黄

① （明）王世贞：《读书后》卷四《书王文成集后二》，第55页。
② （明）王世贞：《弇州山人续稿》卷一三五《明江西按察副使畏斋薛公墓碑》，第870页。
③ （明）王世贞：《弇州山人续稿》卷一三五《明江西按察副使畏斋薛公墓碑》，第871页。

巾、五斗之忧。"①王世贞对王守仁十分敬服，对"致良知"学说也十分推崇，可见他亦受过王阳明心学的影响。

总之，王世贞生活在一个充满危机而社会急剧变化的时代，在这么一种背景下，他的明史研究具有深厚的时代气息。而王世贞本人丰富的经历，也为他了解这个时代创造了许多机会。他既有春风得意的岁月，也有冷落闲置的时光；既是学者，又是官员；既是文坛宗主，又是颇有史才的当代史家，因而他的历史著作不仅有丰富的资料，更有深厚的内涵。

## 第二节　王世贞的生平与仕途生涯

王世贞，字元美，号凤洲，又号弇州山人、天弢居士、天弢道人，而在其所作碑铭文论赞中，又自称弇州生、弇州居士、弇山人。南直隶苏州府太仓人。其世系传承，王世贞自称：

> 吾王之先自即丘子讳览、诸孙文献公讳导，传其子讳某。世世贵显，至五季而有讳仁镐者，为吴越王镇海节度衙推，居严之分水，遂为分水人。世孙宋左司谏讳缉有名臣称（阙），传至讳梦声，薄元德，不肯取腼仕，仅应行省辟，为吾吴之崑山州学正，几四十年，遂为崑山人。后割隶太仓州，徙为太仓人。皇祖考讳倬，历官至南都少司马，以政术行谊为弘治、正德间名臣，赐祭予葬。皇考讳（阙），至都察院右都御史，历

---

① （明）王世贞：《嘉隆江湖大侠》，载容肇祖整理：《何心隐集·附录》，北京：中华书局，1960年，第143页。

督抚蓟辽诸军，更六大镇，为嘉靖名臣。<sup>①</sup>

王世贞自称"世世贵显"，其祖父王倬（1447—1521）、父王忬（1507—1560），在明代皆显赫一时。王倬，字用俭，号质庵，历官山西道监察使、广东右布政使、都察院右副都御史，最后官至南京兵部右侍郎。王忬，字民应，号思质。久任巡抚、总督，曾南面击倭闽、浙，北边破虏蓟、辽，累官左都御史兼兵部左侍郎。嘉靖三十八年（1559）蒙古骑兵自潘家口突破长城防线，大掠遵化、蓟州一带，当时，王忬督师蓟、辽，以失职下狱，次年十月弃市。王世贞弟世懋，字敬美，亦有文名。

王世贞幼而聪颖，号为神童。十五岁受《易》于骆行简，骆氏与王世贞父王忬同举于嘉靖十年（1531）乡试。十六岁王世贞作《宝刀歌》，有"少年醉舞洛阳街，将军血战黄沙漠"之句，骆氏认为他日后定会以文章名世。嘉靖二十二年（1543），王世贞中应天乡试，为举人，时年十七岁。但接着考进士却失败了，首次进士落第。嘉靖二十六年（丁未，1547），王世贞再次参加会试，中二甲第八十名进士。当时与王世贞同榜的有：李春芳为状元，张居正为二甲第九名，还有杨继盛、汪道昆等人。不久，王世贞被授予官职，先观政大理寺，后授刑部主事，从此踏入仕途。

但王世贞仕途并非一帆风顺，终其一生，他的仕途两起两落，大体可分为五个时期：第一时期为自中进士后，任职刑部主事与外

---

① （明）王世贞：《弇州山人续稿》卷一四〇《亡弟中顺大夫太常寺少卿敬美行状》，《影印文渊阁四库全书》第1284册，第47—48页。有关王世贞先祖世系，详见郑利华：《王世贞年谱》，第4页；姜公韬：《王弇州的生平与著述》，第30页。

迁青州兵备使时期，自嘉靖二十六年到三十八年（1547—1559），其间九年为郎官而不迁，入仕初期就不太顺利。第二时期乃第一次在家闲住时期，嘉靖三十八年（1559）六月，其父王忬以边疆失事被逮，王世贞闻讯即自劾罢入都，一直到隆庆元年（1567）穆宗为王忬平反，官复原职，次年王世贞方再获起用。第三时期为仕途较为顺利时期，隆庆二年（1568）四月起为河南按察司副使，后改山西提刑按察司按察使，一直到万历四年（1576）王世贞任职郧阳巡抚时，受到杨节弹劾，被推任大理卿，王世贞未赴任而家居。第四时期为第二次家居时期，自万历四年（1576）被劾家居，到万历十六年（1588）赴南京兵部侍郎任，在将近十二年的岁月里，王世贞虽有几次被推任，但终究未出家门。其间更投身到好友王锡爵女儿王焘贞门下学道，对仕途心灰意冷。第五时期为短暂的顺利时期，万历十六年（1588）王世贞赴南京兵部侍郎任，到十八年（1590）三月，王世贞致仕归家。王世贞一生两起两落，仕途跌宕，最后虽官至南京兵部侍郎，亦不过是闲职，并没有取得真正的实权。王世贞自二十二岁中进士，到六十五岁致仕，在其四十三年的官宦生涯中，真正任职的官宦生活，只有不足二十二年时间，约占其一半，而另一半时间则一直闲住。王世贞实在是一个非常特别的个案，仕途如此不顺，究竟其原因何在？

　　正如前面提到，明代是个封建专制王朝，不仅政治上专制，而且文化上也专制，以程朱理学钳制学人思想。[1]任何人都无法逃脱

① 李焯然：《明中叶的反传统思潮——吴中四才子与明代文人的自我追求》，见黄俊杰、［日］町田三郎主编：《东亚文化的探索：传统文化的发展》，台北：正中书局，1996年，第543—554页。

这样的时代，王世贞尽管进士及第，但看重的不是乌纱帽，反而是作为文人的身份，常常与诸新科进士诗赋唱和，聚会结社，臧否时政。中国封建文化和政治传统中原本弥漫着一层"反智"的气氛，而明代又是个极端"反智"的时代①，朱元璋的"文字狱"及其对士人设置的种种限制，如在国子监建明伦堂卧碑，刻上限制士人活动的条文，这是设法控制士人的典型表现，而且贯彻明代始终。终王世贞一生，可以说他始终是作为一位士人在活动，中年以后，更是士人群体的领袖，独主文坛二十余年，是明嘉万时期文人的代表人物。

具体来说，王世贞一生中，对其仕途影响甚大的有几位人物，严嵩、高拱、徐阶、张居正皆是权倾一时的首辅，他们都或多或少地影响着王世贞的仕途。王锡爵指出：

> 公（王世贞）尝屈指前后所忤三相国：分宜（严嵩）睚眦杀人，入其网无能脱者；新郑（高拱）褊而教于言，尝力持其《讼冤》《请急》二疏不肯下，既而悔之，知其无他肠也；若

---

① 余英时认为中国的文化和政治传统中一向弥漫着一层反智的气氛。"反智论"具体可分为两个互相关涉的部分：一是对于"智性"（Intellect）本身的憎恨和怀疑，认为"智性"及由"智性"而来的知识学问对人生皆有害而无益，抱这种态度的人可以称之为"反智性论者"；另一方面则是对代表"智性"的知识分子（Intellectuals）表现出一种轻鄙以至敌视，这就是"反知识分子"（anti-intellectuals）。余英时特别指出，中国反智论有两个重要来源，第一是政治方面，历史上打天下而创业垂统的人往往鄙视知识和知识分子，认为知识分子不过是一群无用的废物，汉高祖、明太祖最为典型；二是所谓道德，特别是政治化的道德，变成了有位者必有德。参见余英时：《反智论与中国政治传统——论儒、道、法三家政治思想的分野与汇流》，收入氏著《余英时文集》第二卷《中国思想传统及其现代变迁》，沈志佳编，桂林：广西师范大学出版社，2014年，第334—380页。

江陵（张居正）则且忤且合，以飞箝钓饵杂出中人，手书不时至，皆款款输心道旧语，计未有以绝之。①

实际上，王世贞未获任何首辅重用。这与王世贞写《嘉靖以来首辅传》有何关系？王世贞在对诸首辅进行评价时，其个人恩怨是否影响他论史之公平？探讨这些问题，不仅能了解王世贞的生平事迹，还有助于理解王世贞的治史原则与治史心术。下面就以王世贞与严嵩、张居正的关系为例，来讨论他与诸首辅的关系。

### 一、王世贞与严嵩

王世贞与严嵩的关系长期以来一直备受关注，围绕他们二人主要有两个问题：一是对王忬之死严嵩应负何种责任；二是严嵩被列入《明史·奸臣传》与王世贞是否有关。长期以来学术界并未取得一致意见，略论之如次。

王世贞举进士后，却不谒馆试，因为"耻从柄臣道地"②。当时其父王忬告诫他："士重始进，即名位当自致，毋濡迹权路。"③王世贞牢记父亲教诲，入仕以后，对权贵始终敬而远之，对文人社团却极为热心。王世贞重视作为文人的身份，而作为文人重视自我的追求与个人价值身份的肯定，这种肯定不是官场的职位，而是在文人

---

① （明）王锡爵：《王文肃公文集》卷六《太子少保刑部尚书凤洲王公神道碑》，《四库禁毁书丛刊》集部第7册，北京：北京出版社，2000年，第161页。

② （明）陈继儒：《眉公杂著》第一帙《见闻录》卷五《王元美先生墓志铭》，《清代禁毁书丛刊》第一辑，台北：伟文图书出版社有限公司，1977年，第228页。

③ （明）王世贞：《弇州山人四部稿》卷九八《文部·先考思质府君行状》，第4596页。

社团中的地位。[①]而这种社团是游离于政治之外的。初入仕途的王世贞不是谋求高官厚职，而是充分展示文人的本色，广交天下文士。

嘉靖二十六年（1547）四月，王世贞以进士入大理院，次年为刑部郎，即参加京师王宗沐等人组织的诗社。不久，授刑部主事。嘉靖二十八年（1549），与李攀龙交往，从此诗文唱和无虚日。王世贞诗文皆好，在文人社团中声名鹊起。王世贞自言：

> 余为郎燕京时，颇得游诸名隽间，而诸名隽独盛于庚戌（1550，时王世贞二十五岁，中进士三年）之对公车者。若吴兴徐子与（中行）、武昌吴明卿（国伦）、广陵宗子相（臣）、南海梁公实（有誉），以气谊相激昂还往，至穷昕夕亡间。未几而豫章余德甫（曰德）、铜梁张肖甫（佳胤）、郢上高伯宗（岱）、吾郡徐子言（诗）亦阑入焉，相与修觞酒觚翰之政。[②]

王世贞与这些新科进士，吟诗作文，间亦臧否时政，但实质上只是文人之间的活动。陈继儒称之"以刑曹郎与李于麟诸子日相唱和，名夺公卿间"[③]。《明史》称："世贞好为诗古文，官京师，入王宗沐、李先芳、吴维岳等诗社，又与李攀龙、宗臣、梁有誉、徐中行、吴国伦辈相唱和，绍述何、李，名益日盛。"[④]在文人社团中，

---

① 郑利华：《明代中叶吴中文人集团及其文化特征》，《上海大学学报》（社会科学版）1997年第2期，第99—103页。
② （明）王世贞：《弇州山人续稿》卷四四《陈于陛先生卧雪楼摘稿序》，第582页。
③ （明）陈继儒：《眉公杂著·见闻录》卷五《王元美先生墓志铭》，第228页。
④ （清）张廷玉等：《明史》卷二八七《王世贞传》，第7379页。

诸新科进士意气风发，毫不掩饰，"诸人多少年，才高气锐，互相标榜，视当世无人"①。年轻气盛，既觉得当时无人，亦不以权贵为意，自然也就容易得罪他们。而王世贞相当自负，随着文坛上声名日盛，士人间互相激宕，有议论之曰："都人士聚而叹曰'王弇州文而豪，乃任吏耶？'公益自负，强项如故，而又性不能曲事权贵人，往往肮脏守法。"②可见，一开始，王世贞就热心文人社团活动，对于权贵不肯曲意奉承，在政治与文化双重专制的明代，注定王世贞仕途的坎坷与不平。王世贞对自己仕途的坎坷有深切的体会，道：

> 然余往者则已有一时名，既名日以削，而宦日以薄，守尚书郎满九岁仅得迁为按察，治青齐兵，此其意将困余以所不习故。於乎！即令余未见嫉，司命削其官，与田父、猎徒角寸阴于南山之下，又不可；而使之御魑魅、咏山鬼，亦有以自乐也，乌在其为困哉！③

自古文人的秉性即有不事权贵的风范，王世贞以文人而自负，因而引起权贵嫉恨，使得他仕途上陷于困境，无法施展才干，王世贞也就只得自我解嘲了。王世贞首先是一个文人，而他在随后的岁月里，又多年担当文人领袖，文人的身份注定了他仕途的坎坷。对权贵不依附、不逢迎，反而处处唱反调，而对文人则大加笼络。王世贞平生看重的是作为文人与史家的身份，无论是吟诗作文，还是

---

① （清）张廷玉等：《明史》卷二八七《李攀龙传》，第7378页。
② （明）陈继儒：《眉公杂著·见闻录》卷五《王元美先生墓志铭》，第240页。
③ （明）王世贞：《弇州山人四部稿》卷七一《文部·王氏金虎集》，第3417—3418页。

修史以传之后世、藏之名山，都是文人的志向，所以王世贞志向更多的是希望成为一流的文人与一流的史家。正如前面提到，王世贞入仕后，就热心于文人的社团活动，后来与李攀龙同为天下文坛宗主。李攀龙去世后，王世贞独主文坛二十年。《明史》称：

> 世贞始与李攀龙狎主文盟，攀龙殁，独操柄二十年。才最高，地望最显，声华意气笼盖海内。一时士大夫及山人、词客、衲子、羽流，莫不奔走门下。片言褒赏，声价骤起。[1]

天下文人皆奔走于王世贞门下，王世贞对此非常看重，尤重视提携后进，奖掖不遗余力。陈继儒称之："公之奖护后进，衣食寒士，惓惓如若己出。"[2]王锡爵亦赞之："尤好以文字奖掖人，后生初学每得公一言品题，一面倾吐，则或希声射影，传相引重……以故人皆归心。"[3]王世贞作为文坛领袖，对后学有循循长者之风，故在文坛有极高的威望。在"反智"高涨而极端专制的明代，文坛领袖注定是被摧残的对象。

王世贞为刑部主事时，有一阎姓犯人藏在当时权贵锦衣卫陆炳家，王世贞竟从陆炳家把他抓走，陆炳求首辅严嵩说情，王世贞竟不予理睬。最初严嵩鉴于王世贞的才气，有意笼络他，王世贞不仅不领情，反而故意讥讽。王锡爵言："时分宜相当国，雅重公才名，

---

① （清）张廷玉等：《明史》卷二八七《王世贞传》，第7381页。
② （明）陈继儒：《眉公杂著·见闻录》卷五《王元美先生墓志铭》，第247页。
③ （明）王锡爵：《王文肃公文集》卷六《太子少保刑部尚书凤洲王公神道碑》，第162页。

数令具酒食征逐，微论相指，欲阴收公门下，公意不善也。"①而文人间的唱和，颇令严嵩顾忌，王世贞自言道："吟咏时流布人间，或称七子，或八子。吾曹实未尝相标榜也，而分宜氏当国，自谓得旁采风雅权，谗者间之，眈眈虎视，俱不免矣。"②严嵩是权臣首辅，顺我者昌，逆我者亡，所谓"旁采风雅权"，严嵩想控制他们，这正是"反智"的一种重要表现，因为他是掌权者，所谓"有位者必有德"，但王世贞等人并不服从，故严嵩就要借机打击他们。更何况王世贞故意不买严嵩的账，令严嵩相当不满。多年后王世贞回忆这段时期的事情时，写道：

> 嘉靖中，余守尚书郎，九岁不迁，当自劾罢。客有过者，谓贵人申申而詈：子非吴中小儿耶？奈何阔武䐛视，不置长安睫间也？而又多使酒骂坐，抵掌谈说世事。一二少年㖞之不休，夫夫安能自罢！客谓："吾子敖士也。"余愧谢无有。因忆曩者不自怿，间从历下小姁索苦满引，实不敢作步兵眼孔向人。性畏热，伏时从曹中还，以急谢谒刺，不善捉发，晨恒令家人捉之，以故蓬解不受栉，腰腹小肥，磬折差碍耳。即使酒骂坐，与世龌龊争长，岂真能为敖者。③

由此可见，王世贞生性有一种傲气，所谓"使酒骂坐""谈说

---

① （明）王锡爵：《王文肃公文集》卷六《太子少保刑部尚书凤洲王公神道碑》，第159页。
② （明）王世贞：《弇州山人四部稿》卷一五〇《说部·艺苑卮言》，第6867页。
③ （明）王世贞：《弇州山人四部稿》卷一〇一《文部·敖士赞》，第4751—4752页。

世事"，正是士人历来的特性，而他这种性格正是当政者所难容的，是"反智"首当其冲的目标，也是最遭当权者忌恨的，故而他一直备受压制。但王世贞并没有从这种事情中吸取教训，他始终与严嵩对着干。沈德符从另一角度谈及这个时期王世贞与严嵩父子的关系，"王弇州为曹郎，故与分宜父子善，然第因乃翁思质（忬）方总督蓟辽，姑示密以防其佽，而心甚薄之。每与严世蕃宴饮，辄出恶谑侮之，已不能堪。会王弟敬美继登第，分宜呼诸孙切责，以不克负荷，诃诮之。世蕃益恨望，日谮于父前，分宜遂欲以长史处之，赖徐华亭（阶）力救得免"①。后来同榜进士杨继盛弹劾严嵩十大罪，严嵩不仅未动毫发，反而将杨继盛处以斩刑。杨继盛夫人上疏求救，王世贞亲为润色疏文。临刑前，杨继盛托孤于王世贞。杨继盛问斩以后，王世贞祭奠并亲为其收丧，"严氏微闻之，意不乐"②。严嵩几度"意欲引置公为重，数近而公数远之，终不能笼公"③。几度接触，王世贞皆不为所动。正因如此，严嵩在等待机会，以惩处这位不知天高地厚的"大才子"。

嘉靖二十九年（1550），俺答汗犯大同，并围困北京达八日之久，而严嵩指令党羽丁汝夔、仇鸾坚壁清野，勿与俺答战，这就是"庚戌之变"。次年正月，锦衣卫经历沈炼即上《早正奸臣误国以决征虏策》疏，直接指陈"今虏寇之来者，三尺童子皆知严嵩父子之所致也"，弹劾严嵩父子"十大罪状"。严嵩不仅未受丝毫损害，大学士李本在严世蕃的授意下，票拟圣旨，将沈炼杖责并流放

---

① （明）沈德符：《万历野获编》卷八《严相处王弇州》，北京：中华书局，1959年，第208页。
② （明）陈继儒：《眉公杂著·见闻录》卷五《王元美先生墓志铭》，第226页。
③ （明）陈继儒：《眉公杂著·见闻录》卷五《王元美先生墓志铭》，第225页。

塞外保安。嘉靖三十六年（1557）十月，其党羽以"捕诸白莲教通叛者，审炼名籍中，以叛闻，下兵部议尚书许论不为申理，嵩竟杀之，籍其家"[①]。王世贞父亲王忬获知严嵩曲杀沈炼经历，非常气愤，"复对众指斥其奸，嵩闻知愈加切齿"[②]。于是严嵩就寻找机会，报复王世贞父子。

嘉靖三十八年（1559），王忬以滦河战事失利，诏逮下狱。王世贞当即辞官，与弟王世懋日在京师，托门说客，求乞于严嵩及诸权贵，但最终没有结果。嘉靖三十九年（1560）十月，其父被杀。王世贞扶柩归乡，从此归隐不出。王世贞认为其父被杀乃严嵩落井下石的结果。隆庆元年（1567），王世贞向同榜进士、内阁大学士李春芳上书，谈及其父被杀原因时说：

> 至于严氏所以切齿于先人者有三：其一，乙卯冬，仲芳兄（杨继盛）且论报，世贞不自揣，托所知为严氏解救，不遂。已见其嫂代死疏辞戆，少为笔削。就义之后，躬视含殓，经纪其丧。为奸人某某文饰以媚严氏。先人闻报，弹指唾骂，亦为所诇。其二，杨某（指宣大总督杨顺）为严氏报仇，曲杀沈炼，奸罪万状，先人以比壤之故，心不能平，间有指斥。渠误谓青琐之抨，先人预力，必欲报之而后已。其三，严氏与今元老相公（徐阶）方水火，时先人偶辱见收葭莩之末。渠复大疑有所弃就，奸人从中搆，牢不可解。以故练兵一事，于拟票

---

① （清）谷应泰：《明史纪事本末》卷五四《严嵩用事》，第825页。
② （明）王世贞：《弇州山人四部稿》卷一〇九《文部·恳乞天恩俯念先臣微功极冤特赐昭雪以明德意以伸公论疏》，第5115页。

内，一则日大不如前，一则日一卒不练，所以阴夺先帝之心而中伤先人者深矣。预报贼耗，则日王某恐吓朝廷，多费军饷。虏贼既退，则日将士欲战，王其不肯。兹谤既腾，虽使曾参为子，慈母有不投杼者哉！①

这是王世贞向李春芳进言严嵩之所以迫害其父之原因，所以王世贞认为其父被杀，严嵩是应负责任的，这一点也是学术界所公认的。但王忬被杀，严嵩是否起了最为关键的作用呢？王世贞是否亦认为严嵩对其父之死应负全部责任呢？对此学术界则有不同的看法，试细论之。

王世贞自始至终认为其父被杀是严嵩"阴夺先帝之心而中伤"的结果，是故对严氏父子有不共戴天之仇。而最初王、严两家并无深仇大恨，只因一件件小事积忤成仇，以致最后有杀父之恨。即便如此，王世贞觉得最后决断还是出于世宗之手，以他作为史学家的眼光，他自然知道世宗的处事风格，王世贞论及世宗及严嵩与世宗的关系，道：

当是时，上深坐宫中，欲以威服远摄连率大臣，时时有所逮讯，若阮鹗、吴嘉会、章焕等多从重典。虽甚亲礼嵩而不尽信之，间一取独断，或故示异同，欲以杀离其势。而嵩与世蕃能得其窾，欲有所解救，则必顺上意极詈之，而婉曲解释，以中上所不忍；其欲有排陷，必先称其微露若与彼亲者，而以冷

---

① （明）王世贞：《弇州山人四部稿》卷一二三《文部·上太傅李公书》，第5731—5733页。

语中之，或触上所耻与讳，上更为之怒。以是，卒不能脱其笼络而威福益广。①

王世贞认为严嵩深得帝意的根源乃是他摸透了世宗的脾性，故能巧借世宗皇帝之手而达到其打击政敌的目的。但有关大事的决断皆出自"圣裁"，是由世宗本人决定的，王世贞对这一点也是深信不疑的。范守己也称：世宗"大张弛、大封拜、大诛赏，皆出独断，至不可测度哉"②。可见，世宗大权独揽，当时的人是坚信这一点的。因此王忬被杀，王世贞亦知是世宗最后决断的。所以事实上，王世贞并不认为严嵩对其父之被杀应负全部之责，而是指出他确实有推波助澜、落井下石的责任，所以他说严嵩"阴夺先帝之心而中伤先人者深矣"，这是王世贞怪罪严嵩的原因。

王世贞与严嵩既有此仇恨，而王世贞在《嘉靖以来内阁首辅传》等史书中，又掩饰不住对严嵩的贬斥与厌恶，又有言在明末清初广为人知的、丑化严嵩的戏剧《鸣凤记》是王世贞所作，清官修《明史》则将严嵩定位奸臣，入《奸臣传》，于是，学术界咸认为严嵩被定为奸臣，与王世贞有直接的关系。即便当代学者，如美国学者苏均炜、新加坡学者李焯然和江西学者曹国庆等皆有此论。③

① （明）王世贞：《嘉靖以来内阁首辅传》卷四《严嵩传》，北京：中华书局影印《丛书集成初编》本，1991年，第54页。
② （明）谈迁：《国榷》卷六四，嘉靖四十五年十二月辛丑，张宗祥点校，北京：中华书局，1958年，第4037页。
③ 参见［美］苏均炜：《大学士严嵩新论》，收入明清史国际学术讨论会秘书处论文组编《明清史国际学术讨论会论文集》，天津：天津人民出版社，1982年，第822—862页；李焯然：《从〈鸣凤记〉谈到严嵩的评价问题》，收入氏著《明史散论》，台北：允晨文化事业股份有限公司，1991年，第59—108页；曹国庆、赵树贵、刘良群：《严嵩评传》，上海：上海社会科学院出版社，1989年。

他们都有自己的立场，也举出了各种史料予以支持，例如李焯然就说严嵩对嘉靖一朝亦有许多功绩，而他所重用之臣并非全是无能无德之辈，不能一概抹杀。且言："严嵩对世宗皇帝，他可以说是一个忠臣。而在外廷，面对政府的官员，他是一个权臣。严嵩的忠，是鞠躬尽瘁、俯首听命的忠，这也是在世宗这种皇帝底下唯一可以存在和得到信任的'为臣之道'。"又说："从另一角度看，如果我们认为严嵩对世宗的举动是过于奉承和谄媚，那么，严嵩的忠也可以说是庸。如因为这样便说严嵩是奸臣，是过分苛刻的。"① 所论甚是。不过，王世贞在《嘉靖以来内阁首辅传》中从另一角度表达了几乎完全相同的意思，王世贞也并没有指名道姓地说严嵩就是奸臣，评断人物也较为客观。②

而清修《明史》，即便是秉承了王世贞《首辅传》的评断，而将严嵩列入《奸臣传》，也不能将责任推到王世贞身上。究其原因：一方面，清修《明史》有其取舍标准，前人的资料只是参考，故不可太夸张前人的影响。《明史·奸臣传》所谓奸臣之标准是："必其窃弄威柄、搆结祸乱、动摇宗祏、屠害忠良、心迹俱恶、终身阴贼者，始加以恶名而不敢辞。"③ 胡惟庸、陈瑛、周延儒、温体仁、马士英莫不如此。二则，最重要的是看看严嵩本人的作为，严嵩与《明史·奸臣传》所收录的其他几位相比，所干坏事并不逊色。《明史》称："嵩无他才略，唯一意媚上，窃权罔利。帝英察自信，果刑戮，颇护己短，嵩以故得因事激帝怒，戕害人以成其私。张经、李

---

① 李焯然：《从〈鸣凤记〉谈到严嵩的评价问题》，第100—101页。
② 笔者在第四章讨论王世贞之《嘉靖以来内阁首辅传》时，对此问题进行了较详细的探讨，此处暂略。
③ （清）张廷玉等：《明史》卷三八《奸臣传》，第7905页。

天宠、王忬之死，嵩皆有力焉。前后劾嵩、世蕃者，谢瑜、叶经、童汉臣、赵锦、王宗茂、何维柏、王晔、陈垲、厉汝进、沈炼、徐学诗、杨继盛、周鈇、吴时来、张翀、董传策皆被遣。经、炼用他过置之死。继盛附张经疏尾杀之。他所不悦，假迁除考察以斥者甚众，皆未尝有迹也。"[1]严嵩有这么多的"冤魂债主"，再加上他儿子严世蕃的助纣为虐，故而列入《奸臣传》是罪有应得。三则，明末清初，有关贬斥严嵩的戏剧、小说广为人知，严嵩在民众心目中早已是臭名昭著，或许王世贞在其中起过一些作用，但民众的心态非他一人所能左右，而是自沈炼、杨继盛等诸臣弹劾严嵩以来，民众同情他们的命运，接受并认同他们的观点，逐渐发展的结果。

总之，由于王世贞的不亲附，入仕一开始就把自己处于权臣首辅严嵩的对立面，又因他才高气傲，屡次冒犯严嵩，终成了被打击的对象，成了严嵩"反智"的牺牲品。杨继盛事件、沈炼事件，王世贞父子都表现出与严嵩完全不同的态度，从而更引起了严嵩的不满，严嵩遂从各方面对王世贞加以压制，不迁王世贞官职。他又借王忬领兵失事，将王忬推向刑场，同时也是对王世贞致命的一击。尽管王世贞在《嘉靖以来内阁首辅传》中对严嵩有所讥刺，但因此而将清修《明史》将严嵩列入《奸臣传》的责任推到王世贞头上是不当的，也过分夸大了王世贞的影响力。

## 二、王世贞与张居正

王世贞与张居正的关系最为微妙，他们既是同年进士，相互之

---

[1] （清）张廷玉等：《明史》卷三八《严嵩传》，第7916页。

间亦时有交往，书信往来不断，《张居正集》中保存了张居正写给王世贞的十五封信件，而王世贞写给张居正的信当不少于十五封，且王世贞给张居正父母七十寿辰皆写过寿文，《弇州山人四部稿》中都加收录。①似乎他们的关系很融洽。但在张居正掌政、权力达到巅峰时期，王世贞不但未获重用，反而被排挤而休致回家。其间的原因，除了他们二人的个性之外，不能不说确与明代的强烈"反智"氛围有关。

张居正与王世贞系同榜进士，中进士后选翰林院庶吉士。按照惯例，只有科举拔尖的人才能入选庶吉士，庶吉士是作为翰林的当然人选，谢肇淛曰："国朝进士一入史馆，即与六卿抗礼，鼎甲无论，即庶常吉士亦尔，二十年间，便可跻卿相清华之选，百职莫敢望焉。"②故时人目之为"储相"，这一机遇奠定了张居正作为相臣的基石。嘉靖二十八年（1549），张居正为翰林院编修，一直到嘉靖三十八年（1559），张居正都一直只是正七品的翰林院编修，十年未迁，其间嘉靖三十三年（1554）到三十六年（1557），他还归老家闲居数年，仕途一度灰暗，但他并不泄气，只是在等待时机而已。嘉靖三十八年（1559），张居正回朝，结束了归隐岁月。嘉靖四十一年（1562），严嵩倒台，徐阶为首辅。徐阶将张居正视为心腹高参，张居正亦扬眉吐气，在朝中地位日益稳固。明世宗去世，

---

① （明）王世贞《弇州山人四部稿》卷六一，收录了王世贞为张居正父亲七十大寿写的祝寿文《寿封少师张翁七十序》，第2998—3001页；卷六三收录王世贞为张居正母亲七十大寿写的祝寿文《诰封少师太虚公元配一品张太夫人七十序》，第3084—3088页。另，王世贞尚代赵中丞作过《封少师张翁偕元室赵太夫人七十序》，卷六一，第3001—3007页。
② （明）谢肇淛：《五杂组》卷一五《事部三》，北京：中华书局，1959年，第452页。

徐阶独引时为正五品的翰林侍讲学士张居正草拟遗诏，以五品官职参与遗诏，这在明代历史上是个特例，由此可见当时张居正在首辅徐阶心目中的地位。隆庆元年（1567），一年之内，张居正由正五品侍讲学士经礼部、吏部侍郎而超擢为正二品的礼部尚书、武英殿大学士，从而入阁，一年之内连升三级，这在明代历史上相当罕见。隆庆元年以后，张居正进入内阁，为明代权力核心集团成员。当时内阁中，张居正虽然最后入，"独谓辅相体当尊重，于朝堂倨见九卿，他亦无所延纳。而间出一语辄中的，人以是畏惮之，重于他相矣"①。万历元年（1573），他就取代高拱成为内阁首辅——乃一人之下、万人之上的权臣。

隆庆元年（1567），在张居正飞黄腾达之际，王世贞尚家居，为其父伸冤而到处奔走。当年王世贞给内阁成员上书申诉冤情，包括给徐阶和张居正。王世贞给张居正等人的信函都收录在《弇州山人四部稿》中，下面这封信似乎是王世贞给张居正的第一封信，信中有言：

> 不肖世贞衅恶深重，致先人罹于大祸。自奉讳来，七易寒暑矣，乃心未尝一日不在明公。然未尝敢以尺寸之牍尘记室者，自惟身负不孝之罪，于人无所比数，且不祥姓名，物情所厌，是以次且踟蹰于门墙之外，而有所未果。乃者，天地鼎革，万类维新，窃不自量，一拟伏阙哀吁，匍匐万里，行次德州，始闻明公爰立之命，不胜雀跃。星驰至国门，而迫于禁

---

① （明）王世贞：《嘉靖以来内阁首辅传》卷七《张居正传上》，第94页。

例，上谒无由，区区私情，敢托毫素……①

可见，王世贞以隆庆登基，为父伸冤，王世贞北上德州时，获知张居正入阁，故以同榜之谊请求张居正为其父平反伸冤。此前，他们似乎并没有交往，甚至都没有通过信函。张居正收到这封信作何反应，不得而知，《张太岳集》中并没有收录他的回信。反而是张居正为首辅以后，给王世贞的回信都一一收录。估计收到王世贞这封信时，张居正并没有回信，或许是张居正以刚入内阁，不便说情为由而有所顾虑，未予作答，也未可知。

尽管没有史料说明张居正在朝廷为王世贞父亲平反雪冤的事件中扮演了何种角色，但隆庆元年（1567）八月，朝廷诏复王忬原官，为他平反了。而两个月前，王世贞就获知朝廷要重新起用他。隆庆二年（1568）四月，王世贞被起为河南按察副使，后改为山西提刑按察使。在张居正入阁以后，王世贞仕途也变得柳暗花明了。随着张居正在内阁中的地位越来越高，王世贞与张居正终于又走到一起，相互间的交往也频繁起来，而王世贞后半期的仕途生涯，最终与张居正有着割舍不开的纠葛。

隆庆二年（1568），王世贞起复，而当时内阁首辅是高拱，高拱对王世贞也有些微词。高拱与王世贞父王忬系同年进士，但高拱并没有因这层关系对王世贞有所照顾，反而觉得王世贞不亲附而予以打击。当王世贞起复之际，有任命他为史官的提议，得到徐阶等

---

① （明）王世贞：《弇州山人四部稿》卷一二三《文部·上江陵张相公》，第5737—5738页。

人赞同，不久，徐阶致仕，此议遂罢。①王世贞与高拱有两件事发生联系：一则，隆庆元年（1567）王世贞兄弟伏阙讼冤，要求为其父平反昭雪时，徐阶力主雪冤，但当时高拱同徐阶正争权夺利，"而有恶言"，持不同意见，不主张平反。"高在阁中，异议，力持其疏不下。"②陈继儒对此事记载甚详："思质公（王忬）虽蒙先皇帝昭雪，然犹藁葬浅土，抚按学使继以恤典为请，而新郑公（高拱）与乡衮（徐阶）构隙，及兹事。礼官惑于浮言，勒令候议。公（王世贞）日夜腐心切骨，不敢复上陈请之疏。"③二则，王世贞执掌晋臬后，因其母有病，上疏乞休，当时高拱正为首辅，遂将其乞休疏压下不复，认为这是王世贞对抗自己的策略，且曰："是将卧而待迁乎？"王世贞只好"强赴晋，卒卒完棘事"。不久其母病再犯而不治，"寻以老母讣闻，高公知之曰：'向者之乞休，情乎？'复寝不行"。随之高拱门生御史、给事中纷纷上疏弹劾，"罪我以与杨忠愍周旋而酿先大人祸，蔑我以居先大人丧而纵淫乐"④。可见，王世贞与高拱的关系也相当紧张。

事实上，王世贞与高拱发生冲突，是在其第一次复出之后，当时的王世贞虽然已休致十余年，而其文名则正如日中天之时，他是名副其实的士人领袖，其文学活动十分活跃，正操纵着士子舆论，

① （明）王世贞：《弇州山人续稿》卷一六〇《题辩疏后》称："昔余之起自田里而补魏也，南琐台荐之曰：宜使佐治国史，故相徐公、故宰杨公曰可一面也。于是再疏辞不得，而徐公去国矣已，杨公亦去国矣，余自浙参而长晋臬也。"（第316页）

② （明）朱国祯：《涌幢小品》卷九《中玄定论》，北京：中华书局，1959年，第190页。

③ （明）陈继儒：《眉公杂著·见闻录》卷五《王元美先生墓志铭》，第227页。

④ （明）王世贞：《弇州山人续稿》卷一六〇《题辩疏后》，第316—317页。

是士人阶层的代表。因为王世贞向来就不与当权者亲附，他与高拱的关系原本有些过节，而又被高拱看成是政敌徐阶的势力，故再次受到压制和打击。

张居正对王世贞的情况当然十分了解，但因为他还不是内阁首辅，所以在给王世贞的信函中劝他暂时忍耐，而且对王世贞受到排挤不公平的待遇，深表同情。隆庆五年（1570）初，王世贞因母丧正在家服丧守制，张居正给王世贞信函言：

> 才人见忌，自古已然；春首浮议之兴，良亦由此，公论在人，其可泯乎？仆虽不肖，窃敢自附于祁奚之谊。乃汪伯玉遂以告公，若将有移德于人者，非仆本指也。吴干、越钩，轻用必折，匣而韬之，其精乃全。公读礼之余，阖扉养重，亦天所以韬其光而厚其蓄也，愿公自重，毋忽。①

此函可见，张居正对王世贞的才气固然十分欣赏，而他深知王世贞仕途失意的根源，因为作为文人的王世贞好意气用事，故劝慰

---

① （明）张居正：《张太岳集》卷三五《答廉宪王凤洲二》，上海：上海古籍出版社，1984年，第442页。对于这封信黄仁宇在《万历十五年》中有所论及。书中言："例如王世贞，是本朝数一数二的散文大家，又和张居正同年得中进士，按理说应该情谊深厚，然而情形却不是这样。王世贞一心想做尚书，多次主动向张居正表示亲近，替他的父母作寿序，又赠送了许多礼物，包括一件极为名贵的古人法书。但是张居正却无动于衷，反而写信给王世贞，说什么'才人见忌，自古已然，吴干越钩，轻用必折；匣而藏之，其精乃全。'前两句恭维，其后则把王比作脆弱而不堪使用的武器看待，只能摆在盒子里让人赞赏他雕铸之美，却不能用以斩将夺旗。"（第55页）黄仁宇的解释并不正确，因为他没有考虑此信所写的时间，这封信写于隆庆五年，而所谓给张居正父母写寿序尚未发生，不应将万历年间发生的事情放在隆庆年间说。而且也没有将这封信全文照录，只是摘取其中几句，就大发议论，多是主观臆测。

王世贞家居之时应该韬光养晦，别意气用事，以免再度受挫。隆庆六年（1571），张居正再次致函王世贞，如此劝慰他：

> 叠辱华翰，深荷雅情。惟丈俊才卓行，冠冕人伦，沉抑数年，舆情共惜，然不困厄乌能有激乎？清明之世，与天下贤士衰然汇征，纾先世之积愤，展平生之所怀，在此时矣，幸努力自爱。辱惠佳书，宝若彝鼎，兼之珍币，岂所敢当。重违尊意，谨领佳绢二端，余附使归辞，匆匆附谢。另具侑柬，统为鉴存。①

函中可见，王世贞给张居正写过多封信，还赠送了礼物。而张居正非常赏识王世贞的才华，而且勉励他"纾先世之积愤，展平生之所怀，在此时矣"，表明张居正要重用王世贞，但同时告诫他"努力自爱"。

隆庆去世，万历登基。朝中政权亦发生变化，张居正在宦官冯保的协助下，驱逐高拱，成为内阁首辅。大权在握，张居正开始人事安排与部署，而王世贞也是在他的安排之中。万历元年（1573）正月，王世贞服除，二月，被授予湖广按察使。湖广是张居正的家乡，把王世贞安排在湖广，可以说既是对王世贞的考验，也是对他的一种笼络。说是考验，因为湖广远离京师，王世贞并不熟悉，张居正可以试探王世贞的反应。而安排在自己的家乡，自然也体现张居正对王世贞的信任。而且王世贞在其母去世前，为山西提刑按察

---

① （明）张居正：《张太岳集》卷三五《答廉宪王凤洲》，第442页。

使，现在起复为湖广按察使，也是符合朝廷惯例的。但王世贞得知这一消息，颇为不快。其有诗言：

> 晋楚吾何择？山公意不轻。虎须惊往路，鸡肋叹浮名。
> 病入园林癖，衰钟儿女情。家乡事事好，物态一堪评。[1]

王世贞生平之志是兰台令史，可能希望任职于翰林院，但却授职于偏远的湖广，自然很不高兴，迟迟不肯动身。张居正很快就闻知王世贞的心思，当即给他去信，解释任命的缘由，并催促他上路：

> 今岁当宾兴，楚人闻见甚陋，诚愿得公大雅之作，以为程式。幸遄发征麾，趣赴盛会。惟公以鸿渐之仪，困于燕雀，兹当圣作之隆，众贤汇进。铭太常、勒燕然，皆所优为者，外台执宪，直暂借耳。使旋，草草附复。[2]

张居正之所以把王世贞任命为湖广按察使，是希望他能主持湖广乡试，而且说明湖广之职，只是暂时性的、过渡性的，不要意气用事。接到张居正的信函，王世贞没办法，只得于六月起程。王世贞在给友人函中直把内心的不得已表达出来，称："弟此行殊不得已，苦当路聊萧之不置，且无辞以对耳。六月触暑就途，公私追

---

① （明）王世贞：《弇州山人四部稿》卷二九《诗部·闻补楚宪之命四首其二》，第1686页。
② （明）张居正：《张太岳集》卷三五《答廉宪王凤洲·其三》，第442页。

饯，十日内遂无顷刻休。"①王世贞闷头上任，一开始就表现文人那种意气用事的禀性，预示着随后的坎坷。

其实，张居正最初是真心想重用王世贞，在催促王世贞上路的同时，张居正也给湖广巡抚写信，推荐王世贞为湖广乡试作程文，"新任王廉宪凤洲，娴于文辞，委以程试之作，必能代劳，有裨盛典"②。八月，王世贞履任，监湖广乡试，作《湖广策问》，其中有《国史策》，王世贞在其中表达了想登兰台、为令史的梦想。王世贞借乡试策问的机会，向张居正表明了自己的意愿，同时也间接示意不乐为地方官的心态。

王世贞入楚不久，张居正又给王世贞去函，既详细解释湖广之任的原因，又表明不日将把王世贞迁为京官。信中称：

> 缴凭人至，知道从己至楚，入锁院，主文衡。今岁程式，必将为海内冠矣。以下国之荒陋，何幸得闻云和之声，睹环玮之宝哉？宪长例当入觐。汪伯玉言，公雅不乐行。且循资、量移、晋右辖，旦夕便可为内转之阶，仓卒不及为公择地，但借资耳，诸惟原亮。③

此信写于万历元年（1573）九月，向王世贞解释湖广之任，不过是"借资"而已，不日即可升为京官。湖广按察使为正三品，

---

① （明）王世贞：《弇州山人四部稿》卷一二〇《文部·寄陆与绳》，第5627—5628页。
② （明）张居正：《张太岳集》卷三五《附答楚按舒念庭》，第442页。
③ （明）张居正：《张太岳集》卷三五《答廉宪王凤洲·其四为楚宪长时》，第442页。

九月即升为从二品的广西右布政使，万历二年（1574）二月，王世贞转任太仆寺卿（从三品），九月，以都察院右副都御史督抚郧阳（正三品）。在一年时间内，王世贞的职位竟变动了三次。虽然品级上并没有太大的变化，但由地方上的正三品一年内转为京官正三品，实际上就是如张居正信函中所言乃"循资"而已。京官正三品以后，就很容易升迁为尚书和内阁大学士了。可见，对于王世贞的任职，张居正是颇费了些心思，而将王世贞任命为郧阳巡抚，这对王世贞来说是个非常重要的职位，张居正将王世贞安排在此职位上，亦颇费了一番脑子。

郧阳府乃设在湖广的荆襄地区，郧阳地区自明初以来，就一直是流民的聚居地，这里山深地广，山林深阻，流民往往群聚其中。谷应泰形容这里是："郧阳斗绝，西北错处陕、蜀，南下则光、信、南阳、豫州之域。汉北楚山，又皆蜿蜒互属，下抵凤阳、庐、霍。地遍千里，壤接数省，河流四达，复岭万重，麋罗之故国，貙熊之边陲也。"[1]成化年间，先后发生刘通、李原领导的流民起义，明朝先后派白圭、项忠率重兵镇压，成化十二年（1476），即设置湖广郧阳府，并设置湖广行都司，"抚治八郡"，"割地三省，设置六县，而郧阳巍然重镇矣"[2]。其地理位置相当重要，而当时依然是流民聚居之所。

张居正的家乡江陵为荆州府，与郧阳府同属湖广行都司管辖。张居正对家乡的情况非常了解，认为治理"非随俗救弊"，不得有

---

① （清）谷应泰：《明史纪事本末》卷三八《平郧阳盗》，第568页。
② （清）谷应泰：《明史纪事本末》卷三八《平郧阳盗》，第569页。

所为也。①一年之内再次任命王世贞为其家乡的官职，实际上既是一种笼络，又是一种考验。而离开京师，远离文人聚会的场所，或许对王世贞的仕途会有点好处，至少不会经常与诸文人聚会臧否时政，而引起当权者的不满。在王世贞上任不久，张居正又致函给他，言："前令弟送公河上书，其中所言，具见经济宏猷，一一领悉。承差至，知道从已入楚视事，无任欣慰。"②可见，得知王世贞上任郧阳巡抚，张居正相当满意。这期间王世贞显然给张居正写过多封信，但并未收入王世贞的文集中，或许是因为张居正死后被抄家，为免牵连，故加销毁了。③但张居正给王世贞的信都得以保存，从张居正的回信中看出，王世贞甚至将一些治国行事的奏章都给张居正，相互间的关系应该相当密切。

对于张居正笼络人才，明人林之盛评之曰："江陵当国，号能用人，一时才臣，无不乐为之用，用必尽其才，或推毂至通显。"④可见，张居正柄政之初，是尽量援引人才，并尽其所能的。王世贞与张居正既有同榜之谊，王世贞又是当时文坛宗主，声名颇盛，张居正焉有不用之理！但张居正作为强权首辅，他也是有条件和限度的。他把王世贞苦心安排在自己的家乡，或许张居正有所寄望，希

① （明）张居正：《张太岳集》卷九《荆州府题名记》，第122页。
② （明）张居正：《张太岳集》卷三五《答廉宪王凤洲·其五自太仆卿转郧院时》，第442页。
③ 王世贞是否销毁了给张居正的信函，并无直接证据，不过，沈德符提供了一条线索。《万历野获编》卷二五《汪南溟文》曰："江陵封公名文者七十诞辰，弇州、太函（汪道昆）具有幛词，谀语太过，不无陈咸之撼，弇州刻其文集中，行世六七年，而江陵败，遂削去此文，然已家传户颂矣。太函垂殁，自刻全集，在江陵身后十年，却全载此文，亦不窜易一字，稍存雅道云。"（第630页）王世贞既可将幛词去掉，亦有可能去掉给张居正的信件。
④ （明）谈迁：《国榷》卷七一，万历八年九月戊子，第4373页。

望得到回报。对于一般礼节上的事情，王世贞还是尽可能令张居正满意。万历元年（1573），张居正父年七十，万历三年（1575），张居正母年七十，王世贞都作寿序以贺之，对此张居正是心存感激的。为此张居正还特致函王世贞表示感谢："前老父诞辰，已承伟制，兹老母七袠，复拜雄篇。天孙之锦，后先相映；昭华之宝，璀璨盈庭。珍重感切，诚不能喻之于言也。"①但在政事上，王世贞逐渐令张居正失望了。王世贞为郧阳巡抚期间，一方面处理政务，一方面整理文稿。在郧阳巡抚任上，他刻成了《弇州山人四部稿》一百八十卷。但偏远的山区、闲适的生活并未消磨他那文人的气概，或许是作为文人的迂腐，在郧阳任上，王世贞忤逆张居正，终于令强权首辅张居正弃之不顾，甚至欲去之而后快。

　　先是，万历三年（1575），江陵有蠲租之诏，知县李应辰派公正张现负责丈勘田亩。三月二十日，府学生许仕彦认为张现对他的田产"报亩逾数"，遂诉陈李知县，李应辰又派巡检范应瑞复勘，但仍发现许隐匿田亩，许仕彦不服，李应辰将其送回学校，并将张现收监。不料次日，许仕彦聚集诸生，"二十余人倡首，数百人和之"。且遍立匿名揭帖，曰："先劓李知县羽翼，共执范巡检，剥其皮，划其目，歼其毛。巡检去，知县次之。"范巡检以弓兵自守得免，而知县事先得到消息，逃脱。随后几天，闹事生员在路上遇见李知县，要求杖责皂隶、书吏，李知县不准，遂凌辱李知县。李知县不堪忍受，遂向王世贞汇报情况，并提出辞呈。不久，王世贞又接到湖广按察使几乎同样的报告，而且知道闹事生员中，"虽始祸

────────────

① （明）张居正：《张太岳集》卷三五《答廉宪王凤洲·其六郧院时》，第442页。

者许仕彦，倡恶者萧九成，而生员王化实为之主，文训导刘璠为之党，助教授曾贵成自监利署印归而为之从臾者也"。王世贞认为"荆州为楚望郡，几于首善之地"，而诸生鼓噪如此，目无法纪，应当重处，且历来"匿名有律，卧碑有禁"，对于闹事生员绝不姑息，主张将许仕彦、王化等人"从重遣发斥革"①。这原本只是地方上的一件小事，但是，因为闹事生员中所谓的"实为之主"的王化，是张居正妻弟，所以就没有这样简单了。《明史》称："居正妇弟辱江陵令，世贞论奏不少贷。"②而王世贞的处理自然也令张居正不快，"居正积不能堪"，在张居正看来，两次将王世贞派往自己家乡为官，王世贞竟不知照顾其亲属。现在无法查考王世贞是否知道王化是张居正妻弟，按照以往王世贞行事风格，他是不会考虑这些的。因此，即便王世贞真的知道王化是张居正妻弟，他也会照样处理，而不会委曲照顾的。此次生员事件令张居正已是不快，而随之不久，又发生地震，王世贞在《地震疏》中，竟然直接挑战张居正的权威。

农历万历三年（1575）五月初，湖广均州、襄阳府之枣阳、宜城、南漳、光化、穀城，郧阳、河南南阳府等地相继发生地震，王世贞当即上《地震疏》以陈下情，并借地震论时政，曰：

> 切念臣知识浅易，不能通于天下之微，又不晓习占候风
> 角，第闻之史：李固曰：地阴也，法当安静，今乃越阴之职，

① （明）王世贞：《弇州山人四部稿》卷一〇七《文部·恳乞容令休致疏》，第5028—5037页。
② （清）张廷玉等：《明史》卷二八七《王世贞传》，第7380页。

故动。《京房传》曰：阴背阳，占为夷羌背去。又《易·飞候》曰：震以四月，五谷不熟，人民饥。今者为五月矣，阳盛之极，伏阴萌焉，宜静而动，尤非所宜，即今年岁顺成，夷夏敉辑，是天下未有灾之形。而皇上修德勤政，大法小廉，又未有灾之实……伏乞皇上笃承仁爱，益懋敬德，内而养志，以坤道宁静为教；外而饬备，以阴谋险伏为虞。诚孝可以回天，节惠可以待岁。至如臣等叨縻禄饩，奉职无状者，特赐罢斥，别遴材哲以充有位，庶几灾患可弭，治化益新。[1]

当时正是张居正大权独揽、大刀阔斧地进行改革的时候，而经张居正一手提拔的王世贞竟然借地震写出这样的疏文，劝谏神宗"内而养志，以坤道宁静为教；外而饬备，以阴谋险伏为虞"，直指张居正专权，"用以讽居正"[2]，以为是祸国根源。疏文自然为张居正所知，张居正极为不快。凡是权臣对敌对势力绝不容忍，而对亲手提拔重用的部下，如此讥讽，自然张居正是不会罢休的。

其实，在万历三年（1575）二月，生员事件和地震都还未发生，恰逢京察，王世贞自陈不职，且乞休，但未允。张居正还有信函安慰他，道："辱示数议，俟大疏至，当属所司覆行。前岁遣三司马阅边，惟汪伯玉所注措，强人意耳。乃忌者反用此诬诋之，殊为可讶。今已息喙矣。奉别札云云，昨大察时，并未闻有议者，似不

---

① （明）王世贞：《弇州山人四部稿》卷一〇七《文部·地震疏》，第4999—5001页。
② （清）张廷玉等：《明史》卷二八七《王世贞传》，第7380页。

必自生疑虑也。"①当时二人还没有公开的矛盾，对于京察事情，张居正亲为解疑，还是把王世贞看作自己人，而加以照顾。而这两件事情以后，情况与前就大不一样了。王世贞既然几度不给张居正面子，报复不久就发生了。对于其间的变故，陈继儒分析得很清楚：

> 公益自负，强项如故，而又性不能曲事权贵人，往往肮脏守法，故言者多附影凭蜉而起……江陵初欲处公史局，公谢唯唯，江陵以为有心远己也。荆州地震，公引李固京房占：臣道太盛，坤维不宁。又有哗辱邑令者王生，江陵妇弟也，公论奏不少贷。又贻宗人书：相公浸淫耳目之好，非社稷福。其人泄之江陵，江陵积不能堪，虽稍迁廷尉京兆，以貌示用公，而竟以浮言喉公去。②

陈继儒将二人的关系比较清楚地给予说明了，但也有偏见。其所谓"江陵初欲处公史局，公谢唯唯，江陵以为有心远己也"，缺乏事实根据。正如前面所提到的，万历元年（1573），王世贞的复出是张居正一手安排的，从张居正给王世贞的信函中已经得到证实，而王世贞对湖广按察使的职位相当不满，在张居正的催促下，才不得不起程，所谓处之以史局，而王世贞"唯唯"不从，纯粹是陈继儒的想象。如果真任命王世贞为史官，则正是王世贞之愿望，也不会有不愿出山的事情了。事实上，在万历三年（1575）前，他们书信往

---

① （清）张廷玉等：《张太岳集》卷三五《答廉宪王凤洲书·其七郧院时》，第442—443页。
② （明）陈继儒：《眉公杂著·见闻录》卷五《王元美先生墓志铭》，第240—242页。

来不绝，彼此之间关系相当密切，只是因为随之发生的几件事情使得张居正对王世贞不满，故此双方交恶。王世贞自己亦认识到"臣自郧镇以迁直失权臣指"，所谓的"迁直"，正是这几件事情。

王世贞在郧阳巡抚三年的任上，还是颇有政绩的。《湖广通志》言："万历二年，（王世贞）抚治郧阳，纠劾贪酷，咨访将才，理军政，清屯田，郧境大治。又辟清美堂，购书数百种，贮以课士。"①王世贞不仅有政绩，而且还注重当地的文化建设。万历四年（1576）夏，王世贞由郧阳督抚得迁南京大理寺卿，从品级上看都是正三品，没有变化，实际上，是张居正不满意王世贞，故此从郧阳将其调开。督抚郧阳为地方上的封疆大吏，而南京大理寺卿则是个闲职，明显有贬抑之意。随之一系列的厄运就接踵而至，九月，王世贞以"荐举涉滥"被吏部纠察而夺俸。②十月，南京刑部都给事中杨节弹劾他"大节已亏"，竟被处以回籍听候别用。

在王世贞调往南京前后，张居正仍有信函给王世贞。在下达调令前，张居正在信函中言："郧台僻处，非展骥之地，而严廊又无虚席，故暂移留棘，以需次焉。"③这封信虽然打着官腔，但还顾及情面，而随后一封信则公开谈及彼此的矛盾与不快。言：

> 自借郧台，而忌者日以伺公之衅，重之以先朝之事，而令弟解近侍矣。操之以举刺之例，而科疏纠冒滥矣。或云仆有

---

① （清）迈柱等监修，夏力恕编纂：《湖广通志》卷四一《名宦志·王世贞》，《影印文渊阁四库全书》第532册，第597页。
② 《明神宗实录》卷五四，万历四年九月甲午，第1263页。
③ （清）张廷玉等：《张太岳集》卷三五《答廉宪王凤洲书·其八大理卿时》，第443页。

不足于君所，或云公有所怨滞于《周南》，众口之铄，有自来矣。故横发于南疏，盖亦积渍渐润使然，非独言者之过也。如闻舆人之言，此举不中，且复有继者。不得已，暂解见任，以息群喙，旋当复公。旧毡涤雪，以需大畀焉，然蔽贤之罪，首当在仆，无所归咎。①

这里张居正公开谈及双方的误会，而且对王世贞被贬归家的责任，毫不推卸。事实上，王世贞对被贬内幕比任何人都清楚，在他的文集中亦有相关的史料论及此事：

明年之九月，余以中丞节督治郧楚，念母以报上及知己，有所见辄言，言有示许者与示闻者，往往戆直不中节，而谗间入矣。前是余与楚棘事，愤伪学之披猖，发策一及之，而其魁方用事，又与余同年，往往阳托善余，而阴造不根伤政府语，使人不可闻。会余量移南廷尉，人谓且见疏，其魁乃授指于南玙，而杨公之疏上矣。寻得旨解职，候别用。故相徐公时里居，谓余曰：且辩乎？余曰：不难辩也，今犹鸡肋，我辩之，是求用也。居二载，起尹应天，徐公曰：且趋命乎？奚辩哉？余曰：不难趋也，趋之，是急官也；不辩，是爱一官甚于人也；辩而辞，被许余辞，余快也，怒余辩而褫之，亦快也。②

王世贞在这里的描述有情绪化的成分，并非全部是事实，不过

---

① （明）张居正：《张太岳集》卷三五《答廉宪王凤洲书·其九》，第443页。
② （明）王世贞：《弇州山人续稿》卷一六〇《题辩疏后》，第317页。

其提及"知己"，似乎暗指张居正，也可见最初二人关系之密切。而所谓"愤伪学之披猖"，应指惩处生员之事件，但是说"其魁方用事，又与余同年"，显然又是指张居正。把张居正作为他们的头目，则与事实不合，而所谓"往往阳托善余，而阴造不根伤政府语"，亦是王世贞的想象。在万历三年（1575）前，张居正对他还是照顾有加的。而杨节上疏则出自张居正的旨意，自然没错。王世贞把升任南京大理寺卿看成是"鸡肋"，认识还是比较准确。

因为王世贞始终也脱不了文人的秉性，在为郧阳巡抚时，自言："余生有士安之癖，不能一日释书。"①虽然受到张居正的重用，而他依然想保持自己作为文人的独立性与议论时政的自由，所以几乎是想到就说，而不顾及是否合适。谈迁称赞他"夙负名节"②，可见，他看重作为文人的"名节"，不愿为了侍奉权贵而亏了名节，这既是他作为文人的秉性，又是失意于官场的原因。在张居正看来，他是向自己挑战，而当时张居正大权在握，权威不容挑战，故此对王世贞就失去了耐心。其实在第九封信中，看出张居正对辞退王世贞还是有所顾忌的，所谓"蔽贤之罪，首当在仆，无所归咎"，既是一种敢作敢当的表白，同时也反映出他内心的失望与无奈。王世贞是当时的文坛领袖，又是自己的同榜进士，而张居正竟不能用，当然有"蔽贤之罪"了。实际上张居正的做法正是专制时代下，"反智"的正常表现，不在乎"智识阶层"才干如何，只要忤逆当权者，就会成为排挤和迫害的对象。

王世贞家居期间，显然与张居正还保持书信往来。万历五年

---

① （明）王世贞：《弇州山人四部稿》卷七七《文部·郧阳藏书记》，第3663页。
② （明）谈迁：《国榷》卷七五，万历十九年正月辛酉，第4643页。

（1577），张居正父卒，对于张居正是否应该丁忧，朝中掀起了轩然大波，攻击者大有人在。谈迁所谓："江陵负盖世之才，中道宅忧，墨衰从变，物情大骇，诸君子攻之，或纾或峻，并罹重谴。"[1]王世贞并未借此攻击张居正，反而遣使吊唁，张居正似乎很感动，给王世贞的回信中说："今同年中，有孤所引援，见居要路，漠然不一赐问者，乃公独用情优渥至此，令人哀感愧，死无地矣。"[2]张居正回湖北安葬其父回京后，又有信给王世贞。可见，尽管政治上张居正不再重用王世贞，但始终保持同榜之谊，而王世贞也能顾及礼节上的交往。

王世贞闲居时期，亦曾受到推举，但被张居正所阻而不果。万历七年（1579），有人荐举他为应天府尹，任命刚下，弹劾又起。南京给事中王良心、御史王许之在张居正授意下，上疏论劾不贷。王世贞"辩而辞"，"彼许余辞余快也，怒余辩而褫之亦快也"[3]。以后在张居正柄政时期王世贞再也未被授过官职，一直到张居正去世以后，万历十一年（1583）王世贞为科道荐起，两年后补应天府尹，后升南京刑部右侍郎。在张居正权倾天下的岁月中，王世贞只得闲居在家，仕途失意，只能寄情于诗酒，甚至沉迷于学道。

万历七年（1579），王世贞好友王锡爵女王焘贞据说得道成仙，王世贞与王锡爵等日侍左右学法，王世贞当时觉得："一切忧怒从喜乐生，毁从誉生，失意从得意生。所读书一字不得用，所撰述文业一字无可传。"[4]对于尘世万物皆失去兴趣，当时的王世贞"退

---

① （明）谈迁：《国榷》卷七〇，万历十五年十月丁未，第4325页。
② （明）张居正：《张太岳集》卷三五《答廉宪王凤洲书·其十》，第443页。
③ （明）王世贞：《弇州山人续稿》卷一六〇《题辨疏后》，第317页。
④ （明）王世贞：《弇州山人续稿》卷一八三《答曹子真》，第625页。

居昙阳观中，屏荤血，断笔砚，与家庭绝"①。在昙阳子王焘贞升天以后，王世贞又为其作传。当时传文流入京城，有人想借机兴大狱，进谗言于张居正，张居正对此倒不以为然，认为"事渺小且已往，不足道"②。张居正不用王世贞，只要不妨碍公务，不影射他的权威，张居正也不会抓住不放。本来应该大显身手的时候，却被辞退归家，王世贞从精神上备受打击，心情低落到了极点，故而沉迷于学道，既然人世间尽不如意事情，只得沉溺于神仙世界之中去。尽管仕途上失意，而王世贞于文坛的地位则如日中天，无人可比，天下文人唯他马首是瞻。从王世贞与张居正的关系上看出，虽然有交往、有同榜之谊，但王世贞不依附于任何人，表现了一位士人的独立性与对自由的追求。

在处理与王世贞的关系上，张居正作为当权首辅，显示了高超的统治术。在他为首辅期间，王世贞仕途的命运实际上完全取决于张居正本人的意愿与安排，后者表现了高超的用人术。对张居正善用术，明人就有评价：

> （首辅）至江陵而始自为真相，视部如属也。然江陵有术，每往请者必不自言，必使请者曲迎其意。有不合，亦姑阳应之；或其人大龃龉，乃讽鹰鹯击焉。不则，遂攘之为恩。其见擢者，亦竟不知为不出江陵意也。又素留心人才，腹中富有，所品骘，每在司铨者上。往请者，欲诇之良难，故其柄常若独操者。先时掌选者常告余曰："隆庆戊辰（二年）、己巳

---

① （明）沈德符：《万历野获编》卷二三《娄江四王》，第594页。
② （明）王世贞：《嘉靖以来首辅传》卷八《张居正下》，第118页。

（三年）时，盖三相，江陵末也，然凡有大除授，多待江陵而决。"余曰："岂以其势方张乎？"曰："不然，此公有断且藻鉴明，所论多中的，故每每从之。夫能长百人者，必才兼百人者也，岂不然哉！"①

可见，张居正对于官员的任用等人事权一切皆掌握在自己手中，他初入内阁就已显示了这样的特性，而当他成为独掌朝内外一切大权时，官员的升迁贬抑，只看张居正的意愿了，所以我们说王世贞后半期的仕途生涯为张居正所左右，完全是事实。张居正对于敌对势力的惩处固然是毫不手软，而也不允许游离势力的存在。他"好以己意见责望天下，欲令打成一片，不计异同"，而当时王学兴盛，天下书院讲学事情很盛，万历三年（1575），张居正就下令禁毁书院，一直到万历七年（1579）正月正式在全国宣告，"凡先后毁应天等府书院六十四处"②。作为强权首辅，张居正不仅在政治权力上至高无上，而且要控制全国舆论，在文化与思想上也实行专制独裁，正是张居正"反智"的集中表现。对于王世贞游离于其势力外，自然他是无法容忍的。而王世贞性格原本就具有双重性，一方面他无法摆脱出仕的诱惑，总想方设法争取机会，他可以亲近权贵，保持与权贵的交往；另一方面他又不愿失去文人的独立性，尤其是他作为天下文坛领袖，更有树立风范的作用。他不能失去文人的独立性，不能屈膝侍奉、俯首帖耳，时常保持着议论时政的习

---

① （明）孙矿：《吏部尚书赠太子太保谥恭介陈公有年行状》，收入（明）焦竑编：《献征录》卷二五，上海：上海书店影印本，1987年，第1070—1071页。
② （清）夏燮：《明通鉴》卷六七，万历七年正月戊辰，第2674页。

惯，这是当权者所忌讳而难以容忍的，所以无论是严嵩、高拱，还是有同榜之谊的张居正，都无法容忍王世贞，这也是他仕途坎坷的内在根源。

因此，从王世贞身上，我们可以看出，在政治和文化上都极端专制的时代里，也就是极端"反智"的时代里，作为"智性"代表的士人和文人，注定只能是一种受支配的力量，处于被控制的地位，无法获得独立的个性，而追求自由的空间，往往会带来人生的挫折，这也是王世贞命运坎坷的内在根源。

在诸首辅中，王世贞唯独与徐阶关系较为融洽，但确切地说他们比较友好的关系是在徐阶致仕家居之后。① 王世贞自言在他刚入仕不久，因徐阶与其父有往来而拜会过徐阶，且"是时世贞数以公事失缇帅意，公从容解之"。但王世贞并不领情，"世贞不悟，语侵公，公弗色忤"。徐阶似乎对王世贞任意褒贬，随意指斥不加介意。后来王世贞"退伏田里者十年，无一字以干公，亦不知公尚能记否"。隆庆元年（1567），徐阶力主为王忬平反，并"起世贞于田间"，但在王世贞赴任以后，徐阶则已致仕家归了。可见徐阶最先并不计较王世贞的不恭，甚至挑衅，而后来又屡屡施恩于王世贞，终于使王世贞感激而思图报。但王世贞第二次踏入仕途以后，徐阶已离开了政坛，随后他们方真正开始交往。王世贞谈道："官满或公除待次，以至避言里居，岁必造公，公必留款。"王世贞与家居失意的徐阶反而交往很密，凡"三才之恒变，朝典之新故，人才之是非，国家兵事之得失"，皆是他们谈论的话题，虽然"于文章最

---

① 有关徐阶的研究，参见姜德成：《徐阶与嘉隆政治》，天津：天津古籍出版社，2002年。

为晚合"，王世贞还是赞徐阶"颇有根柢"。王世贞称赞徐阶："盖自古宰相之佐理天下，其难未有如公者，其能善用难亦未有如公者。"①这是明显的赞誉之词，在《嘉靖以来首辅传》中，王世贞只推服杨廷和与徐阶，不过对于徐阶诸子横行乡里，王世贞也毫不留情面，在书中如实记录。②

　　总之，王世贞与诸当朝首辅的关系都不融洽，上面我们已经探讨了他与两位强权首辅的关系，就一些具体事例讨论了王世贞的不恭，若联系起来进行考察，就能看出其背后的根源。正如前面已经提及，王世贞是当时的文坛领袖，"始与李攀龙狎主文盟，攀龙殁，独操柄二十年"③。王世贞在明代文坛几十年，多年成为士人领袖，有一大批年轻学子深受其影响。李维桢亦说："先生家三世为九卿八座巨富，而斥之供客及置国史、山园殆尽。"④海内外士人云集王世贞门下，因此王世贞是当时智识阶层的代表、知识分子的领袖。在王世贞所重的人物中，有"前五子""后五子""广五子""续五子""末五子"，皆是与王世贞关系最密切的。而王世贞本人对这一身份十分看重，所以力求保持自己的独立性，不依附于任何当权者，故对严嵩、张居正之企图笼络不但置之不理，反而时常对他们加以批评，这样就决定了他本身的命运。王世贞与徐阶的交往最能反映出这一点，在徐阶为首辅时，王世贞亦对他进行过批

①　（明）王世贞：《弇州山人续稿》卷一三八《徐文贞公行状》，第33页。
②　对于徐阶好谀辞与其诸子横行乡里，王世贞也有微词，在本书第四章中有较详细的说明。
③　（清）张廷玉等：《明史》卷二八七《王世贞传》，第7381页。
④　（明）李维桢：《王弇州集序》，（明）王世贞：《王弇州集》，（清）张汝瑚选，复旦大学图书馆藏郫雪书林刻本，康熙二十一年（1682），第1a面。

评，但徐阶家居以后，成了高拱打击报复的对象，他反而与徐阶来往甚密，这反映出王世贞始终保持与当权者的距离，自然他的命运就不会有好的转机。正如前面论及，明代是反智非常激烈的时代，而嘉、万时期是内阁权力最重的时候，内阁首辅号称无宰相之名而行宰相之实，他们操纵着官员升迁进退之权，也是反智的实际执行者，因而与内阁强权首辅严嵩、高拱、张居正不和的王世贞只能是被摧残打击的对象，这也就是王世贞仕途坎坷的内在原因。

综上所述，终其一生，王世贞始终是作为士人在活动，中年以后更是当时士人群体的领袖，由于他时常褒贬时政，因而成了被打击压制的对象，故仕途坎坷。这样的人生经历势必对王世贞的治史产生影响，但是否影响他公正评价当朝历史呢？下面先从其史学理论入手，然后对其史学的方方面面的问题进行论述，当然就能体察其人生经历对其治史的影响。

# 第二章
## 王世贞的史学理论

作为一位很有成就的史学家，王世贞的史学贡献主要体现在他的明史著述方面，而他在史学理论上亦颇有见地。瞿林东就指出明清时期是我国古代史学理论的批判、总结和嬗变时期，而处于此时期的王世贞对史学理论的总结尤令人注目，他对王世贞在史学理论上的贡献予以充分肯定。[1]向燕南在《中国史学思想通史·明代卷》中专设一章，比较深入地讨论王世贞在史学理论上的贡献。[2]杨文信也对王世贞的史学理论及其对古代史学的批评方面进行了探讨。[3]笔者仔细研读王世贞的著作，认为王世贞的史学理论体现在他对经史关系、正统论、历史编纂学等方面的看法及对中国古代史

---

[1] 瞿林东：《中国古代史学批评纵横》，北京：中华书局，1994年，第18—19页。

[2] 向燕南：《中国史学思想通史·明代卷》（合肥：黄山书社，2002年）第八章《王世贞史学理论的贡献》，分三节分别讨论了"天地间无非史而已""史学批评及其理论贡献""历史的评判与现实的评判"三个方面的问题。指出王世贞对"史"六个层面的问题如"史之言理者""史之正文""史之变文""史之用""史之实""实之华"皆有独到的论断，并重点论述了王世贞对国史、野史、家乘三者优劣的论断及其影响和他的现实批评思想。

[3] 参见杨文信：《王世贞史学研究》第四章《王世贞的史学理论及其对古代史学的意见》，第79—112页。

学与明代史学的批评之中，也还有进一步深入研讨的必要。

## 第一节　王世贞的史学思想

经史关系与正统论，是明代学人普遍关注的问题。因王阳明心学盛行，对程朱理学发生反叛，使明朝学人对传统的经史关系产生疑义。明朝是建立在以蒙古贵族为皇帝的元朝之后，且"南倭北虏"问题长期困扰着明朝，因而传统的中华正统观、华夷观也成为士人普遍关注的问题。自明初的宋濂、王祎、方孝孺，到明中后叶的丘濬、杨慎、李贽都发表过评论，作为一位很有思想的史学家，王世贞的论说亦值得注意。

### 一、经史关系的探讨

中国传统儒家士子都十分推崇经的地位，不过，自陆九渊创立心学，提出"六经注我、我注六经"之学说后[1]，六经的地位似乎有所下降，经史关系就成为一个令人关注的问题。因为"（陆）九渊之学务穷本原，不为章句训诂"[2]，他并不主张事事依从六经，只在内心求理即可。而与之相反，朱熹是特别尊重"经"的地位。他主张"读书须是以经为本，而后读史"[3]。他批评先史后经、废

---

[1]　（宋）陆九渊：《陆九渊集》卷三四《语录上》，钟哲点校，北京：中华书局，1980年，第399页。

[2]　（清）徐乾学：《资治通鉴后编》卷一二八，《影印文渊阁四库全书》第344册，第504页。

[3]　（宋）朱熹著，（宋）黎靖德编：《朱子语类》卷一二二《吕伯恭》，王星贤点校，北京：中华书局，1992年，第2950页。

经治史的做法，道："近日又有一般学问，废经而治史，略王道而尊霸术，极论古今兴亡之变，而不察此心存亡之端。"①可见，他是反对"废经治史"的。②清人陆世仪以为陆九渊之"六经注我、我注六经"学说，开创了儒家的"心宗"，类似佛教之禅宗。③心学与理学对经史关系的看法完全不同。元代理学家许衡、金履祥继续坚持朱熹的史学折衷于六经的观点。④刘因则提出："古无经史之分，《诗》《书》《春秋》皆史也，因圣人删定笔削，立大经大典，即为经也。史之兴自汉氏始。"⑤陈栎则进而提出三代以前，经与史合，三代以后，经史异途之观点，进一步发展了刘因的说法，说：

> 三代以上治与道合，经与史合；三代以下治与道分，经与史分……二帝三皇时，治统与道统合，圣贤达而在上道明且行，此时经即史，史即经也。帝王往矣，治统与道统分，道统寄于孔、孟，穷而在下之圣贤，道虽明不行矣。是后，经自经，史自史也。史虽有司马迁、班固以降诸人及司马公《通

---

① （宋）朱熹：《朱熹集》卷五三《答沈叔晦》，郭齐、尹波点校，成都：四川教育出版社，1996年，第2683页。

② 参见吴怀祺：《中国史学思想史·宋辽金卷》第八章《朱熹的理学和史学》，合肥：黄山书社，2002年，第290—342页。

③ （清）陆世仪：《思辨录辑要》卷三一《诸儒类·明儒》，《影印文渊阁四库全书》第724册，第295页。称："吾儒之有心宗，犹释氏之有禅宗。心宗之名盖仿禅宗而立者也。禅宗起于达摩教外别传，不立文字，心宗起于象山'六经注我，我注六经'，其言若出于一。"

④ 对于元代经史关系的讨论，可参见周少川：《中国史学思想通史·元代卷》第一章《元代理学对史学思想的影响》之第四节"经史关系论的新发展"，合肥：黄山书社，2002年，第34—77页。

⑤ （元）刘因：《静修先生文集》卷一《叙学》，北京：中华书局，1985年，第4—5页。

鉴》，其畔于经者多有之。今吾辈纂要通略之作，提起伏羲为道统之祖，而又提掇克明俊德，亲九族章，以修齐为治平根本，自可以断尽三千年君德相业。以经之道断史之治，史即经也。①

陈栎，字寿翁，号定宇，休宁人。宋亡之后隐居三十八年，至延祐甲寅（1314）年六十三，复出应试，中浙江乡试，因病不及会试。他是元初一个重要的理学家。他提出三代之前，经史合一，即经就是史，史就是经。三代以后，因为治统与道统分离，经与史也就分途发展了。而后代史的发展又依靠经，而"以经之道断史之治"，史也就变成经了。这样梳理经史关系，实际上提高了史的地位。

进入明朝，学人似乎有种要把经从至尊无上的地位拉下来之势，尤其是王阳明心学兴起之后，对经的权威性又发出了挑战，王阳明本人对经的权威性就表示过怀疑。他说：

以事言谓之史，以道言谓之经。事即道，道即事。《春秋》亦经，五经亦史。《易》是包牺氏之史，《书》是尧、舜以下史，《礼》《乐》是三代史。其事同，其道同，安有所谓异？

五经亦只是史。史以明善恶，示训诫。②

王阳明强调经、史之别，只是考虑的角度不同而已，经是从

---

① （元）陈栎：《定宇集》卷一〇《答胡双湖书》，《影印文渊阁四库全书》第1205册，第302—303页。

② （明）王守仁：《王阳明全集》卷一《语录一·传习录上》，吴光、钱明等编校，上海：上海古籍出版社，2015年，第9页。

道言，史是从事言，内在实质上则是相同的，所以五经亦为史。进而又发展陆九渊"六经注我、我注六经"的思想，以为"六经者非他，吾心之常道也。故《易》也者，志吾心之阴阳消息者也；《书》也者，志吾心之纪纲政事者也；《诗》也者，志吾心之歌咏性情者也；《礼》也者，志吾心之条理节文者也；《乐》也者，志吾心之欣喜和平者也；《春秋》也者，志吾心之诚伪邪正者也。""六经，吾心之记籍也。"①"六经"皆出自"吾心"，自然也就没有什么神秘性了，也并非高不可攀、至尊无上的了。②

王世贞尽管不是王学弟子，但是少年时就好读王阳明著作。他说：十四岁时读《王文成公集》，"昼夜不释卷，至忘寝食。其爱之出于三苏之上。稍长，读秦以下古文辞，遂于王氏无所入，不复顾其书，而王氏实不可废"③。可见，王世贞对王学是有所了解的，少年时极为喜爱，甚至超过三苏。在读书过程中，他无疑也潜移默化地受到王阳明的影响。尽管后来不再关注王阳明的著作，但还是觉得王氏著作"实不可废"。或许他对经史关系的看法也受到了王阳明的启发。王世贞论道："天地间无非史而已……六经，史之言理者也。"④在王世贞看来，世间万事万物皆是史，是史可包容的，神圣如经也不过是史之"言理"而已，把经看成是史的一部分。在一定意义上说，王世贞是继承和发展了王阳明的观点。王世贞所言之

---

① （明）王守仁：《王阳明全集》卷七《稽山书院尊经阁记》，第254—255页。
② 对于宋、明经史关系的探讨，参见向燕南：《从"荣经陋史"到"六经皆史"——宋明经史关系说的演化及意义之探讨》，《史学理论研究》2001年第4期，第31—41页。
③ （明）王世贞：《读书后》卷四《书王文成集后一》，第54页。
④ （明）王世贞：《弇州山人四部稿》卷一四四《说部·艺苑卮言一》，第6611页。

"理"类似于王阳明所言之"道"。

既然天地间无非史,那为何又有经、史之别呢?王世贞以为:"经以志,史以记。此自古两言之。"①这就是说经与史有不同的表现方式,一为志,一为记。其实,"志"与"记",皆为先秦典籍中史书的两种体裁。春秋时期,人们对"志"书非常重视,"志"亦有不同的侧重,有时强调属于前代旧籍,则有"前志"之称,有时强调书的国别,则有"周志"之称。《国语·楚语上》韦昭注曰:"故志,谓所记前世成败之书。"②但志书发展到汉武帝时期已基本不存,因为《史记》引用书目中已经没有了志书目录。班固《汉书·艺文志》中亦无志书目录,"志"书中有一部分后来演变成为一种带有格言警句性质、带有指导意义的议论。"记",就是历史记载,司马迁即言:"秦既得意,烧天下诗书,诸侯史记尤甚,为其有所讥刺也。"③后来,"史记"成了《太史公书》之专有名称。④"经以志,史以记",即谓"经"是具有指导意义的,而"史"则是只重历史记载。王世贞又指出《史记》以后,则出现了"记繁志寡"的变化。"记繁志寡,迁、固之失也,虽然不可废也,三代何寥寥哉!噫,罪我者,斯言乎?"⑤《史记》以后,史得以发展,而经有些寡落了。正因为经、史各有偏重,所以:

---

① (明)王世贞:《弇州山人续稿》卷五二《春秋左传注评测议序》,第684页。
② (战国)左丘明撰,(三国吴)韦昭注:《国语》卷一七《楚语上·申叔时论傅太子之道》,上海:上海古籍出版社,2015年,第351页。
③ (汉)司马迁:《史记》卷一五《六国年表》,北京:中华书局,1959年,第686页。
④ 对于志与记的分别,参见赵伯雄:《先秦"志"书考》,《古籍整理研究学刊》1990年增刊第1辑,第10—12页。
⑤ (明)王世贞:《弇州山人四部稿》卷一三九《说部·札记内篇一百三十六条》第75条,第6400页。

夫经有不必记者，而史有不必志。孔子之作《春秋》也，而君臣、父子、夫妇、长幼之伦著焉，中国、夷狄、君子、小人之界判焉，盖二百四十二年而千万世揆是也。故经不敢续也，亦无所事续也。至于史则不然，一代缺而一代之迹泯如也，一郡国缺而一郡国之迹泯如也。贤者不幸而不见德，不肖者幸而不见愿。①

正因为经、史有不同的表现方式，故后人不能续写经，但须续写史，这也是"史繁经寡"的内在原因。王世贞更进而主张史重于经，经虽为史之理，"其体历万古而不亏"，但"其用亦时有不及"，须待以史来佐证，以史来补之。论及明代时，王世贞更进而言之，"今日之史，倍急于经"，"今日之人不可以一日而去史"。所以他对明人拘泥于经而不求史实的做法进行了批评，道：

於乎，古之为辞者，理苞塞不喻，假之辞；今之为辞者，辞不胜，跳而匿诸理。六经，固理区薮也，已尽不复措语矣。繇秦及汉而下二千年，事之变何可穷也，代不乏司马氏，当令人举遗编而跃如，胡至今竟泯泯哉！②

正因此王世贞主张研究六经须为己用，不要拘泥于经文，"得其要，则六经为吾用，其语皆筌蹄；不得其要，则吾为六经役，老死而

---

① （明）王世贞：《弇州山人四部稿》卷一一六《策类·湖广第三问》，第5441页。
② （明）王世贞：《弇州山人四部稿》卷五七《文部·赠李于麟序》，第2808页。

汩汩于章句"①。在王世贞的思想中，史比经重要，经不得史助，其理亦不得完善，读经必须有所用，所以反对那种只泥经而不思变通之做法。他总结自己的读书治学经验，公开声明读书可以不先读经。"吾读书万卷，而未尝从六经入。"②言下之意，即使不皓首穷经，亦可得大成。与对经的态度决然相反，王世贞对史则十分重视，终身孜孜以求，从不懈怠。从他自己的行动亦可看出，他是重史轻经的。

而王世贞这种思想又为李贽、胡应麟、章学诚所弘扬。李贽提出："经、史一物也。史而不经，则为秽史矣，何以垂戒鉴乎？经而不史，则为说白话矣，何以彰事实乎？故《春秋》一经，春秋一时之史也。《诗经》《书经》，二帝三王以来之史也。而《易经》则又示人以经之所自出，史之所从来，为道屡远，变易匪常，不可以一定执也。故谓六经皆史可也。"③李贽明确提出"经史一物""六经皆史"的观点。胡应麟进一步发展了这种观点，进而讨论经、史、子、集的关系，指出它们随着时代的不同相互间的关系有所变化。他说：

> 夏、商以前，经即史也，《尚书》《春秋》是已，至汉而人不任经矣。于是乎作史继之，魏、晋其业浸微而其书浸盛，史遂析而别于经，而经之名禅于佛、老矣。周、秦之际，子即集也，孟轲、荀况是已，至汉而人不专子矣，于是乎有集继

---

① （明）王世贞：《弇州山人四部稿》卷一一四《文部·山西第二问》，第5375页。
② （明）陈继儒：《眉公杂著·见闻录》卷五《王元美先生墓志铭》，第242—243页。
③ （明）李贽：《李贽文集》卷一《焚书》卷五《读史·经史相为表里》，张建业主编，北京：社会科学文献出版社，2000年，第201—202页。

之，唐、宋其体愈备而其制愈繁，子遂析而入于集，而子之体夷于诗、骚矣。《尚书》，经之史也；《春秋》，史之经也。《中庸》《孟氏》，子也，而其理经，故陟而经也；《道德》《冲虚》，经也，而其理子，故降而子也。三者皆可以互名，惟其实也，集则迥不同矣。①

胡应麟的说法是对陈栎的说法进一步细化，也是对王阳明、王世贞等讨论的经史关系问题的进一步阐发，他由经史关系进而推及经史子集四部的关系，认为随着时代的不同，它们相互间的关系也有不同的变化。章学诚则说："盈天地间，凡涉著作之林，皆是史学。六经特圣人取此六种之史，以垂训者耳。子、集诸家，其源皆出于史。"②李贽、胡应麟、章学诚把王阳明、王世贞所讨论的问题进一步深化了，观点也更为明确了。

### 二、历史是连续发展的

历史不仅包罗万象，而且历史是永不停止、连续发展的。这是王世贞所理解的"史"的又一重要特征。他说："噫！史其可以已耶？"③明确提出历史是不会停止不前的，他的这种见解在《国史策》中更得以充分发挥：

---

① （明）胡应麟：《少室山房笔丛》卷二《经籍会通二》，上海：上海书店，2009年，第16页。
② （清）章学诚：《章学诚遗书》卷九《报孙渊如书》，北京：文物出版社，1985年，第86页。
③ （明）王世贞：《弇州山人四部稿》卷一四四《说部·艺苑卮言一》，第6611页。

故夫三代非无史也。周衰，天子之史不在周，而寄于齐、晋之盟主；盟主衰，而又分寄于列国。国自为史，人自为笔。至秦，务师吏、斥百家，而史亦随烬矣。五帝之事若有若无，三王之事若存若亡，则非史之罪也，祖龙为之也。执事试进操觚之士而质之史，其论三代有不尊称《尚书》者乎？然自舜、禹、汤、武及桀、纣而外，有能举少康、武丁、太康、孔甲之详以复者否？周之季，有不尊称《春秋》者乎？然自桓文而上，有能举宣、平、共和之详者否？二汉而下，有不稗官《晋》、齐谐《六代》、期期《唐书》、芜《宋史》、而夷秽《辽》《金》《元》三氏者乎？然一展卷而千六百年之人若新，而其迹若胪列也，则是史之存与不存也。愚非谓晋氏、六季、唐、宋而下之能史也，谓治史之有地也。[1]

从上面这段文字可以看出王世贞所理解的"史"有以下几个特征：其一，"史"是连续发展的。这里的"史"，首先应该就是历史。王世贞从五帝三王时代谈到辽、金、元之际，认为历史是永不停止的，而历史的记载也是连续不断的。[2]其二，谁掌握修史权

---

[1] （明）王世贞：《弇州山人四部稿》卷一一五《策类·湖广第三问》，第5441—5443页；又见《王弇州文集四》，收入《明经世文编》卷三三五，第3597—3598页。

[2] 这一观点直到今日依然有其意义，瞿林东教授亦很强调此论，他说："中国历史的一个突出特点是它的发展上的连续性，是它的文明进程虽有进退迟速但却生生不息、顽强前进，是它的物质文化与精神文化创造曾在许多个世纪里居于世界领先地位，从而促进了整个文明的发展。与此相关联的，是记录和撰述这一文明进程的文献和著作也未曾中断，而其数量之巨亦为世界各国之冠。"参见瞿林东：《历史·现实·人生——史学的沉思》序，杭州：浙江人民出版社，1994年，第2页。

力，就意味谁得天下正统。这里的"史"，则是史书。天下一统，修史权归中央，天下分裂，修史权散归列国。故周衰，史权为齐、晋等霸主所操纵；齐、晋衰，列国纷起，史权又散归诸国，因而各朝各代皆很重视史的修撰。其三，就史书而言，后代的较前面的详细。《尚书》《春秋》位虽尊而三代之史不得其详，后来史书，若《晋书》《唐书》，宋、辽、金、元诸史，缺失虽多，但皆能详细地记载历史。这种情况，在王世贞看来并不是说后代史书较之前代更好，而是体现在后代对史更加重视，史的地位越来越重要而已。王世贞这种看法颇有见地。

而王世贞治史有一种强烈的经世致用思想，他以为"古人既已无，后人犹未有，欲识生者尊，古人落吾口"[①]。他有一种强烈的重今思想，他曾讨论过古今关系，以为：

> 夫士能博古固善，其弗通于今也，古则何有？我以古而诮人，人亦以今而诮我，其失究同也。今夫夏敦商彝，牺尊兽罍，窾识奥奇，文画深巧，天下之瑰珍器也。以烹以盛则不若敝釜瓦缶之便。何者？适于用也。由古道无变今俗，然则通今之士可少哉？[②]

所谓博古而不通今，即如用"夏敦商彝"去烹调，徒为摆设而不得实用。博古而通今，由古道而不变今俗，方得其真谛。这是

---

① （明）王世贞：《弇州山人续稿》卷二〇《题尊生斋赠张仲慧》，第260页。
② （明）王世贞：《弇州史料·后集》卷四〇《丁戊杂编序》，《四库禁毁书丛刊》史部第50册，第76页。

王世贞治史的指导思想，也是他为何对明史孜孜以求的内在原因。王世贞的古史造诣其实很深，他在《读书后》中有关古史评论的文章，都颇有见地，但他留下的有关元代以前的历史书籍，除他人伪托的《纲鉴会纂》等书外，真正出自其手的并没有。他的成就大多体现在当朝史著作中，这正是他重今思想的最好注脚。而他所撰明史著作中，有重要部分即《皇明盛世述》《皇明异典述》《皇明异事述》，对他所在明朝的相关史实加以肯定和称颂，并在历史的长河中给予定位，都是其重今思想的最好佐证。王世贞对明史的研究，除考辨史实真伪外，更注重对现实问题的研究，如党争、宗藩、宦官、南倭北虏等问题，这都是嘉靖以后困扰明朝政府的难题，亦是王世贞所耳闻目睹的，故在其史书中莫不作重点探讨，并提出应对的方策。因此这充分说明他治史并非为史而史，而是为经世而治，亦为统治者提供治国之方略。有关这个问题，在具体讨论王世贞的明史研究时还会再作详细论述。

### 三、迥异于时的正统观

中国古代的史家，都很重视正统观，因为"中国史学观念，表现于史学史上，以'正统'之论点，历代讨论，最为热烈……正统之确定，为编年之先务，故正统之义，与编年之书，息息相关"[1]。明承元后，尤重正统。何为正统？章潢以为："统，合天下而为一者也。合天下而归诸一，即谓之正统欤？盖正统、变统、霸统、闰统、僭统诸说，皆自异姓代兴，而得天下多不以道，故设此

---

[1]　饶宗颐：《中国史学上之正统论》，北京：中华书局，2015年，第1页。

以分别之。"①可见，有"正统、变统、霸统、闰统、僭统"诸说。明初翰林、《元史》副总裁王祎讨论中国历史上的正统，即言：

> 正统之序，历唐虞、夏、商、周、秦、汉，至汉建安而绝。魏武窃取汉鼎，得之既不以正；刘氏虽汉裔，崎岖巴蜀，又未尝得志于中国；而孙氏徒保守江表而已，皆不可谓居天下之正，合天下于一者也。及晋有天下，而其统始续。故自泰始元年，复得正其统。至建兴之亡，正统于是又绝矣。晋氏既南，天下大乱，故自东晋建武之始，止陈贞明之终，二百余年，其间乘时并起，争夺僭窃者，不可胜纪。其略可纪者，犹十六七家。既而大小强弱自相并吞，而天下犹为四。东晋、宋、齐、梁、陈，又自分为后梁而为二。后魏、后周、隋，又自分为东魏、北齐而为二。离合纷纭，莫适为正，皆不得其统，正统于是又绝矣。及后周并北齐而授之隋，隋并后周又并陈，然后天下合为一，而其统复续。故自开皇九年复得正其统，而唐继之。自天祐之亡，正统于是又绝矣。梁氏弑其君，盗其国，以梁为伪，固也。后唐之兴，藉曰名正而言顺，实非所以复唐。晋氏受国于契丹，尤无足议，而汉、周亦皆取之以非义。况此五代者，皆未尝合天下于一，则其不得以承正统，

---

① （明）章潢：《总论历代之统》，转引自饶宗颐：《中国史学上之正统论》，第214—215页。《四库全书总目》卷八《周易象义十卷》载："（章）潢，字本清，南昌人。万历乙巳以荐授顺天府学训导，时年已七十九，不能赴官，诏用陈献章例，官给月米，后至八十二岁，终于家。"（第62页）卒后乡人私谥文德先生，著有《周易象义》和文集《图书编》一百二十七卷。《明史·儒林传》亦有传。

夫复何疑。及宋有天下，居其正，合于一，而其统乃复续。故自建隆元年复得正其统，至于靖康之乱，南北分裂，金虽据有中原，不可谓居天下之正。宋既南渡，不可谓合天下于一，其事适类于魏、蜀、东晋、后魏之际，是非难明，而正统于是又绝矣。自辽并于金，而金又并于元，及元又并南宋，然后居天下之正，合天下于一，而复正其统。故元之绍正统，当自至元十三年始也。由是论之，所谓正统者，自唐虞以来，四绝而四续，唯其有绝而有续，然后是非公，予夺当，而正统明也。鸣呼！吾之说至公大义之所存，欧阳氏之所为说也。欧阳氏之说废，则吾之说不行于天下矣。[1]

王祎所论正统论有几个特点：第一、大一统的政权，唐虞、夏、商、周、秦、汉以后，西晋、隋、唐、北宋、元皆有正统；第二，分裂时期则正统绝，所以三国、东晋、南北朝时期，五代十国时期、南宋时期正统皆绝。值得注意的是，他否定了东晋与南宋的正统地位，反而给元朝以正统，这基本反映明朝初年学人对正统的看法。第三，王祎判别正统的标准为是否是统一全国的大一统政权，而不太关注统治者的族属问题，亦即没有强调"华夷之辨""夷夏之防"。明初修《元史》，实际上也是对元朝正统地位的肯定。作为《元史》的修纂者之一，王祎基本上反映了明初学人的正统观念，也可以说一定程度上反映了当时官方的正统观念。而他自己说其正统思想一本于宋人欧阳修，是对欧阳修正统观的一种继

[1] （明）王祎：《王祎集》卷四《正统论》，顾庆余点校，杭州：浙江古籍出版社，2016年，第105—106页。

承和发挥。①

到了建文时期，方孝孺对正统论加以探讨，他甚至否认秦、西晋、隋的正统地位，较之王袆更为苛刻。以为西晋亦"篡弑以得之，无术以守之，而子孙受其祸者"，故西晋亦不应得其正统。②进而言之，"昔之君子，未尝黜晋也；其意以为后人行天子之理者数百年，势固不得而出之。推斯意也，则莽苟不诛，论正统者，亦将与之矣。呜呼，何其戾也"！进而特别讨论了正统与变统的差别，他说：

> 天下有正统一、变统三。三代，正统也，如汉、如唐、如宋，虽不敢几乎三代，然其主皆有恤民之心，则亦圣人之徒也，附之以正统，亦孔子与齐桓仁管仲之意欤？奚谓变统？取之不以正，如晋、宋、齐、梁之君，使全有天下，亦不可为正矣。守之不以仁义，戕虐乎生民，如秦与隋，使传数百年，亦不可为正矣。夷狄而僭中国，女后而据天位，治如苻坚，才如武氏，亦不可继统矣。二统立，而劝戒之道明，侥幸者其有所惧乎？此非孔子之言也，盖窃取孔子之意也。③

所以方孝孺以为："晋也、秦也、隋也、女后也、夷狄也，不谓之变，何可哉！"④在方孝孺看来，所谓变统三：一是晋、（刘）

---

① 对王袆史学思想的研究，参见向燕南：《论王袆的史学思想》，《学术月刊》2002年第3期，第67—74页。

② （明）方孝孺：《逊志斋集》卷二《杂著·释统上》，上海：商务印书馆，1935年，第49页。

③ （明）方孝孺：《逊志斋集》卷二《杂著·释统上》，第50页。

④ （明）方孝孺：《逊志斋集》卷二《杂著·释统中》，第51页。

宋、齐、梁，取之不正；二是秦与隋，守之不仁；三是武周，乃女后据位，皆是变统。他虽未提夷狄之事，实际上只是认同三代、汉、唐、（赵）宋为正统王朝，未提元朝的正统地位，可见，较之王祎已经苛刻得多了。杨慎推崇方孝孺"以夷狄、篡弑、女主三者，非统之正，其论精且悉矣"①。以方孝孺、杨慎在明代学术界的地位，他们关于正统观的论述，影响相当大。②丘濬《世史正纲》即依据此论，述说他所理解的中国古史。③《四库全书总目》即论之曰："是书本明方孝孺《释统》之意，专明正统。起秦始皇帝二十六年，迄明洪武元年，以著世变事始之所由，于各条之下随事附论。"④其观点得到胡应麟、王世贞的赞同，而《四库总目》则指责其"立说多偏驳不经"，"率臆妄作，为史家未有之变例，可谓谬诞"。因为《世史正纲》有三条原则：严华夷之分、立君臣之义、原父子之心。这样的原则正是对方孝孺观点的发挥，而"华夷之分"是清极为忌讳的，故《四库总目》对该书大加批评。

与否定晋朝正统地位相反的做法，明朝学人对宋朝的正统地位则极端推崇。究其原因，乃对脱脱所修《宋史》，把宋与辽、金

---

① （明）杨慎：《广正统论》，转引自《中国史学上之正统论》，第202页。
② 关于方孝孺的正统论研究，参见向燕南：《引领历史向善——方孝孺的正统论及其史学影响》（《齐鲁学刊》2004年第1期，第89—93页），文中指出方孝孺的正统论是宋元以后最有影响的理论，对明代史学影响深远。钱茂伟认为方孝孺是明代理学化正统论的奠基者，而明代理学化史学是明代史学史上一个十分重要的部分，许多史家深受理学化史学的影响。参见钱茂伟：《明代史学的历程》第一编《明代前期：理学笼罩下的史学》，第23—98页；第二编第七章《理学化史学评判风的兴起》，第109—127页。
③ 关于丘濬史学，参见赵令扬：《关于历代正统问题之争论》，香港：学津出版社，1976年。李焯然：《丘濬之史学——读丘濬〈世史正纲〉札记》，参见李焯然：《明史散论》，第1—58页。
④ （清）永瑢等编：《四库全书总目》卷四八《世史正纲》，第433页。

并列不满，认为这有乖中华正统。黄佐朴即批评道："宋旧史成于元至正乙酉（1345），丞相脱脱为都总裁，契丹、女真亦各为史，与宋并称帝，谓之宋、辽、金三史云。是时纂修者，大半虏人，以故是非不公，冠履莫辨。"①所以明官私皆大修《宋史》。成化十年（1474），宪宗命编《宋元纲目》，以阁臣彭时等为总裁官，以宫坊翰林刘珝、丘濬、程敏政、刘健、杨守陈、尹直、彭华、谢一等为纂修官，分八馆，未五年而书成，进所纂《宋元通鉴纲目》二十七卷。嘉靖十五年（1536）五月，又以严嵩督修《宋史》。而私修最有名的两部宋史则是柯维骐的《宋史新编》和王洙的《宋史质》。柯维骐耗时二十年，把宋、辽、金三史合一，"而以宋为正，辽、金与宋之交聘、交兵，及其卒、其立，附载本纪，仍详君臣行事。为传列于外国，与西夏同。庶几《春秋》'外夷狄'之义"②。王洙则别创义例，以明太祖之高祖，追称德祖元皇帝者承宋统，不仅将辽、金列于外国，且将元代年号亦尽削去。③

王世贞对如此否定秦、晋、隋却极端宣扬宋的正统论的做法颇为反感，他明确指出："自正统之说行，而晋与秦、隋皆抑而为闰，青衿而应制科者，至不得举其凡。"④所以他要为秦、晋辩护，而对宋的正统提出质疑。王世贞在《读秦本纪》中论道：

---

① （明）黄佐：《宋史新编序》，载（明）柯维骐：《宋史新编》，收入《续修四库全书》编纂委员会编：《续修四库全书》第308册，上海：上海古籍出版社，1996年，第311页。

② （明）柯维骐：《宋史新编凡例》，《续修四库全书》第308册，第314页。对于柯维骐的研究，参见陈学霖：《明代宋史学——柯维骐〈宋史新编〉述评》，收入氏著《明代人物与史料》，香港：中文大学出版社，2001年，第283—320页。

③ 参阅柳诒徵：《述〈宋史质〉》，柳曾符、柳定生选编：《柳诒徵史学论文集》，上海：上海古籍出版社，1991年，第164—169页。

④ （明）王世贞：《弇州山人续稿》卷四一《重刻晋书序》，第537—538页。

秦始之恶极矣，然其创制立法可纪也。称皇帝、罢侯、置守令，即王族懿亲无尺土之奉，岂不亦廓然大公哉！春秋之时，徐有淮夷，青有莱夷，雍有犬戎、义渠，豫有三川、陆浑之戎，冀有鲜虞、赤白、长狄、山戎，荆扬之地则无非蛮者，其人与鸟兽杂而生。尧舜之世，化不得过数千里焉，荒服之外，大抵因俗为教固耳。秦一荡洗之，而至于今，即西北至于朔方、辽西无终令支之地；南度百粤，踰五岭、巴笮、滇池，亡不袭衣冠而谈诗书、治礼乐者。於乎，谁力哉！故秦皇、汉武不足为人主训也，然而功足言也。先王之法有道穷而不得不变者，封建也；民之为君三年丧也。有势穷而不得不变者，井田也、古文也；于古有益之而善者，纪元也；有损之而善者，肉刑也；有略而善者，氏族也。於乎，时哉宜哉？宜哉时哉！①

　　在这里王世贞充分肯定秦朝的历史地位，认为：其一，秦开疆拓土，建立了大一统的国家，北及朔方，南逾岭南，奠定了以后历代王朝的疆域，功盖尧舜，因为尧舜所化之地也不过数千里。后代之所谓"合天下而归诸一者"为"统"，若不得秦创基业，又从何说起？其二，秦为后代创立了各种制度。称皇帝，废分封制，在全国推行郡县，使王族懿亲也无寸土之赐，实具"大公"之心。而这些制度又莫不为后代所承继。而且秦顺应时势，对先王之法度进行了革新，故能成此大业。王世贞的这种评价颇为客观，即便今人对

---

① 　（明）王世贞：《读书后》卷五《读秦本纪一》，第60—61页；又见《弇州山人四部稿》卷一一二《文部·读秦本纪》，第5245—5246页。

此亦莫不首肯。①

对于当时人以秦灭六国为"篡弑"的观点，王世贞加以批判，以为秦乃顺应时势，将原本"篡弑"的六国归于一统。且论秦取天下并非始皇之过，失天下也并非始皇之过。曰：

> 秦之取天下而不以道者，其罪不在始皇，而在庄襄以前之主。所以失天下者，其罪不在始皇之取，而在守也。夫秦自孝公用商鞅为功级之赏，以诱战士，而使之强七国之民，自始祖而至于耳孙，其首世世入秦庭，而封于泾渭之间，男不得耕，女不得织，士不得拱手而奉先王之业。盖至始皇而天下之所谓共主，若赧王者，顿首于冀阙之下，而周不祀矣。其时六国之边秦者四，而其半已为秦有矣。秦虽大出兵以下之，而非有血战封观之实，如长平、伊阙者也。秦之势不得不并六国，六国不得不并而为秦。且秦至是，非与周代也，与六国为代者也。夫六国者，非僭夷之楚，即篡晋之赵、魏、韩，而篡姜之田氏也，秦何以不得灭之？藉今秦称皇帝，罢侯、置守令而轻徭薄税，以与天下相安于无事，夫谁曰不可善乎？②

---

① ［美］黄仁宇：《赫逊河畔谈中国历史》（北京：生活·读书·新知三联书店，1992年）第6页《秦始皇》言："假使我们撇开嬴政的个性与作为，单说中国在公元前二二一年，也就是基督尚未诞生前约两百年，即已完成政治上的统一；并且此后以统一为常情，分裂为变态（纵使长期分裂，人心仍趋向统一、即使是流亡的朝廷，仍以统一为职志），这是世界上独一无二的现象。"黄仁宇这段话即是对王世贞观点的重复与肯定。

② （明）王世贞：《读书后》卷五《读秦本纪二》，第61页；又见《弇州山人四部稿》卷一一二《文部·读秦本纪》，第5247—5248页。不过，后者未写篇名，仅以"又"字联结前篇。

王世贞在这里辨明秦所取代的并非东周，而是原本"僭夷"的楚，篡位之赵、魏、韩、齐，因而言秦"篡弑"之说显然不妥，进而批驳了所谓秦得位不正之说，"其所以不纯贬秦、晋也，近世有竖儒丘氏者，不得其说而轻于持论，绌其统而削之，呜呼，是身为僭也"！[1]特别点明他所论是针对"丘氏"的。所谓"丘氏"，即丘濬。丘濬《世史正纲》言："秦人吞噬六国，盖恃其势力以兼并之也，岂所谓定乎？"[2]王世贞与丘濬针锋相对，他不仅肯定秦得位之正，而且对秦在中国历史上的地位亦大加肯定。

对秦灭亡的原因，王世贞针对当时"秦逆取而顺守，可得延乎？曰有大道焉，恶得延"的说法，提出了反驳，以为秦朝："如其事也，不土木，不神仙，不残刑，不黩兵，不巡游，不焚诗书，虽百祀可也。"[3]他指出秦之速亡，并非因其得位不正，而是立国以后，实行暴政所致。如果秦政令得法、治国得体，则"百祀可也"。他的这种见解较之同时代的其他人无疑高明得多。

对时人贬低曹魏，王世贞亦表示了不同的看法。他对曹操是"恶其巧，而惜其拙也"。他认为东汉是"有操亡，无操亦亡，亡等耳"，因而首先就辨明东汉的灭亡与曹操并无直接的关系，不能把东汉灭亡的责任推到曹操身上，所以言曹操为"篡汉"就十分不公正。他以为曹操既有很强的实力，若实行诸葛亮的"仁政"，而

---

① （明）王世贞：《读书后》卷五《读秦本纪二》，第61页；又见《弇州山人四部稿》卷一一二《文部·读秦本纪》，第5249页。
② （明）丘濬：《世史正纲》，朱逸辉等校注，海口：海南出版社，2005年，第2页。
③ （明）王世贞：《弇州山人四部稿》卷一四〇《说部·札记外篇一百四十九条》第22条，第6424页。

非"挟天子以令诸侯",那么人心自然就"厌汉而德魏",但曹操却是"狼其嗜,狐其态,屠僇忠旧,敖废仪节,至于弑后辱主",因而失去人心,"天下莫心与也,后世莫口与也"。①他未得其实,却有篡名。王世贞对曹操责备之余又寄予同情,与那种不分青红皂白一概斥之为奸臣的做法,显然是不可同日而语的。

对晋朝,王世贞亦加以肯定,他把晋与宋相比较,以为当时人肯定宋的正统地位而贬低晋,实为不妥。首先,他以为宋朝立国亦是"篡弑","赵宋之有周也,其何以异于隋(杨)坚乎?(曹)操之篡汉也,亦延之矣;(刘)豫之篡晋也,则复之矣。(曹)操悖而不臣,(刘)豫至再弑。此其辱乎?赵德乃长"②。宋朝立国之途既如此令人怀疑,又焉能过分夸大其正统性呢!王世贞在《读宋史》文中又全面将晋与宋进行了对比,全文录之如次:

> 宋所以得称大继汉、唐者,独其君共俭崇礼让,斩然家范,蔼乎子惠之政而已,其他固不胜晋。余得略指数焉:艺祖贤非晋武帝比也,然而其所以取周则又甚焉。武帝藉累代之业,离君臣之分,势不得退而称臣矣。艺祖一殿帅耳,固周帝之所卵翼而手足者也,一旦乘隙而掩之若承蜩,然其何以见周帝地下哉!晋鼎革之际,其为敌者,偏霸之孙氏,而宋则遗统之刘钧也。重在刘氏,则轻不得不在赵氏也。晋自太康中下吴,即无尺地不入版者,而宋至太宗朝始取太原、降两浙,然卢龙十六州

---

① (明)王世贞:《读书后》卷五《读魏志》,第61—62页。
② (明)王世贞:《弇州山人四部稿》卷一四〇《说部·札记外篇一百四十九条》第34条,第6427页。

之地，契丹之割如故也，天下固已失九之一；李继迁割银夏、黎桓割交阯，天下又失九之二。而宋之君臣方日惴惴焉，奉岁币而昆事契丹，及二帝之北禽也，与遗主南窜迹相等也。晋之江左，其君忘中原矣，然未尝不诏群雄而摈之。宋之江左，其君日夕不忘中原矣，然未尝不表金人而君之、伯父之。晋之亡，犹有禅受之迹焉。宋亡而衔璧舆榇，再辱王庭，抑何甘志绌辱也。故宋之治，其于汉、唐，弟也；其统于晋，亦弟也。语统者，伸宋则不得独屈晋；屈晋则不能独伸宋。且宋安能越晋而汉、唐也？或者曰：宋至濂洛，继之闽，而先王之道秩如也，斯其所以为统乎？曰：仲尼，鲁人也。世卒不以鲁先盟主之晋，而况濂洛为也？彼以为宋重诸儒生乎？抑诸儒生重宋乎？[1]

仔细分析上面这篇文章，我们可以知道王世贞从四方面将晋与宋进行了对比：其一，从开国皇帝来说，宋太祖不如晋武帝；其二，从疆域版图而言，晋灭吴后，就括天下于一统，但宋即便在最强盛的太宗时，犹有九分之一的土地（卢龙十六州）控制在契丹人手里，以后，周边土地不断丧失，最终不得不退居江南；其三，东晋、南宋皆居江南，东晋君臣虽忘中原但能"诏群雄而摈之"，"斥石、斥符、斥姚、斥慕容"。南宋虽"日夕不忘中原"，但每日惴惴不安，"表金人而君之、伯父之"，"臣金、臣元矣"[2]，因此其强弱之势自见；其四，东晋之亡犹有禅让之名，而南宋亡时，君死国灭，再度受

---

① （明）王世贞：《读书后》卷五《读宋史》，第62页。
② （明）王世贞：《弇州山人四部稿》卷一四〇《说部·札记外篇一百四十九条》第42条，第6429页。

辱。因此，宋不仅比不上汉、唐，同晋相比亦是有差距的。王世贞以为儒生重视宋的正统地位，不过是因为宋朝重视儒生而已。

王世贞的这种观点受到了李贽的批评，李贽以为"宋多贤君，晋无一主"。他一一指责晋皇帝道德之败坏，以为："晋之司马懿，一名柔奸家奴也，更加以司马师之强悍，司马昭之弑夺，而何以比艺祖？司马炎一名得志狭邪也，更济以贾南风之淫妒，问公私之虾蟆，而何可以比太宗？况仁宗四十年恭俭哉，神宗厉精有为者……故余谓唐宋一也，比之晋则已甚。"①李贽完全从政治道德的角度，以皇帝个人品性来比较晋、宋差别，从而断定宋远远超过晋。其实，王世贞一开始就肯定宋朝皇帝的品行多无可挑剔，但从国力而言，则晋远胜过宋。李贽和王世贞是从不同的方面来比较晋、宋差异的，虽然我们早已摒弃传统的正统观去分析历史，但若将两个朝代进行比较，王世贞的角度显然有可取之处。

综上所述，王世贞肯定秦、晋的正统地位，对曹魏以为不能加以"篡"名。贬低宋统，不依俗说，显示他作为一位卓绝史家的独立思想和独立精神。

四、审时度势的人物评价标准

瞿林东教授以为中国古代史学家和史学批评家对于历史变动原因的认识多循两条线索：一是"天命"与"人事"的关系，二是"人意"与"时势"的关系。②对于人与时势的问题，他具体分析

---

① （明）李贽：《李贽文集》卷一《焚书》、卷五《读史·宋统似晋》，第200—201页。
② 瞿林东：《中国古代史学批评纵横》，第68页。

了曾巩、范祖禹、苏轼和王夫之等人的看法。[①]其实，王世贞评价历史也很注重时势，这一点也是值得注意的。

王世贞很注重"时"的影响力。前面提到王世贞论秦灭六国时言"於乎，时哉宜哉，宜哉时哉"，意指秦灭六国乃顺应时势，是时势所趋。对历史人物的评价，他亦很注重时势的作用。他认为即便是圣人也不过是"因时"而已，"《乾》六，龙皆圣人也，圣人不能为时，能因时耳"；"在田之龙，何以使天下文明哉，夫子盖深知之，曰：时，舍也。明非时所能舍也，自任确矣"；"时至《剥》，而天地几丧矣，然而圣人生焉。圣人萌于《剥》，产于《坤》，成于《复》，显于《泰》。圣人生《剥》不生《姤》，贤者则不必然"。[②]王世贞以《周易》变化的道理来说明圣人亦不过是乘时而起、乘时而出罢了。他的这种观点把圣人那种神秘的面纱撕开，从而把圣人从那种高不可攀的地位拉下来。圣人既然如此，所谓英雄豪杰就更是时势所造的了，"豪杰之兴，必有所凭藉"[③]。豪杰所凭借的正是时势。王世贞这么论圣人与时势，有些类似于时势造英雄的思想。他以此对历史人物进行评价，尤其是对有争议的人物的评价，如尔朱荣、冯道，王世贞的评价都很有见地，值得注意。

尔朱荣（493—530），字天宝，北魏秀容部落首领。北魏末年，招降侯景等，势力逐渐强大起来。武泰元年（528）攻入洛阳，杀太后、少帝与百官二千余人，立孝庄帝，任大将军兼尚书

---

① 瞿林东：《历史·现实·人生——史学的沉思》，第68—75页。
② （明）王世贞：《弇州山人四部稿》卷一三九《说部·札记内篇一百三十六条》第2、4、9条，第6381、6382、6383页。
③ （明）李贽：《李贽文集》卷四《续藏书》卷一《开国功臣缘起》附论《弇州外史》，第9页。

令。操纵朝政，独断专行，后被孝庄帝所杀。就这么一个乱世英雄，魏收在《魏书》中将尔朱荣比作韩信、彭越，他评价曰："然则荣之功烈，亦已茂乎。而始则希觊非望，睥睨宸极；终乃灵后、少帝沉流不反。河阴之下，衣冠涂地。此其所以得罪人神，而终于夷戮也。向使荣无奸忍之失，修德义之风，则彭、韦、伊、霍，夫何足数。"①这样的评价，时人以为是魏收拿了尔朱荣儿子的"赂金"而刻意美化，故皆"笑而嗤之"。王世贞对此论颇不以为然，认为尔朱荣比韩信固然有差距，但认为比彭越"则荣且愤然而不受"。他对尔朱荣屠杀宗室王公，戏弄天子于股掌，大加痛斥，但就个人的才能而言，"雄武抗悍，有经世略，则自项羽而后未见其比者也"。因尔朱荣最初不过是一偏远地方的小酋长，率兵入洛阳亦不过五六千人，"而六师之乘，万雉之都，拉然而土崩……至于处分大盗之速，遥策关西之胜，隐然阿瞒、寄奴之风，何言彭越也"！而他与项羽相比，"羽有近算而无远略，宽于近而薄于远"。尔朱荣则"有远略而无近算，宽于远而暴于近"，才能可谓项羽之亚。②王世贞对他的评价不可谓不高。王世贞借机分析了像项羽、尔朱荣这样的人物，虽颇有武略，而终难得天下的原因，以为：

古之有天下者，要必有人君之德；而其佐命以功臣终者，要必有人臣之体。人臣之体，在才巨而心小，其识不凡而凡，不远而远，乃可保也。无君德，而其材非人臣者，偏雄则项

---

① （北齐）魏收：《魏书》卷七四《尔朱荣传》，北京：中华书局，1974年，第1657页。
② （明）王世贞：《读书后》卷三《书尔朱荣传后》，第36—37页。

羽、袁绍、李密，委质则韩信及荣也。其法不足以有天下，适足死耳。他固有幸而成者，不足道也。①

王世贞充分肯定了尔朱荣的才能，只是觉得他既无君德，又不具"人臣之体"，故而最终落得身首异处、身败名裂的地步，进而总结出中国历史上打天下成功者，乃既有君德而又获功臣佐命者，但像项羽、尔朱荣等人才干虽远胜人臣，但缺少君德，故最终只能成为昙花一现但难成大业的历史人物。

冯道（882—954），字可道，是五代十国时一位颇有传奇色彩的人物。他一生历事四朝（后唐、后晋、后汉、后周），加上契丹，经十朝（唐庄宗、明宗、闵帝、末帝，晋高祖、出帝，汉高祖、隐帝，周太祖、世宗，辽太宗），共计三十一年。平均每朝仅六年余，为每帝服务时间仅三年余。在这样一个兵荒马乱的年月里，冯道竟可"事四朝，相六帝"，成为一个永不倒的"长乐老"。按照封建传统道德，冯道是既鲜廉耻，又悖忠孝。因此，历来对他毁多誉少，即便是对他加以肯定的《旧五代史》亦言："夫一女二夫，人之不幸，况于再三者哉！"②欧阳修《新五代史》对冯道则大加挞伐，毫不留情。"予读冯道《长乐老叙》，见其自述以为荣，其可谓无廉耻者矣。"③时至今日，依然有史家从政治道德观对他进行批判。但王世贞摈弃传统的儒家道德观，他首先考察冯道所处的时

①　（明）王世贞：《读书后》卷三《书尔朱荣传后》，第37页。
②　（宋）薛居正等撰：《旧五代史》卷一二六《冯道传》，北京：中华书局，1976年，第1666页。
③　（宋）欧阳修撰，（宋）徐无党注：《新五代史》卷五四《杂传·冯道传》，北京：中华书局，1974年，第611页。

代，然后再去品评冯道的处世原则。论道：

> 呜呼，五代之乱极矣。为之臣子者，抑何其不幸也？诸方之僭窃无论已，为唐而遇朱温，一死也；为温而遇友珪，一死也；为友真而遇存勖，一死也；为存勖而遇嗣源，一死也；为嗣源之子而遇从珂，一死也；为从珂而遇契丹，一死也；遇敬塘，一死也；为敬塘之子而又遇契丹，一死也；为知远之子而遇郭威，一死也；为郭威之子而遇匡胤，一死也。远不及十年而死，近不及三载而死，内不免以帷幄死，外不免以节镇死，徼而兵死，野而盗死，不知何以处死也！冯道，一椎鲁士耳，历相十余君而不死，此何故哉？遇治则入，遇乱则出；入则必相，出则巨藩；位三公，爵真王，而卒以令终。彼非能贿免也，非阿谀取容也，又非有布衣之故也，彼盖得庄老之术而善用之。夫不忮不畏，不名不术，推分任真，此六者，庄老之所贵也。而夫子之所谓似而恶，其为乡愿者也。虽然，宁独一道哉？如窦真固、李涛、李昉、李琪之流皆类之，独道以著得贬耳。然则为道而死者，必择以死之日而后可。[1]

在这么一个随时都会丧命的时代，冯道竟"历相十余年而不死"，王世贞分析其成功之处在于得老庄之术而用之。"遇治则入，遇乱则出；入则必相，出则巨藩。位三公，爵真王。"具体而言乃"不忮不畏，不名不术，推分任真"而已。在当时，像冯道这样的

---

[1]　（明）王世贞：《读书后》卷三《书冯道传后》，第44页。

人还有窦真固、李涛、李舫、李琪之流，但"唯道以著得贬"。末言若说冯道当死，则当"必择以死之日而后可"，言下之意对冯道充满同情和理解。因此他对冯道的处世策略是采取同情与褒扬的态度。当代有学者评价冯道时，或依照王世贞的思路，或肯定王世贞的观点。①由兹可见，王世贞对历史人物评价确有值得称道之处。

王世贞重视人物评价，不仅对古代人物进行议论，以表达他的独见，而且对当代人物他亦好加评论。在《弇州山人四部稿》《弇州山人续稿》中收录的有关人物传记中，文尾多加评论。大多先贯以"某某某曰"，其中有"弇州生曰""弇州外史氏曰""外（野）史氏曰""王子曰""弇山人曰""王世贞曰"等。在评价明代人物时，王世贞既注重其时代背景，而又有意识地同古代有关人物相比较，从这一点可看出王世贞有深刻的历史意识。

如论常遇春：

> 高帝以神武定天下，其臣皆莫及，然至于中山、开平二王，则心仪焉。开平之甫定大业而不与其荣，宜帝之悲思之也。世谈开平之勇而诚意之谋，皆怪而陋。夫喑乌跳荡，百夫雄耳，彼岂知有所谓大将者。夫封鄂而谥忠武，唐之尉迟氏，宋之岳氏，并开平，而三大将之材，岳氏则吾开平伯仲哉。②

---

① 参看葛剑雄：《乱世的两难选择：冯道其人其事》，收入氏著：《往事和近事》，北京：生活·读书·新知三联书店，2007年，第131—147页。林永钦：《骑墙孔子——冯道》，台北：万象图书股份有限公司，1996年。
② （明）王世贞：《弇州山人续稿》卷八一《文部·开平岐阳定远三王世家》，第191页。

把常遇春同唐代的尉迟敬德、宋代的岳飞相比，以为常遇春与岳飞乃伯仲之间。

再如论徐达：

> 高帝之取天下，计初下建康，再与陈友谅角，实在行，而其他十七皆大将军力也。大将军之廉靖仁武，沈几策胜，即古名世之佐曷过焉？劳而不伐，夙夜匪懈，与功名终，盖所以处君臣之际微矣。元女侑配英主，整其成师，于十五年后而资靖难，两都二公，光表后裔，宠冠群辟，夫岂幸哉！儒生之第武者，辄先太公望。夫太公因累世之圣，奉以伐至不仁，牧野一战，倒戈攻北，无所藉于鹰扬，而殷社稷矣。土一胙而疾驱于安丘之逆旅，举贤尚功，汲汲以为齐百世计。孰与夫大将军受赈而忘其家，誓众而忘其身，论爵第赏而忘其子孙哉。吾故持标而昂之，以为古今勋臣第一云。①

在这里，王世贞极力称赞徐达之功勋，以为是"古今勋臣第一"，评论之际，以徐达为主，兼及其子孙，涵盖其整个家族。而在有的传中有兼及一个时代的，如《弘治三臣传》乃弘治朝王恕、刘大夏、马文升三人之传记，其论曰：

> 弘治最多名臣，内阁则刘健、李东阳、谢迁，六曹则耿裕、倪岳、余子俊、周经、张悦、戴珊、闵珪、韩文，侍从则

---

① （明）王世贞：《弇州山人续稿》卷八〇《文部·中山王世家》，第184—185页。

杨守陈、吴宽、王鏊，方镇则秦纮、王越，要未有如三君子之灼灼者也。（王）恕直谏重天下，然不难于孝宗，而难于宪宗。孝宗仁君也，然而颇以龃龉终，岂非所谓事君数斯辱也耶？文升数更中外，历权寄，不屈不脞，盖以才力胜者。（刘）大夏仁心为质，道揆法守，晚际鱼水，密勿都俞，庶几有三代风哉！造膝之语，小有传者，觉主圣而臣微不及也。人谓恕似魏玄成、韩稚圭，（马）文升合姚、宋而小逊之，大夏似李沆、司马光；又曰恕强差近名，大夏弱差近实，文升练差用术，其然？岂其然哉！①

在此论赞中，先综论弘治朝之名臣，评论朝臣之时亦评皇帝，末把主要的几位大臣同历史上的相关人物加以类比，从而肯定其地位。

由上可知，王世贞评论元朝以前的历史人物，多把握时势造英雄的视角。而在评论明代人物时，则采取类比方式，把明代人物同历史上的相关人物比较，以把握其特征，从而给予合理的论断，也因而确定明人在整个历史长河中的地位，这体现了王世贞深厚的历史意识。

## 第二节　王世贞之历史编撰学理论与史学批评思想

王世贞的史学理论又体现在他的历史编撰学理论与史学批评中，他有较完整的历史编撰学理论，虽未有系统的史学批评著作传

---

① （明）王世贞：《弇州山人续稿》卷八九《史传》，第291页。

世，但从其著作的零星篇章中，我们可以窥见他史学批评的成就。他不仅对明代史学有颇为系统的论述，而且对古代史学亦存颇有章法的批评。正如屠隆所言，王世贞"鞭挞千古，捃击当代"[1]，这不仅指他的文学评论，也应包含其史学批评。

### 一、史书重因循模拟

王世贞是明"后七子"的领袖，他倡导文学复古，宣扬"文必西汉，诗必盛唐，大历以后书勿读"[2]。这样不仅文学上重模仿，史学上亦重因循、喜模拟。

刘知幾在《史通》中就谈过史学上的模拟问题，以为"述者相效，自古而然"，因为"史臣注记，其言浩博，若不仰范前哲，何以贻厥后来"？因此他并不指斥模拟本身，以为只要是"貌异而心同"而非"貌同而心异"的模拟就应该肯定和提倡。[3]

王世贞的模拟应为哪一类？他模拟的内在原因又如何呢？让我们先看看他对模拟的认识吧。他说：

> 李献吉劝人勿读唐以后文，吾始甚狭之，今乃信其然耳。记问既杂，下笔之际，自然于笔端搅扰，驱斥为难。若模拟一篇，则易于驱斥。又觉局促，痕迹宛露，非斫轮手。自今而后，拟以纯灰三斛，细涤其肠，日取《六经》《周礼》《孟子》《老》《庄》《列》《荀》《国语》《左传》《战国策》《韩非

---

① （明）谈迁：《国榷》卷七五，万历十九年正月辛酉，第4643页。
② （清）张廷玉等：《明史》卷二八七《王世贞传》，第7381页。
③ （唐）刘知幾著，（清）浦起龙释：《史通通释》内篇卷八《模拟二十八》，王煦华整理，上海：上海古籍出版社，2009年，第203页。

子》《离骚》《吕氏春秋》《淮南子》《史记》班氏《汉书》，西京以还至六朝及韩、柳，便须铨择佳者，熟读涵泳之，令其渐渍汪洋。遇有操觚，一师心匠，气从意畅，神与境合，分途策驭，默受指挥，台阁山林，绝迹大漠，岂不快哉！①

这是王世贞模拟古人作文之思想与理论，以为下笔之际因记闻已杂，文章自然难成，若熟读六经、诸子百家，并《史记》《汉书》，将其冶于一炉，作文之时，"一师心匠"，自当"气从意畅，神与境合"，文章势必一气呵成。自此可知王世贞主张"貌异而心同"的模拟。文既如此，史亦类似。在诸多史书中，王世贞最推重《史记》和《汉书》，他以为二书之所以为佳，乃因为它们皆是因循前史、模拟前编而成。他对《史记》的"文"颇加称颂，以为其得前史之意：

> 太史公之文，有数端焉。帝王纪，以己释《尚书》者也，又多引图纬子家言，其文衍而虚；春秋诸世家，以己损益诸史者也，其文畅而杂；《仪》《秦》《鞅》《雎》诸传，以己损益《战国策》者也，其文雄而肆；《刘》《项》纪，《信》《越》诸传，志所闻也，其文宏而壮；《河渠》《平准》诸书，志所见也，其文核而详，婉而多风。《刺客》《游侠》《货殖》诸传，发所寄也。其文精严而工笃，磊落而多感慨。②

---

① （明）王世贞：《弇州山人四部稿》卷一四四《说部·艺苑卮言一》，第6613—6614页。
② （明）王世贞：《弇州山人四部稿》卷一四六《说部·艺苑卮言三》，第6663—6664页。

王世贞以为《史记》损益前史之文皆值得称道，而对没有因循前史的有关传记则加以批评，道：

> 愚故尚欲法司马氏，而窃意其于帝纪孔氏之文，训故《尚书》《家语》而节略之，以为不称。又生不遇左氏《传》，故其叙春秋诸《世家》舛忽不详，好自发其意，故于《刺客》《游侠》《货殖》《佞（佞）幸》之伦，遍采而不忍斥。①

而《汉书》之所以值得称道，亦在于其因袭前史，他论道：

> 夫孟坚之为史也，非尽孟坚史也。后元而前，太史公（司马迁）共之矣；始元而后，叔皮（班彪）共之矣；志有十，大家（班昭）共之矣。夫志固无论，其他若纪、传，或繁而损，或略而益，或因而裁，或朴而润，微孟坚，畴所折衷哉？帝纪之雍容有度，列传之整洁瞻显，彬彬乎太史公雁行矣。②

王世贞以为《汉书》并非班固独自成书，而是因循前史，得前史之精核，故而成书。《汉书》以后诸史书皆不为王世贞所称道，他认为班固以后"其无史哉，非无史也，夫人而无能为史也"③，因为六朝以后的史家，"其于史，不能籍班氏之文文其史，夫是故

---

① （明）陈子龙编：《明经世文编》卷三三五《王弇州文集四·国史策》，第3599页。
② （明）王世贞：《弇州山人续稿》卷四四《文部·汉书评林序》，第574—575页。
③ （明）王世贞：《弇州山人续稿》卷四四《文部·汉书评林序》，第574页。

俚而衍，乱而亡次；其于文，不能籍班氏之史史其文，夫是故华而靡，肤而不立。盖七百余年而蒙气蔚如也"。唐朝的韩愈、柳宗元有慕前史之心，但所成之史书像《唐顺宗本纪》《龙城录》亦是"蕴沓不振"，而"宋士徒能托之言，不能托之笔"①，故千余年来，史皆不得前旨，史书也就混乱不堪了。

正因为王世贞以为班固以后，史家既不能效法司马、班氏，史书亦不得因袭前编，故他自己作文修史就刻意模仿司马迁的《史记》。他平生的志向就是"藉薜萝之日，一从事于龙门、兰台遗响"②，"欲整齐其事与辞，勒成二家，以追迹盲（左丘明）、腐（司马迁）"③。最终王世贞虽未写就一部成一家之言的纪传体国史，但即便是初具雏形的《弇山堂别集》在形、神两方面皆可见模拟《史记》的迹象。陈文烛在《弇山堂别集·序》中即言："元美于子长（司马迁），以意师之，不可称龙门之大宗乎？"④黄宗羲更直言："弇州之袭《史》，似有分类套括，逢题填写。"⑤今人徐朔方亦批评王世贞"对司马迁的刻舟求剑式的仿效和追求"⑥。王世贞以为史书当重因循模拟，与他文学上求复古的思想是一脉相承的。

二、对史书体裁与范畴的意见

正如前面所言，王世贞以为"天地间无非史"而已，而具体到

---

① （明）王世贞：《弇州山人续稿》卷四四《文部·汉书评林序》，第575页。
② （明）王世贞：《弇山堂别集·小序》，载《弇山堂别集》，第4页。
③ （明）王世贞：《弇州山人续稿》卷一八二《文部·书牍·徐生》，第604页。
④ （明）陈文烛：《弇山堂别集·序》，载《弇山堂别集》，第2页。
⑤ （明）黄宗羲：《黄宗羲全集》第十九册《南雷诗文集》（上）《序类·明文案序下》，第18页。
⑥ 徐朔方：《王世贞年谱》，《晚明曲家年谱 第1卷》，第487页。

史书体裁则是多种多样的：

日编年、日本纪、日志、日表、日书、日世家、日列传，史之正文也；日叙、日记、日碑、日碣、日铭、日述，史之变文也；日训、日诰、日命、日册、日诏、日令、日教、日札、日上书、日封事、日疏、日表、日启、日笺、日弹事、日奏记、日檄、日露布、日移、日驳、日喻、日尺牍，史之用也；日论、日辨、日说、日解、日难、日议，史之实也；日赞、日颂、日箴、日哀、日诔、日悲，史之华也。虽然颂即四诗之一，赞、箴、铭、哀、诔皆其余音也。①

在王世贞看来，史有正文、变文、用、实、华等多种表现方式、多种文体，也就是说几乎所有的文体皆可当成史的体裁，只是不同的体裁表现史的不同方面而已。狭而言之，史之正文则是编年、本纪、志、表、书、世家、列传，亦即编年与纪传二体。而二体亦各有优劣，王世贞论道：

大抵史之体有二，左氏则编年，而司马氏乃纪、传、世家。编年者贵在事，而纪传、世家贵在人。贵在事，则人或略而尚可征；贵在人，则事易详而于天下之大计不可以次第得。②

———————

① （明）王世贞：《弇州山人四部稿》卷一四四《说部·艺苑卮言一》，第6611—6612页。

② （明）王世贞：《弇州山人续稿》卷五〇《左传属事序》，第651页。

在《国史策》中更进而论道：

> 凡天下之言史者有二家，其编年者居其一，而左氏为最；纪传者居其一，而司马氏为最。左氏之始末在事，而司马氏之始末在人。重在事，则束于事而不能旁及人，苦于略而不遍；重在人，则束于人，其事不能无重出而互见，苦于繁而不能竟。故法左以备一时之览，而法司马以成一代之业。可相有而不可偏废者也。[1]

由上可知，王世贞以为编年体与纪传体史书各有优劣，编年体史书重事而轻人，纪传体史书重人而轻事。编年体以"备一时之览"，纪传体乃"成一代之业"。各有长处，亦皆有弊端，故只能"相有"而不可"偏废"。所以王世贞自己作史书时，他想"追迹盲（左丘明）、腐（司马迁）"[2]。晚年撰成类似于纪传体的《弇山堂别集》以后，或许还有心成编年体史书，但已无力为之了。就编年而言，他认为有《左传》和《春秋》之别，《春秋》乃"明法"之编年，《左传》则"纪事"之编年。[3]同时，王世贞把纪事本末体当作编年体类，因《资治通鉴》"其事为年隔而不能整栗，建安袁枢取而类分之，曰纪事本末，而左氏其祖祢也"[4]，即认为《左传》是《纪事本末》的"祖祢"。因此，他是把纪事本末当成编年

---

① （明）陈子龙编：《明经世文编》卷三三五《王弇州文集四·国史策》，第3598页；《弇州山人四部稿》卷一一六《策类·湖广第三问》，第5443页。
② （明）王世贞：《弇州山人续稿》卷一八二《文部·徐生》，第604页。
③ （明）王世贞：《弇州山人续稿》卷四一《休阳史序》，第548页。
④ （明）王世贞：《弇州山人续稿》卷五〇《文部·左传属事序》，第651页。

体的附庸。

正文而外，王世贞以为尚有"变文"多种。因此他所理解的史的范畴非常广。对方志与家谱，王世贞亦是把其当成史。所谓："国不能尽，私之家；史不能尽，详之谱。"[1]他把家谱看成是史的补充。王世贞的书中有多处说明家谱当属史，更有言以为史亦不过是谱而已，道：

> 诸序族谱者曰：谱者，史也。余则曰：史者，谱也。史之兴，莫备于司马迁。迁之纪黄帝、三代，以至春秋列国、西京世家，靡不具其所由来，而至于自叙则益详矣。其他同姓异姓之诸侯，于绩无可纪者，亦必昭明其世次，而为之年表。班固氏因之，以至范氏而后，不能推见世家、年表之意而略之。而至于自叙，未尝不追本其所繇始，追大王父而后班班矣。乃至修唐史而表宰相世系，虽于事不甚雅，而后之名家钜公欲为谱者，更于是取资焉。余故曰史即谱也。[2]

王世贞在这里探讨了族谱与史的关系，以为司马迁作《史记》时，对诸侯世家皆标明其家族世次，列之年表，追溯家族之源流，此法得班固等所继承和发扬，隋唐以后，就发展成了家谱，因此史书与家谱有割舍不开的渊源关系，家谱源于史，史亦是谱的表现方式。但到了明代，谱与史的关系则发生了变化，因为：

---

[1] （明）王世贞：《弇州山人续稿》卷四六《文部·华容刘氏族谱序》，第605页。
[2] （明）王世贞：《弇州山人续稿》卷五四《文部·吴江吴氏家乘序》，第708页；卷五五《休宁茗弇州吴氏家记序》中亦有类似的说法。

明兴，东第貂铛之胄不能复征其先德，而三事九列，往往拔自寒畯。吴、越、歙、闽之间，齿姓寔繁，而其久者，至彼此不能相通。金匮石室之藏，又仅采左氏编年之例而识其大者，于是史不能兼谱，谱不能登史。而修谱之家，陋者安于挂漏，侈者骛于张饰，而谱之用，复寖微矣。①

这是王世贞对明人滥修族谱的批评。因明人修谱或"安于挂漏"，或"骛于张饰"，粗制滥造，不求真实，从而丧失了家谱的真实性，"而谱之用，复寖微矣"，使"史不能兼谱，谱不能登史"。

与之相同，王世贞把方志亦看成是史，以为"今志犹古史"。因为古史多为古代的诸侯国史官所成，意在记君、卿大夫之言行举止，以及山川、土田、风俗、民物、兵防之类。而方志则无所不录，故而"古史之失在略，而今志之得在详"。同时，王世贞又认为古代史官多能秉笔直书，不虚美，不隐恶。但方志则荐绅举笔，"其人非邦君即先故"，因此多曲笔忌讳，所以"古史之得在直，而今志之失在谀也"②，今志与古史虽有不同的优缺点，但其实质皆是一样的，都是属于史的范畴。

综上所述，王世贞以为史的范围很广，包罗万象，天地间皆是史。而纪传与编年二体作为史的正文则互有优劣，应取长补短，不可偏废。族谱与方志皆可归诸史，只是明人之族谱、方志，或多谀辞，或失诸考证，故而其价值令人怀疑，应慎重为是。

---

① （明）王世贞：《弇州山人续稿》卷五四《文部·吴江吴氏家乘序》，第708页。
② （明）王世贞：《弇州山人续稿》卷四〇《通州志序》，第534页。

### 三、史书三分法与官私修撰

中国古代的史书有官修、私修，官修史书成于众人，私修史书多为独撰。王世贞以为就正史而言，官修反而不如私撰，其言：

> 或谓众力易就也，然见错而辞不驯；独为不易也，然志专而体不杂。故夫左氏也，司马、班氏也，（陈）寿与（范）晔也，非晋、唐与宋之可拟也。欧阳（修）氏史五代而传，史新唐而不传，无它，众力与独之异也。①

史书成于众人反而不如一人，虽然众人合撰史易成但"见错而辞不驯"，独自成书，困难虽多，但"志专而体不杂"，这就是《史记》《汉书》《后汉书》《三国志》较以后诸官修正史优越之处。王世贞以为像班固成《汉书》那样，朝廷支持但委任一人，是最佳的方式，"昔孟坚（班固）之所草创，私史耳，县官弗忍，置于理而更褒借之，给笔札兰台，进而为公史"②。

王世贞进而根据史书的内容和作者的身份，把史书分为"国史""野史""家乘"三类。所谓国史，主要是官修实录，它们是由朝廷组织而成于众手的，是纯官方且具有极强的正统性。"野史"是私家修的稗史、杂史、史料笔记等。"家乘"则是指碑传铭文、行状、墓表一类人物传记资料。将史书分为"国史""野史""家乘"

---

① （明）王世贞：《弇州山人四部稿》卷一一六《策类·湖广第三问》，第5449—5450页。

② （明）王世贞：《弇州山人续稿》卷四四《汉书评林序》，第575页。

或许并非王世贞的首创，但对三者优劣关系的探讨，王世贞可以说是最早且最有影响力的史家，他论道：

> 国史人恣而善蔽真，然其叙章典，述文献，不可废也；野史人臆而善失真，然其征是非，削讳忌，不可废也；家史人谀而善溢真，然其缵宗阀，表官绩，不可废也。国以草创之，野以讨论之，家以润色之，庶几乎史之倪哉。①

他继承和发扬了唐、宋以来史书的分类法，以史书的作者身份及内容来进行分类，在整个明清史学史上有着十分重要的地位。明清时代的史家如何乔远、谈迁、张岱、黄宗羲、钱谦益、戴名世等皆遵循这种分类法，受其影响，皆探讨过三者之间的关系，但都未超出王世贞的论断。如黄宗羲言："一曰国史取详年月，二曰野史取当是非，三曰家史备官爵世系。"②同王世贞所论如出一辙。

王世贞之论断影响及于今日，当代有许多史家对王世贞的理论大加肯定。吴晗以为："取国史之章典文献，参之以野史之是非，证之以家史之宗阀官绩，制度足凭，是非可信，人物足征，年月可考，四者具核，而史乃可传，此凤洲之卓识。"③瞿林东亦肯定"这种总体性评论，具有方法论的意义"，认为这"带有辩证的因

---

① （明）王世贞：《弇州山人四部稿》卷七一《文部·皇明名臣琬琰录小序》，第3431—3432页；（明）王世贞：《弇山堂别集》卷二〇《史乘考误一》亦有类似说明，第361页。
② 金毓黻：《中国史学史》，第133页。
③ 吴晗：《记〈明实录〉》，载《吴晗史学论著选集》第二卷，第300页。

素"。①而许冠三更称赞王世贞对"国史""野史""家乘"三者优劣关系的论断为"不刊之概括"②。由此可见，时至今日，王世贞这种评断的价值还得到肯定。

综上所述，就王世贞历史编纂学上的一些原则性认识而言，他重史学上的因循模仿，而他所理解史的范围亦十分宽广，史学上的编年、纪传二体各有利弊，国史、野史、家乘三史互有短长，因此不能依照一家，而应取长补短，诸史参互使用方可获得真实的历史。下面我们考察他对具体的史书批评，就可获知他历史编纂学思想的运用。

四、王世贞对中国历代史书的批评

自《春秋》《左传》《史记》《汉书》到《资治通鉴》，宋、辽、金、元诸史，王世贞都有相关的论断。而他对明代史书的总结与批评，体现在他的史学考证中，故留待以后专章讨论。

王世贞对先秦的几部史书如《春秋》《左传》《战国策》都大加肯定。他以为在《穀梁传》《公羊传》和《左传》的《春秋》三传中，《左传》"其事最详而辞甚丽"，因为"左氏尝及事夫子，其好恶与之同，而又身掌国史典故，其事最详"。而"公、谷二氏，私淑之子夏，而以能创义例，有所裨益于经学，士大夫多习之"③。对于《战国策》，他则论称："夫叙事者之有《战国策》，其于太史公昆季也，左氏则匹敌也。是三君子者而产于殷周之际，当左右史

---

① 瞿林东：《中国古代史学批评纵横》，第19页。
② 许冠三：《大（活）史学答问》，台北：桂冠图书股份有限公司，1996年，第113页。
③ （明）王世贞：《弇州山人续稿》卷五〇《文部·左传属事序》，第650页。

之职，兴衰治乱之所以然，与皇王心迹之微，必能委曲貌拟，使人跃然而兴感。"①他对《左传》《战国策》都予以褒扬。《春秋》则亦经亦史，前已言王世贞论《春秋》经的地位，而他又直言《春秋》为史，"《诗》亡，然后《春秋》作。《春秋》者，史也。史能及事，不能遽及情。《诗》而及事，谓之诗史"②。王世贞对《春秋》《左传》奠定编年体史例，肯定其开创之功。

正如前所言，王世贞很推崇《史记》和《汉书》，后代史书不管是私撰还是合撰，皆无法与其相比，称颂之言屡见其书中，他慨叹："余读《史记》者三，尝掩卷而叹其未逮也。"③以为"子长不绝也，其书绝矣。千古而有子长也，亦不能成《史记》"④，《史记》的成就后人无法逾越，而它开创的体例则永为后世之范例，为后世所继承，"自司马氏之纪传行，而后世之为史者亡所不沿袭"⑤，充分肯定《史记》体例上的开创之功。他对《史记》的文采亦称颂备至，在《书〈项羽传〉后》一文开篇即言："吾少时阅书至夜分，困而欲寐，辄取《项羽传》诵之，即洒然醒，以为非羽不能发太史公笔，非太史公无以写羽生气。"⑥这既是对项羽英雄气概的称颂，又岂不是对《史记》文采的莫大赞扬呢！前面提到王世贞称颂《史记》因袭前史之文，以为"其文"或"衍而虚"，

① （明）王世贞：《弇州山人续稿》卷五三《文部·战国策谭趣序》，第692页。
② （明）王世贞：《弇州山人续稿》卷四三《文部·编注王司马宫词序》，第570页。
③ （明）王世贞：《弇州山人续稿》卷四〇《文部·史记评林序》，第532页。
④ （明）王世贞：《弇州山人四部稿》卷一四六《说部·艺苑卮言三》，第6667页。
⑤ （明）王世贞：《弇州山人续稿》卷五〇《文部·左传属事序》，第651页。
⑥ （明）王世贞：《读书后》卷一《书〈项羽传〉后》，《影印文渊阁四库全书》第1285册，第14页。

或"畅而杂"，或"雄而肆"，或"宏而壮"，或"核而详，婉而多讽"，或"精严而工笃，磊落而多感慨"①，多加褒扬。《汉书》乃"太史公雁行"，其成功之处乃因袭前史得法，前既言之，在此就不赘述。

虽然王世贞推崇《史记》《汉书》，但并非盲目迷信，对不满意处亦肆意批评。他甚至对《史记》的正史地位亦发生了怀疑，"《史记》，千古之奇书也，然而非正史也。如《游侠》《刺客》《货殖》之类，或借驳事以见机，或发己意伸好，今欲仿之则累体，削之则非故"②。王世贞对有关传记的批评亦不少，在《书司马穰苴、孙武传后》中称司马迁言司马穰苴、孙武善于用兵并赞司马穰苴兵法宏阔深远，即使三代之人亦无法与其相比，"然太史公于穰苴则仅详其斩庄贾，于孙武仅详其斩爱姬而已，以为用兵之道一赏罚尽之矣"③。显然王世贞对此论不以为然。在评论班固《酷吏传》时，对司马迁和班固一起加以批评。因为《史记》《汉书》皆把田延年、郅都写入《酷吏传》中，王世贞一一分析他们的政绩，以为不应当把他们当成酷吏，"身之不免，而被以酷名，冤矣！……翁归，能臣也，必不为滥刑。延年于废立有大功，何至等之酷吏哉！郅都死矣，冤于太史公；田延年死矣，复冤于班氏，吾以为二史亦深文者"④。对司马迁、班固之评论人物不公正予以批评。

王世贞对《史记》《汉书》是有褒有贬，且是褒多贬少。但对

① （明）王世贞：《弇州山人四部稿》卷一四六《说部·艺苑卮言三》，第6663—6664页。
② （明）王世贞：《弇州山人续稿》卷二〇三《文部·答况吉夫》，第865页。
③ （明）王世贞：《读书后》卷一《书司马穰苴、孙武传后》，第12页。
④ （明）王世贞：《读书后》卷二《书班史〈酷吏传〉后》，第22—23页。

后来的史书则多是批评，如批评范晔、魏收，"范晔、魏收以其能叙述释氏而无贬辞，不知晔之逆乱、收之淫鄙，去崔浩、李德裕何霄壤也"①。在《艺苑卮言》中对魏晋以后的史书综论道：

> 《晋书》《南（史）》《北史》《旧唐书》，稗官小说也。《新唐书》，赝古书也。《五代史》，学究史论也。《宋（史）》《元史》，烂朝报也。与其为《新唐书》之简，不若为《南（史）》《北史》之繁；与其为《宋史》之繁，不若为《辽史》之简。②

王世贞以为《晋书》以后诸史无一值得称道，不是"稗官小说"，就是"烂朝报"之类。这些史书之所以如此不值一提，究其原因，一是前已论及的，班固以后诸史，无所因袭，故而不佳；二是世易时移，故后史不可能与前史一样。其言：

> 西京以还，封建、宫殿、官师、郡县，其名不雅驯，不称书矣，一也；其诏、令、辞、命、奏、书、赋、颂，鲜古文，不称书矣，二也；其人有籍、信、荆、聂、原、尝、无忌之流，足摹写者乎？三也；其词有《尚书》《毛诗》《左氏》《战国策》《韩非》《吕不韦》之书足荟蕞者乎？四也。呜

---

① （明）王世贞：《读书后》卷六《书〈佛祖统载〉后》，第75页。
② （明）王世贞：《弇州山人四部稿》卷一四六《说部·艺苑卮言三》，第6700页。

呼！岂惟子长，即尼父亦然，《六经》无可着手矣。<sup>①</sup>

后世史书不如前史，有此"四不称"，不要说是司马迁的《史记》，即便是孔子再世亦不可能创出六经，这是王世贞所归纳的原因。仔细分析王世贞所论的四点，其实十分荒谬。以为后代制度名不雅驯，文非古文，人物亦无以前豪杰之辈，所用资料亦无春秋、战国时一类书籍，故后史就不如前史，这自然十分片面。这实际上与他文学复古思想是一脉相承的。

魏晋以后诸史，最受王世贞批评的是以为人物安排不当，评价不公。如批评陈寿《三国志》：

> 嗟乎！孔明之忠汉也，与子瑜之忠吴也，思远之继孔明而死忠也，尚之死孝也，寿知之亦能言之。公休之忠魏也，寿不知之矣，后世尚能知之。而元逊之忠吴也，后世亦不知。呜呼，寿不唯不知也，而列公休于《钟会》，列元逊于《孙峻、孙琳》，不亦冤哉！<sup>②</sup>

批评《晋书》曰："《晋史》之传隐逸者三十五人，而合者不十之七。"<sup>③</sup>又"《晋史》不载夏侯孝若《东方朔赞》，而载其《训弟

①　（明）王世贞：《弇州山人四部稿》卷一四六《说部·艺苑卮言三》，第6667—6668页。
②　（明）王世贞：《读书后》卷二《书诸葛亮等传后》，第27页。
③　（明）王世贞：《读书后》卷三《书〈晋史·隐逸传〉后》，第33页。

文》，真无识者也"①。与其他史相比，王世贞对《晋书》是大体肯定的。以为唐修《晋书》：

> 其事例属敬播，《天文》《律历》属李淳风，掌故属于志宁，纪、传属颜师古、孔颖达辈，而宣、武二纪，陆机、王羲之传，天子称制以叙论之，最称彬彬详雅矣。说者乃以晋历仅百年，不能当汉东京之半而文倍之，诸载记、僭王、雄武、凶悖、妖祥之变往往过实，而《世说》《语林》《幽明录》《搜神记》亦所不废。循正者卑之以稗官，责核者外之以诬史，而是书稍屈矣……是书之失，固不能无杂采而轻信，然读之，使其事犹若新，而其人犹有生气者，以拟陈、范则有间，庸渠出唐史下耶？②

在王世贞看来，虽然《晋书》亦成于众人，但得以因袭前十余家史，即便比不上《史记》《汉书》，但依然比新、旧《唐书》要好。至于宋代诸史，王世贞具体讨论了欧阳修的《新五代史》、司马光的《资治通鉴》和朱熹的《通鉴纲目》，以评论欧阳修的《新五代史》最为系统，而批评也最烈。

欧阳修《新五代史》向来为人称道的是其继承《春秋》义理，苏轼序其书就言："论大道似韩愈，论事似陆贽，记事似司马迁，

---

① （明）王世贞：《弇州山人四部稿》卷一四六《说部·艺苑卮言三》，第6681—6682页。
② （明）王世贞：《弇州山人续稿》卷四一《文部·重刻晋书序》，第537—538页。

诗赋似李白。"①赵翼对此亦加肯定,他称赞其"以《春秋》书法寓褒贬于纪传之中"②。明初学人亦多赞同《新五代史》所言之《春秋》义理,前面提到方孝孺自言《释统》一本之欧阳修之《正统论》,《新五代史》正是欧阳修贯彻其正统论的代表性史书。杨士奇则称赞《新五代史》"与司马迁《史记》、班固《汉书》并,而义例胜之"。王世贞对此论颇不以为然,他在《书〈五代史〉后》文中从几个方面对此论进行了批驳,他认为:其一,欧阳修《新五代史》体例最为不当。因为五代之后梁、后唐、后晋、后汉、后周之开国之君,或起于"叛臣",或兴于"夷狄",或起于"负国之大镇",只不过继唐之统,据中原之地,但"其大者尚不能半天下,小者三分之一、而延世不能过三,纪年或仅四五,亦何必尽仿古帝王之例而全予之"!但李昇、王建等十国领袖与朱全忠无二样,却以僭窃之例全削之,显然不妥;其二,文辞索寞,毫无雅意。"腴不如范晔,雅不如陈寿,比之两晋、六朝差有法耳,尚不能如其平生之所撰碑志,而何以齿《史》《汉》哉!"其三,史论冗沓,词不达意,真乃粗劣之至。③有此三条,故在王世贞看来欧阳修的《新五代史》实非佳作。同时,他把杨士奇之称颂看成不过是"私其乡前辈"而已。欧阳修是江西庐陵人,杨士奇是江西泰和人,故是"乡

---

① (元)脱脱等:《宋史》卷三一九《欧阳修传》,北京:中华书局,1977年,第10381页。陈长方《步里客谈》卷下:"陈师锡伯修作《五代史序》,文辞平平。初苏子瞻以让曾子固,曰:'欧阳门生中,子固先进也。'子固答曰:'子瞻不作,吾何人哉?'二公相推未决,陈奋笔为之。"(《影印文渊阁四库全书》第1039册,第404页)以至于王安石讥之曰"释迦佛头上不堪着粪"。(《续修四库全书》第1273册,第83页)
② (清)赵翼著:《廿二史札记校证》卷二一《欧史书法谨严》,王树民校证,北京:中华书局,2013年,第485页。
③ (明)王世贞:《读书后》卷三《书〈五代史〉后》,第43—44页。

前辈"了。

对司马光的《资治通鉴》，王世贞大体给予肯定，以为"能法左氏之编年者，司马氏之后人光也。光所著史曰《资治通鉴》，其文虽不敢望左氏之精凿，要亦有以继之"①。称赞《资治通鉴》继承了《左传》的精神，且"于治体无所系，则宁削正史而不书，有所裨，则旁采异书而不废。虽其繁简不能超时而自为法，然世主称良焉"②。但对朱熹的《资治通鉴纲目》则基本加以否定。

王世贞对《资治通鉴纲目》的评价与他对程朱理学的态度有关，他对信奉程朱理学的宋儒就一直持批评态度。王世贞以为南宋"没世不振"与宋儒有关，他论道："吾尝取宋南渡以后之才，而合晋南渡以后之才比之，大约谓宋略不如晋，止是缘饰儒术可观耳。缘饰儒术其可观者在此，其没世不振亦在此。"③具体而言：

> 昔宋之南，压于金，若卵矣。而濂、闽之徒，日谆谆以正心诚意之说告其君，至于用，略焉。万一不幸而君任之，井吾田，车吾兵，不逾时而社稷饱敌矣。於乎！今安得起仲而将相其才，使之南治岛、北却敌，徐而置濂洛诸儒于庠序间，雅步

---

① （明）王世贞：《弇州山人续稿》卷五〇《文部·左传属事序》，第651页。
② （明）王世贞：《弇州山人四部稿》卷一一六《策类·湖广第三问》，第5446页。王世贞对宋儒的评价亦可参见 Kenneth John Hammond, "Beyond Archaism: Wang Shizhen and the Legacy of the Northern Song", *Ming Studies*, No.36, 1996, pp.6-28. 钱茂伟认为王世贞是批判理学化史学的代表，凡是法《春秋》、宣扬正统观的史学皆被称为理学化史学。参见其论文《论王世贞对理学化史学的批评》（《华东师范大学学报（哲学社会科学版）》2002年第5期，第31—36页）和其专著《明代史学的历程》（第116—127页）。
③ （明）王世贞：《读书后》卷四《书〈赵鼎传〉后》，第49页。

高论，藻饰其所不足邪！①

　　王世贞以为宋儒只知一味清谈，不思实际治国之策，大敌当前犹在谈"正心诚意"之说，如果让他们去担当治国之任，徒以"社稷饱敌"罢了。王世贞又讨论汉儒与宋儒的差别在于"汉之儒多援经以饰事，而宋之儒必推事以就经。援经以饰事有远而诬者，然而于事，济也。推事以就经有迩而当者，然而于事，有不必济也"②。故宋儒只知纸上谈兵，没有一点实际用处，难成大事。
　　《资治通鉴纲目》的作者正是宋"濂洛之徒"的领袖朱熹，《资治通鉴纲目》所贯彻的亦正是"濂洛学说"。基于这点，王世贞对《资治通鉴纲目》就不会有好评。在《书〈扬雄传〉后》一文中，王世贞对《资治通鉴纲目》进行了严厉的批评：

　　　　扬雄氏之出处，其先亦未有訾之者，独不能不有微恨于《剧秦美新》，而紫阳氏之著《通鉴纲目》，直书之曰"莽大夫扬雄死"，盖举亡国之褚渊、历姓之冯道所不加者而加之，于是雄之名遂忍人之齿颊，而其身毋所容于圣门之藩篱矣。及考其传而推之，则事不必尽然，而情亦有大可原者。当雄之游京师，而给事黄门也，成帝之世，与王莽、刘歆并。哀帝之初，复与董贤并。莽、贤皆至三公，负贵势，所荐引立擢，而雄三世不徙官，及莽篡汉，刘歆辈皆用符命，颂功德，而雄复不侯，以耆老久次转大夫，则其不附王莽可知。然所以濡滞而

① （明）王世贞：《读书后》卷五《读〈管子〉》，第64页。
② （明）王世贞：《读书后》卷五《读〈白虎通〉》，第67页。

不去者，以去则莽必恨之，恨之则必追而戮之；即不恨，必且召，而有龚胜之事。雄见夫莽虽奸，然自唐虞以后，所创有而未尝称干戈，以剪刘氏之社稷，而身又不当扦圉之任，如是而死，孔门之所不载，而微、箕之懿戚尚且受封于周，而谓之仁，是以浮沉待尽，以存五世一线之息耳。至于《剧秦美新》，故不见本传，即有之，亦投阁之后，不得已冀以瓦全，且所剧者，秦耳，而不及汉；所美之新，美于秦耳，不美于汉也。不然，涑水氏能斥冯道，诎介甫，而独雄是恕乎哉！紫阳氏之深意，吾固已知之，即文中子之贤，尚议其僭，攻其瑕，而宋之统遂接孟子矣。何况区区一雄哉！①

《剧秦美新》被录入萧统《昭明文选》②，乃扬雄所作称颂王莽之文。朱熹据此在《通鉴纲目》中言"莽大夫扬雄死"，又言"雄所作《法言》，卒章盛称莽功德可比伊尹、周公，后又作《剧秦美新》之文以颂莽，君子病焉"③。王世贞以为朱熹所论失之偏颇，且未理解扬雄的苦衷，因而把"莽大夫"一名加在扬雄身上十分不妥，"罪雄而不得与于道矣"④。又拿司马光作比较，以为司马光"斥冯道，诎介甫"，却能宽容扬雄，就是扬雄情有可原之明证。至于"剧秦美新"，所剧者秦，所美者美于秦，皆与汉没有关系。末再论朱熹对文

① （明）王世贞：《读书后》卷二《书〈扬雄传〉后》，第23页。
② （梁）萧统编，（唐）李善注：《文选》卷四八，北京：中华书局，1977年，第678—682页。
③ （宋）朱熹：《朱子全书》第八册《资治通鉴纲目（一）》卷八，严文儒、顾宏义校点，上海：上海古籍出版社；合肥：安徽教育出版社，2010年，第508页。
④ （明）王世贞：《弇州山人四部稿》卷一三九《说部·札记内篇一百三十六条》第130条，第6416页。

中子这样的贤士，尚且"议其僭，攻其瑕"，从而点明朱熹批评扬雄有不良动机，乃是想越过扬雄、文中子这样的大家，使其直接接续孟子以来道统的衣钵，指出朱熹论史评人的思想有问题。在这里王世贞处处为扬雄辩护，与朱熹的观点针锋相对。

对宋朝以后诸史书，王世贞没有系统论述，《读书后》中虽有数篇文涉及宋、辽、金、元诸史的有关传记，如《书〈宋史〉后》《书〈赵鼎传〉后》《书耶律〈辽史〉后》等文章，但议论的中心是史实而非史书，故对宋朝以后史书的论述相对而言较为零散。不过正如前面提到的，王世贞比较喜欢《辽史》之简洁，而批评《宋史》之烦琐。

正史而外，王世贞对他史亦有论及，如其言：

> 正史之外，有以偏方为纪者，如刘知幾所称"地理"，当以常璩《华阳国志》、盛弘之《荆州记》第一。有以一言一事为记者，如刘知幾所称"琐言"，当以刘义庆《世说新语》第一。散文小传，如伶玄《飞燕》虽近衰，《虬髯客》虽近诬，《毛颖》虽近戏，亦是其行中第一。它如王粲《汉末英雄》、崔鸿《十六国春秋》、葛洪《西京杂记》、苏林《陈留耆旧传》、周楚之《汝南先贤》、陈寿《益部耆旧》、虞预《会稽典录》、辛氏《三秦》、罗含《湘中》、朱赣《九州》、阚骃《四国》《三辅黄图》《酉阳杂俎》之类，皆流亚也。《水经注》非注，自是大地史。①

---

① （明）王世贞：《弇州山人四部稿》卷一四六《说部·艺苑卮言三》，第6700—6701页。

这些或为地理志，或为笔记小说，或为传记资料，王世贞都把其纳入偏方之史，可见他的眼界相当开阔。王世贞对历代史书的评论反映出他深厚的史学功底，虽然他史学主要成就体现在明史上，但他对中国史学亦有全面而通盘的了解，他的史学评论虽并不全合理，但不乏真知灼见，因而值得肯定。

综上所述，我们可知王世贞的史学理论与历史编纂学思想具有以下几个特征：

其一，治史强调经世，他的史学研究并非为史而史，而是为经世而治，这也是他重当朝国史的内在原因。

其二，重史甚于重经，他以为"天地间无非史"。经是史之理，史包容世间一切，用经赖史助，治史可不读经，而且史是连续发展而不间断的。

其三，史学正统观迥异于时人，强调秦、晋的正统地位，亦不以曹魏为篡弑，且批评当时学人肆意抬高宋的正统地位，指出宋的地位既不如汉、唐，也不如晋。

其四，评价历史人物强调时势的作用，注意从时代背景去分析历史人物，从而给予合理评价。又把明人同历史上的相关人物类比，表现他深沉的历史意识。

其五，史书重因循模仿，以为《史记》《汉书》成功之处在于因袭前史。后来史书之所以不成功，一是未能因袭前史，二是后代人事物皆非，故后史亦不如前史。

其六，史书体裁多种多样，而史之正文编年、纪传二体各有优劣，可相有而不可偏废。方志、家谱亦属史。

其七，从修史作者和内容看，史书可分为国史、野史、家史三类，三史互有短长，应取长补短，互为补充。且众人修史不如一人独修，这也是后史不如前史的原因。

其八，王世贞的史学评论范围自春秋、战国以及于明代，视野开阔，纵横古今。他的史学评论反映出他具有深沉的历史意识和优良的史学意识。

第三章
王世贞之明代史学批评与考证


王世贞是明代最为重要的文学家和史学家之一，史学上以明史著述最为重要。正如前面所论及的，王世贞十分重视史学批评与考证，而对明代史学的批评与考证是其史学成就的重要方面。考证又是王世贞治史作文的方法，因而有系统探究的必要。王世贞史学考证之功，历来受到肯定。明人谢肇淛在《五杂组》中即称其"考核该博"，清编修《四库全书》之际，考据学为学术界之大宗，而《四库全书总目》对王世贞考证之功亦多加肯定，对明代史料笔记之论定，亦多引弇州之论点。当今学者对王世贞的历史考证也十分重视，嵇文甫在《晚明思想史论》中就称赞他考证功夫"颇有根柢"①。尹达在《中国史学发展史》中，把王世贞的《史乘考误》与杨慎的《史说》、焦竑的《笔乘》和胡应麟的《史书占毕》相提并论，把它们都看成是明代史学考证的代表作。②姜公韬特作《弇州的考史学》一文，比较系统地探讨了王世贞史学考证上的成

---

① 嵇文甫：《嵇文甫文集》（中册），郑州：河南人民出版社，1990年，第251页。
② 尹达主编：《中国史学发展史》，郑州：中州古籍出版社，1985年，第276页。

就。①林庆彰在《明代考据学研究》中虽未列专章讨论王世贞的考据学成就，但对他考证功力大加称颂。②杨文信在《王世贞史学研究》中专有一章讨论王世贞的考史学，凡国史、野史、家乘皆有所涉猎，他对《史乘考误》所涉猎的主要史书进行了较详细的考订。③姜胜利指出《史乘考误》的内容：一则是澄清史实，二则是补充史事；而又以当代文献互考、古史知识证史和据理推断史事等考证方法，充分肯定其在明代史学上的地位。④吴振汉对《史乘考误》的版本进行了研究，并重点指出了《史乘考误》对嘉、隆史实的考辨多有主观意气、不够客观真实。⑤徐彬对《史乘考误》中所运用的考辨方法有所讨论。⑥但笔者详细对比诸家研究，发现其讨论对象都只局限于《史乘考误》一书，且对《史乘考误》所涉猎史书的状况还较为模糊，尚有值得商榷和深化之处，同时对于王世贞考证史学的方法有研究的必要。虽然《史乘考误》是王世贞考证史学的集中体现，但并不是其全部成果，在《弇山堂别集》的其他部分，以及《弇州山人四部稿》《弇州山人续稿》中皆可窥见王世贞史学考证的风范。《史乘考误》是王世贞对嘉靖、万历以前明代史书的清理考索，而其他部分则是王世贞自身进行历史考证的运用和

① 姜公韬：《弇州的考史学》，收入氏著《王弇州的生平与著述》，第93—116页。
② 林庆彰在《明代考据学研究》中论述了明代大考据家杨慎、梅鷟、陈耀文、胡应麟、焦竑、陈第、周婴、方以智等八人，之所以未详论王世贞考证成就，只是因为王世贞"乏足资稽考之考据学专著"。参见《明代考据学研究·序》，第4页。
③ 参见杨文信《王世贞史学研究》第五章"王世贞的考史学：明初、中叶史学毛病的揭发"，第113—150页。
④ 姜胜利：《王世贞与〈史乘考误〉》，《海南大学学报》（社会科学版）1997年第2期，第42—47页。
⑤ 吴振汉：《王世贞〈史乘考误〉所论嘉、隆之际史事考释》，《"中央"大学人文学报》1998年总第17期，第65—92页。
⑥ 徐彬：《论王世贞的考辨史学》，《史学史研究》2003年第4期，第63—69页。

实践。如果不突破《史乘考误》一书的局囿，就难以对王世贞的史学考证与方法予以全面系统的研究。同时王世贞是将明代史学批评与史学考证二者密切结合起来的典范，在批评之时，施考证，求真实。因而，本章将就此问题作些探讨，以便更清晰而系统地了解王世贞在考证及明代史学批评上的成就。

## 第一节 王世贞从事史学批评与考证的原因

王世贞不仅对明史有相当系统的研究，而且对明代史学以至中国古代史学亦有深刻的认识和系统的批评考订。屠隆称赞王世贞"鞭挞千古，掊击当代"[1]，不仅指他对文学的批评，亦应包括其史学批评与考证。考证即考据，清人江藩认为"考历代之名物象数、典章制度，实而有据者也"[2]，即为考据。而钱穆认为"考据仅为从事学问之一方法，学问已入门，遇有疑难，必通考据"[3]。对王世贞来说，考证只是一种治学的方法和门径。如斯理解王世贞的考证，就会有较广阔的视野。王世贞是嘉、万时期的文坛领袖，于诗、文声誉皆甚高，但又为何要热衷于史学考证呢？下面就从王世贞所处的时代背景、学术交游以及王世贞的心志等方面，略作探讨。

---

① （明）谈迁：《国榷》卷七五，万历十九年正月辛酉"屠隆曰"，第4643页。
② （清）江藩：《经解入门》卷五《有考据之学第三十五》，上海：华东师范大学出版社，2010年，第113页。
③ 钱穆：《〈新亚学报〉发刊辞》，《新亚学报》1955年第1卷第1期，第3页。

## 一、学风之转变与时代的影响

正如余英时所指出的，"史学和时代有一种很明确的动态的关系"[①]。王世贞热衷于考证是因为明末掀起了一股务实求真的学风，有大批学者一反空疏的态势，追求务实的学风。嘉靖以后，王阳明心学及佛家的禅学兴盛，而两派皆直指本心，不以读书为意，大批学者趋之若鹜，学风日益空疏，影响很大。但这么一种学风，当时即引起一批学人反感。王廷相批评说："近世儒者务为好高之论，别出德性之知，以为知之至，而浅博学、审问、慎思、明辨之知为不足，而不知圣人虽生知，惟性善、近道二者而已，其因习、因悟、因过、因疑之知，与人大同，况礼乐名物、古今事变，亦必待学而后知哉！"[②]以为圣人对于"礼乐名物、古今事变"都须学而知之，焉能不读书呢！明人不读书，却好发议论，以至于清人批评时人不讲求实据，犹指"往往空论，犹沿明人习气"[③]。丁文江（1887—1936）对明代学风如此论道："明政不纲，学风荒陋，贤士大夫在朝者以激烈迂远为忠鲠，在野者以性理道学为高尚，空疏顽固，君子病焉。迨乎晚季，物极而反，先觉之士舍末求本，弃虚

---

① 余英时：《史学、史家与时代——新亚书院研究所、新亚书院文学院联合举办中国文化讲座第二讲记录》（1973年12月2日），收入《余英时文集》第一卷《史学、史家与时代》，第108页。

② （明）王廷相：《王廷相集》第三册《雅述》上篇，王孝鱼点校，北京：中华书局，1989年，第836—837页。

③ （清）缪荃孙：《艺风堂文漫存·乙丁稿》卷二《碑传序·积学斋藏书志序》，收入《清代诗文集汇编》编纂委员会编：《清代诗文集汇编》第756册，上海：上海古籍出版社，2010年，第824页。其言："国朝以来，钱遵王《敏求记》为人所重，然钞刻不分，宋元无别，往往空论，犹沿明人习气。"

务实。风气之变，实开清初诸大儒之先声。"①由兹考证学风得以兴起，并对清代乾嘉考据学有开先声之功，这是学术发展的内在理数。而考证学风的兴起还有外部因素，林庆彰将其归纳为五点：理学内部要求、废学之反动、复古运动之影响、杨慎之特起和刻书业之兴盛②，无不促使明代考证学风的兴盛。

谈明代考据学之兴起，首先都肯定杨慎（1488—1559）的地位。杨慎，字用修，号升庵，原籍四川新都人，生于北京。正德间进士第一、授翰林修撰。嘉靖三年（1524），杨慎与明廷诸臣数争大礼，与张璁、桂萼等相持不下，向世宗直言极谏，被廷杖，谪戍云南永昌。杨慎是明代最为博学的学者，流传至今的著作几乎是明代学者中最多的。《明史·杨慎传》言："明世记诵之博，著作之富，推慎为第一。诗文外，杂著至一百余种，并行于世。"③而他尤善于考证，其《丹铅录》《丹铅余录》《丹铅摘录》等皆是考据学名著，盛行海内外。但是由于杨慎著作本身有不少问题，《四库全书总目》就指出："（杨）慎于正德、嘉靖之间，以博学称，而所作《丹铅录》诸书，不免瑕瑜并见，真伪互陈。又晚谪永昌，无书可检，惟凭记忆，未免多疏。"④这样就引发不少学者要与他论辩，以纠正他的错误。由于要与杨慎辩驳，一大批学者皆投身"丹铅之学"。朱国桢《涌幢小品》曰："杨用修博学，有《丹铅录》诸书，

---

① 丁文江：《奉新宋长庚先生传》，收入欧阳哲生主编：《丁文江文集》第一卷，长沙：湖南教育出版社，2008年，第123页。
② 林庆彰：《明代考据学研究》，第22—27页。
③ （清）张廷玉等：《明史》卷一九二《杨慎传》，第5083页。
④ （清）永瑢等编：《四库全书总目》卷一一九《子部·杂家类·正杨四卷》，第1026页。

便有《正杨》，又有《正正杨》。辩则辩矣，然古人、古事、古字，此书如彼，彼书如此，原散见杂出，各不相同。见其一未见其二，哄然相驳，不免被前人暗笑。"①清人周亮工进一步言之："杨用修先生《丹铅》诸录出，而陈晦伯（耀文）《正杨》继之，胡元瑞（应麟）《笔丛》又继之。时人颜曰《正正杨》。当时如周方叔（婴）、谢在杭（肇淛）、毕湖目诸君子集中，与用修为难者，不止一人；然其中虽极辨难，有究竟是一义者，亦有互相发明者。"②由于杨慎当时地位相当高，名望亦大，因而招来一大批依附者与攻击者，从而推动明代考证学的发展。

王世贞对杨慎亦十分重视，他在《艺苑卮言》中评价杨慎："杨工于证经而疏于解经，博于稗史而忽于正史，详于诗事而不得诗指，精于字学而拙于字法，求之宇宙之外而失之耳目之前。凡有援据，不妨墨守，稍涉评击，未尽输攻。"③在他的著作《艺苑卮言》中就有数条与杨慎辨证的史料。而同时他所编的著作中亦有补正或增补杨慎著作的。例如王世贞之《尺牍清裁》即是增补杨慎的著作而成的，"是书盖因杨慎原本而增修之，慎所录自左史，迄于六朝，共为八卷，世贞益为二十八卷。复采唐代至明之作，通为六十卷，又旁搜稗史，得梁、隋以前佚作四十余条，为补遗一卷"④。

---

① （明）朱国祯：《涌幢小品》卷一八《正杨》，北京：中华书局，1959年，第415页。

② （清）周亮工：《书影》卷八，上海：上海古籍出版社，1981年，第227页。

③ （明）王世贞：《弇州山人四部稿》卷一四九《说部·艺苑卮言六》，第6829页。《四库全书总目》卷一二九"丹铅诸录"条，将王世贞此论全文引录，并称赞其为"确论"。

④ （清）永瑢等编：《四库全书总目》卷一九二《集部·总集类存目·尺牍清裁六十卷·补遗一卷》，第1749—1750页。

可见，王世贞钟情于考证，与杨慎亦有关系。

王世贞作为明"后七子"的领袖，他与李攀龙倡导文学复古运动，主张"文必西汉，诗必盛唐，大历以后书勿读"①，后又独主文坛二十多年。文学上的复古势必讲求对古典的重视，从而推动学术之考证。朱希祖对文学复古运动与考证学之间的关系有过精辟的论断，他说："当李梦阳、何景明辈之昌言复古也，规摹秦汉，使学者无读唐以后书；非是，则诋为宋学。李攀龙、王世贞辈继之，其风弥甚。然欲作秦汉之文，必先能读古书；欲读古书，必先能识古字；于是《说文》之学兴焉。"②随之音韵、典章制度方面的研究皆起，由是考据学风大盛。作为"后七子"领袖的王世贞遂积极投身于考证中去。

## 二、王世贞朋友之间的影响

正如前面提到，王世贞是"后七子"的领袖，而他们的文学主张就是复古，重视古典作品，因而推动了考证学风的兴起。"后七子"以外，更有"广七子""末五子"等，其中以胡应麟（1551—1602）最为突出。胡应麟，字元瑞，号少室山房人，更号石羊生，兰溪人。万历四年（1576）举乡试，进士久不第，遂筑室山中，购书四万余卷。学问渊博，著述甚丰，颇得王世贞赏识，置诸"末五子"之列。从年龄上讲，胡应麟是王世贞的晚辈，而他们关系之密切又超乎年龄的界限，王世贞对胡应麟十分器重，胡应麟对王世贞

---

① （清）张廷玉等：《明史》卷二八七《王世贞传》，第7381页。
② 朱希祖：《〈清代通史〉初版序》（节录），收入郑天挺主编：《明清史资料》下册，天津：天津人民出版社，1981年，第454—455页。

也极为尊重。万历十四年（1586），胡应麟身染肺病，自以为不久人世，遂乞王世贞作传，王世贞慨然作成《石羊生传》，对胡赞誉有加，胡应麟内心大慰，病亦顿减。而王世贞临死前嘱咐胡应麟："吾日望子来而瞑，吾续集甫成编，子为我校而序之，吾即瞑弗憾矣。"①将身后文集之事托付给胡应麟，由兹可见他们关系之亲近。而胡应麟是明代考据大家，他的《四部正讹》《三坟补逸》《庄岳委谈》《丹铅新录》《艺林学山》等都是考据学著作。他总结出了一套辨伪理论，对经、史、子、集之辨正皆有指导作用。在与他的交往中，王世贞也更加重视考证，彼此共同探讨，相互切磋。辨伪考据离不开书，王世贞和胡应麟皆是当时颇有声名的藏书家，皆嗜古籍。王世贞对胡应麟之藏书与读书称颂备至，如言："足下聚书三万卷，插架不减邺侯，日枕席坐卧其中，世间事无足上眉尖胸次者。"②又言：

世有勤于聚而倦于读者，即所聚穷天下书犹亡聚也；有侈于读而俭于辞者，即所谓穷天下书犹亡读也。元瑞既负高世之才，端三余之晷，穷四部之籍，以勒成乎一家之言，上而皇帝王霸之猷，贤哲圣神之蕴，下及乎九流百氏，亡所不讨覈，以藏之乎名山大川，间以余力游刃发之乎诗若文，又以纸贵乎通邑大都，不胫而驰乎四裔之内，其为力之难，殆不啻百倍于前代之藏书者。盖必如元瑞而后可谓之聚，如元瑞而后可谓之读

① （明）胡应麟：《少室山房集》卷四八《挽王元美先生二百四十韵（有序）》，《影印文渊阁四库全书》第1290册，第305页。
② （明）王世贞：《弇州山人续稿》卷二〇六《书牍·答胡元瑞》，第895页。

也。噫！元瑞于书，聚而读之几尽矣。[①]

　　王世贞对胡应麟之善藏善读大加颂扬，而聚书读书正是从事考据之基础。王世贞自己亦嗜书成癖，胡应麟称颂王世贞藏书曰："王长公小酉馆在弇州园凉风堂后，藏书凡三万卷，二典不与，构藏经阁贮焉。尔雅楼庋宋刻书，皆绝精。"[②]王世贞对自己的藏书亦很满意，其言："藏书万卷，金石墨迹称是，作蠹鱼其间，足了此生矣。"[③]又造小祇园，"不减白香山履道池上，它日抱瓮其间，不失作老圃；斥置金石古文近万卷，咀咏之余，不失作老蠹鱼；园有佛经一藏，力领趣阓之而逃焉，不失作老衲子。足矣，足矣！"[④]在王世贞的藏书中，宋版书尤多。他自己曾撰文曰："余生平所购《周易》《礼经》《毛诗》《左传》《史记》《三国志》《唐书》之类过二千余卷，皆宋本精绝，最后班、范二《汉书》尤为诸本之冠。"[⑤]

　　可见，王世贞不仅藏书丰富，而且多珍贵的宋版书籍。甚至天一阁的有些书还是传钞自王世贞的小酉馆，王世贞给天一阁主范钦信中谈到"欲彼此各出书目，互补其阙失，其盛心也"[⑥]。可见范钦提出过互补缺失之书这样的建议，而得到王世贞的赞同。这样朋

---

① 　（明）王世贞：《二酉山房记》，见（明）胡应麟：《少室山房笔丛》卷二《经籍会通二》，上海：上海书店出版社，2009年，第27页。

② 　（明）胡应麟：《少室山房笔丛》卷四《经籍会通四》，第48页。

③ 　（明）王世贞：《弇州山人四部稿》卷一二一《文部·张助甫》，第5674页。

④ 　（明）王世贞：《弇州山人四部稿》卷一二二《文部·与石拱辰》，第5705页。

⑤ 　（明）王世贞：《弇州山人四部稿》卷一二九《文部·又前后汉书后》，第6019页。

⑥ 　（明）王世贞：《弇州山人续稿》卷一七五《文部·答范司马书》，第519页。

友之间交流勉励，使王世贞对考证学更为热心。

三、明代史书之状况与王世贞的心志

王世贞一生以修国史自任，他平生之志在于作一部纪传体"国史"，所谓："王子弱冠登朝，即好访问朝家故典，与阀阅琬琰之详，盖三十年一日矣。"①王世贞对此有过多次表示，在《国史策》中言："愚故欲效法司马氏……有能删节其凡例，自羲黄而下迄于今为一家之言，以藏之名山大川，愚且愿为之执鞭，而终其身也。"②在给诸友人函中亦提及这种志向，如言："仆生平不自量，妄意欲整齐一代史事，以窃附于古作者之后"③，"方仆盛壮时……欲整齐其事与辞，勒成二家，以追迹盲腐，至于国家泛扫荒秽，照映千古，而二百余年来无一人受兰台之管者，乃上称金匮，下衷稗官。"④但明代史学著作记载明朝史实错乱不堪，要作国史，必先清理明代史学著作的混乱与谬误，加以系统的批评与考证。这是王世贞作《史乘考误》的内在原因，也是王世贞考证上的成就主要体现在明史方面的根源。《史乘考误》既是其史学考证之作，又是他批评明史学的代表作。

王世贞对当时明史著作的优劣有清醒的认识。正如前面论及，王世贞根据史书的内容和作者的身份，把史书分为"国史""野

---

① （明）王世贞：《弇州山人续稿》卷五四《弇山堂别集·小序》，第716页。另见《弇山堂别集·序》，第4页。
② （明）陈子龙编：《明经世文编》卷三三五《王弇州文集·国史策》，第3599页。
③ （明）王世贞：《弇州山人续稿》卷一九〇《文部·徐儒东》，第708页。
④ （明）王世贞：《弇州山人续稿》卷一八二《文部·徐生》，第604页。

史""家乘"三类。所谓国史，主要是官修实录，它们是由朝廷组织而成于众手的，是纯官方且具有极强的正统性。"野史"是私家修的稗史、杂史、史料笔记等。"家乘"则是指碑传铭文、行状、墓表一类人物传记资料。尽管王世贞觉得"国史""野史""家乘"各有短长，但总体而言，王世贞对明代的"三史"都十分失望。他批评道：

> 夫金匮石室之闷，度非草茅所与闻，然往往传之荐绅云：革除靖难之际，其笔不能无曲与讳也。输款而美其知义，抗节而诬其乞哀。乃至英、宪、孝之际，秉如椽者，陈卢陵（文）、刘博野（宇）、焦沁阳（芳）之辈，往往鸥张其意（另作"臆"），一人而代各贤否，一事而人各是非。甚或责阙供于仁孝之里，诋掠金于戡定之臣，将何所取衷哉！野史亡虑数十百家，其在朝者，修郤而灭其公是，逞己而欺其独非；在野者，剿一时之耳而遽为目，信他（另作"它"）人之舌而用为笔，则又不可信也。家乘稍具生平世系、迁转履历而已，要之，无（另作"罔"）非谀墓者，改事之非而称是，略人之美而归己，则又不可信也。①

在王世贞看来，修实录者"鸥张其意"，不顾真实的历史；撰野史者剿耳闻之谈，信他人之笔，家乘又不过是"谀墓"之辞，竟

---

① （明）王世贞：《弇州山人四部稿》卷一一六《策部·湖广第三问》，第5446—5447页；（明）陈子龙编：《明经世文编》卷三三五《王弇州文集四·国史策》，第3598—3599页。

无令人满意者。所以要成就一部明史，首要事项就是考辨诸史之得失真伪，然后方有可能完成一部真实可信的史书。在这样的时代，又有这样志同道合的朋友，更重要的是有成就一部纪传体国史的志向，王世贞遂对明代史书进行系统的批评与清理，并对明代疑误史事加以细致的考证，为他心目中的"国史"作准备。

## 第二节　王世贞对明代诸史之批评与辨正

我们要探寻王世贞对明代史学的批评与考证成就，应先探讨他的代表作《史乘考误》涉猎史书范围大小与程度深浅，同时从这种探索中，可以窥见王世贞判别史实真伪的标准。王世贞在《史乘考误》中对明代"国史""野史""家乘"进行了系统的批评与考证，批评与考证是王世贞作文治史的方法。王世贞史学批评与史学考证的成就集中体现在《史乘考误》之中，在《弇山堂别集》的其他部分，以及《四部稿》《续稿》的碑传铭文中，亦可见王世贞对史学批评与考证方法的运用。

### 一、对明代"国史"之批评与辨正

明朝无真正意义上的"国史"，而以官修的历朝实录为国史。这样就得有相应的修史机构，但是明朝的修史制度一直受到明朝人的批评，由此也导致了明朝史家对《明实录》等史书的不满，从而对《明实录》进行批评与考订。王世贞是第一个系统考订《明实录》的明代史家。

明承元制，修史多以翰林担当，史官职掌不甚明了，职责亦不甚分明。为前朝编修实录，起居注是最重要的参考资料，所以完善的起居注制度是保证实录质量的基本前提。北魏时期就设立起居注的官职，记录皇帝的言动。唐朝进一步完善起居注制度，唐贞观年间，分别在门下省设立起居郎、中书省置起居舍人，载录皇帝之言行举动，作为史馆纂修实录最直接的资料。宋朝承袭起居注官的制度，元朝则开始改变这一制度，最初以给事中兼修起居注，改专职史官为兼职史官，后来虽设立起居注官职，职掌则有所变化，除记录皇帝之言动外，凡诸司奏闻之事皆予以记录，起居注官职掌更为宽泛了。

明立国之初设立起居注官，洪武十四年（1381）以后就罢废。[①]起居注官不设，起居注不修，实录纂修非常重要的一环无法得到保证。直到万历年间，在张居正的力主之下，方再设立起居注官，张居正去世后，起居注官也随之罢废。起居注官职的不设，起居注的阙失，使得《明实录》的编修增加了许多困难。而与之相应的是明朝虽然有史官，但是并非专职。翰林院的修撰、编修、检讨，皆为史官，但是因为职责不专，修史责任不明，明朝人就批评道："我朝虽设修撰、编修、检讨为史官，特有其名耳。"[②]为何如此呢？因为"我朝翰林皆史官，立班虽近螭头，亦远在殿下。成化以来，人君

---

① 对于明初起居注的官职罢于何时，学术界有不同的看法。吴晗《记〈明实录〉》一文中，以《明史·职官志》中载翰林史官设于洪武十四年（1381），因而怀疑起居注废于是年，以后就不再设立此官。而朱杰勤在其所著《中国古代史学史》（郑州：河南人民出版社，1980年）中认为，起居注官所废时间不知。谢贵安在《明实录研究》（台北：文津出版社，1995年）一书中，认为该官职废于宣宗朝。

② （明）郑晓：《今言》卷二第103条，李致忠点校，北京：中华书局，1984年，第56页。

不复与臣下接，朝事亦无可纪"①。唐、宋史馆与翰林原本是分途而立的，元朝才将二者合在一起，明朝则完全融合为一，史官的职责就变得模糊不清了。

尽管明代翰林的选任非常严格，非科举优胜者不得任职于翰林。但是翰林职掌甚杂，修史只是其中一项而已。《明史·职官志》曰：

> 学士掌制诰、史册、文翰之事，以考议制度，详正文书，备天子顾问。凡经筵日讲，纂修实录、玉牒、史志诸书，编纂六曹章奏，皆奉敕而统承之。诰敕，以学士一人兼领。大政事、大典礼、集诸臣会议，则与诸司参决其可否……侍读、侍讲讲读经史……史官掌修国史。凡天文、地理、宗潢、礼乐、兵刑诸大政，及诏敕、书檄，批答王言，皆籍而记之，以备实录。国家有纂修著作之书，则分掌考辑撰述之事。经筵充展卷官，乡试充考试官，会试充同考官，殿试充收卷官。凡记注起居，编纂六曹章奏，誊黄册封等咸充之。②

由上可知，翰林院的职掌相当之多，大而言之：一、掌朝中文翰，备天子顾问；二、负责经筵日讲之事；三、编修实录等史书；四、充当考试官。可见，修史只是其中之一，与其他职掌相比，修史的重要性减低了许多。翰林既不可能专职专责地修史，这样在明代就没有真正意义上的专职史官。陆容《菽园杂记》论道：

---

① （明）王鏊：《震泽长语》卷上，《影印文渊阁四库全书》第867册，第205页。
② （清）张廷玉等：《明史》卷七三《职官志二·翰林院》，第1786页。

国初循元之旧，翰林有国史院，院有编修官，阶九品而无定员，多或至五六十人。若翰林学士待制等官，兼史事，则带兼修国史衔。其后更定官制，罢国史院，不复设编修官，而以修撰、编修、检讨专为史官，隶翰林。翰林自侍读、侍讲以下为属官，官名虽异，然皆不分职。史官皆领讲读，讲读官亦领史事。所兼预职事，不以书衔。近年官翰林者，尚循国初之制，书兼修国史，甚者编修已升为七品正员，而仍书国史院编修官。亦有书经筵检讨官者，盖仍袭旧制故也。[1]

　　可见，将史官与翰林合而为一，"官名虽异，然皆不分职"，对于修史并无益处。

　　除翰林外，明代编修实录，还有监修与总裁制度，以勋臣监修，以阁臣任总裁。《大明会典》载："凡修实录史志等书，内阁官充总裁，本院学士等官充副总裁，皆出钦命。"[2]《今言》亦载："直文渊阁……凡修实录、史志诸书，充总裁官。"[3]可见，以内阁大学士为实录总裁官也是明朝的一条制度。而除总裁外，还有勋臣为监修官。"实录监修官，累朝俱以勋臣充之。"[4]纂修诸官则由内阁于翰林院、詹事府、左右春坊、司经局诸官内具名题请。可见，明朝的史馆制度有严重的阙失，史官既无专职的起居注官，而负责

---

[1]　（明）陆容：《菽园杂记》卷一四，佚之点校，北京：中华书局，1985年，第179—180页。
[2]　（明）李东阳等撰，（明）申时行等重修：《大明会典》卷二二一《翰林院》，扬州：广陵印社影印本，2007年，第2938页。
[3]　（明）郑晓：《今言》卷四，第343条，第199页。
[4]　（明）沈德符：《万历野获编》卷一《监修实录》，第6页。

实录编修的翰林官又有多重职掌，虽有勋臣监修、阁臣总裁，终究无法弥补制度上的缺陷。制度上的缺陷导致实录的不完善，从而引起明朝史家的不断批评。

王鏊从制度上指陈实录不实的原因，论道："成化以来，职纂修者惟取六部前后章奏，分为十馆，以年月编次成书，总裁官惟略加删削，便称实录，不知后世将何凭以成信史乎？窃惟国家二百余年制度文为，咸正罔缺，惟正史未有成编，将来何所考信！"① 沈德符更明言"实录难据""历代实录，仅纪邸报所列，至大臣小传，仅书平生官爵，即有褒贬，往往失实，以故有志述史者，未免望洋而返"。② 像这样探究《明实录》缺陷的明朝史家还有不少，不过，王世贞是明代第一位比较系统地论述明代实录错谬的史家。③ 钱谦益的《太祖实录辨证》，是王世贞考辨的继续，钱谦益的许多观点来自王世贞，而王世贞的有些观点又成了他攻击的目标。不管如何，王世贞开创之功，不容忽视。

《史乘考误》一开篇就指斥"国史"之失职，也从制度上去找原因：

国史之失职，未有甚于我朝者也。故事有不讳始命内阁翰

---

① （清）孙承泽：《春明梦余录》卷一三《皇史宬》，王剑英点校，北京：北京出版社，2018年，第163页。

② （明）沈德符：《万历野获编》卷二五《焚通纪》，第639页。

③ 陈学霖先生在《〈明实录〉与明初史事研究》一文中，指出明中叶后史家王鏊、郑晓、郎瑛、王世贞、何乔远、沈德符等多从修史义例着眼对《明实录》进行了评骘，但只有王世贞的《史乘考误》是唯一对《明实录》进行全面检讨的史书，其辨析精微，史家咸奉为圭臬。参见［美］陈学霖：《史林漫识》，北京：中国友谊出版公司，2001年，第234页。原载林徐典编：《汉学研究之回顾与前瞻》下册《史学·哲学卷》，北京：中华书局，1995年，第114—124页。

林臣纂修实录，六科取故奏，部院咨陈牍而已。其于左右史记言动，阙如也。是故，无所考而不得书，国恤衮阙，则有所避而不敢书。而其甚者，当笔之士或有私好恶焉，则有所考无所避而不欲书，即书，故无当也。①

一开始王世贞就对明代编撰实录的制度进行批评，认为既缺"记言动"的左右史官，就无法保证记载全部真实的历史。而其他与修实录官员只不过以"故奏""陈牍"拼凑一起以成国史，因此实录缺漏自是当然；更有甚者，撰修之臣随意纂改，任意褒贬，故而实录就难得其实了。正如葛兆光所指出的，野史稗乘的荒诞舛讹，只是史学的赘疣而非心腹之患。而号称"国史"《实录》的失实，才是封建史学的膏肓之症。②故而王世贞首开对《实录》之考辨，其影响十分深远。

下面先列表考察《史乘考误》涉猎实录的程度，将其量化，可以给我们一个明晰的印象。此表有以下几点应先加说明：1.表中所含实录数目，分为被纠谬次数和以实录纠野史、家乘错谬之次数；2.王世贞多以"国史""史""实录"称《实录》，凡其言"史云""国史云""实录云"或"今考史""据史""实录可据"皆属征用实录。只要出现以上提及的字眼就算一次，在同一条史实中征用多次亦统计为一次；3.此表是以中华书局出版的《弇山堂别集》版为准。

---

① （明）王世贞：《弇山堂别集》卷二〇《史乘考误一》，第361页。
② 葛兆光：《明清之间中国史学思潮的变迁》，《北京大学学报》（哲学社会科学版）1985年第2期，第81—99页。

表一　《史乘考误》征论各朝实录统计表

| 书　名 | 被纠谬次数 | 纠他史错谬次数 | 合　计 | 备　注 |
|---|---|---|---|---|
| 《太祖实录》 | 10 | 23 | 33 | |
| 《成祖实录》 | 3 | 12 | 15 | |
| 《仁宗实录》 | 0 | 1 | 1 | |
| 《宣宗实录》 | 1 | 4 | 5 | |
| 《英宗实录》 | 5 | 22 | 27 | 其中景泰史实7次 |
| 《宪宗实录》 | 6 | 9 | 15 | |
| 《孝宗实录》 | 5 | 9 | 14 | |
| 《武宗实录》 | 6 | 9 | 15 | |
| 《世宗实录》 | 12 | 7 | 19 | |
| 《穆宗实录》 | 3 | 0 | 3 | |
| 合　计 | 51 | 96 | 147 | |

　　从上表可知：其一，征论全面，一方面用野史、家乘去纠正实录的错谬，另一方面，又用实录证野史、家乘之荒诞。在王世贞当时，已编修完的实录，《史乘考误》皆有涉猎，十分广泛。既有用野史、家乘辨析实录错谬的，同时，野史笔记也多有错谬，故亦以《明实录》与野史互证，以廓清野史之谬误。王世贞以野史、家乘纠实录之谬共51条，而以实录纠正野史、家乘错谬的则有96条。

　　其二，纠谬次数最多的是《太祖实录》，《英宗实录》和《世宗实录》紧随其后，而对其他实录也皆有考辨。每一部实录的问题有所不同，王世贞考辨的问题亦有所区别。下面就分别加以讨论。

　　1. 考《太祖实录》与《成祖实录》之曲笔隐讳

　　因朱元璋杀开国功臣，又因朱棣以"靖难之役"取代建文皇帝，在实录中抹杀建文帝的地位，将建文朝史事附于洪武朝下，为掩盖事实真相，《太祖实录》曾被改修两次。建文元年（1399）正月，开局修《太祖实录》，成初稿。洪武三十五年（1402），朱棣登基不久，就急忙于十二月，指令曹国公李景隆、忠诚伯茹瑺监修，再修实录。永乐九年（1411）又以李景隆等"心术不正，编辑不精"[1]，命姚广孝、夏元吉监修，第三次修《太祖实录》。初修、再修二稿皆毁掉，只留下第三稿。沈德符批评道："乃《太祖录》凡经三修，当时开国功臣，壮猷伟略，稍不为靖难归伏诸公所喜者，俱被划削。建文帝一朝四年，荡灭无遗，后人搜刮捃拾，百千之一二耳。"[2]徐乾学论之曰："《太祖实录》凡三修，一在建文之世，一在永乐之初。今所传者永乐十五年重修者也。前二书不可得见，大要据实直书，中多过举，成祖为亲隐讳，故于重修时尽去之。其实，太祖御制诰令、文集未尝讳也。今观此书疏漏舛误，不可枚举。"[3]吴晗以为，《太祖实录》三修之故，"一以建文遗臣之指斥，一以欲隐太祖生前之过举，一以歌颂靖难之举之为应天顺人，而最重要者，实为'造出'及伪撰太祖本欲立燕王之故事，以自解于天下后世"[4]。为了掩盖那些问题，《太祖实录》三修之后，忌讳曲笔就极多，致使许多事件的真相皆被掩盖，难以知晓。

尽管在王世贞之前，有些史家讨论过《太祖实录》的问题，但是进行系统考辨的，则是王世贞开启先河。《太祖实录》是《史

---

① （明）沈德符：《万历野获编》卷一《监修实录》，第6页。
② （明）沈德符：《万历野获编》卷二《实录难据》，第61页。
③ 刘承幹编：《明史例案》卷二《修史条议》（六十一条），北京：文物出版社，1982年，第11b—12a面。
④ 吴晗：《记〈明实录〉》，参见《吴晗史学论著选集》第二卷，第329页。

乘考误》重点考辨的对象。而《太祖实录》最受批评的就是其曲笔与隐讳，对开国功臣的处置，一直是明代野史家关注的问题，王世贞进行了重点考辨。例如下面对诸开国功臣命运的考辨，即具代表性。

洪武二十七年十一月晦，颍国公傅友德卒，十二月定远侯王弼卒，二十八年二月宋国公冯胜卒，八月信国公汤和卒。信公封王谥葬，备极恩礼，所未闻者袭封耳。若颍、宋二公之卒，在蓝凉公（蓝玉）之后，一应恩典，俱从削夺。以郑端简（郑晓）《吾学编》暴卒例之，其为赐死无疑。但《实录》（《太祖实录》）为宋公（冯胜）立传，备言其功。至所谓为大将驭众无纪律，其征纳哈出，裨将有盗胡马者，胜斩之以徇，然亦自掠胡马。至使阉者行酒于纳哈出妻，求大珠异宝。又胡王死才二日，强娶其女，失夷狄降附心，上以此深责之。然是十八年事耳。以后数佩印巡边，加太子太师，恐未可据以为罪状也。至颍公，尤不可晓。自洪武元年以后，北征及平蜀、平滇，功冠诸将，不闻有纤毫罪状，见疑以死。而史不于卒时立传，却于封公下及之，与蓝凉公同例。永乐中又不为置后，岂藩邸时有宿歉耶？至汤信公，虽号宿将，为列侯首，而毘陵之欠忠，镌之诰券，瞿塘之退缩，载在诏敕。至恩礼优崇，有群公所不敢望者。盖首倡解兵退休之请，深中上心；而晚年风疾不能言动，又有以安上意耳。定远亦不立传，女为楚昭王妃，以昭王行实考之，盖亦赐死，家至籍也。高帝末年，大将有功名者，诛僇几尽，而秦、晋二邸，亦先薨逝，无非授文皇为祛除之地耳。史之曲讳甚多，不可枚举。①

　　王世贞在这段史料中针对实录之讳饰、曲笔进行了很详细地考辨，对开国诸臣命运的辨析，从字里行间探寻出史实的真相，指出"例凡暴卒者，俱赐自裁者也"②，对比汤和与傅有德、冯胜、王弼的命运，探究出诸大臣命运不同的背后深层根源，乃是朱元璋的猜忌之心。汤和虽然曾经有过不佳的表现，但是"至恩礼优崇，有群公所不敢望者"，而最终的原因乃是"盖首倡解兵退休之请，深中上心，而晚年风疾不能言动，又有以安上意耳"。由此既揭示了《太祖实录》书法上的特点，又从这上面洞察到表象背后的深层根源。关于《太祖实录》中记载明太祖处置开国功臣书法的探讨，以后得到钱谦益、潘柽章的发扬，在第六章讨论王世贞的史学影响时，会作详细论证。

　　而《太祖实录》中还有将后来发生的事情加在以前的史事中，造成史实的混乱，王世贞也作了考辨。

　　史谓：洪武二年六月丙寅，功臣庙成，论次诸功臣之功。以徐达为首，次常遇春，次李文忠，次邓愈，次汤和，次沐英，次胡大海，次冯国用，次赵德胜，次耿再成，次华高，次丁德兴，次俞通海，次张德胜，次吴良，次吴祯，次曹良臣，次康茂才，次吴复，次茅成，次孙兴祖。凡二十有一人。于是命死者塑其像于庙祀之，仍虚生者之位。初，参政胡大海等

① （明）王世贞：《弇山堂别集》卷二〇《史乘考误一》，第372页。
② （明）王世贞：《弇山堂别集》卷二〇《史乘考误一》，第369页。

殁，上念其功，已命塑其像于卞壶、蒋子文之庙以祀，至是，复塑像于新庙。疑此记事者之误耳。据前列次序，六王也，其明年为六公，所谓生封公死封王者，至二十八年而始定。何以预知李善长、冯胜之不终而革之？是时沐西平一指挥耳，何以预知其有功而列之胡大海之前？盖塑像虚位诚有之，以后有不克终者不得入，而所定位次，则据永乐初年见在者而言耳。此皆姚、解诸公忽略之过也。[1]

这里指出《太祖实录》记载功臣庙的问题，一是座次排列有问题，把洪武二十八年（1395）所裁定的座次安在了洪武二年的功臣庙上，显然时间上不符，造成史实的混乱；二是史实不对，李善长、冯胜皆是开国元勋，洪武二年（1369）的功臣庙中却没有他们的位置，而当时沐英只是一个指挥，却高居于上，显然于事实不合，故此指出是第三次重修《太祖实录》时，监修与总裁官姚广孝、解缙等人疏忽所致。王世贞所论合乎情理，以后钱谦益进一步发挥王世贞所论，论证也更为严密了。

对于《太祖实录》中，缺漏建文实录，王世贞表示了批评。他说："《太祖实录》洪武三十一年止，中间至永乐元年，尚有阙漏未载。夫汉不以吕氏而废本纪，唐不以武氏而废《实录》，何者？明天下不可一日无史也。"[2]

《成祖实录》与《仁宗实录》，在洪熙元年（1425）仁宗去世不久，由刚刚即位的宣宗诏修，以英国公张辅、吏部尚书蹇义、户

---

① （明）王世贞：《弇山堂别集》卷二一《史乘考误二》，第384—385页。
② （明）王世贞：《弇州山人四部稿》卷一〇六《文部·应诏陈言疏》，第4948页。

部尚书夏元吉为监修，大学士杨士奇、杨荣、杨溥为总裁，历时五年，于宣德五年（1430）正月编完进呈，三杨曾参与《太祖实录》的编修。《成祖实录》之避讳亦不少，主要是对于"靖难之役"前后史事的记载多有隐晦。在《成祖实录》中，卷一到卷九，题为《靖难事迹》，隐没建文年号，只书元年、二年、三年、四年，建文朝的史实就这样被阉割了。而对于"靖难之役"中的建文诸臣记载有失实之处。例如方孝孺以不为朱棣起草即位诏书而遭"灭十族"的横祸，至死也不曾对朱棣有过屈服，但是《太宗实录》却有这样的记载："《文庙实录》是三杨诸公手笔，于方孝孺等直著其抗命之迹可也，乃曰孝孺叩头乞哀，上命执之，下于狱。呜呼，是何心哉！议者专罪杨文贞（杨士奇），恐未必尽出文贞手。"[①]王世贞直指此类记事者之心术值得怀疑。当时明史学家对此事多有关注，郑晓亦论之曰："彭惠安公（彭韶）《哀江南词》，叙述建文死义之臣，至方逊志（方孝孺）乃云：'后来奸佞儒，巧言自粉饰，叩头乞余生，无乃非直笔。'盖指西杨（士奇）辈修《实录》（《成祖实录》），书方再三叩头乞生者，非实事也。"[②]可见，这样颠倒黑白的记载成为明朝史家口诛笔伐的对象。

2. 考《英宗实录》之虚妄

英宗是明代诸帝中，身世经历较为特别的一位。先当了十四年的少年天子，正统十四年（1449），受宦官王振蛊惑，亲征瓦剌，在土木堡被瓦剌也先俘虏，帝位被其弟朱祁钰夺得，后来英宗被放回，只得幽居南宫，长达八年时间，景泰八年（1457），徐有贞等

---

① （明）王世贞：《弇山堂别集》卷二一《史乘考误二》，第390页。
② （明）郑晓：《今言》卷一第65条，第36页。

发动政变，"南宫复辟"，英宗重登皇帝宝座。有此宫廷变故，对于如何书写正统朝的实录，明朝诸臣也是颇费了一番功夫。而其弟朱祁钰因"土木之变"英宗被俘而登大宝，又因"夺门之变"而失帝位，英宗未修《景泰实录》，而其子宪宗亦未修，只是在编修《英宗实录》时，将景泰朝史实附入《英宗实录》中。天顺八年（1464）正月，英宗崩，宪宗继位，八月，诏修《英宗实录》，以李贤、陈文、彭时为总裁，编修尹直、侍讲丘濬等与修，成化三年（1467）八月进呈。王世贞对于《英宗实录》的问题亦有所考辨，尤其关注"土木之变"前后的史实。正统十四年（1449），"土木之变"消息传入京师，朝中震动，《英宗实录》所载多有不确之处，《史乘考误》曰：

> 史言：京师戒严，羸马疲卒不满十万，人心汹汹，群臣众哭于朝，议战守。有欲南迁者，尚书胡濙曰："文皇定陵寝于此，示子孙以不拔之计。"侍郎于谦曰："欲迁者斩！为今之计，速召天下勤王兵，以死守之。"学士陈循曰："于侍郎言是。"众皆曰是，而禁中尚疑惧。皇太后以问太监李永昌，对曰："陵庙宫阙在兹，仓廪府库百官万姓在兹，一或播迁，大事去矣。独不监南宋乎！"因指陈靖康事，辞甚切。太后悟，由是中外始有固志。①

对于实录中这段记载，王世贞明确指出其不确，论曰：

---

① （明）王世贞：《弇山堂别集》卷二四《史乘考误五》，第433页。

按：所谓胡濙、于谦、陈循之说有之，第考一时刘文安、叶文庄（叶盛）诸公所记，俱言侍讲徐珵召入，倡南迁之议，而太监金英斥之使出，学士江渊乃更为固守之说以对，遂得大用。当是时，内微金英，外微（于）谦，几摇动矣，而史皆不载。所载李永昌对太后语，稗官数十家俱不及也。[1]

明确指出最为关键的人物并没有写出来，认为当时最重要的人物，内廷乃宦官金英，外廷乃于谦，而《英宗实录》中竟然不记载他们的言行作为，却杜撰宦官李永昌之进言，而李永昌的话其他野史皆不载，唯独《英宗实录》载录，王世贞指出其背后原因，"修史在成化初，李永昌柄司礼，方贵重用事，而嗣子泰以学士在史馆，溢美之谈，大抵未足信也"[2]。此乃是修实录之时朝中权势的一种反映，而并非真实的历史。

3. 考《宪宗实录》《孝宗实录》与《武宗实录》之党同伐异

正如前面提到的，明代编修实录，以勋臣监修，以阁臣任总裁。而总裁大臣借修实录之机，党同伐异，更是屡见不鲜。夏燮《明通鉴义例》指责道："明人恩怨纠缠，往往藉代言以佚怼笔，如《宪宗实录》，邱浚修隙于吴（吴与弼）、陈（陈献章）；《孝宗实录》，焦芳修隙于刘（刘健）、谢（谢迁）；《武宗实录》，董玘修隙于二王（王琼、王守仁），而正史之受其欺者遂不少，弇州（王世贞）所辩，十之一二耳。"[3]总裁以恩怨作为评判诸臣的标准，

---

[1] （明）王世贞：《弇山堂别集》卷二四《史乘考误五》，第433页。
[2] 同上。
[3] （清）夏燮：《明通鉴义例》，载《明通鉴》，第8页。

借修史而打击报复，实录纂修成了朝中党争的又一场所。夏氏亦论之曰："史之所凭者，实录耳。实录见其表，尚不见其里。况革除之事，杨文贞未免失实；泰陵之盛，焦泌阳又多丑正；神、熹载笔者，皆宦逆阉舍之人。"①可见，总裁撰修官等借机党同伐异，打击政敌，是屡见不鲜的。②所以，考辨实录，认清是否总裁有意歪曲史事，也颇见功夫。而王世贞对于《宪宗实录》与《孝宗实录》的考辨，恰恰抓住了这个问题，也得到了以后史家的赞同。

《宪宗实录》于弘治元年（1488）闰正月敕修，以英国公张懋为监修，吏部尚书刘吉、礼部尚书徐溥、礼部右侍郎兼翰林院学士刘健总裁，弘治四年（1491）八月完稿进呈。而《孝宗实录》于弘治十八年（1505）十二月敕修，由英国公张懋监修，吏部尚书焦芳、大学士李东阳等总裁，历时四年，于正德四年（1509）四月进呈。焦芳人品庸劣，与操史笔，褒贬任由好恶而定，曾曰："今朝廷之上，谁如我直者！"③总裁《孝宗实录》，任意褒贬，肆意诋毁政敌。在嘉靖元年（1522），御史卢琼还曾上书，以焦芳修《孝宗实录》"是非颠倒，乞诏儒臣改撰"④。虽未曾获准，但可见当时诸臣对焦芳之做法是普遍反感的。

王世贞在《史乘考误》中，对于这两部实录都进行了考辨。首先对《宪宗实录》中记载商辂等劾罢西厂之事，如此论道：

---

① 参见姚名达：《邵念鲁年谱》，上海：商务印书馆，1939年，第16—17页。
② 参见谢贵安：《〈明实录〉修纂与明代政治斗争》，《武汉大学学报》（哲学社会科学版）1997年第1期，第109—114页。
③ （清）张廷玉等：《明史》卷三〇六《焦芳传》，第7836页。
④ （清）张廷玉等：《明史》卷二〇六《卢琼传》，第5431页。参见杨翼骧编著，乔治忠、朱洪斌订补：《增订中国史学史资料编年·元明卷》，北京：商务印书馆，2013年，第235页。

史言，大学士商辂等劾汪直罪状，欲罢西厂，上震怒，命太监怀恩、覃昌、黄高至阁下，厉色传旨，诘问："朝廷用汪直缉访奸弊，有何坏事？尔等遽如此说，是谁先主意？"辂对曰："汪直坏祖宗法，坏朝廷事，失天下人心，辂等同心为朝廷除害，无有先后。"恩曰："不然，圣意疑此奏未必四人同然，必有先下笔者。"安曰："直之挟势害人，谁不欲论之？但不敢耳。安等受国厚恩，同一主意，谁独为先？"珝奋然泣曰："珝等侍皇上于青宫，迨今已二十年，天下之事忽为汪直坏之，何忍坐视？珝等誓不与共戴天。"吉曰："直之罪，纵吉等不言，亦必有言之者，贬斥谪罚，一惟命耳。"恩乃降色而谓曰："先生言善，恩等具以闻，倘上召对，毋变前言。"恩去，而辂举手加额曰："众先生同心为国若此，辂复何忧！"盖以安三人皆青宫旧僚，而己则先朝执政，恐见疑故也。寻有旨革西厂，命怀恩召汪直，切责之，勒入内。无何，商公乞休，直复入西厂，开边衅。至十八年三月，六科十三道奏直苛察纷扰，大伤国体，请罢之。于是内阁臣太子太保万安约太子少保刘珝曰："西厂为害久矣，今科道官欲革之，吾辈岂可坐视？当劝上宜从众言。"珝不然曰："西厂行事有何不公道也？"安曰："公不欲，吾自为之。"乃自署名题请云云。疏入，上乃罢西厂，中外欣然，珝有惭色。①

王世贞对这段史料心存怀疑，因为万安、刘吉皆非直臣。成化

① （明）王世贞：《弇山堂别集》卷二五《史乘考误六》，第448页。

中，万安入阁，但不学无术，唯谄事万贵妃，并结阉侍以自固。刘吉于成化五年（1469）入阁，孝宗年间，获得重用，但私心甚重，常受言路攻诘，刘吉竟能在内阁十八年，人目之为"刘棉花"。[1]万、刘与汪直原来关系皆甚密，而此段史料却说共同与商辂弹劾汪直，与史实不符。而刘珝性疏直，不为万安等所容，而此段的描述——对于两次弹劾汪直，刘珝态度完全不同，尤其第二次说是万安约同而被拒，王世贞质疑"刘文和（刘珝）之识何前后自相矛盾如此"，于是推断"余意秉史笔者不相谋，或不能无掩饰，既而知其果诬史也"。以为：

> 当商公之初上疏，直方起，孺子暴贵用事，顾亦知恶之，故其辞特恳切。而王威宁、尹恭简甚私直而善珝，直之用兵决胜，或有以服珝心，而势力亦似可倚。至于十八年出师宣大，寻止留镇大同，而威宁同事，复移远之守延绥，直事可知矣。安素交结内臣，其于尚铭之流间，梁芳辈之忌嫉，怀恩之公恶，皆密得之。珝，北人，尚犹以为无恙也。仅踰年，而直及威宁败，又踰年而文和罢，又踰年而恭简免。然则汪直之两罢西厂，商公尚矣，项公次之，余俱不足道也。[2]

对于刘珝，《孝宗实录》与《宪宗实录》有完全不同的评价，原因乃是刘珝与实录总裁的关系不一样，一个有恩，另一个有仇，

---

① 有关刘吉事迹，参见台湾"中央"图书馆编：《明人传记资料索引》之《刘吉》，北京：中华书局，1987年，第829页。
② （明）王世贞：《弇山堂别集》卷二五《史乘考误六》，第448—449页。

故此出现完全不同的评价。

史（《宪宗实录》）又谓：

> 二十一年大学士刘珝致仕。先是，一日召大学士万安、刘吉赴西角门，命中人出御笔，有"刘珝嗜酒贪财好色，与太监某认亲，继子奸宿乐府，纳王越银，谋与复爵。朝廷若不去珝，必坏大事"。安（万安）与吉（刘吉）力解，不从。乃请令珝以亲老辞，斡旋加恩放归。按此，则力救珝者万、刘也，然万、刘实合策逐珝者也。夫一刘珝也，《宪录》称其附中人得罪，以至疏辞不肯终养，《孝录》称其进讲以正定国本，庐亲墓，乡党化之，号曰仁孝里。盖《宪》多刘吉所裁，《孝》则焦芳改笔。珝于人，乃中人耳，吉有隙，芳有恩，故异辞也。[1]

可见，总裁的恩怨直接影响实录对于人物的评定，所以也就成为王世贞重点考辨的问题之一。

《武宗实录》乃是正德十六年（1521）十一月敕修，先由大学士杨廷和、蒋冕、费宏等总裁。后因大礼议起，杨廷和等力争，触怒世宗，去官，蒋冕亦致仕，最后由费宏等总裁。嘉靖四年（1525）六月进呈。王世贞指出《武宗实录》对王守仁平定宁王朱宸濠之事的记载"剪抑之者不遗余力"。按照《武宗实录》所载，王守仁平定朱宸濠之乱，不仅不应当封伯，且有大罪三，"所谓不当封者，其战功皆出伍文定。所谓三大罪者，预通逆濠，一也；纵杀

---

① （明）王世贞：《弇山堂别集》卷二五《史乘考误六》，第449页。

平人，二也；事后犹庇逆党刘养正，三也"①。王世贞考辨《武宗实录》之所以一味贬抑王守仁，乃因总裁、副总裁与王阳明有恩怨之缘故：

> 盖实录（《武宗实录》）之始为总裁者杨文忠（廷和），继之者费文宪（宏），而以副总裁专任者，董文简（董玘）也。杨公与王恭襄（王琼）郤甚著不解，恭襄虽阴谲，然能识文成而独任之，以故于前后平贼及擒濠之疏，皆归德于兵部，以为发纵指示之力。而一字不及内阁，其为杨公辈功齿非旦夕矣。江彬、许泰、张忠辈既耻大功为文成所先，必肆加罗织之语，而忌功之辈从而附和之。文宪在文成抚绥之地与逆濠忤，被祸，中外之臣皆屡荐而起之，而文成亦未有一疏相及，费当亦不释然也。董公最名忮毒，于乡里如王鉴之辈，巧诋不遗余力，既又内忌文成之功，而外欲以媚杨、费，作此诬史，谁将欺乎？②

这是一段实录总裁官党同伐异的典型事例。王阳明是正德、嘉靖间的名臣，深得兵部尚书王琼的信任，他平定朱宸濠之叛乱，也得到王琼支持。但朝中用事诸臣皆与王阳明有隙，世宗即位之初，召王阳明入朝受封，但受到大学士杨廷和等阻挠。《明史·王阳明传》称："守仁前后平贼，率归功琼，廷和不喜，大臣亦多忌其功。会有国哀未毕，不宜举宴行赏者，因拜守仁南京兵部尚书。"守仁不赴，后虽封新建伯，"然不予铁券，岁禄亦不给"。对于其他有功

---

① （明）王世贞：《弇山堂别集》卷二七《史乘考误八》，第484页。
② （明）王世贞：《弇山堂别集》卷二七《史乘考误八》，第485页。

者，伍文定外，"其他皆名示迁，而阴绌之，废斥无存者"。王阳明"愤甚"，后来得张璁等推用，"而费宏故衔守仁，复沮之。屡推兵部尚书、三边总督、提督团营，皆弗果用"①。可见，杨廷和、费宏、董玘等莫不与王守仁有怨恨，故由他们总裁之实录对王守仁多加贬抑。王世贞分析其前因后果，条分缕析，使人真正洞察了其背后的深层根源。

4. 补《世宗实录》与《穆宗实录》之疏漏

隆庆元年（1567）三月，敕修《世宗实录》，由徐阶、李春芳、高拱、张居正等总裁，六月正式开馆。但一直拖到万历五年（1577），才最终由张居正总裁修成。而在这期间，《穆宗实录》隆庆六年（1572）十月敕修，也是张居正总裁，万历二年（1574）七月成书。《世宗实录》花了十年时间，《穆宗实录》则只用了两年，张居正对于这两部实录都起了至关重要的作用。正如第二章中所论及的，王世贞与张居正有个人恩怨，王世贞生平志向是为兰台令史，而终不得，对于嘉、隆两部实录，王世贞也非常关注，成为《史乘考误》主要考辨的对象，大概与张居正总裁也有些关系。

与以前几朝的史实相比，王世贞对于嘉、隆时期的史事更为清楚，许多事件是他亲见亲闻的，所以他更有发言权。而同时因为他与诸多人物的恩怨关系，也一定程度上影响了他的判断，所以王世贞对于嘉、隆时期历史的考辨也受到较多的关注。而王世贞对于两部实录的疏漏与简略，《史乘考误》中多有补缀。

例如《史乘考误》言："史（《世宗实录》）于四十年二月壬午

---

① （清）张廷玉等：《明史》卷一九五《王守仁传》，第5165—5166页。

云：改少保、太子太保、工部尚书欧阳必进为都察院左都御史。不言其辞与不允也。"①王世贞以为这样的叙述太简略，他以自己所知道的情节补充如次：

按：欧阳与首辅严（嵩）为密戚，既以督工累加至少保，志已满，而畏工部艰而繁，欲避之。时吏部吴亦严密戚也，合而推欧阳。上知其意，弗悦也。例当有辞疏，疏既上，而吏部别有会推官疏先已具欧阳名，上于辞疏忽批云："欧阳必进已之任了，如何又辞？"欧阳踟蹰甚，而谋之严，教以之任不复谢，上亦无如之何矣。仅一月而吏部吴勒致仕，礼部尚书亦缺，俱当推补。而左侍郎袁公为上眷倚甚，旦夕且得礼部，而以署部事例先会官推吴缺，而后可及礼部。（袁公）与右侍郎冯公率郎中以下入直所叩之严，严翘须曰："年资官位，孰有先欧阳必进者？其与吏部表里，孰有如都察院者？又何问为？"时中外皆知欧阳为上所厌恶，推之则必取忤，而又不敢违，乃相率诣次相徐公所谋之，亦不能决。已而严子世蕃亦至直，再使人趣袁公以下往会议。方窘甚，忽中使传旨云："袁炜升礼部尚书，加太子少保，兼官若故。"袁公喜而揖冯公曰："别公去具辞草耳，公善为谋。"于是冯公泪承睫而言："袁公上所眷，即忤旨，必无他，其罪我去我，若孤雏腐鼠耳。"郎以下皆失色。及见严，果不敢抗。次早会推，以欧阳名居首，上大怒，掷之地，严乃上密启，谓："欧阳必进果臣

<hr />

① （明）王世贞：《弇山堂别集》卷二七，第491页。

儿女亲，而为人长者，其资簿宜秩俱在六卿前。臣老矣，恃此人得政而快。"上不获已，取疏以朱笔点用欧阳字，笔重而朱湿，觉透无存者。盖不久而竟逐之，严却不能救也。此时新蔡张助甫为文选员外郎，身履其事，与余细述之，吐舌曰："严乃与人主争强，王介甫不足道也。"史于此等事殊简略。①

像王世贞以自己所知道的细节以补充实录的简略与疏漏还有不少，但这种补缀是否完全属实则受到一定的质疑，吴振汉就批评王世贞多有意气用事、故意挑剔之嫌。②又如对《穆宗实录》所载："三年十二月庚申，起少傅兼太子太傅、吏部尚书武英殿大学士高拱以原官，不妨阁务兼掌吏部事。"王世贞以为不实，论辩道：

余是时亲观邸报，高拱以原官掌管吏部事，并无所谓不妨阁务与掌字面，以故不遣行人，不赍敕，而吏部仅以咨移兵部，遣一指挥往，高拱颇不乐。至次年二月到任，朦胧与阁务，而与掌都察院大学士赵贞吉俱免奏事承旨，始真为阁臣矣。录殊不实。盖王元驭所撰，尝与余争，以为实兼，不自知其误也。③

明代每部实录都有各自不同的问题，清官修《明史》总裁徐乾学认为："明之实录，洪、永两朝最为率略；莫详于弘治，而焦芳之笔，褒贬殊多颠倒；莫疏于万历，而顾秉谦之修纂叙述，一无足

---

① （明）王世贞：《弇山堂别集》卷二七《史乘考误八》，第491—492页。
② 参见吴振汉：《王世贞〈史乘考误〉所论嘉、隆之际史事考释》，第65—92页。
③ （明）王世贞：《弇山堂别集》卷二七《史乘考误八》，第493页。

采。其叙事精明，而详略适中者，嘉靖一朝而已。仁、宣、英、宪胜于文皇，正德、隆庆劣于世庙，此历朝实录之大概也。"①因此王世贞的考辨也有不同的侧重点。对明代实录之弊病，明代史家有过众多评论，但很少有人像王世贞那样去做踏实认真的考辨。王世贞对实录的考辨，其意义远不只是这五十余条史料正确与否所能代表的，它开启了后人对实录考辨之先声，钱谦益的《太祖实录辨证》和潘柽章的《国史考异》正是继承和弘扬了王世贞对实录考证的风范与精神。

在考辨诸实录的同时，王世贞对于实录的史料价值也给予了充分的肯定。例如，以实录去纠正野史、家乘之误。吴晗对此给予高度的评价，认为："其较能持平，灼见《实录》在史料上之价值者仅王世贞一人。"②下文再予以详细的说明。

二、对明代"野史"之批评与辨正

明代野史很多，所谓"野史"，就是私家所撰之史书、随笔、札记等等杂史。谢国桢将明清野史笔记之兴起和源流划分为七个时期，其中明代四个时期。③王世贞生活在野史笔记极为兴盛的嘉、

---

① 刘承幹编：《明史例案》卷二《修史条议》，第10a面。
② 吴晗：《记〈明实录〉》，见《吴晗史学论著选集》第二卷，第299页。
③ 谢国桢在其《明清笔记谈丛》（上海：上海古籍出版社，1981年）指出：第一期是元末明初，为野史笔记写作的初期；第二期为弘治、宣德以后，野史笔记的缓和与较少时期；第三期，正德以来，野史笔记极为兴盛时期；第四期明末清初为野史笔记极为活跃时期（"序"，第1—2页）。对明代野史的研究参见：姜胜利：《明代野史述论》，《南开学报》（哲学社会科学版）1987年第2期，第37—45页。杨艳秋在《明代中后期私修当代史的繁兴及其原因》（《南都学坛》2003年第3期，第27—30页）指出，明代实录失实的刺激、经世思想的社会要求、史料的积累以及个人的要求等等是造成明中后期以后私修史书繁盛的原因。

万时期。但王世贞不为诸野史所惑，他对野史的弊病看得十分清楚，他指陈野史之弊有三：

> 一曰挟郄而多诬，其著人非能称公平贤者，寄雌黄于睚眦，若《双溪杂记》《琐缀录》之类是也；二曰轻听而多舛，其人生长闾阎间，不复知县官事，谬闻而遂述之，若《枝山野记》《翦胜野闻》之类是也；三曰好怪而多诞，或创为幽异可愕，以媚其人之好，不核而遂书之，若《客坐新闻》《庚巳编》之类是也。其为弊均然，而其所縁弊异也。舛诞者无我，诬者有我，无我者使人创闻而易辨，有我者使人轻入而难格。①

王世贞对野史弊端之分析无疑十分精辟，所谓"挟郄而多诬"者，即有意为之；而"轻听而多舛"者，乃是因见闻识力有限，而又盲目听信传闻，故而错谬，但"无我"，是无心的；"好怪而多诞"，追求荒诞奇异之事，而不求史实之真假。野史之失大体如此。王世贞曾作过一百卷的《明野史汇》，此书中他应该对诸野史有很精辟的考证，但由于现在已不太可能看到此书，我们也只能从《史乘考误》中分析他对野史之辨析。先让我们列表考察其所征论的史书②，从此表中，我们可以明确地获知王世贞对野史之考辨情况。

---

① （明）王世贞：《弇州山人四部稿》卷七一《文部·明野史汇小序》，第3429—3430页；又见《弇山堂别集》卷二〇《史乘考误一》，第361页。二者文字上稍有差别，且前者论述更为完整。
② 杨文信在《王世贞史学研究》之附录中亦有《〈史乘考误〉征引著作考》，将每卷中所征引国史、野史、家乘之书名与次数列表说明，对于征引著作未作详细说明，大多只是注出了作者姓名。

| 作　者 | 书　名 | 原书卷数 | 征引次数 | 备　注 |
|---|---|---|---|---|
| 朱元璋 | 《皇明祖训》 | 一 | 1 | 洪武二年（1369）四月，明太祖命中书省编《祖训录》，六年（1373）五月书成。有十三目，曰《箴戒》《持守》《严祭祀》《谨出入》《慎国政》《礼仪》《法律》《内令》《内官》《职制》《兵卫》《营缮》《供用》。太祖自为之序，用以训诫诸王。后更定名曰《皇明祖训》，洪武二十八年（1395）九月颁示内外诸司。 |
| 朱元璋 | 《高庙御制文集》 | 五〇 | 1 | 初刊于洪武七年（1374），后有补编。《明史·艺文志》作《明太祖文集》五十卷，今通行皆为二十卷。 |
| | 《高帝事迹》 | | 1 | 不见录于诸书。 |
| | 《高庙记》 | | 1 | 载太祖轶事。 |
| | 《玉牒》 | 一 | 1 | 明代《玉牒》有多种，其中重要者有《天潢玉牒》等。《四库总目》卷五〇载录《天潢玉牒》，曰："《天潢玉牒》一卷，不著撰人名氏。载明太祖历代世系，及其自微时以至即位后事略，以编年为次。凡皇后、太子、诸王谥号封爵皆详列之。书中称成祖为今上，则永乐时编也。其纪懿文太子为诸妃所生，而高皇后所生者只成祖及周王二人，与史不合，盖当时谀妄之词，不足据为实录者矣。"（第454页） |
| 郑汝璧 | 《皇明世系》 | | 1 | 郑汝璧，缙云人，隆庆戊辰进士。官至兵部侍郎兼金都御史，总督宣大。另有《明帝后纪略》一卷、《明功臣封爵考》等书。 |

| 作 者 | 书 名 | 原书卷数 | 征引次数 | 备 注 |
|---|---|---|---|---|
| | 《封爵考》 | 八 | 1 | 疑系郑汝璧《明功臣封爵考》八卷。《四库总目》卷八〇曰："是编成于万历丙子，乃其为吏部验封司郎中时所辑。纪明代诸臣封爵，凡分类二十：曰开国、曰靖难、曰征西、曰征交趾、曰征南、曰征北、曰征蛮、曰征番、曰御寇、曰捕反、曰备倭、曰战胜、曰战殁、曰归附、曰推戴、曰海运、曰营建、曰迎立、曰夺门、曰外戚，其以恩泽、恩幸、方术及追赠封者并附录之。分世封、除封为二类。……起于洪武，迄于隆庆。"（第690页） |
| 刘 基 | 《犁眉公集》 | 四 | 1 | 刘基文集作于元代的有《覆瓿集》二十四卷、《覆瓿集拾遗》二卷，作于明朝的有《文成集》二十卷和《犁眉公集》。刘基去世后，其长子刘琏收集其遗文而编成《犁眉公集》。 |
| 刘 辰 | 《国初事迹》 | 一 | 3 | 刘辰，字伯静，金华人。太祖起兵之初，署吴王典签，又入李文忠幕府，建文中擢监察御史。永乐初，李景隆荐修太祖实录，后官至北京刑部左侍郎。此书乃其修实录时所进事略草本。《四库总目》卷五二称："辰于明初，尝使方国珍，又尝在李文忠幕下。所见旧事皆真确，而其文质直无所隐讳，明代史乘多采用之。"（第476页） |
| 叶子奇 | 《草木子》 | 四 | 1 | 叶子奇，字世杰，号静斋，龙泉人。明初以荐官巴陵县主簿，洪武十一年（1378）叶子奇被罢巴陵主簿系狱，狱中完成此书。此书记元末明初史事最详，正德、嘉靖、万历年间皆有刊本，并录于《续说郛》等丛书中。《四库总目》卷一二二称："子奇学有渊源，故其书自天文、地纪、人事、物理，一一分析，颇多微义。其论元代故事，亦颇详核。惟贾鲁劝托克托开河北水田，造至正交钞，求禹河故道，功过各不相掩，子奇乃竟斥之为邪臣，则不若宋濂元史之论为平允也。"（第1053页） |

续表

| 作 者 | 书 名 | 原书卷数 | 征引次数 | 备 注 |
|---|---|---|---|---|
| 叶子奇 | 《草木子余录》 | 三 | 2 | 详于明初掌故。《明史艺文志》作三卷，《千顷堂书目》载录，阙卷数。 |
| 黄金 | 《开国功臣录》 | 三一 | 6 | 黄金，字良贵，号东涧，成化二十年（1484）进士，官至吏部郎中、广西藩参。《明史》卷九七《艺文志》："《开国功臣录》三十一卷，黄金编次，自徐达至指挥李观，凡五百九十一人。"（第2400页） |
| | 《革除编年》 | | 1 | 《四库总目》卷五三曰："不著撰人名氏，《浙江通志》作嘉善袁仁撰，而朱彝尊又称陈洪谟有《革除编年》一书，《明史艺文志》俱无之，未知孰是也。其书提纲列目，用编年之体，诸臣列传即详附目中，大致与诸书所记略同。书末终于建文四年（1402）六月己卯，自庚辰以后至乙丑破金川门，凡十日，事俱阙焉，疑残其末数页也。"（第480页） |
| 解桐 | 《解学士年谱》 | 二 | 1 | 解缙年谱。《千顷堂书目》著录此书二卷。 |
| 杨士奇 | 《展墓录》 | 一 | 1 | 杨士奇，名寓，以字行，泰和人。建文中充翰林编修官，燕王篡立，入内阁典机务，官至华盖殿大学士，谥文贞。《千顷堂书目》著录此书一卷。此书收入杨士奇文集《东里续集》卷五，实际上为一篇文章。 |
| 杨士奇 | 《三朝圣谕录》 | 三 | 6 | 杨士奇历事永乐、洪熙、宣德、正统四朝，为朝中重臣。是书自录其永乐、洪熙、宣德三朝面承诏旨及奏对之语，书成于正统七年（1442）。 |

| 作 者 | 书 名 | 原书卷数 | 征引次数 | 备 注 |
|---|---|---|---|---|
| 马文升 | 《西征石城记》 | 一 | 1 | 马文升，字负图，钧州人。景泰辛未进士，官至兵部尚书。此书乃其自撰《马端肃公三记》之一部分。《四库总目》卷五三介绍《马端肃公三记》曰："一曰《西征石城记》，纪成化初为陕西巡抚与项忠平满四之乱事；一曰《抚安辽东记》，纪成化十四年（1478）辽东巡抚陈钺冒功激变，而文升奉命抚定之事；一曰《兴复哈密记》，纪宏治初，吐鲁番袭执哈密忠顺王，而文升持议用兵，遣许进等讨平之事。"此书原录入其文集，又为《纪录汇编》《今献汇言》《金声玉振集》等丛书收录。（第477页） |
| 马 理 | 《陕西通志》 | 四〇 | 1 | 马理，字伯循，三原人，正德甲戌进士。官至南京光禄寺卿。《国史经籍志》卷三载此书。《千顷堂书目》称："马理《陕西通志》四十卷，嘉靖壬寅（嘉靖二十一年，1542）修。" |
| 王 琼 | 《双溪杂记》 | 二 | 10 | 王琼，字德华，太原人，成化丙戌（1466）进士，官至吏部尚书，谥恭襄。乃杂记其见闻之史料笔记。 |
| 王 鏊 | 《震泽纪闻》 | 一 | 4 | 王鏊，字济之，吴县人，成化乙未（1475）进士，官至户部尚书，武英殿大学士，谥文恪。此书载录人物遗闻轶事类资料甚多。《千顷堂书目》称《震泽纪闻》与《续震泽纪闻》各一卷。《金声玉振集》等丛书收录。 |
| 王 鏊 | 《守溪笔记》 | 二 | 1 | 《明史艺文志》与《千顷堂书目》皆载录此书。与《震泽纪闻》类似，录于《纪录汇编》等丛书中。 |

| 作 者 | 书 名 | 原书卷数 | 征引次数 | 备 注 |
|---|---|---|---|---|
| 王 鏊 | 《震泽长语》 | 二 | 1 | 详于弘治前朝中典故。此书乃其退休归里时，随笔录记之书，分经传、国献、官制、食货、象纬、文章、音律、音韵、字学、姓氏、杂论、仙释、梦兆十三类。《纪录汇编》《金声玉振集》《说郛》等丛书中收录。 |
| 王文禄 | 《名世学山》 | 五〇 | 1 | 王文禄，字世廉，海盐人，嘉靖辛卯（1531）举人。《明史·艺文志》与《千顷堂书目》载录此书。另有《龙兴慈记》一卷，纪录明初史实。《纪录汇编》等丛书收录。 |
| 王守仁 | 《王文成公文集》 | 三八 | 1 | 由王阳明门人徐爱等编王阳明文集。《王阳明文集》版本甚多，《四库总目》卷一七六称："《王阳明集》十六卷，明王守仁撰，其五世孙贻乐重编。案守仁全集，刻于明嘉靖中，久而板佚，国朝康熙初，贻乐为滕县知县，乃重为掇拾，定为此本。然视原集已阙其半。其目分论学书、南赣书、平濠书、思田书、杂著书、亦颇类屑。"《史乘考误》中所论之书，应为嘉靖中之刻本。（第1566页） |
| 王世贞 | 《宛委余编》 | 一九 | 1 | 《千顷堂书目》与《明史·艺文志》皆载录此书。 |
| 王世贞 | 《艺苑卮言》 | 八 | 1 | 乃王世贞文学评论著作，有涉及史学之内容。《千顷堂书目》称《艺苑卮言》八卷，《附录》四卷。 |
| 方 鹏 | 《昆山人物志》 | 一〇 | 1 | 方鹏，字子凤，亦字时举，昆山人，正德戊辰（正德三年，1508）进士，官至太常寺卿。嘉靖年间刊行此书。此书分名贤、文学等七类载昆山人物传记史料。 |

| 作 者 | 书 名 | 原书卷数 | 征引次数 | 备 注 |
|--------|--------|----------|----------|--------|
| 尹 直 | 《琐缀录》 | 八 | 9 | 尹直,字正言,号謇斋,泰和人。景泰五年(1454)进士,成化中官至兵部尚书,谥文和。此书又名《謇斋琐缀录》,书所载多明代掌故,于内阁尤详。 |
| 尹 台 | 《永新县志》 | | 1 | 清代《御定佩文斋书画谱》记录尹台有《永新县志》。尹台,字崇基,号旧山,永新人。嘉靖乙未(1535)进士,官至南京礼部尚书。 |
| 叶 盛 | 《水东日记》 | 四〇 | 4 | 叶盛,字与中,昆山人。正统乙丑(1445)进士,官至吏部左侍郎,谥文庄。此书重点记录成化前明代典章制度、遗闻逸事、朝中掌故,多可与史传相参证。《四库总目》卷一四一称:"盛留心掌故,于朝廷旧典考究最详。又家富图籍,其《菉竹堂书目》今尚有传本,颇多罕觌之笈。故引据诸书,亦较他家稗贩成编者,特为博洽。虽榛楛之勿翦,亦蒙茸于集翠,取长弃短,固未尝不可资考证也。"为多家丛书收录。(第1204页) |
| 田汝成 | 《炎徼纪闻》 | 四 | 1 | 田汝成,字叔禾,钱塘人,嘉靖丙戌(1526)进士,官至广西布政司右参议。《四库总目》卷四九称:"书凡十四篇,首纪王守仁征岑猛事,次纪岑璋助擒岑猛事,次纪赵楷、李寰事,次纪黄珹请立东宫事,次纪征大藤峡事,次纪奢香事,次纪安贵荣事,次纪田琛事,次纪杨辉事,次纪阿溪事,次纪阿向事,次纪云南诸夷,次纪猛密、孟养,次杂纪诸蛮夷。每篇各系以论,所载较史为详。……是书据所见闻而记之,固与讲学迂儒贸贸而谈兵事者,迥乎殊矣。"此书被《纪录汇编》等丛书收录。(第438—439页) |
| 田汝成 | 《西南夷传》 | | 3 | 疑系《炎徼纪闻》之一部分。 |

续 表

| 作 者 | 书 名 | 原书卷数 | 征引次数 | 备 注 |
|---|---|---|---|---|
| 丘 濬 | 《三下交南录》 | | 2 | 丘濬，字仲深，琼山人，景泰甲戌（1454）进士，官至文渊阁大学士，谥文庄。《千顷堂书目》著录丘濬有《定兴王平定交南录》，疑与此书有关。 |
| 朱睦㮮 | 《西亭中尉志》 | | 1 | 朱睦㮮，字灌甫，号西亭，周定王六世孙，万历五年（1577）举宗正，领宗学事。著书数部，有《圣典》《革除逸事》《皇朝中州人物志》等书传世。 |
| 伍余福 | 《莘野纂闻》 | 一 | 2 | 伍余福，字天锡，临川人，正德丁丑（1517）进士，官陕西按察司副使。此书所纪仅二十条，皆吴中故实，间及朝政。乃伍余福殁后，其子从残稿中捡出付梓。 |
| 许 浩 | 《复斋日记》 | 二 | 4 | 许浩，字复斋，余姚人，弘治中以贡生官桐城县教谕。此书载明初至弘治间朝野史实。另有《宋史阐幽》传世。《四库总目》卷一四三称："此书……与叶盛《水东日记》颇相出入。前有自序，题乙卯蒲节，盖宏治八年也。其中如杨荣料敌、于谦治兵、汪直乱政诸条，所载颇详。然如谓王振初时闲邪纳诲，以成英庙盛德，不为无补，则纰缪殊甚。"（第1219页） |
| 许 浩 | 《两湖尘谈录》 | | 1 | 乃许浩之史料杂记。 |
| 孙世其 | 《矶园杂录》 | | 1 | 孙世其，华容人。《弇州续稿》卷一八三《陆山人》中言："曾于楚中得一书，曰《矶园杂录》，华容孙世其笔也。"此书不见载录于诸书。 |
| 沈 周 | 《客坐新闻》 | 二二 | 12 | 沈周，字启南，长洲人，以绘事名一时，郡守欲以贤良荐，不出，年八十三卒。此书乃其札录见闻之作。《千顷堂书目》卷二〇载："沈周《客座新闻》，二十二卷。" |

| 作 者 | 书 名 | 原书卷数 | 征引次数 | 备 注 |
|---|---|---|---|---|
| 毕 恭 | 《辽东志》 | 九 | 1 | 《千顷堂书目》卷六载："王祥、毕恭《辽东志》，九卷，正统间修。"按王祥未审何人，毕恭生平亦待考。《明史·艺文志》载："毕恭《辽东志》九卷。"此书详载明初辽东史事。 |
| 宋端仪 | 《革除录》 | | 1 | 《千顷堂书目》著录宋端仪有此书。宋端仪，字孔时，莆田人，成化辛丑（1481）进士。官至广东提学佥事。《四库总目》卷六一称："史称端仪慨建文朝忠臣湮没，乃搜辑遗书为革除录，建文忠臣之有录自端仪始。"可见，明中叶后关于建文朝史书甚多，而此书为开端。 |
| 宋端仪 | 《立斋闲录》 | 四 | 4 | 是书杂录明代故事，自太祖吴元年迄于英宗天顺，皆采明人碑志说部为之。《四库总目》卷一四三称其"与正史间有抵牾，体例亦冗杂无绪"。 |
| 何孟春 | 《余冬叙录》 | 六五 | 2 | 何孟春，字子元，郴州人，弘治癸丑（1493）进士，授兵部主事，累官右副都御史，巡抚云南，后以争大礼左迁南京工部左侍郎，寻削籍。隆庆初，赠礼部尚书，谥文简。是书分内、外篇。《内篇》二十五卷，前五卷，多论君道，后二十卷多论古今人品。《外篇》三十五卷，闰五卷，皆杂论。《四库总目》卷一二七论此书"大旨主于品藻得失，不主于考证同异。好为高论，而不免流入迂僻。又炫博贪多，有得辄录，往往伤于踳驳"。（第1096页） |
| 张志淳 | 《谥法》 | 二 | 2 | 张志淳，自号南园野人，云南永昌卫籍应天江宁人，成化甲辰（1484）进士，官至户部侍郎。《明史·艺文志》载录此书，亦名《谥纪》。《千顷堂书目》卷九曰："张志淳《谥法》二卷。古谥法，苏洵修订谥法一卷，本朝谥法一卷，正德壬申（1572）序。" |

| 作　者 | 书　名 | 原书卷数 | 征引次数 | 备　注 |
|---|---|---|---|---|
| 张　岳 | 《交事纪闻》 | 一 | 1 | 张岳，字维乔，惠安人，正德丁丑（1517）进士。官至刑部侍郎，掌都察院事，复出总督湖广、四川、贵州，卒谥襄惠。《明史·艺文志》《千顷堂书目》皆载录此书，乃记安南之事。 |
| 陈　建 | 《皇明通纪》 | 四〇 | 16 | 陈建，字廷肇，号清澜，东莞人。嘉靖七年（1528）举人。《千顷堂书目》则称："陈建《明通纪》四十卷，又《续通纪》十卷。"《明史·艺文志》载："陈建《皇明通纪》二十七卷、《续纪》二十卷。" 此书版本甚多，卷次亦多有不同，故论者各异。此书载录元至正十一年（1351）至明正德十六年（1521）史事，明人私修第一部明史。《史乘考误》中凡注明《皇明通纪》《通纪》《资治通纪》皆入此，因此书初名《皇明资治通纪》。 |
| 陈洪谟 | 《继世纪闻》 | 四 | 2 | 陈洪谟，字宗禹，武陵人。弘治九年（1496）进士，官至云南按察使、兵部侍郎。《千顷堂书目》卷五："陈洪谟《治世余闻》四卷，弘治，又《继世纪闻》，四卷，正德。"《明史》卷九七《艺文志》所记相同。可见乃专载武宗时史事。 |
| 李　贤 | 《天顺日录》 | 二 | 7 | 李贤，字原德，邓州人。宣德癸丑（1433）进士，官至华盖殿大学士，谥文达。是录随手记载，于天顺时事颇详。 |
| 李　贤 | 《古穰杂录》 | 三 | 1 | 随时笔札，多述时事。另有文集《古穰集》。 |
| 李　贤 | 《大明一统志》 | 九〇 | 6 | 天顺年间，李贤等奉敕撰修，有关明代舆志之书。 |

续表

| 作 者 | 书 名 | 原书卷数 | 征引次数 | 备 注 |
|---|---|---|---|---|
| 李 默 | 《孤树裒谈》 | 一〇 | 2 | 李默，字时言，瓯宁人。正德辛巳（1521）进士，官至吏部尚书兼翰林学士。为赵文华诬陷下诏狱，瘐死，万历中追谥文愍。《千顷堂书目》卷五："赵可与《孤树裒谈》十卷。（小注：字会中，安成人，正德癸酉（1513）举人，福建盐运使，旧作李默误）"《四库总目》卷一四三将此书置于李默名下，但亦列出了《千顷堂书目》之说，曰："是书录有明事迹，起自洪武，迄于正德，所引用群书凡三十种。例则编年，体则小说，大抵皆委巷之谈。考《千顷堂书目》以是书为赵可与作……未审所据，姑两存之。"（第1221页） |
| 李东阳 | 《燕对录》 | 二 | 2 | 李东阳，字宾之，号西涯，茶陵人。天顺甲申（1464）进士，官至谨身殿大学士，谥文正。《四库总目》卷五三称："是书自弘治十年（1497）三月至正德六年（1511）八月，凡召见奏对之词，悉著于编。其中所载有数大事，若明本纪弘治十七年（1504）三月癸未定太庙各室一帝一后之制，此书载定制端末甚悉，盖礼志中所未及详。"（第478页） |
| 李东阳等 | 《大明会典》 | 一八〇 | 1 | 《明会典》，弘治十年（1497）奉勅撰，十五年（1502）书成，正德四年（1509）重校刊行。主要以洪武二十六年《诸司职掌》为主，而参考《皇明祖训》《大诰》《大明令》《大明集礼》《洪武礼制》《礼仪定式》《稽古定制》《孝慈录》《教民榜文》《大明律》《军法定律》《宪纲》等十二书而编成。《四库总目》卷八一载："于一代典章最为赅备，凡史志之所未详，此皆具有始末，足以备后来之考证。"后来嘉靖八年（1529）复命阁臣续修《会典》五十三卷，万历四年（1576）又续修《会典》二百二十八卷。现通行的有李东阳与申时行所编修之本。 |

| 作 者 | 书 名 | 原书卷数 | 征引次数 | 备 注 |
|---|---|---|---|---|
| 李梦阳 | 《秘录》 | 一 | 2 | 李梦阳,字献吉,庆阳人。弘治癸丑(1493)进士,官至江西提学副使。《千顷堂书目》载录此书。李梦阳文集《空同集》卷三九、卷四〇有《秘录附》,想必与此书有关。此书录入《明人百家》之中。 |
| 李 时 | 《召对录》 | 一 | 1 | 李时,字宗易,号松溪,任丘人。弘治壬戌(1502)进士,官至华盖殿大学士,谥文康。《四库总目》所录书名为《南城召对录》,曰:"是编乃世宗亲祀祈嗣坛,时与大学士翟銮、尚书汪鋐、侍郎夏言等侍于南城。御殿召见,论郊庙礼制,兼及用人赈灾之事。时因录诸臣问答之词,史称时恒召对便殿,接膝咨询,虽无大匡救,而议论多本于厚,于是编亦略见一斑云。"可见,此书乃录世宗亲祀祈嗣坛,召对诸臣于南城,议祀典、用人、赈灾之事。 |
| 李逊之 | 《三朝野记》 | 七 | 1 | 《千顷堂书目》与《明史·艺文志》皆载录李逊之《三朝野记》(或作三朝野纪)七卷。 |
| 劳 堪 | 《宪章类编》 | 四二 | 2 | 劳堪,字道亭,江西德化人,嘉靖丙辰(1556)进士,官至副都御史。《千顷堂书目》与《明史·艺文志》皆载录此书,书名为《皇明宪章类编》,42卷。 |
| 陆 容 | 《菽园杂记》 | 一五 | 7 | 陆容,字文量,号式斋,太仓州人。成化丙戌(1466)进士,官至浙江右参政。《四库总目》卷一四一称:"是编乃其札录之文,于明代朝野故实叙述颇详,多可与史相考证,旁与谈谐杂事,皆并列简编。盖自唐宋以来,说部之体如是也,其中间有考辨……然核其大致,可采者较多。王鏊尝语其门人日本朝纪事之书,当以陆文量为第一,即指此书也。虽无双之誉奖借过深,要其所以取之者,必有在矣。"(第1204页)《四库简明目录》卷一四论此书曰:"多记明代朝野故实,多可以参证史传,其杂以诙嘲鄙事,盖小说之体。惟考辨古义,或有偏驳,存而不论可矣。"可见,清人对此书评价大体肯定。 |

| 作 者 | 书 名 | 原书卷数 | 征引次数 | 备 注 |
|---|---|---|---|---|
| 陆 深 | 《玉堂漫笔》 | 三 | 3 | 陆深，字子渊，号俨山，上海人，弘治乙丑（1505）进士，官至詹事府詹事，兼翰林院学士，卒谥文裕。此书乃陆深官翰林时每日札记，所录于朝野典故尤详。 |
| 陆 粲 | 《庚巳编》 | 一〇 | 1 | 陆粲，字子余，长洲人，嘉靖丙戌（1526）进士。官至工科给事中，以劾张璁、桂萼，谪都镇驿驿丞，终于永新县知县。《千顷堂书目》与《明史·艺文志》皆载录此书。此书多载成化、正德间社会风俗与经济史料。 |
| 郑 晓 | 《吾学编》 | 六九 | 21 | 郑晓，字窒甫，海盐人。嘉靖癸未（1523）进士，官至刑部尚书，谥端简。此书以"记""表""述""考"载洪武至嘉靖间史实，是一部纪传体的明史书。《千顷堂书目》卷四载："郑晓《吾学编》六十九卷。（小注）《大政纪》十卷、《逊国纪》一卷、《同姓诸王表》二卷、《（同姓诸王）传》三卷、《异姓诸侯表》一卷、《（异姓诸王）传》二卷、《直文渊阁诸臣表》一卷、《两京典铨表》一卷、《名臣纪》三十卷、《逊国臣纪》八卷、《天文述》一卷、《地理述》二卷、《三礼述》二卷、《百官述》二卷、《四夷考》二卷、《北地考》一卷、《外吾学编余》一卷。" |
| 郑 晓 | 《今言》 | 四 | 2 | 载洪武至正德时史料三百四十余条，乃辅助《吾学编》之书。《四库总目》卷五三载："此书补《吾学编》所未备。……凡三百四十四条，其中为宪言者十之四，为世言者十之二，为事言、品言者十之三，为证言、术言者十之一。盖据所见闻，随笔记录，古杂史之支流也。"（第481页） |

| 作 者 | 书 名 | 原书卷数 | 征引次数 | 备 注 |
|---|---|---|---|---|
| 郑 晓 | 《征吾录》 | 二 | 2 | 三十一篇，纪事本末体，乃刊汰《吾学编》等书而成。《四库总目》卷五〇称："晓初撰《吾学编》，记当时之事。又缕分条析为《今言》三百四十余条，复刊汰二书，撮其指要，以成是编。体例略与纪事本末相近，凡三十一篇。然事迹本繁，而篇帙太简，荀悦删班固之书尚不能不至三十卷，而欲以寥寥两卷，包括一朝，此虽左氏、司马之史才，恐亦不能综括也。"（第455页） |
| 郑 岳 | 《山斋语录》 | | 1 | 郑岳，字汝华，弘治癸丑（1493）进士，官至兵部左侍郎。杂记其言论，文集为《山斋集》二十四卷。 |
| 杨 廉 | 《名臣言行录》 | 四 | 1 | 杨廉，字方震，丰城人。成化丁未（1487）进士，官至南京礼部尚书，谥文恪。《千顷堂书目》卷一〇："杨廉《明朝名臣言行录》，四卷。凡五十四人。"《明史》卷九七《艺文志》载录此书"杨廉《名臣言行录》四卷"。 |
| 杨 慎 | 《丹铅录》 | 二七 | 2 | 杨慎，字用修，号升庵，新都人，正德辛未（1511）进士第一、授翰林院修撰，以谏大礼，谪戍滇中。《四库总目》卷一一九载："慎博览群书，喜为杂著。计其平生所叙录，不下二百余种。其考证诸书异同者，则皆以丹铅为名。顾其志揽菹微言曰：古之罪人，以丹书其籍。魏志缘坐配没为工乐杂户者，用赤纸为籍，其卷以铅为轴。升庵名在尺籍，故寄意于此也。凡《余录》十七卷、《续录》十二卷、《闰录》九卷。慎又自为删薙名曰《摘录》，刻于嘉靖丁未（1547）。后其门人梁佐裒合诸录为一编，删除重复，定为二十八类，名曰《总录》，刻之上杭。是编出，而诸录遂微。"杨慎考辨诸书皆以"丹铅"为名，著书为明代考证学名著。（第1025—1026页） |

续表

| 作　者 | 书　名 | 原书卷数 | 征引次数 | 备　注 |
|---|---|---|---|---|
| 杨　慎 | 《丹铅余录》 | 一七 | 2 | 解释见上。 |
| 杨　慎 | 《丹铅杂录》 | 一三 | 1 | 应为《丹铅摘录》之误，因诸录中无杂录。 |
| 杨豫孙 | 《谥纂》 | | 1 | 杨豫孙，字幼殷，华亭人。嘉靖丁未（1547）进士，累官河南参政、太常寺少卿。卷次不详。 |
| 祝允明 | 《枝山野记》 | 四 | 26 | 祝允明，字希哲，长洲人，弘治壬子（1492）举人，官至应天府通判。多委巷之谈，《四库总目》以为可信"百中无一"。 |
| 祝允明 | 《苏材小纂》 | 六 | 1 | 为成化年间苏州府30位名人传记。 |
| 祝允明 | 《武功遗事》 | | 2 | 考祝允明《怀星堂集》卷一二《上堂尊少宰四明先生书》中有言："先生曰：'始吾在史馆，见所叙上《武功遗事》者赏之，询而知为子笔，谓武功之有孙也。'"祝允明乃徐有贞外孙，故此书为祝允明所作无疑。 |
| 皇甫录 | 《皇明纪略》 | 四 | 5 | 皇甫录，字世庸，号近峰，长洲人。弘治丙辰（1496）进士，官至顺庆府知府。《四库总目》卷一四三称作《明记略》，称："所记皆正德以前旧闻……大抵委巷之传闻。"《史乘考误》论之甚烈。 |
| 皇甫录 | 《近峰闻略》 | 八 | 9 | 《千顷堂书目》卷一二载："皇甫录《近峰闻略》八卷。（小注）长洲人，弘治丙辰（1496）进士，缺知府，正德辛巳男冲序。"《四库总目》卷一四三载："明皇甫录撰，此书亦其子冲所删定。于稗官杂说采撷颇繁，而考证全疏，舛谬亦复不少。"（第1220页） |

| 作 者 | 书 名 | 原书卷数 | 征引次数 | 备 注 |
|---|---|---|---|---|
| 侯 甸 | 《西樵野记》 | 四 | 5 | 侯甸，苏州人。《四库总目》卷一四四载："是书作十卷，此本卷数不符疑有散佚。然原序称一百七十余条，计数无缺，或明史误也。序又称所载悉幽怪之事，此本所载乃有不涉幽怪者二十三条，为例未免不纯。其女子咏钱一诗见沈括《笔谈》，撮为近事，尤疏舛矣。"（第1229页） |
| 高 岱 | 《鸿猷录》 | 一六 | 3 | 高岱，字伯宗，京山人。嘉靖庚戌（1550）进士，官景王府长史。《千顷堂书目》卷五载："高岱《鸿猷录》，八卷，一本十六卷。"《四库总目》卷四九论之曰："是书乃岱官刑部主事时作，仿纪事本末之体，所录凡六十事，每事标四字为题，前叙后论。起于龙飞淮甸，终于追戮仇鸾，皆事之关于用兵者也。"（第444页） |
| 高鸣凤 | 《今献汇言》 | 二八 | 1 | 《明史》卷九七《艺文志》作二十八卷，《四库总目》作八卷。《总目》卷一三四论此书："按《明史艺文志》高鸣凤《今献汇言》二十八卷，此本止八卷，据其目录所列，凡为书二十五种，乃首尾完具，不似有阙。盖其板已散佚不全，坊贾掇拾残剩，别刊八卷之目，冠于卷首，诡为完书也。"所以应为二十八卷。（第1136页） |
| 徐祯卿 | 《翦胜野闻》 | 一 | 6 | 徐祯卿，字昌谷，吴县人。弘治十八年（1505）进士，官国子博士。《四库总目》卷一四三论道："不著撰人名氏，所记皆明太祖初年（1368）之事，亦多互见他书，陶珽《续说郛》、黄虞稷《千顷堂书目》皆载此书，题吴郡徐祯卿著。然《明史》祯卿本传及《艺文志》俱不载，书中所纪亦往往不经，如谓徐达追元顺帝将及之，而遽班师，常遇春愬于帝，达人自疑，拔剑斩闻而出，真齐东野人之语，祯卿似未必至是也。"《四库总目》虽疑非徐祯卿所作，但在论及他书之时，却往往以"徐祯卿《翦胜野闻》"称之。（第1220页） |

| 作 者 | 书 名 | 原书卷数 | 征引次数 | 备 注 |
|---|---|---|---|---|
| 徐学谟 | 《楚通志》 | 九八 | 1 | 徐学谟,字叔明,嘉定人。嘉靖庚戌(1550)进士,官至礼部尚书。《千顷堂书目》作《湖广总志》九十八卷,《四库总目》作《万历湖广总志》,傅吾康《明代史籍汇考》载徐学谟《湖广总志》,即《楚通志》。《四库总目》卷七四论道:"学谟四仕湖广,习其故事。此其万历中为左布政使时作也。不以州郡分卷,唯以事类编辑,分三十二门,命曰总志。"(第644页) |
| 徐学谟 | 《冰厅札记》 | | 3 | 徐学谟,时人尊称之为宗伯。此书不见录于诸书。 |
| 都 穆 | 《谭纂》 | 二 | 1 | 都穆,字符敬,吴县人。弘治己未(1499)进士,官至礼部主客司郎中,加太仆寺少卿。《四库总目》卷一四四论之曰:"是书记录元明以来逸事,然多涉神怪,不足征信。"(第1228页) |
| 钱德洪等 | 《王文成公年谱》 | | 5 | 乃王阳明年谱。《四库总目》卷一七一在论及《王文成全书》时有言:"后附以年谱五卷、世德记二卷,亦德洪与王畿等所纂集也。" |
| 黄 瑜 | 《双槐岁钞》 | 一〇 | 6 | 黄瑜,字廷美,香山人,以乡荐入太学,授福建长乐知县。洪武至成化间史料220余条。《千顷堂书目》卷五载:"黄瑜《双槐岁抄》十卷。(小注)记明洪武起迄成化中事,凡二百二十余条,孙(黄)佐以春坊谕德掌南京翰林院事,于院堂书柜中得吴元年故简,足成之。" |
| 黄 佐 | 《革除遗事》 | 七 | 1 | 黄佐,字才伯,号泰泉,香山人。正德辛巳(1521)进士,官至少詹事。此书分本纪、列传、载建文朝事。 |

| 作　者 | 书　名 | 原书卷数 | 征引次数 | 备　注 |
|---|---|---|---|---|
| 黄润玉 | 《海涵万象录》 | 四 | 1 | 黄润玉，字孟清，鄞县人。永乐庚子（1420）举人，官至广西提学金事。此书乃其孙黄溥录其生平言论，分为四十类。《千顷堂书目》作三卷，《四库总目》卷一二七论之曰："是书乃润玉孙溥录其平日言论，分四十类，其中间有新意，然舛误者多……诸条尤语涉恩怨，益不足征信矣。"（第1095页） |
| 黄　溥 | 《闲中今古录》 | 一 | 7 | 黄溥，字存吾，号南厓，鄞县人，黄润玉之孙，以贡授芜湖训导。此书载1500年前明代史实。《千顷堂书目》卷一二载："陈顼《闲中今古录》二卷。（小注：字永之，号味芝居士，吴人，为武阳训导。）"《浙江通志》（四库版）卷二四六载："《闲中今古录》二卷，《鄞县志》黄溥著。"《四库总目》卷五二论《庚申外史》条中引用此书，亦称黄溥《闲中今古录》，此处依从《四库总目》之说。 |
| 梁　亿 | 《传信录》 | 七 | 4 | 梁亿，字伯安，广东顺德人，弘治八年（1495）举人、正德六年（1511）进士，官至参议。梁储弟，储举成化十四（1478）年进士第一、后官至吏部尚书、华盖殿大学士。 |
| 梅　纯 | 《损斋备忘录》 | 二 | 2 | 《千顷堂书目》卷五曰："梅纯《损斋备忘录》，二卷。字一之，南京孝陵卫人，驸马都尉曾孙，举成化辛丑（1481）进士，授怀远知县，与上官不合，投檄归，再补荫孝陵卫指挥使，擢中都留守，致仕。"是书分上、下二卷。上卷分纪事、篆言、知人、格物，下卷分说诗、论文、补阙、拾遗、辨疑、勘误六类。 |

| 作 者 | 书 名 | 原书卷数 | 征引次数 | 备 注 |
|---|---|---|---|---|
| 韩邦奇 | 《苑洛杂识》 | | 3 | 韩邦奇，字汝节，朝邑人。南京兵部尚书，赠太子少保，谥恭简。韩邦奇有《苑洛集》二十二卷，《四库总目》卷一七一载："是集凡《序》二卷、《记》一卷、《志铭》三卷、《表》一卷、《传》一卷、《策问》一卷、《诗》二卷、《词》一卷、《奏议》五卷、《见闻考随录》五卷。"《苑洛杂识》未见录诸书，疑与《苑洛集》有关。此书多载论学之语，偶及时事。（第1501页） |
| 薛应旂 | 《宪章录》 | 四六 | 30 | 薛应旂，字仲常，武进人。嘉靖乙未（1535）进士，官至陕西按察司副使。此书所载上起洪武，下迄正德，用编年之体。以续所作薛应旂之《宋元通鉴》。《四库总目》卷四八批评其"采摭杂书，颇失甄别"。 |
| | 《俟知录》 | | 1 | 邹守愚有《俟知堂集》十三卷，不知此是否系邹所作。邹守愚，福建莆田人，嘉靖五年（1526）进士。累官河南左布政使，晋户部右侍郎。 |
| | 《庐山志》 | | 1 | 未审何人所作，当作于万历以前。 |
| 合 计 | | 92 | 306 | |

此表乃《史乘考误》所涉及的明代史书状况，主要是野史笔记、私修明史、文集、方志，以及个别官修的史书如《大明一统志》。所谓"征论次数"，既包括考辨的次数，同时又指征用、作为考辨其他史书证据的次数。只要提及书名，在某一条被征论的史料中出现过一次或一次以上，本表皆只算一次，共计306次。

《史乘考误》一共征论92种书籍，几乎涵盖了嘉、万以前所有重要的史书，亦有个别文集，对嘉、万时期以前的史书进行了一次较为系统的清理和考订，其考辨史书的范围，按其内容具体可分以下几类：

其一，当时最为重要的私修明史，如《宪章录》《吾学编》《皇明通纪》《鸿猷录》等，可归入此类。

沈德符称："近代野史外，总述本朝事迹者，如郑晓之《吾学编》、高岱之《鸿猷录》、薛应旂之《宪章录》，最为表著，然而得失各半。"[①]就是沈德符以为最为突出的三家史书，基本上是王世贞纠谬征论最多的。《宪章录》固然以30次高居榜首，《吾学编》以16次紧随其后，高岱《鸿猷录》被征论12次，这些史书在当时影响都极大，王世贞要撰修一部真实可信的明史，首先必须消除这些已通行史书的错谬，因为这些史书已为儒林所熟知。又如陈建《皇明通纪》[②]，载洪武到正德事迹，当时人即以其"采掇野史及四方传闻，往往失实"，隆庆年间给事中李贵和上言焚毁，虽得采纳，但"板行已久，向来俗儒浅学，多剽其略，以夸博洽，至是始命焚毁，而海内之传诵如故也。近日复有重刻行世者，其精工数倍于前，乃知芜陋之谈，易入人如此"。[③]从这一段分析即可看出其影响

① （明）沈德符：《万历野获编》卷二五《焚通纪》，第638—639页。
② 杨翼骧师编著《中国史学史资料编年》第三册与钱茂伟著《明代史学编年考》皆论及此书。据杨师考订，此书初刊刻于嘉靖三十四年（1555）。钱茂伟则对相关版本予以论述，指出初刊本为42卷，且认为国家图书馆尚存此刻本之残本，而且指出北京大学图书馆存高丽（应为朝鲜）活字本《皇明历朝资治通纪》前编8卷，后编34卷，是最为接近原刻本的。不过，据笔者所知，此书不仅在明、清两朝遭禁毁，朝鲜王朝亦几度禁毁，并且乾隆年间，还曾就此书误载朝鲜太祖李成桂世系，向清朝"陈情辨诬"，要求清朝禁毁。所以北大藏朝鲜版未必是最接近原刻本的。
③ （明）沈德符：《万历野获编》卷二五《焚通纪》，第638页。

之大。对《皇明通纪》总体应如何评价，另当别论，而王世贞对其征论则达十六处之多。对于错谬的史书一味禁毁并不可取，只有像王世贞那样逐一指陈其错误，考辨其失实，从而提醒治史者注意，方是高明之策。

王世贞尤熟悉朝中掌故、经国政典，诸野史中此类史实错谬甚多，王世贞都加以详细辨正。《史乘考误》对史实疏漏、时间之先后颠倒，都加以批评和补正。即如补《吾学编》之疏漏："《刑部题名记》有驸马都尉富阳侯李让掌部事，而《吾学编》亦因之，大误也。富阳侯没在永乐四年，其时北平初为北京，有行部而无刑部，侯之所掌行部耳，即布按二总司也。《吾学编》又于《驸马都尉涞城侯李坚传》云：或曰坚子庄嗣侯，谥威壮。遍考皆无之。"①他指出原因是郑晓将行部误作刑部而犯错。又如考《宪章录》之疏漏：

> 《宪章录》谓：上（景泰帝）欲易太子，恐文武大臣不从，与太监王诚、舒良谋，又啖内阁诸学士，赐金五十两，银一百两。命廷臣俱兼官僚，王直、胡濙俱太子太师，陈循、高谷、于谦太子太傅，仪铭、俞士悦、杨善、王文、王翱、何文渊太子太保，萧镃、王一宁太子少师，商辂为兵部左侍郎兼春坊大学士，满朝感惠。遂以太子为可易，而黄竑之邪议起矣。此大有误漏。内阁之赐银在易储先，而赐黄金在易储后，若诸公之加师傅，正与易储命同日下，非所谓满朝感惠也。当时左都御史王文、杨善俱先以劳勋加太子太保，非以此日加也。其

---

① （明）王世贞：《弇山堂别集》卷二二《史乘考误三》，第401页。

他加太师者，勋臣则陈懋、石亨；加太傅者，勋臣则柳溥；加太保者，武臣则张軏，文臣则陈镒、石璞；加少师者江渊，加少傅者俞山；加少保者俞纲、罗通、李锡、萧维祯。而今皆遗之。又黄竑议在先，赏内阁在后。[①]

郑晓和薛应旂尽管都是明代非常重要的史家，但对于相关史实了解也有偏差。就以上所举的两段史料来说，原书都是错在对于朝中政制不熟、掌故不精。永乐初，北京只有行部而无刑部，一旦马虎，就会出错。而《宪章录》记载景帝与诸大臣商议易太子之事，也是对于相关史实发生的时间先后，相关人物的作为与封赐、恩赏不清所致。王世贞都一一指出其错谬，并细加考辨，以求得其真实。

其二，著者亲见亲闻，随时笔录朝中掌故之札记。

这一类史书占有相当多的部分，如《三朝圣谕录》《天顺日录》《古穰杂记》《燕对录》《玉堂漫笔》等等，皆可归入此类。杨士奇《三朝圣谕录》，"乃自录其永乐、洪熙、宣德三朝面承诏旨及奏对之语，盖仿欧阳修《奏事录》、司马光《手录》之例"[②]。《天顺日录》及《古穰杂录》乃李贤所记之朝中掌故，李贤历仕正统、景泰、天顺、成化四朝，于朝中掌故颇为娴熟。《燕对录》乃李东阳载"宏治（弘治）十年（1497）三月至正德六年（1511）八月，凡召见奏对之词，悉著于编"[③]。这一类皆是亲身经历之事，因而是十分可靠的第一手史实，但由于撰者的主观私心，亦多有失实之

① （明）王世贞：《弇山堂别集》卷二四，第430页。
② （清）永瑢等编：《四库全书总目》卷五三《三朝圣谕录》，第476页。
③ （清）永瑢等编：《四库全书总目》卷五三《燕对录》，第478页。

处。即如李贤，被视为三杨以后之明代贤臣，但是他所作的史料笔记多有失实之处。《四库全书总目》批评李贤道：

> 然自郎署结知景帝，超擢侍郎，而所著书顾谓景帝为荒淫。今观此录，于景帝一则曰荒淫失度，再则曰流于荒淫，毁诋颇为失实。史之所讥，盖即指此。又谓学士王文与太监王诚谋取襄王子为东宫，昌平侯杨洪不急君父之难，当寇薄宣府，惊惶无措，闭门不出，颇与正史不合。至于叶盛、岳正、罗伦诸人之事，讳而不言，其他事亦概未纪及，皆未免爱憎之见。①

对于李贤的另一种史料笔记《古穰杂录》，《四库全书总目》也有微词，论之曰：

> 是编乃所著笔记，间抒议论。而述时事者为多，中多不满三杨。其谓李时勉自仁宗谴怒以后，不复直言。自王振诬构以后，即乞归，有明哲保身之义，亦颇著微词。三杨固时有短长，若时勉，恐非贤所能议也。其自称土木之役随军，过鸡鸣山时，欲邀三五御史，以一勇力之士，捽王振而碎其首于帝前，即挟驾还大同，欲谋于英国公不得云云，恐亦文饰之说耳。②

故而像这一类的所谓第一手资料，也不能盲从，因为难免私心

---

① （清）永瑢等编：《四库全书总目》卷五三《天顺日录》，第476页。
② （清）永瑢等编：《四库全书总目》卷一二七《古穰杂录》，第1095页。

过重，爱憎不明，而使史事失实。故此王世贞皆作重点论述。

如谈及李贤《天顺日录》载永乐命黄福看戏，黄福说："臣性不好戏。"又命其下围棋，黄福又说不会，此后永乐帝就不重用黄福了。王世贞论之曰："按《三朝圣谕》：黄在淮漕，文贞公荐之为南京户部，稍均劳佚耳。是时惟蹇、夏、二杨及胡忠安常入侍，不闻有对弈之说，似未可信也。考之史，以为太宗朝事，恐亦据《日录》而书之，未可信。太宗严重，盖未尝与群臣对弈，而忠宣当其时亦多镇外，不常左右也。"[①]王世贞从情理上去分析其记载不确，兼及实录，认为从太宗待朝臣的态度看，他是不可能与朝臣下棋的。他的这种推理颇有道理。又评李贤论麓川之事"甚正"，但"公生当其时，而所纪有不能无牴牾者"[②]。然后王世贞逐一指出其错误。由斯可见，王世贞对这种当事人写的回忆，亦是心存怀疑，故一并成了重点征论的对象。

与之同时，虽非亲见亲闻，多有闻见而事后追忆者，此类不少，如叶子奇《草木子》、尹直《謇斋琐缀录》、王琼《双溪杂记》等等。《草木子》乃叶子奇因故下狱后，于狱中随笔札录见闻而成。即如针对《草木子余录》载洪武初年，徐达等率四路出征北元，"至漠北大败，死者四十万"。王世贞论之曰："北征总共止用十五万人，惟大将达与中山侯和不利，旋收兵回塞。曹国公文忠则胜负相当，而宋公胜则全胜。其云死四十余万人，谬也。"[③]又如《謇斋琐缀录》之成书，正如尹直所作引言道："予自入仕至归

① （明）王世贞：《弇山堂别集》卷二三《史乘考误四》，第410—411页。
② （明）王世贞：《弇山堂别集》卷二三《史乘考误四》，第418页。
③ （明）王世贞：《弇山堂别集》卷二〇《史乘考误一》，第362页。

田五十余年来，所得于耳目者，不可胜记，每见楮笔在前，辄录一二。词无藻绘，事无类次，积久成秩，命曰《琐缀》。"①此乃尹直八十一岁书成时所作引言，他只凭耳目闻见及自己记忆写成此书，因此错谬舛误，自是必然，这正是此类史书致命之处。同时，此类笔记多夹杂个人恩怨，因而难得客观之史，即如《四库全书总目》评《琐缀录》："于同时仕宦黜陟恩怨报复之由，亦颇缕悉。而好恶之词，或所不免，其丑诋吴与弼不遗余力。"②如斯可见一斑。王世贞亦对此书作重点论述。如论尹直之报私仇，尹直《琐缀录》载：廷审于谦、王文之日，刑科给事中尹旻当众愤然攘臂，拳打脚踢于谦、王文，而且说："二奸臣，正好殴。"第二天于谦政敌徐有贞就马上升尹旻为通政参议。王世贞论之曰：

> 案：尹直以旻为吏部，摈斥不用，怨之刺骨，故为此以谤毁耳。不然，此岂隐匿秘事，而朝野更无一人记之哉？假令有此，成化三年后，于、王二公既昭雪，宁无有讥旻者，而至旻之败，台抨亦不之及，何也？③

首先指出尹直这样记载乃是对尹旻有仇，因此谤毁。又从情理上分析，此事不见载于他书；而于谦、王文昭雪之日也无人讥刺尹旻，故而此事乃是尹直无中生有的。

又论王琼《双溪杂记》。王琼（1459—1532），字德华，号晋

---

① （明）尹直：《謇斋琐缀录》，《四库全书存目丛书》子部第239册，第265页。
② （清）永瑢等编：《四库全书总目》卷一四三《謇斋琐缀录》，第1218页。
③ （明）王世贞：《弇山堂别集》卷二四《史乘考误五》，第437页。

溪，成化二十年（1484）进士，正德初任户部侍郎，进兵部尚书，厚结钱宁、江彬，因得自展。嘉靖中督陕西三边军务。《明史》论之曰："当正、嘉间，（彭）泽、（王）琼并有才略，相中伤不已，亦迭为进退。而琼险忮，公论尤不予。"①《双溪杂记》中伤同僚不已。王琼与杨廷和有隙，《双溪杂记》中则极言杨廷和巴结刘瑾，常常贿赂刘瑾，以求升迁，肆意诋毁杨廷和。王世贞论之曰：

　　按：晋溪极言杨（廷和）与刘瑾交通之迹，然瑾诛后未闻有言及杨者。又杨弟廷仪素忌其兄，处处皆谤，安肯为之行贿而令其入阁耶？杨以詹事迁南户左侍，刘（忠）以学士迁南礼左侍。杨时在东阁管诰敕，旦夕大拜，今迁南户侍，何得云升？而刘以学士越四阶得南礼侍，岂厚杨而薄刘也？既云廷和卖刘忠，以不当别瑾，而私以锦币辞瑾，瑾曰："刘先生不足我耶？"因遂疏忠。然廷和迁户部，忠迁礼部，俱尚书，且同日，此岂为疏刘而独厚杨也？杨召入内阁，刘进南吏书，亦召掌詹事府，杨有贿，则刘亦有贿矣。意者，瑾辈以东宫之旧而扶掖之耶？科道后论刘为瑾党，不及杨，然尚不能为刘累。至谓与蒋奸邪志合遂乱新政，按杨、蒋志合，在擒江彬草新诏革宿弊耳，谓之乱政，可乎？且谁不知晋溪与杨有隙，而敢为诬排若此……又云廷和感宇引进恩，极力庇之。廷和入阁，宇尚在兵部，何引进之有？焦芳止于削散官，宇为民，岂赖廷和庇？自《双溪杂记》行，而高氏《鸿猷》、薛氏《宪章》二录亦因之，大抵晋溪之怨杨公甚，

---

① （清）张廷玉等：《明史》卷一九八《王琼传》，第5235页。

> 小人恣行胸臆，无所顾惮，而又不读书，不习本朝典故，乃敢于
> 猖狂如此。而后学不知前辈人品，又敢于纵笔如此。[1]

《史乘考误》中对《双溪杂记》诋毁彭泽也进行了考辨。王世贞考辨得实，受到后人肯定。《四库全书总目》论《双溪杂记》曰："至正、嘉之间，则自任其私，多所污蔑，不可尽据为实录。考《明史》本传，琼督边之功及荐王守仁以平宸濠，其功固不可没，然平日与江彬、钱宁等相比，而与杨廷和、彭泽等不协，故记中于廷和与泽诋诬尤甚，至于大礼一事，曲徇世宗之意，悉归其过于廷和，尤非定论矣。"[2]《四库全书总目》对于《史乘考误》中所考辨的史实都加以肯定，实际上可以说，《四库全书总目》对于《双溪杂记》等明代野史的论定，是在王世贞考辨的基础上，吸收了王世贞考辨成果而最后论定的。

又如《玉堂漫笔》，作者陆深（1477—1544），少为文章有名，弘治十八年（1505）进士，二甲第一。工书善文，《明史》称之："赏鉴博雅，为词臣冠。"[3]他于朝中甚久，《玉堂漫笔》乃其史料笔记，《四库全书总目》论道："是书乃在翰林院时，记其每日所得，而于考核典故为尤详。其载杨士奇子稷得罪，为出于陈循所构陷，亦修史者所未详也。"[4]尽管博雅如陆深，《史乘考误》亦指出其不谨之处，曰："陆子渊《玉堂漫笔》言：镇远侯顾玉卒，赠夏国公。非'夏'也，'夏'上少一画，当作'虔'音读。"既载此

① （明）王世贞：《弇山堂别集》卷二六《史乘考误七》，第466—467页。
② （清）永瑢等编：《四库全书总目》卷一四三《双溪杂记》，第1219页。
③ （清）张廷玉等：《明史》卷二八六《陆深传》，第7358页。
④ （清）永瑢等编：《四库全书总目》卷一四三《玉堂漫笔》，第1220页。

奇字，王世贞考之曰："余为比部郎，漫以问今侯寰，而不能对。谓侯家纨袴，忘之耳。遍考《广韵》《玉篇》《洪武正韵》，皆不载此字，岂陆该博别有据耶？然赠国大典，宁有舍《洪武正韵》而巧为字者？好奇之士不谙典章乃尔，不足信也。考碑志及史，俱无此说。"①此虽为一字之异，然也是一个重要问题，引起王世贞考辨的兴趣。王世贞首先询问朝中王侯，未得其果，又遍考各种字典、碑志铭文和实录，皆未有此字，故而断定其所论不足信。

可见，对于这些第一手的笔记、札记，王世贞并不轻易相信，对于相关问题的考辨非常认真。首先，考察作者与所论人物的关系，从而分析其背后的动机；然后再找寻其他的依据，最后断定野史记载之不实。

其三，地方志与地方文献，或记录地方人物传记资料等，这也是很重要的一部分。

方志从《大明一统志》到《陕西通志》《楚通志》，以及有关县志皆有涉猎。另还有一些关于地方的史料，如《昆山人物志》《苏材小纂》《炎徼纪闻》等等。

《大明一统志》之编撰亦与实录一样，由朝中大臣主持而成。明洪武三年（1370），就命儒臣魏俊等六人编《大明志》，载录天下郡县地理形势。永乐年间，采天下郡县图经，命儒臣纂辑为书，亦未成。天顺初年，命李贤总裁再修，天顺五年（1469）四月书成奏进，赐名《大明一统志》。此书体例依从《大元一统志》，然错谬不少，《史乘考误》中有六条纠其谬，亦有与《实录》相悖者，如

---

① （明）王世贞：《弇山堂别集》卷二二《史乘考误三》，第401页。

《大明一统志》载陈德文洪武间以北平按察使出使西域，至撒马尔罕。王世贞指出，出使西域者乃陈诚，他以吏部员外郎出使，非北平按察使陈德文也。他并论之曰："《一统志》修自内阁诸公，而与史牴牾者，当时只遣人于各省采事实，而不知考国史也。"①《四库总目》批评《大明一统志》："其时纂修诸臣，既不出一手，舛讹牴牾，疏谬尤甚。"②故此有考据之必要。

地方文献如《苏材小纂》，乃祝允明所作。《四库全书总目》论此书："是书记天顺以后苏州人物。前有自序，称宏治改元，诏中外诸司，撰集事迹，上史馆为实录，简允明等数弟子员司其事，因私纂纪为此书。第一曰簪缨，纂徐有贞以下十九人。第二曰邱壑，纂杜琼以下五人。第三曰孝德，纂朱颢一人。第四曰女宪，纂王妙凤以下三人。第五曰方术，纂张豫等二人。大约本之碑志行状，而稍为考据异同，注于本文之下。其叙徐有贞事颇有讳饰，盖允明为有贞外孙，亲串之私，不能无所假借云。"③可见，乃是祝允明原来为实录准备的苏州地方资料，后竟刊行。《史乘考误》有考之："《苏材小纂》言：景帝闻钟声，问左右曰：'非于谦乎？'左右对以太上皇帝。曰：'哥哥，好，好。'按此吾吴人党徐元玉之论也。景帝与于相信之深，岂有疑至此？若即有之，何不疑石而疑于乎？"④从情理中去判别真伪。

又如方鹏《昆山人物志》，"是书论次昆山先哲，首名贤六人，次节行二十八人，次文学三十七人，次列女三十人，次艺能三十一人，次游寓二十六人，而以杂志终焉。共为十卷，《明史·艺文

---

① （明）王世贞：《弇山堂别集》卷二二《史乘考误三》，第397页。
② （清）永瑢等编：《四库全书总目》卷六八《明一统志》，第597页。
③ （清）永瑢等编：《四库全书总目》卷六一《苏材小纂》，第550页。
④ （明）王世贞：《弇山堂别集》卷二五《史乘考误六》，第441页。

志》作八卷，传写误也"①。本书是研究明代昆山人物非常重要的资料，即便是专记地方人物的地方文献，也有错谬。王世贞指出《昆山人物志》记载吏部尚书余爋回乡省亲，"徒步候亲戚，戒投刺者勿言余尚书，第称'余待诏儿来也'。而实录谓其用乡人助教金文征瓒，擅移文逐祭酒宋讷，事露，以纵肆伏法。其矛盾乃尔！且余自试吏书后，未尝归省也"②。

综上所述，《史乘考误》所论"野史"，按其内容大体可归入以上所论三类：一为时人所作的当朝史书；二为时人所记之史料笔记；三为方志与地方文献。另间亦涉及文集与音韵书，不过不是考辨对象，而是作为佐证的材料，即如上文提及的用《广韵》《玉篇》《洪武正韵》证陆容《玉堂漫笔》之误。就史书而言，王世贞是以前二者为主，进行重点的稽考，从而还其真相，消除疑误的。

### 三、对"家乘"之批评与考订

所谓家乘，就是有关人物的家传、碑志、墓志铭文等等。王世贞认为"叙""记""碑""铭""述"乃"史之变文"，而"赞""颂""哀""诔""悲"，乃"史之华"也。③因之，"家乘"是史学不可或缺的部分。而这些家乘，大多是人物的有关传记资料。王世贞清楚地知道"家史人谀而善溢真"④，多浮夸不实之词。他的这种论断一直为后人肯定和弘扬。钱大昕进而推广到"家谱之不可

① （清）永瑢等编：《四库全书总目》卷六一《昆山人物志》，第552页。
② （明）王世贞：《弇山堂别集》卷二一《史乘考误二》，第383页。
③ （明）王世贞：《弇州山人四部稿》卷一四四《说部·艺苑卮言一》，第6611—6612页。
④ （明）王世贞：《弇山堂别集》卷二〇《史乘考误一》，第361页。

信"，他先引述颜师古的说法："私谱之文出于闾巷，家自为说，事非经典，苟引先贤，妄相假托，无所取信，宁足据乎？"然后评之曰："师古精于史学，于私谱杂志不敢轻信，识见非后人所及。"①梁启超亦以为私家之行状、家传、墓文之类，"其价值不宜夸张太过"②。至其原因，乃碑传铭文多受人请托而成，章学诚论道："黯于好名而陋于知意者，度其文采不足以动人，学问不足以自立，于是思有所托以附不朽之业也，则见当世之人物事功，群相夸溺，遂谓可得而藉矣。"③这些议论其实都是王世贞所论之"人谀而善溢真"的发挥。

《史乘考误》所征论之"家乘"有120余篇，一共三卷。具体而言有以下两个特点：其一，王世贞对家乘考订的目的，是想把握有明一代的政治变迁史，因而选取的对象皆是高官大吏的碑传铭文。④例如方孝孺所作关于汤和的《汤信公神道碑》、杨溥给杨士奇所作的《（杨）文贞神道碑》、费宏为谢迁所作的《谢文正公神道碑》等等。其二，所论之事皆是关国政朝章之大事，并不拘泥于细枝末节，例如对有关制度之澄清，有关人物在历史上之作为，有关历史事件之真相等等。下面我们以《史乘考误》考论李逊学所撰《焦少师芳葬志》为例，进行剖析，从中可以获得直观深入的认识。

李逊学（1456—1519），字希贤，号梅斋，河南上蔡人。成化

① （清）钱大昕：《十驾斋养新录附余录》卷一二《家谱不可信》，陈文和主编：《嘉定钱大昕全集》（增订本）第七册，南京：凤凰出版社，2016年，第318—319页。
② 梁启超：《中国历史研究法》，北京：中华书局，2016年，第60页。
③ （清）章学诚著，仓修良编注：《文史通义新编新注》内篇三《黯陋》，北京：商务印书馆，2017年，第184页。
④ 参考杨文信：《王世贞史学研究》附录四《〈史乘考误〉征引著作考》，该附录将每一篇"家乘"的题目、作者、出处均清晰罗列。

二十三年（1487）进士，累官礼部尚书，较有官声，但他所撰的《焦少师芳葬志》则大体失实，几无真实可言。焦芳，字孟阳，号守静，河南汝阳人，天顺八年（1464）进士。累官少师兼华盖殿大学士，生性阴狠。刘瑾专权，他为虎作伥，是刘瑾的左膀右臂，故清修《明史》将他列入《阉党传》。就是这个焦芳，在《焦少师芳葬志》中却被说成是一位处处对抗刘瑾的正直敢谏之士。试论两例：其一，《通鉴节要》成，刘瑾以为有误，想加罪修撰诸臣，"公（焦芳）曰：'古今未闻名以文字罪人者。'瑾乃止。"其二，安化王朱寘鐇于宁夏叛乱，《葬志》言焦芳出计安抚他，并主张赦免其罪，但与刘瑾之意见相左，"瑾恨悔曰：'我数年所行，一赦变尽。'谋去公。或曰：'上实注意，奈何？'瑾曰：'我第言其老，请厚其行耳。'乃以星变避位为辞，众疏具，始语公，公曰：'吾志也。但朝廷有事，不敢言耳。'急具疏，先后上，明日独公得允焉"。于斯言之，似乎焦芳不独德行操守皆足称道，其对抗刘瑾，一心为公之斗志亦堪嘉许。但王世贞指出这些全是颠倒黑白之辞，无一是处，无一真实，他论道：

> 按：《通纪纂要》书成，指摘字误，大学士东阳等皆降俸，尚书梁储、侍郎靳贵、庶子毛澄等皆降官，誊录官有至改职者。盖芳以己不与纂修，故导逆瑾为之。而今言瑾欲罪翰林臣，用芳言而止，何也？户侍追湖广赋者，瑾之乡人韩福，而芳所比也，肯言其害乎？安化之役，主赦者内阁意，假张䌹达瑾而得之，志辞何尝有一实乎？①

---

① （明）王世贞：《弇山堂别集》卷二九《史乘考误十》，第517—518页。

因之，可以说《焦少师芳葬志》捏造史实，肆意吹捧，难怪王世贞怀疑这可能并不出自李逊学之手，"愚谓尚书死后，焦家人妄托之耶？不然何以为尚书也？"王世贞以为李逊学既然为礼部尚书，不应至于如此是非不明、黑白不分，人品也不应该如此低劣。在王世贞看来，"夫芳恶浮于（张）綵百倍，綵罹重辟，而芳老牗下，非人情也"①。如此"家乘"，焉能作为信史？

随后又以《武宗实录》的史料来证其谬。《武宗实录》记载，正德四年（1509），下诏荐怀才抱德之士，浙江以余姚周礼、徐子元、许龙，上虞徐文彪应，四人上疏求用。刘瑾矫旨谓："天下至大，岂无可应诏者？何余姚隐士之多若此？"遂下镇抚司审问，谓诏草出刘文靖健手，而谢文正迁私其乡人。瑾持至阁，欲逮之，并籍其家。李文正徐为劝解，瑾意少释。焦泌阳在旁目之，抗声曰："纵轻处，亦当除名。"既而旨下，健、迁皆为民，礼等谪戍边卫，仍著令余姚人毋迁京官。②

而李逊学之《泌阳墓志》则完全颠倒黑白，说焦芳闻知刘瑾仇视刘健、谢迁、尚书韩文，想差官校往逮之。于是焦芳前往刘瑾处说情，"公亟约同列以疾辞，独候门人，召瑾语，不至，累促之，瑾乃来，公以前闻诘其有无，瑾良久曰：'有固有，上意也。我知为乡里耳！'公曰：'三人惟刘与我为乡里，亦惟刘有宿怨，国家大事，岂人论恩怨处耶？汝与上位说我焦某托，此三人皆受先帝顾命以遗上位者。今逮之，彼大臣，义不苟辱，在途而死，是朝廷杀顾命大

---

① （明）王世贞：《弇山堂别集》卷二九《史乘考误十》，第517—519页。张綵，弘治三年（1490）进士，以谄事刘瑾累官吏部尚书。刘瑾被诛，张綵瘐死狱中，被戮尸于市。
② （明）王世贞：《弇山堂别集》卷二九《史乘考误十》，第519页。

臣也。异时上位若云不知，要有当其辜者。'瑾惧而寝之"。如此完全颠倒黑白，王世贞论之曰：

> 按：此不但与信史矛盾而已，韩公原非顾命臣，又曾被逮在三年内，与兹事了不相关。且焦公之见瑾，佞辞泉涌，今则伉浪若前后辈然。嗟乎，诔墓之人，不学无术，而敢为矫妄，其罪浮于泌阳矣。[①]

"家乘"既然如此颠倒黑白，非细细考证，不能随便利用。但是家乘对历史研究之重要性，又不容忽视，稍后的焦竑即采前人所撰碑铭传志，编成《国朝献征录》，共达一百二十卷。

焦竑（1541—1620），字弱侯，号澹园，江宁人。万历十七年（1589）以殿试第一官翰林修撰，万历二十二年（1594），陈于陛主持修国史，焦竑参与，后成《国史经籍志》五卷。《国朝献征录》乃焦竑编辑，"是书采明一代名人事迹，其体例以宗室、戚畹、勋爵、内阁、六卿以下各官，分类标目；其无官者，则以孝子、义人、儒林、艺苑等目分载之。自洪武迄于嘉靖，搜采极博"[②]。据笔者统计，此书收录了王世贞所写人物传记、墓碑、行状有七十五篇。此书自编成之后，就颇受赞誉，万斯同以为绝大部分的明人史书"皆可以参观而不可以为典要"，但是，"惟焦氏《献征录》一书，搜采最广，自大臣以至郡邑吏莫不有传，虽妍媸备载，而识

---

① （明）王世贞：《弇山堂别集》卷二九《史乘考误十》，第519页。
② （清）永瑢等编：《四库全书总目》卷六二《献征录》，第558—559页。

者自能别之，可备国史之采择者，唯此而已"①。《献征录》搜采固然广博，但他未作任何考校，错谬之处，一仍其旧。《四库全书总目》即指出其"文颇泛滥，不皆可据"②，而王世贞所考订过之"家乘"，亦多为《献征录》所收录，若引述《献征录》之史料，当参考王世贞是否已有辨析，由此可见王世贞考证之重要性。正如今人黄彰健所论："焦氏以博洽享盛名，而其史学修养不如王世贞。"③这是对王世贞考证史学价值的充分肯定。

《史乘考误》中特以三卷篇幅考"家乘"之不实，而《四部稿》《续稿》中"家乘"一类文章甚多，有关碑赋铭文有数百篇，因他深知家乘多"谀而溢真"，故而其所作大多平实，不作无根虚言。从《国朝献征录》中，征引王世贞所作人物传记，也可看出焦竑对于王世贞所作传记资料的重视。《国朝献征录》中凡重要人物广泛采录多种人物传记资料，但是嘉靖到万历间最为重要的三大相严嵩、徐阶、张居正，则都只收了王世贞所作的一种传记资料，由此反映出焦竑对王世贞的重视，也从一个侧面反映出王世贞所作传记的价值。④

综论王世贞对明代史学之批评与对明史之考证，其具有以下几个特点：

其一，征论史籍广博。王世贞对他能见到的所有实录都有猎涉，且当时最为主要的史书、史料笔记、地方志、到一般的碑铭传

---

① （清）万斯同：《万季野先生遗稿·寄范国雯书》，《丛书集成续编》第126册，上海：上海书店出版社，1994年，第43页。
② （清）永瑢等编：《四库全书总目》卷六二《献征录》，第559页。
③ 黄彰健：《〈国朝献征录〉影印本序》，载（明）焦竑：《国朝献征录》，台北：台湾学生书局，1984年，第7页。
④ 参见吴振汉：《王世贞〈史乘考误〉所论嘉、隆之际史事考释》，第67页。

志，王世贞都予以关注，并施考订，涵盖面十分广泛。

其二，辨论史实中心在于朝章典故。王世贞长于朝章典故，明代史书错谬亦多在朝章典故，自然就成了其论辩的中心。

其三，考辨史实时，综合运用国史、野史、家乘，三者互为佐证，并不偏信一说，以最有说服力、最具可信度的材料作为依据，以便求得历史真相。

## 第三节  王世贞史学考证的原则与方法

在考证过程中，王世贞有相应的取舍原则，"国史""野史"与"家乘"相互比证，因为它们互有短长，考证的总原则就是要尽可能的扬长避短。其总原则是：

> 虽然国史人恣而善蔽真，其叙章典、述文献，不可废也；野史人臆而善失真，其征是非、削讳忌，不可废也；家史人谀而善溢真，其赞宗阀、表官绩，不可废也。吾于三者，豹管耳。有所见，不敢不书，以俟博洽者考焉。
> 
> 夫家乘是而疑誉者，吾弗敢擿也；野史非而疑毁者，吾弗敢救也。其龃龉而两有证者，吾两存之，其拂而核者，吾始从阳秋焉。鄙人之途听而诞者也，纤人之修却而诬者也，则弗敢避矣。[①]

也就是说国史、野史、家乘，各有优劣，互有短长，所以

---

① 　（明）王世贞：《弇山堂别集》卷二〇《史乘考误一》，第361页。

王世贞考证之时，尽可能地扬长避短，以"国史"之长去证"野史""家乘"之非；以"野史"之长去揭"国史"之讳。凡"家乘"之称是而有夸耀嫌疑者，"野史"非难而有诽谤之意者，道听途说荒诞不经者，任意妄为、肆意诽谤者，皆是其纠谬之对象。若两说矛盾，又无法求证者，则二者并存，表现了一种认真求实的精神和严谨的态度。同时，对于作者的才学与品行亦在考察之中，所谓"鄙人"即是识见有限者，"纤人"即是心术不正者，对他们所记载的史实，皆作重点考究。其考证原则与方法细言之如次。

一、国史、野史、家乘参互比证

明史疑案纷纭，实录、野史，各种记载五花八门、莫衷一是，所以应该仔细辨正。例如明朝开国功臣之结局，即是明史上的重大疑案。由于朱元璋对开国功臣多以重刑处置，使得他们多非善终，《明太祖实录》或讳而不书，或书而曲笔，故野史各据传闻，以致众说纷纭。要考证史实真相，就要对诸史进行比证，从而找出最具说服力的证据，去分析辨正，方有可能弄清史实真相。在这点上，王世贞做得最为成功，颇有成就。前面谈及《史乘考误》对《明太祖实录》之辨正时，已经提及一两例，其实还有更多的考辨。又如对李文忠之死、朱亮祖之死、廖永忠之死的考证，也是典型的例子，从中可见王世贞析理之透切，运用考证方法之娴熟。戴名世以为，"一事也必有一事之终始；一人也必有一人之本末，综其终始，核其本末，旁参互证，而固可以得其十八九矣"①。王世贞对诸开国功臣结局的

———————————
① （清）戴名世：《戴名世集》卷一四《史论》，王树民编校，北京：中华书局，1986年，第404页。

论断，正是这么一种"旁参互证"的结果。下面试论其一二。

1. 李文忠之死

王世贞以为郑晓依《太祖实录》之说，独书曹国公李文忠为卒，且恤典优厚，而董伦所撰神道碑言其病死，临死前一天朱元璋还去看过他；而有野史言，李文忠好招门客，又劝朱元璋裁省内臣，因之触怒太祖，而尽杀其门客，文忠遂惊悸而死。实录、野史所书各异，王世贞以为此皆"不根之论"。他从朱元璋所撰《嗣公景隆诰》中发现有云："前朕姊子李文忠，朕命居群将之列，功至公位，呜呼，非智非谦，几累社稷，身不免而自终。"①朱元璋所书，自然十分可信，从而推断出李文忠自尽而死，并推测"切责及杀门客疑有之，史盖曲为讳也"②。既指出实录之曲笔，又考辨出野史之谬误。

2. 朱亮祖之死

《明太祖实录》以朱亮祖镇广东所为多不法，番禺知县道同上疏弹劾数十事皆实，太祖以亮祖功臣，不下狱，但罢职，令居江宁县之安陆乡，未几，以病卒。其子暹亦称智勇，数从征战，累功为府军卫指挥使，先卒。《功臣录》《吾学编》皆从其说。但王世贞发现朱元璋所撰的《朱亮祖圹志》有言："朱亮祖不法，使镇岭南，作为擅专；贪取尤重，归责不服，已非一时，朕怒而鞭之，不期父子俱亡，就葬已责之地。"③这是出自太祖的亲笔，当是最具说服力的，其他野史诸说不攻自破。

---

① （明）王世贞：《弇山堂别集》卷二〇《史乘考误一》，第369页。
② 同上。
③ （明）王世贞：《弇山堂别集》卷二〇《史乘考误一》，第371页。中华书局本作"胡惟庸不法"，疑误，考《四库》本为"朱亮祖不法"，今据《四库》本改之。

3. 廖永忠之死

这是王世贞运用比较归纳法最为典型的事例，他从刘辰《国初事迹》中记载廖永忠被处死，与实录及《功臣录》《吾学编》所载病死之不同，从而引起怀疑，不知孰是孰非，论之曰："初但疑洪武三年以前功甚大当封公爵，以所善儒生窥意而止，三年以后下西川之绩见于御制讚，所谓'与傅成双'。而迨其没也，乃不获一爵一谥，同于吴良、顾时辈，何也？"此处提出疑问，既然洪武三年（1370）以前就功大当封公爵而未得，三年以后西川之功朱元璋又赞他可以同傅友德相比，但竟不得爵封，死后亦无谥号。这样对待大臣颇不合情理。接着指出洪武十年（1377）朱元璋赦江夏侯周德兴罪，诫谕大臣曰："廖永忠数犯罪，屡宥不悛，又复僭侈，失人臣礼甚矣。"而永乐十五年（1417），都察院劾奏锦衣卫指挥纪纲狱辞云："德庆侯廖永忠为开国功臣，以僭分犯法被诛。"因推知他被诛的原因乃"僭分"，即有非分之想。两条证据皆为确凿无疑的。之后王世贞分析《太祖实录》如斯处理廖永忠结局的原因："盖高帝一时之忿，不暇宽处。既刑而后悔之，且念其功，故加赗葬，且使其子袭封，修史者缘而为之掩讳耳。"①

王世贞对《太祖实录》于诸臣之处置笔法进行了总结，以为"例凡暴卒者，俱赐自裁者也"②。又论："廖（永忠）、冯（胜）二人尚于卒下立传，而傅颍公、王定远仅于封爵下立传，则二公之祸当尤惨也。"③他首先探出《太祖实录》处置诸臣之笔法。是否有

---

① （明）王世贞：《弇山堂别集》卷二〇《史乘考误一》，第373页。
② （明）王世贞：《弇山堂别集》卷二〇《史乘考误一》，第369页。
③ （明）王世贞：《弇山堂别集》卷二〇《史乘考误一》，第373页。

谥号，是否立传，何时立传，何时称卒，皆有一定的原因，因为实录的曲笔，只能从这样的蛛丝马迹中捕捉隐藏在这些表面后的历史真相。王世贞的这种摸索与判断，以后为顾炎武和钱谦益所肯定和继承。

王世贞在《史乘考误》中，国史、野史、家乘参互考证，因为三者互有短长，王世贞考辨之时，尽可能对三种史书扬长避短。具体而言，有以下几点值得注意。

首先，诸说存疑，以实录为准。《明实录》尽管问题不少，但还是有野史所缺乏的优势，凡典章制度、朝中经国大典、军国大事，实录所载一般不误，而野史道听途说之史料笔记，则往往出错。《史乘考误》中以实录纠正野史、家乘的错谬不少。即如：诸家野史记载，兵部尚书王骥巡抚西北甘、凉边镇，许以便宜行事，王骥获知边镇守将法令不严，"明日，集众辕门，询平日畏敌不畏将者，得都指挥安敬，即斩以徇，一军震慄"。而彭时所作《王靖远墓志铭》所载亦同。王世贞查考实录则是另一种说法："第考之史，则云都督蒋贵、佥都御史曹翼统兵剿胡寇，驻鱼儿海子，以都指挥使安敬言前途无水草不可进，引还。都察院劾贵等怀奸失机，宜治以军法。上命尚书王骥责贵死状，僇敬军中以徇。"这样对于王骥是如何杀安敬的，说法完全不同，王世贞以为："志文所载，绝类狄招讨僇陈沔事，虽快人意，恐当以史为据。"①所以还是主张实录的说法为准。

又《开国功臣录》《吾学编》《封爵考》皆记载有凤阳人濮

---

① （明）王世贞：《弇山堂别集》卷二三《史乘考误四》，第418页。

真，"洪武初，征高丽，兵败被执，其王怒，欲兵之"，濮真割心自杀，被追赠乐浪公，"表其门曰：'班超群将，志迈雄师'"。其有子濮玙，出生刚数月，即封西凉侯。王世贞查考《太祖实录》之记载：有濮英其人而无濮真，且相关史实出入甚大。洪武二十年（1387），濮英随大将军冯胜等征纳哈出，还师之时，命濮英以三千骑殿后，为敌所乘被执，剖腹死。追封开国辅运推诚宣力武臣、柱国、金山侯，谥忠襄。并封其子濮玙，后坐蓝玉狱被诛。《史乘考误》随后指出其有三大谬误：

> 按玙以二十一年封，二十六年诛，相距仅六年，而云生甫数月即封侯，一误也。洪武中未尝与高丽交一矢，而此云征高丽兵败被执，二误也。"功超群将，智迈雄师"乃旌廖永忠门语，而此以加之英。且谓之忠义可耳，所谓"功超"与"智迈"者不相符，三误也。何后先诸公之不考乃尔。[1]

王世贞所论确凿，这是以实录去纠正野史、家乘谬误之例。

其次，凡传主之德行，野史、实录载之，而家乘、家传不载，《史乘考误》皆证其非。即如《两湖尘谈录》载录正统初吏部侍郎魏骥，不避宦官王振。又一日早朝，英宗钦点他汇报朝政，魏骥慷慨陈词，英宗温旨慰谕，称其为"好官"。王世贞考之曰："魏公有此，则生平第一伟事，而公卒于成化中，行状、志、传之类，何所讳而不载？"[2]又如："《侯知录》言：弘治中，徐文靖公溥乞致

---

① （明）王世贞：《弇山堂别集》卷二一《史乘考误二》，第381—382页。
② （明）王世贞：《弇山堂别集》卷二三《史乘考误四》，第413页。

仕，上特赐曲柄红方绣伞，以宠异之，此异典也。考家乘行实不载，又问其孙文燦，云亦不知之，其为误传无疑。"①

又如以家乘证实录之误。"（嘉靖）七年，史（世宗实录）言上降手敕，礼部尚书兼文渊阁大学士张璁、吏部尚书兼翰林院学士桂萼俱太子太保，璁、萼疏上，皆优诏答之，而更加璁少保兼太子太保。误也。初，上以岁暮袷祭，见璁、萼班在新除太子太保、团营、尚书李承勋下，故特加宫保，而璁以前星未耀，不敢虚居是官，请俟异日。上故特加少保，无兼官，见行状、志铭及《进〈明伦大典〉表》，俱可证。"②这是以家乘证实录封赐加官缘由之错谬。

其三，孤证不立，重视理证。它史俱不载，一书载之，尤怪诞不经之事，推定其误。例如，有野史载刘基初见朱元璋，朱元璋先问他能否作诗，刘基对以："一对湘江玉并看，二妃曾洒泪痕斑。汉家四百年天下，尽在张良一借间。"朱元璋以为相见恨晚。《史乘考误》推论："此诗甚奇俊，恐亦附会语。盖伯温初见，与宋濂、章溢、叶琛同，不应独有此问。而《犁眉公集》不载应制之作，必非真。"野史又载刘基死前"遗命焚尸扬灰勿葬，平生所读兵书尽送朝廷"。又以理推定："按伯温素精堪舆，必不肯不择一归地以为子孙计。且帝疑虽渐释，而谗者方在事，焚尸扬灰之说，其不落间口为石介者几希，恐至愚之人亦不为此。"③在证据不充分的情况下，推理相当重要，这也是王世贞经常采用的重要方法。

---

① （明）王世贞：《弇山堂别集》卷二六《史乘考误七》，第463页。
② （明）王世贞：《弇山堂别集》卷二七《史乘考误八》，第489页。
③ （明）王世贞：《弇山堂别集》卷二一《史乘考误二》，第375—376页。

## 二、重视撰者心术与作史动机

王世贞所论之史书皆是本朝人撰本朝史，因而著述者与所记之人和事总有着或多或少的联系，尤其是实录，总是后一朝撰前朝史，总裁、撰修官都是历仕前朝与新朝，因而撰史者总是或多或少夹杂着私心，判别其心术是否公正就显得十分重要。如何去判别呢？吾以为清人戴名世论之最为深刻：

> 设其身以处其地，揣其情以度其变，此论世之说也。吾既论其人之世，又谮作野史者之世，彼其人何人乎，贤乎？否乎？其论是乎，非乎？其为局中者乎，其为局外者乎？其为得之亲见者乎，其为得之遴听者乎？其为有所为而为之者乎，其为无所为而为之者乎？观其所论列之意，察其所予夺之故；证之他书，参之国史；虚其心以求之，平其情以论之。而其中有可从有不可从，又已得十八九矣。[1]

实录撰修者多为"局中者"，总是无法摆脱其间的牵扯。而写野史者品性固然有优有劣，心术自然亦各不相同，王世贞都予以认真对待。从他的分析中看出，他之辨别方式正如戴名世所说的，不仅"设其事以处其地，揣其情以度其变"，而且知人论史，论史先论人。他自己亦有判别的原则，即"舛诞者无我，诬者有我。无我者使人创闻易辨，有我者使人轻入而难格"[2]。"无我""有我"之

---

[1]　（清）戴名世：《戴名世集》卷一四《史论》，第404页。
[2]　（明）王世贞：《弇州山人四部稿》卷七一《文部·明野史汇小序》，第3430页。

说即是对著者心术之判断。

前面讨论《史乘考误》对实录辨正之时，已经论及过焦芳总裁的《孝宗实录》，此处再进一步论之，因为由焦芳主持修撰的《孝宗实录》，在王世贞看来即是"诬者有我"的典型。《孝宗实录》夙有劣名，《武宗实录》即论焦芳道：

> 总裁大学士焦芳，人品庸劣，不为士论所重。弘治间，垂涎台鼎，久不得进，每以为恨。至是，附瑾获柄，用与操史笔，凡其所褒贬，一任己私，以好恶定之，如叶盛、何乔新、彭绍、谢迁，皆天下所称许，以为端人正士，而芳肆其诋诬，不恤公论，同官李东阳等畏避其恶，皆不敢为异同。①

王世贞严厉指斥焦芳任意讥评大臣，颠倒黑白，混淆是非。他对《孝宗实录》之错谬多有驳正。例如：《孝宗实录》载景泰初易皇储，草诏，大学士陈循起句云："天降下民作之君。"当时乔新父何文渊在旁应曰："父有天下传之子。"天顺复辟，与谋者多遭罢斥，何乔新劝其父自尽，其父果然。王世贞以为此乃焦芳"怼笔"。他对照《英宗实录》，发现乃传闻有人"来抄提文渊"，文渊惧而自缢，故"劝文渊引决之说诬"②。又如《实录》载彭华以附妖人李孜省以进，论其"为人险诐，用数深机莫测"，且言其为政时干了不少坏事，以至于晚年"风瘫十二年而卒，人以为阴险无将之报"。王世贞指出作为实录，竟如此讥评大臣，乃出"焦芳笔

---

① 《明武宗实录》卷四九，正德四年四月壬午，第1122页。
② （明）王世贞：《弇山堂别集》卷二四《史乘考误五》，第434页。

也”。而他又分析焦芳之所以如此讥评彭华，其背后的因素只是因为“焦以尹龙事坐谪桂阳，云出华意，故怨之刻骨，而谤詈甚口若此”①。再如《孝宗实录》讥评谢迁，以为弘治元年（1488）太监郭镛建议预选女子于宫中，以“广衍储嗣”，但为谢迁所阻。王世贞论道：“焦泌阳执史笔，以为谢公进此谀辞献谄，以误孝庙，继嗣之不广，皆此邪谋启之。”《孝宗实录》又云：“古者诸侯尚一娶三姓，而备九女，以广继嗣。孝庙以万乘天子，独不得立三宫，可乎？小人图势利而不为国谋如此。”王世贞明确指出此乃“泌阳之忿笔，盖阴刺中宫之擅夕，而讥谢公之从谀也”，并发议论曰：“殊不知上春秋甫十九，中宫仅逾年，何以有擅夕之声于外，而谢已逆知权之在中宫，而从谀之？且谢以山陵未毕，谅闇尚新为词，其义甚正，胡可非也？小人哉泌阳，其无忌惮一至此！”②王世贞直言焦芳为小人。

又如前面论及的《武宗实录》对王守仁平定朱宸濠之事的记载，“剪抑之者不遗余力”。王世贞分析《武宗实录》之所以一味贬抑王守仁，乃因总裁杨廷和、副总裁董玘与王守仁有仇怨之缘故，故“作此诬史”。按照戴名世之说法，王世贞正是“设其身处其地”去分析其背后之恩怨是非，因而判定撰史者与被撰人之关系，从而分析《实录》不顾事实的内在原因。王世贞就是如此探究史书

① （明）王世贞：《弇山堂别集》卷二六《史乘考误七》，第462页。此事焦竑在《玉堂丛语》中亦言及：“顾清与修《孝庙实录》，书妖人李孜省事。焦芳与彭华有隙，诬其附以得进，欲清以风闻书。清云：‘据实直书，史职也，他不敢与闻。’焦不能敚。”（明）焦竑：《玉堂丛语》卷四《纂修》，顾思点校，北京：中华书局，1981年，第131页。

② （明）王世贞：《弇山堂别集》卷二五《史乘考误六》，第454页。

背后之关系，以及为何如此做之内在根源，并因之论史家心术不正，私心太重，从而确知其所撰相关史书之偏颇。

在评史之际论史家，更屡见不鲜。除对实录总裁心术进行探究外，对野史作者亦多有批评，如对王鏊、郑晓、李贤等。

王鏊（1450—1524），字济之，吴县人，累官户部尚书、文渊阁大学士，著有《震泽长语》《震泽纪闻》，多载朝中典故。《四库全书总目》对他多有褒扬，以为："鏊文词醇正，又生当明之盛时，士大夫犹崇实学，不似隆庆、万历以后聚徒植党，务以心性相标榜，故持论颇有根据。"①但《史乘考误》中对王鏊之批评毫不留情面，即如借《近峰闻略》引王鏊言潭王乃陈友亮遗腹子，因论道："王文恪（鏊，谥文恪）久典国史，而孟浪乃尔！又何于皇甫、陈氏之传讹也。"②又如谈《震泽纪闻》载铁铉被杀，二女入教坊数月，后借机得见铁铉同官，二女因以二诗献，此官即将诗献成祖，成祖遂释之。王世贞评之曰："文恪以精核名，而所纪之不审如此。二诗必出好事者，然当时以鼎石（铁铉）非内朝臣，故数窘上，且不屈，而尚未至族诛。"③又论曰："王文恪旧史官也，而好作不根语乃尔，何以信后？"④"文恪端人，居史官久，而作此论，苏人浮薄之余习也。"⑤皆是相当严厉的批评。

郑晓（1499—1566），字窒甫，号淡泉，海盐人，累官兵部尚书，史书《吾学编》外，尚有《征吾录》《古言》《今言》，皆详载

① （清）永瑢等编：《四库全书总目》卷一二二《震泽长语》，第1054页。
② （明）王世贞：《弇山堂别集》卷二〇《史乘考误一》，第366页。
③ （明）王世贞：《弇山堂别集》卷二二《史乘考误三》，第393页。
④ （明）王世贞：《弇山堂别集》卷二二《史乘考误三》，第403页。
⑤ （明）王世贞：《弇山堂别集》卷二三《史乘考误四》，第410页。

明代掌故、典章制度，以博洽有名。《吾学编》固然是王世贞征论最多的史书之一，而他对郑晓之批评亦是毫不留情面。如言郑晓书中记载一事：朱元璋曾赐谷府阁门使刘象璟金书"除奸摘佞"铁简，以提调燕、秦、周、晋等六藩王。王世贞论之曰："'金书铁简'，此优人弹唱宋八大王事也，高帝岂以铁简赐阁门使？乃至谷府长史一小府佐，岂有提调六府之理？……吾不意端简之博洽，而亦舛误至此也。"[①]又论汪广洋斩首之事，"而史与《吾学编》乃谓上切责之，广洋惶恐自缢以死，何也"[②]？

可见，论史之时评论史家，是值得赞许的做法，因为其分析史家，批评史家是为了论证史实，他试图抛开史实之表面去探求作史的背后因素，从而探究史实真相。他对史家的分析，于史实之考辨是极有帮助的，因而考辨史实，大多可信。他的这种考证方法，直到今天依然可以为史学界所借鉴和应用。

### 三、比附前史者皆证其误

余英时以为从事考证学一定要渊博，因为要知道是否因袭比附、抄袭前史，就要知道以前是否有过类似的事。王世贞之博闻强识，当时颇受人称颂。有人称："国朝人文彬彬然盛丰，而所谓博雅君子大都伯仲之间，独嘉、隆以来，前有杨用修（杨慎），继有王元美（王世贞）二公。"[③]杨鹤在《弇州史料序》中对王世贞之博洽尤其推崇，他说：

---

① （明）王世贞：《弇山堂别集》卷二一《史乘考误二》，第388页。
② （明）王世贞：《弇山堂别集》卷二〇《史乘考误一》，第371页。
③ （明）黄师表：《史觿·序》，《四库全书存目丛书·史部》第144册，第425页。

弇州先生家藏琬琰之书，世擅雕龙之业，凡东序西清之秘，皆购而得之。而又束发登朝，扬历中外，且授馆延贤，吐哺下士，网罗散佚，博采异闻，千金之裘，非一狐之腋，故其是非不谬，证据独精。今考其书所称引故实，皆他人耳目所不经见。若非先生好古冥搜，一代之迹遂成零落。①

清人犹言"近世淹雅之儒，无如杨升庵、王弇州。升庵僻异闻而义时伤凿，弇州熟掌故而指闲入偏"②，把王世贞看成是与杨慎同样渊博的学者。历史千差万别，人事纷繁复杂，历史上不同时代，发生两件完全相同的事例并不太可能。故史书所载后来的故事与前代雷同者，故可断定乃后者杜撰的。

《史乘考误》中，辨别比附者有之。如野史载：朱元璋初见周伯琦参政，问其年纪，答曰七十五，遂赠诗曰："先生七十五，何不六十九。白骨葬青山，万古名不朽。"但王世贞以为此抄自宋《三朝野史》之淮西闾夏贵故事，其诗："享年八十三，何不七十九，鸣呼夏相公，万代名不朽。"③

《史乘考误》中，辨别故事雷同者有之。其一，都穆《谭纂》载：朱元璋曾将一优人投之水，而不令其死，优人归，朱元璋问其何以归，优人答曰，见到屈原，屈原告诉他："我逢暗主投江死，汝遇明君莫下来。"而《群居解颐》早已有类似之故事，都穆以之比

① （明）杨鹤：《弇州史料·序》，载（明）王世贞：《弇州史料》，《四库禁毁书丛刊》史部第48册，第419—420页。
② （清）徐芳：《书影·序》，载《书影》，第4页。
③ （明）王世贞：《弇山堂别集》卷二〇《史乘考误一》，第369页。

附朱元璋，因而不可信。①其二，《西樵野记》载石亨西征，路遇一女子，遂纳为妾。此女子美艳非常，且："裁剪补缀、烹饪燔幂，绝妙无伍。"石亨遂常夸示群僚。一日于谦来访，此女却宁死不见，于谦归，此女告石亨，"妾本非世人，实一古桂，久窃日月精华，故成人类耳。今于公栋梁之材，社稷之器，安敢轻诣？独不闻武三思爱妾不见狄梁公之事乎"？王世贞论曰："此乃武三思之于狄梁公，今傅会之耳。且石公景泰中未尝一日离京营，天顺初始西征，则于肃愍为所害久矣。"②此类抄撮比附事例还有数例，其事、其诗实不应雷同至此，故其错谬自是情理之中，王世贞随手拈来，毫不以为难，这自是其博洽使然。

## 四、疑以存疑

实事求是，是王世贞考证史学的基本原则，对事实根据不充分者，不妄下结论。即便证明了野史的错谬，但并没有充足证据去求其真实的情况，则以疑传疑。而"其龃龉而两有证者，吾两存之"③。在这一点上，最具代表性的，就是对建文出亡问题的探讨。

王鏊、陆容、郑晓皆详载建文之出奔，说天顺年间建文自须南呼寺出，后被送入北京，识宦者吴诚，吴诚却不认识建文，建文遂言："吾赐汝肉，汝两手俱有所执，伏于地而口取之，记否？"吴诚始拜而哭，遂居大内，以寿终，葬西山。而薛应旂《宪章录》所载又不同，说是正统十二年（1447），广西思恩州获僧杨应能，自言

---

① （明）王世贞：《弇山堂别集》卷二〇《史乘考误一》，第370页。
② （明）王世贞：《弇山堂别集》卷二三《史乘考误四》，第415—416页。
③ （明）王世贞：《弇山堂别集》卷二〇《史乘考误一》，第361页。

建文，遂送京城，吴诚识之。《英宗实录》则载正统五年（1440），有僧九十，自言："我建文也，张天师言我四十年苦今满矣，宜亟反邦国。"遂被械送北京，审之乃杨行祥，锢之锦衣卫狱，四月而死，同谋僧十二人戍边。王世贞以为野史所载乃附会实录而成，因为其成书皆在《英宗实录》以后，故论之曰：

> 建文以洪武十年生，距正统六年当六十四耳，不应九十余也。是时英宗少，三杨皆其故臣，岂皆不能识，而仅一吴诚识之？识之又何忍下之狱，而死戍其同谋十二人也？且事发于正统五年，非十一年也。思恩故府，未闻某年升州为府也。

随后又附野史所传言建文所作的三首诗，但未作详细的考证，王世贞只是说："恐皆好事者附会也。"在这里王世贞考证建文之出亡不可信有六条证据：一曰年岁不对，当为六十四，而非九十余；二曰若真是建文帝，所识者并非只一内官吴诚，三杨尚在，为何不予证明；三曰若果是建文，就不应该下之狱，亦不应戍随行僧于边；四曰此事时间亦有误，当在正统五年（1440），而非十二年（1447）；五曰思恩原本为府，并无改州为府一事；最后，从情理上讲，即为高僧，道数当深，当灭迹以终，必不自取祸害。他作结论道："大抵建文出亡与否不可知，僧腊既已深，当灭迹以终，必不做此等诗以取祸，亦必不肯出而就危地。所以有此纷纷者，止因杨行祥一事误耳。"[1]虽然王世贞以建文出亡之说有六条不可信，但

<hr />

[1] （明）王世贞：《弇山堂别集》卷二一《史乘考误二》，第389页。

最终还是以为"大抵建文出亡与否不可知",他自己未作肯定的答复,亦并未论证建文是否自焚于宫中。以疑传疑,表现了一位史学家的客观严谨的态度。王世贞的这一论断得到清人的称颂,王鸿绪论诸家建文出亡之说道:"至正统五年,杨行祥之事,弇州《二史考》(即《史乘考误》)力证王文恪、陆文裕、郑端简诸记之误,并斥薛方山《宪章录》杨应能之附会……诸说可不攻自破矣。"①而朱彝尊也称赞道:"至若因杨行祥事而移之杨应能,王元美辨之矣,不足信十二也。"②可见,清修《明史》时,王世贞的论断为诸史家所赞赏并采纳。时至今日,对建文归宿之研究依然没有超出他的论断。

综上所述,王世贞考证的原则乃讲求实证,以确凿可信的证据去论证历史,他并不拘泥于一说,也不盲从国史,因为明代国史、野史、家乘互有短长,故参互考证。王世贞考证之时首先判断作史者之心术,是"有我"还是"无我",从而考辨史实与史书之真伪。在众说纷纭,莫衷一是之际,他将诸说进行比证,然后归纳综合,找出最具说服力的证据进行推论,从而获取最为可信的结果。而他对于比附模拟前人之事,一概论其为虚构不真。证据不充分,而两论矛盾,则并存不悖,疑以存疑。他不只是清理了明代的史书,更重要的是因之澄清了许多明朝的历史问题,为他重新构筑了一幅他所理解的历史画卷,奠定了基础。

---

① 刘承幹编:《明史例案》卷三《王横云史例议》下,第3b—4a面。
② 刘承幹编:《明史例案》卷五《朱竹垞史馆上总裁第四书》,第9b面。

## 第四节　《史乘考误》以外之考证

考证是王世贞作文治史的方法,《史乘考误》固然集中地体现了王世贞考证史学的成就。但并未完全涵盖王世贞的史学考证。在《弇山堂别集》的其他部分,及《四部稿》《续稿》的碑传铭文中,皆可见王世贞对考证方法的运用。

### 一、《弇山堂别集》中之诸《考》

《弇山堂别集》中除《史乘考误》外,《考》部亦可以说是王世贞考辨诸史的成果,《考》是王世贞继承和发展了纪传体中"书志体"而来。对《考》之考证成就,《四库全书总目》就予以充分肯定,《四库总目》如斯论道:

> 然其间(《弇山堂别集》)如《史乘考误》及诸侯王百官表,亲征、命将、谥法、兵制、市马、中官诸考,皆能辨析精核,有裨考证。盖明自永乐间改修《太祖实录》,诬妄尤甚。其后累朝所修实录,类皆阙漏疏芜。而民间野史竞出,又多凭私心好恶,诞妄失伦。史愈繁,而是非同异之迹愈颠倒,而失其实。世贞承世家文献,熟悉朝章,复能博览群书,多识于前言往行,故其所述颇为详洽,虽征事既多,不无小误⋯⋯然其大端可信,此固不足以为病矣。[①]

---

① （清）永瑢等编：《四库全书总目》卷五一《弇山堂别集》，第466页。

在这里《四库全书总目》将诸《考》与《史乘考误》相提并论，赞其"辨析精核，有裨考证"，可见在《四库全书总目》编者看来，诸《考》也可看作王世贞的考证成果。《别集》中一共有十二考，三十六卷，是仿效纪传体之"书志体"而来。在《叙》中多有交代，如《诏令杂考》序言称："自高帝以后，书檄之类，不登诏令，及不可以入史传者，录以备考。"①《市马考》言："高帝时，南征北讨，兵力有余，唯以马为急，故分遣使臣以财货于四夷市马。而降虏土目来朝，及正元万寿之节，内外藩屏将帅，皆用马为币，自是马渐充实矣。其互市之详，《会典》与志皆不载，故记之。"②

在行文中随时进行考证，对于类似的问题，王世贞往往将其与前代史实进行对比，同时考辨明代相关书籍载记之错谬，如《亲王禄赐考》，即参核《明会典》，并正其误，以为《明会典》谈亲王、郡王禄赐时，俱引唐制为参考对象，但唐代之制与明代是完全不同的。"盖唐制王公以食邑为准，而有官则有禄，宋制食邑真食皆为虚，而以兼官制禄，与本朝之制异，不可强而引也。"③又如《来朝之赏》，"按古之恩赐可考者，汉昭帝初，赐燕王旦……钱一千万"。考证完汉唐之恩赐后，论道："汉与元之赐宗室如此，其去我朝何啻十倍也。"④

除《考》部以外，其他部分亦时可见考证之例。即如《皇明奇事述》中，就有一条《烈女俱妾媵》中称："国家令典，於妇人女

---

① （明）王世贞：《弇山堂别集》卷八五《诏令杂考》，第1615页。
② （明）王世贞：《弇山堂别集》卷八九《市马考》，第1707页。
③ （明）王世贞：《弇山堂别集》卷六七《亲王禄赐考序》，第1259页。
④ （明）王世贞：《弇山堂别集》卷六七《来朝之赏》，第1268、1270页。

子能殉夫死者，俱有旌异。然考之实录，洪武七年（1374）九月中书平章政事李思齐卒，妾郑氏自经死。十七年（1384）正月安陆侯吴复卒，妾杨氏自经死。"①查考实录诸史后，王世贞发现大多数殉夫者乃妾媵而非正妻，"勋戚大臣之妻殉死者无一二也。岂妾独厚而妻独薄耶？意者，有吕后、袁绍夫人之妒，而出于不已也"②。通过此事考证，王世贞得出殉夫者大多是妾，而妻鲜有殉夫者，究其原因乃是妻在夫死后嫉妒，而不容妾存，妾只得自殉亡夫了。其实，广而言之，《弇山堂别集》都是王世贞一条条史实精心考证的结果，全书正可以说是其考证心血的结晶。

二、《四部稿》及他书之考证

在《四部稿》《续稿》及《读书后》等书中，有很多考证文章。陈继儒对《读书后》尤为推崇，他认为："《四部》若大海水，而《读书后》则又海中之贝阙珠宫也。"③作为大海中之"贝阙珠宫"的《读书后》，乃赏评诸书，鉴别诸史，因而颇多考辨。陈继儒就赞他："至于戢身靖庐，誓扫笔研，而翻阅两藏经，矻矻丹铅之故也。"④

《读书后》中有一长文《书真仙通鉴后》，即考辨古往今来之仙释真人。下面试论几例。如言："费长房以失符为鬼所杀，华佗以愆期为曹瞒所诛，此方术人也，而列之仙，可乎？长房之得符自壶公，见范晔《汉书》甚详，《丹铅录》云壶公姓谢，名元一，恐附

---

① （明）王世贞：《弇山堂别集》卷一八《烈妇俱妾媵》，第327页。
② （明）王世贞：《弇山堂别集》卷一八《烈妇俱妾媵》，第328页。
③ （明）陈继儒：《读书后·原序》，载《读书后》，第3页。
④ （明）陈继儒：《读书后·原序》，载《读书后》，第2页。

会语，刘宽不闻其有仙道，特真诰载之。"①广征博引，虽所论只是仙道，不足为信，但其方法则足堪嘉许。

又如论吴道子之画，对吴道子绘画成就，正史野史皆载之甚详，而《书真仙通鉴后》则言：

> 吴道子得神仙术，周游人间，玄宗闻而召入宫廷，宫中有粉墙数寻，俾画山水，道子请用墨浆一缸泼于壁以幕覆之，俄顷请玄宗临视，则山水林木，人物鸟兽，无不备具，且精妙无比，道子徐步指点岩下一小洞，叩之忽开，一童子在侧，道子奏曰：此洞有佳致，臣请入为陛下先。遂跃而入。俄顷城门闭，守城卒报告曰：道子出去了。玄宗再视画壁，则山水不复见。

王世贞论之曰："何齐东野人诞谩无稽一至此也！是不知吴道子之供奉明皇最久，画迹满宫禁及长安寺宇也。可鄙可笑一至此！"②

王世贞著作中，此类文字甚多，不必多引。由此可见，即便是谈论有关神仙之道，王世贞亦讲求言而有据，不得胡编乱造。所谓《真仙通鉴》乃是谈仙道之事，十有八九系胡意编造。王世贞晚年笃信仙道，拜王锡爵女昙阳子为师修炼，读《真仙通鉴》之类书，见满纸胡言，考据癖不禁发作，故而大加批驳，以求其实。也许正因为王世贞有过这样的考证文章，所以有人假托其名作《有象列仙传》，写了一本历史上有关仙道之事的书。

《史乘考误》中特以三卷篇幅考"家乘"之不实，而《四部

---

① （明）王世贞：《读书后》卷八《书真仙通鉴后》，第90页。
② （明）王世贞：《读书后》卷八《书真仙通鉴后》，第92页。

稿》《续稿》中"家乘"一类文章甚多，正如前面提到，有关碑傅铭文有数百篇，因他深知家乘多"谀而溢真"，故而其所作传志类文章，大多平实。而两稿之中更有精辟的考证文章，如《旧丞相府志》《后旧丞相府志》，就是两篇十分典型的考证文章，而此二文的影响及于今日。①

对洪武十三年（1380）"胡惟庸谋反案"正史野史记载甚多，但所说各异，疑议纷纭。王世贞首先对此事进行考辨，特作《旧丞相府志》和《后旧丞相府志》二文，对此事来龙去脉，各说之异同加以分析，以求历史真相。从中亦可见王世贞运用考证手法之娴熟，试详论之如次：

文章开头王世贞先以游客的身份，介绍丞相府的位置，"入西华门数百武，更入重门又百余武，有大门北向，其高与诸宫殿等，为三门以通，中涓指谓余，此故丞相府也"。接着极力描写丞相府之壮丽非凡，丞相府内"有堂巍然南向，繇堂背以入，中涓曰此丞相府后堂也。其壮丽亦可敌诸宫殿"。"繇堂背入甍栋，逾壮丽，曰此相府。"而庭中树木"其本相距可十武，而枝樛结为门，若虬龙对攫，奇怪不可名状，曰丞相所植也，丞相为谁，曰故戮人胡惟庸也"。其门与宫殿等高，宫府壮丽可敌诸宫殿，从建筑上即可看出以前居此主人权势之显赫非凡。这样一番实地介绍，从而获取一种直观的感受。王世贞先谈自己的观察，再去考察诸史之记载，这样增加可信度，更具说服力。接着再谈：

---

① 王世贞是最早考辨胡惟庸案的史家，以后钱谦益、潘柽章皆详论过此案。而吴晗之《胡惟庸党案考》则是对这一问题的深化和总结。参见《吴晗史学论文选集》第一卷，第442—480页。

树之前数十武，有眢井，曰胡相于井傍凿一孔，别取甘酒转注之，诡为醴泉出。邀高帝亲幸，因而伏甲，谋不轨者也。自丞相府而西数百武，复有门，自西门而又西千武，而始为西门楼，则大内矣。①

由兹可见，丞相府距大内千数百武，一武等于半步，千数百武相当于六七百步②，大致也就是六七百米，先将空间与地理上的位置交代清楚，从而再对照史书之记载："考之赠司礼监太监云奇墓碑，与中涓所称者略同。"云奇获知胡惟庸逆谋，在明太祖去丞相府途中，云奇拦住太祖马，但"言状，气郁舌驶，不能宣"，朱元璋十分生气，左右乱棍打下，云奇臂将断，犹"奋指逆臣第"，朱元璋省悟，急登西皇城楼而眺，见"丞相第中，壮士裹甲伏屏间数匝，亟发禁兵捕擒之"。王世贞根据参观所见，及云奇墓碑所载，即如此描述胡惟庸之叛，但是《太祖实录》所载则多有不同。实录言，胡惟庸为相后，日益娇纵恣肆而不自安，恰所居定远里第井忽生石笋，且水涌起数尺，而其祖坟上夜晚火光烛天，遂以为己瑞，而有非分之想。当时右丞相汪广洋得罪外谪，更加深胡惟庸的疑虑。又遇他儿子骑马不慎，踩死行人，朱元璋要其子抵罪。这样，诸多事情发生，使得胡惟庸日益自危，遂与李善长、陆仲亨、费聚、陈宁、涂节等谋反。临发之前，涂节害怕，遂予告发。

实录所载同云奇墓碑与王世贞实地考察颇多抵触之处：其一，

---

① （明）王世贞：《弇州山人续稿》卷一四一《旧丞相府志》，第75—76页。
② 武，半步。《国语·周语下》："夫目之察度也，不过步武尺寸之间。"韦昭注："六尺为步，贾君以半步为武。"这样，一武即为三尺。

云奇发胡惟庸之逆谋而实录佚之不载；其二，以府第醴泉溢，改为故里第石笋发，井水涌起数尺。两说矛盾，各持一端。对照两说，王世贞提出了许多疑问：第一，若说朱元璋登城看见甲士而知胡惟庸反，又为何要假手涂节告变呢？难道是涂节知事已泄露，不免一死，故先期告发？第二，既是丞相府，则胡惟庸的妻儿子女当亦居此，若此，则"不应在西华门内"。且"堂室之为层者三，又轩敞无可藏蔽瓦，内皇城直徼一览而当悉之，亦不待云奇之告，上之登而后见也"。第三，"甲士入西华门，门者岂不先觉察，将无丞相府私第始犹在故西华门外，后西华而广之，并其第录故耶？"第四，即便胡惟庸得宠，"似必不先赐第于中山王诸功臣，且在禁中而又南向，其高与宫殿等，要或中涓狎旧闻，谬指以为胡惟庸第故耶？"①

既有如此多的疑问，所以王世贞再作《后旧丞相府志》云："旧丞相府云胡丞相府也，既高大逾等，而又在禁中南向，余认为必非高皇帝所赐，若自治第，恐必不敢，或以为中书省则又误。"②最后认为，所谓旧丞相府并不是胡惟庸的府第，但到底是什么，未能探究出来，最终存疑了。

王世贞在此文中层层论证，逐层剥开，逐步分析，一一考证，但最终只辨史书所载之失误，但真实情况到底如何，还是"不敢饰其疑，以俟后考"③了。从中可见考证不易，更体现了王世贞考史态度谨严，作风踏实。

在王世贞的文集中，像这样的考证文章还有不少，从中可以

---

① （明）王世贞：《弇州山人续稿》卷一四一《旧丞相府志》，第75—76页。
② （明）王世贞：《弇州山人续稿》卷一四一《旧丞相府志》，第77页。
③ 同上。

看出，王世贞对考证之重视与钟情。考证不仅是他治史的钥匙，更是他治学作文的门径。因此，论王世贞考史学只局限于《史乘考误》，是远远不够的。

王世贞的考证并不只局限于明史，因为他是明代的文史大家，不仅在历史方面，在文学方面亦有很多的考证。他的考证成果多被胡应麟所引用，例如胡谈伪书时即引用王世贞言曰："伪者多援少倍，多拘少鑱。"[1]辨《三坟书》引王世贞言曰："伏羲画《连山》，而有民兵器、阴兵妖、阳兵谴、兵阳阵。至策辞而曰：'主我屋室'、'主我刃斧'；神农《归藏》而曰'杀藏墓'。此皆不知其时而妄为说者也。"[2]辨《元命包》，以该书"序称杨元素由阁本录行，张昇者以授杨楫"。遂云："王长公谓即杨（元素）撰，或即张昇，余读之，绝叹长公之言烛鉴千载。"[3]可见王世贞考证对胡应麟之影响，从而也反映出王世贞在自己书中之考证功夫。

## 第五节　王世贞考证史学之评价

王世贞对明史学的批评与考证，不仅澄清了许多明史疑误，纠正了许多错误，更重要的是，考证乃王世贞求真求实精神的体现，影响极其深远，值得肯定。对其史学考证的评价具体有以下几点，值得注意。

其一，求真求实，追求史学实证精神。明代学风空疏，著史

---

① （明）胡应麟：《少室山房笔丛》卷三二《丁部·四部正伪下》，第322页。
② （明）胡应麟：《少室山房笔丛》卷三〇《丁部·四部正伪上》，第296页。
③ （明）胡应麟：《少室山房笔丛》卷三〇《丁部·四部正伪上》，第299页。

者往往将道听途说的传闻当成史实，而加传颂，王世贞之《史乘考误》对这种风气大加批驳，对不求真相、任意妄为的史家给予当头棒喝，结合其在明代嘉、万时期文坛领袖的地位，可以说，王世贞对明代学风的转变起了积极的推动作用。清代考据学风兴起，是发源于明中叶以后的，在这种学风的形成中，王世贞无疑占有不容忽视的地位。

王世贞著史追求实证。一生追随王世贞的胡应麟对著史之实证、曲直进行了总括，他提出要做到实证，首先治史者须以"直笔"与"公心"，"直则公，公则直，胡以别也"，"夫直有未尽则心虽公犹私也；公有未尽则笔虽直犹曲也"。①王世贞正是具备了"公心"又能"直笔"，故方有可能追求实证。胡应麟又言："史百代者，搜罗放轶难矣，而其实易也；史一代者，耳目见闻易矣，而其实难也，予夺褒贬之权异也。"②王世贞系"史一代者"，其难显而易见，所谓"予夺褒贬之权异也"，即证古人易而论今人难，而王世贞之"鞭挞千古，掊击当代，笔挟清霜，舌掉电光"③，对世人亦毫不留情面，体现了史学家之公心。掊击今人，往往会招来怨恨，这正是"史一代"之所难。但具公心，追求客观事实，就会无所顾忌了。

王世贞求真求实的精神不仅表现在对史书及其他史家的批评上，而且体现在他勇于自我批评。《史乘考误》中即直陈其自己的错误，"余尝于《厄言》记载：高苏门叔嗣与陈友谅同干支，其为

① （明）胡应麟：《少室山房笔丛》卷一三《乙部·史书占毕一》，第127—128页。
② （明）胡应麟：《少室山房笔丛》卷一三《乙部·史书占毕一》，第128页。
③ （明）谈迁：《国榷》卷七五，万历十九年正月辛酉"屠隆曰"，第4643页。

湖广按察使，又与陈友谅彭湖之岁同，郁郁不乐而卒。盖故人王允宁、吴峻伯云得之前辈的然者。及后考之信史，殊不然，友谅以癸卯（1363）死于彭湖，年四十四，当是元延祐庚申（1320）生，而叔嗣则以弘治辛酉（1501）生，以嘉靖己亥（1539）卒，年三十九，盖无一同者"①。由此更可看出他追求真实、讲求客观的治史精神。

其二，澄清诸史疑误，还其本来面目，功不可没。史学必须建立在史料的基础上。杜维运即认为："史学著述的根本在材料，史学家自何处采取材料，以写成其大著，是决定史学著述优劣的最大关键。"②余英时曾为一条史料之辨别特作一长文，强调道："我之评辨此一条史实的来龙去脉，即在郑重指出史料审查对于历史断案的无比重要性。""史学必须建立在坚固的史料基础之上，则将永远是史学研究中一个颠扑不破的真理。"③这是二十世纪的史学家对史料重要性之强调。作为在史著纷繁复杂、莫衷一是的明代史学界来说，王世贞对诸史之考订稽核，澄清疑误，就更显其重要性。其实对于王世贞考订之功，当时就得人称许，《南江书录》云：

先是明人撰集故事者，或仅志一朝，或只举一事，闻见未周，事迹未备；郑晓《吾学编》、邓元锡《明书》、薛应旂

---

① （明）王世贞：《弇山堂别集》卷二七《史乘考误八》，第487页。
② 杜维运：《中西古代史学比较》，台北：东大图书股份有限公司，1988年，第59页。
③ 余英时：《章实斋与童二树——一条史料的辨证》，收入氏著《论戴震与章学诚：清代中期学术思想史研究》，北京：生活·读书·新知三联书店，2012年，第289页。

《宪章录》、何乔远《名山藏》始有志于正史，汇累朝之诏诰与夫名臣言行之见于州郡志乘、诸家文集，荟萃成书。然晓等未尝得见实录，凡夫碑铭志状之虚辞，说部流传之讹舛，及年月先后，爵位迁除之乘互，皆懵然莫辨，毁誉失真，编排无法，识者病之。至王世贞《史料》始据实录以考正诸家之失，于类记之自相矛盾者，小说之凿空无据者，私家著述之傅会缘饰者，连叙于篇，以资考订。①

由兹可见，其廓清疑误，给后人留下真实可信的史料，功莫大焉。同时，王世贞还开启了对史书之考误工作。钱谦益《太祖实录辨证》及潘柽章《国史考异》即是对王世贞考订工作之继续。因为王世贞的《史料》是在考辨诸家野史的基础上，写出来的史书，所以较符合历史真实，因而值得肯定。这实际上也是对《史乘考误》考证的一种呼应。今人黄彰健进而言："王世贞著有《史乘考误》，这一工作是现在还值得继续做的。"②由兹亦可见，王世贞对明代史学考证贡献之大。

其三，核而不精，考史出错。明人有论曰："新都博而不核，弇州核而不精。"③把王世贞与杨慎相提并论，似乎论为就"核"而言，王世贞要胜过杨慎，但是还未达到"精"的境界，张岱竟言：

① （清）邵晋涵：《南江书录》，《丛书集成续编》第2册，台北：新文丰出版公司，1988年，第338页。
② 黄彰健：《〈国朝献征录〉影印本序》，载《国朝献征录》，第7页。
③ （明）冯琦：《笔尘题辞》，载（明）于慎行：《谷山笔尘》，吕景琳点校，北京：中华书局，1984年，第3页。

"博洽如王弇州，但夸门第。"①考核不精，当然就导致了考证的错谬。沈德符、钱谦益、潘柽章、钱大昕等人都对他进行过批评。即如钱大昕在《潜研堂文集》中就对王世贞错谬加以批评，如《跋宛委余编》中王世贞将元人纽怜与纽璘为一人，"纽璘武臣，且仕于元初"。纽怜则文宗时为大监，实为二人。钱大昕批评道："王元美谓《元史·纽怜传》不载此事，则误以为一人矣。"②又有《跋弇州四部稿》，认为其《庚午元日日食诗》误记日食时间，并论之曰："元美以一代文献自命，不应差误乃尔。盖文人自矜强记，失于检照，往往有此病。"③钱大昕以为其乃失于检校所致，像这一类的批评还有不少，遂不多举。而且，《史乘考误》中纠谬间有不明出处，显得不甚严谨。《史乘考误》征引资料绝大部分注明了出处，值得称许。但亦偶有未注出处者，有数处只言"野史曰""野史载""野史谓"，亦有"小说云"之类，显得比较笼统。

其四，考史过于自负，亦有感情用事之嫌，因而难免偏颇。王世贞曾强调作史时不可"有我"，他一生以国史自任，自己有一种强烈的作史观念，这固然值得称颂。但他对自己过于自负，则势必影响作史的客观性，即如张岱批评道：

> 能为史者，能不为史者也，东坡是也。不能为史者，能为史者也，弇州是也。弇州高抬眼，阔开口，饱蘸笔，眼前腕

---

① （明）张岱：《琅嬛文集》卷三，云告点校，长沙：岳麓书社，1985年，第109页。
② （清）钱大昕：《潜研堂文集》卷三〇《跋〈宛委余编〉》，《嘉定钱大昕全集》（增订本）第九册，第493页。
③ （清）钱大昕：《潜研堂文集》卷三一《跋〈弇州四部稿〉》，第508页。

下，实实有非我作史，更有谁作之见！横据其胸中，史遂不能果作，而作不复能佳。是皆其能为史之一念有以误之也。[1]

故此评史论人之际不免带有个人感情，如黄晋良所言："弇州史料，凡例不同，犹疑孤坟，间涉轩轾，料焉而已。"[2]所以他论史亦有很多偏颇之处，不能完全客观。贬斥王世贞者，如孙樾峰竟言："本朝大小纪载，一出此公之手，使人便疑其不真。"[3]此说当然是极端偏颇之言。由于王世贞作史过于自负，因而考辨论史时难免流于主观，在考据之时常以理论之。常言"岂宜有此""不应至此"之类的推测，这自然是一种主观臆测，无法给人一种确凿的证据，自是一大缺陷。

而评论与自己相关的人物和事件时，也难免掺杂好恶之情。[4]沈德符就说他："弇州每于纪述，描画两公妍丑（严嵩、高拱），无不极笔。虽于恩怨太分明，亦二公相业以有自取之。"[5]对于严嵩、高拱与王世贞的恩怨在第一章中已经论述过，故此处不再赘述。《史乘考误》中有多处涉及严嵩的考订。如论及徐阶密疏弹劾仇鸾通倭误国，致使仇鸾将印被收，并被处死。严嵩获知此事，《史乘

① （明）张岱：《张岱诗文集》卷一《石匮书自序》，夏咸淳校点，上海：上海古籍出版社，1991年，第99页。
② （明）黄晋良：《〈国史唯疑〉抄本原序》，载（明）黄景昉：《国史唯疑》，陈士楷、熊德基点校，上海：上海古籍出版社，2002年，第1页。
③ （明）沈德符：《万历野获编》卷二五《评论前辈》，第631页。
④ 吴振汉在其论文《王世贞〈史乘考误〉所论嘉、隆之际史事考释》中，对这个问题进行了系统的研究，文中详举了十余例，认为王世贞著史风格是"善恶分明，正邪立判"，但是涉及自身切肤之痛时，也难免"言过其实，情胜于理"。所论至当。参见《"中央"大学人文学报》（台湾）1998年总第17期，第65—92页。
⑤ （明）沈德符：《万历野获编》卷八《严相处王弇州》，第208—209页。

考误》论其反应曰:"又分宜闻有徐公疏,恨不先之,绕床走十余匝不能寝。"①《嘉靖以来内阁首辅传》进而言:"嵩之始见仇鸾败,谓阶同直舍,将以是媒之,而会诇知自阶发而夺印,中夜扶床行,咄咄曰:'吾长于阶二纪,而智何少也!'"②严嵩深夜绕床走,王世贞何以知之?完全是臆测之辞,此乃其恩怨之心的反应,有悖著史的客观性。

综上所述,虽然王世贞考证有许多错谬,甚至有意气用事之嫌,但依然瑕不掩瑜,他的史考对于后代明史的研究影响当是不容置疑的。日本学者内藤湖南在《中国史学史》中,有一章专讲明代史学,他说,明代史学中掌故很盛行,出现了很多书,而焦竑《国史经籍志》纪注时政中,皆加著录,但只是王世贞方改变了明史学掌故的风格,"王世贞新掌故之学,他将野史风格的掌故之学一变成为实录本位的掌故之学",后来,焦竑继承和弘扬了这种风格,"自此二人一出,这种以说部为主的著述方针发生了变化,变为了以吏牍、记录为主的风格"③。在内藤看来,正是王世贞开创了一派以实录为本位的新掌故史学,由兹而影响了以后明人的治史风格。这种"以实录为本位"的"新掌故史学"正是建立在考证的基础上的,可见,王世贞对明代史学的批评与对明史的考证,不仅厘清了许多明代史实,更重要的是开创了一派新掌故史学,对后世影响甚巨,其功莫大焉。

---

① (明)王世贞:《弇山堂别集》卷二七《史乘考误八》,第491页。
② (明)王世贞:《嘉靖以来内阁首辅传》卷五《徐阶传》,第66页。
③ [日]内藤湖南:《中国史学史》,马彪译,上海:上海古籍出版社,2008年,第212—213页。

# 第四章
# 王世贞的明史著述与明史研究

  王世贞在史学理论上的论述，固然颇有见地，但远不如他的明史成就。虽然谈王世贞史学的文章不少，但对其明史成就尚缺乏深入全面的论述。杨文信的《浅论王世贞的当朝史著作》，探讨了王世贞对明代开国、靖难史的重建和嘉、万时期政治史的描写，是一篇比较详细讨论王世贞明史成就的论文，其他的相关论述皆较为零散。①要全面系统地研究王世贞的明史成就，尚有必要进行深入的探讨。王世贞对明史的研究，涉及明朝的各个领域，对明代政治史的梳理固然是其极为重要的贡献，而他在明代经济史、政治制度、外交关系，甚至社会风俗等方面都给后人留下了丰富的资料和深入的研究，下面我们从王世贞的明史著述入手，来全面探讨王世贞的明史贡献和成就。

---

① 参见杨文信：《浅论王世贞的当朝史著作》，《论衡》1994年第1卷第1期，第75—92页。

## 第一节　王世贞的明史著述

王世贞的著述甚丰，涉及经、史、子、集四部①，尤以史部和集部最为重要。《四库全书总目》即说："自古文集之富，未有过于世贞者。"②对王世贞著作的考订，包遵彭、姜公韬、黄志民、朱星、杨文信等都作过较全面的探讨③，故不再赘述。此处只选取王世贞的明史著作，进行探讨，从这些著作中我们可以窥见他的明史构架和史学贡献。王世贞的史学著作甚多，最重要的明史著作有《弇山堂别集》《嘉靖以来内阁首辅传》和《弇州史料》等。其实，即便在王世贞看来，他的明史著作也有主次之分，因此，他的明史著作可以分为几大类的，本章先将王世贞的著作根据其内容与体例特点分类介绍，然后再重点探讨其代表性的史著《弇山堂别集》《嘉靖以来内阁首辅传》的体例特点与学术价值，并就近来学术界关注比较多的王世贞未完成的明史体例与评价问题，借助董复表编选的《弇州史料》略加探讨。下面就对以上史书略作探讨，以便了解王世贞明史著作的梗概，对他于明代史学贡献加以较直观的描述。

---

① 对王世贞是否有经部著作，大多作否定的回答。姜公韬、包遵彭等都未提及，杨文信则以为《札记内篇》(《四部稿》卷一三九至卷一四〇)、对《大学》所作改本和《论语外篇》皆应属经部。

② (清)永瑢等编：《四库全书总目》卷一七二《〈弇州山人四部稿〉、〈续稿〉》，第1508页。

③ 参见包遵彭《弇山堂别集影印本序》、姜公韬《王弇州的生平与著述》(姜公韬把王世贞的著作分为诗文集；附集、附卷与再续稿；其他杂著；疑伪或伪托王氏作品)、黄志民《王世贞研究》、朱星《〈金瓶梅〉考证》(其中一文《〈金瓶梅〉作者究竟是谁》附录中收录王世贞著作书目40种，天津：百花文艺出版社，1980年)、杨文信《王世贞史学研究》(杨按经、史、子、集四部，综合前人的研究，逐一考证了王世贞的著作)。

## 一、王世贞明史著述的四大类别

王世贞平生之志就是著成一部纪传体明史，一生都为此努力，但最终并未成功。尽管王世贞留下了不少明史著作和明史史料，却竟没有一部体系完备、编纂严谨的明史著作传世，因此，不仅受到一些明清学人的讥讽，而且今人在评价王世贞史学成就时，亦有借此而贬低他的。即如有学者就认为："弇州没有成史，成就不及时人。王世贞前后，有郑晓、邓元锡、黄光升、薛应旂等史家。这些人影响不及王世贞大，但有实实在在的作品传世。王世贞只留下一些初稿，总是一大遗憾。"①尽管该先生对王世贞"留下的成品与半成品"，肯定其"有较高的史料价值"，但实际上对王世贞的评价是既不如郑晓、邓元锡，甚至不如黄光升、薛应旂等人。这种论断实在有些草率，笔者不敢苟同。在上面所举的数人中，也许只有郑晓能与王世贞一比。不过，就郑晓最为重要的《吾学编》来看，其史料价值、体例、规模等并不比王世贞的《弇山堂别集》占优，就更不用说邓元锡的《明书》、黄光升的《昭代典则》和薛应旂的《宪章录》了。这在上文讨论王世贞的考证史学时，郑晓的《吾学编》与薛应旂的《宪章录》是王世贞纠错最多的两部史书，实际上已经涉及过这个问题，此处不再多谈。

如果我们从王世贞著作的成书时间上排比他的史学著作，可以看出，王世贞是一步步接近他的目标。他作明史的计划一直在进行着，只是由于各方面的原因使他最终并未完成计划，而留下了难

---

① 钱茂伟:《明代史学的历程》，第250页。

以弥补的遗憾。而他本人所编写的明史著述，根据其体例与内容特点，大体可以分为四大类：

第一类为史料汇编与史料笔记类。若《天言汇录》十卷、《明野史汇》一百卷、《皇明名臣琬琰录》一百一十卷、《少阳丛谈》二十卷、《弇山堂识小录》二十卷、《觚不觚录》一卷等等，这类是王世贞搜集的史料，并给予了初步的整理，所以也就得以刊行了。

1.《天言汇录》。《明史·艺文志》与《千顷堂书目》皆收录此书，《明史·艺文志》作十卷，《千顷堂书目》未载卷数，有小注曰："起自明太祖洪武元年，及神宗初年时，制诏汇编成。"①《四部稿》卷七十一收录《天言汇录后序》曰：

> 淮南旧有刻明兴以来诏敕，自太祖高皇帝至肃皇帝止。而即位之令与它勒谕国书之类，亦稍附见千百之一。臣少时好习典故、功令诸书，时时从诸曹及故家乘得所录黄，又与一二夕郎善，凡内外制草金匮之副，见辄录之。于是续肃皇帝之末，以至穆庙，及今上二圣之诏，而它若高、成、仁、宣、英、景、宪、孝、武、世、穆，诸或命武帅、遣大吏，训饬一方、抚绥荒裔之辞咸备。乃以世次类列，总而编之曰《天言汇录》。②

---

① （清）黄虞稷：《千顷堂书目》卷三〇《制诰类·王世贞〈天言汇录〉》，《影印文渊阁四库全书》第676册，第714页。上海古籍出版社2001年出版的瞿凤起、潘景郑整理版本，此注为"录太祖及神宗初年制诏"。内容稍异，详见第733页。

② （明）王世贞：《弇州山人四部稿》卷七一《文部·天言汇录后序》，第3409—3410页。

可见，此书乃续补他人之作，收录自洪武到万历初年的各种诏敕政令所成的著作。

2.《明野史汇》。《明史·艺文志》与《千顷堂书目》皆收录此书，载录此书一百卷。《四部稿》卷七十一有《明野史汇小序》。曰："世所传《孤树裒谈》，不知其人，或曰故太宰建宁公也。大要录诸野史，系以庙代，又有《今献汇言》《皇明典故》与《裒谈》相出入，诸不入录者甚伙。余时时从人间抄得之，因集为书，凡一百卷，曰《明野史汇》。何汇乎？野史、稗史也。史失求诸野，其非君子之得已哉。"① 可见，此书乃王世贞抄录诸野史的史料汇编，在这篇小序中，王世贞指出了野史的三大弊病，后在《史乘考误》中，再次加以发挥，成为他考辨诸家野史的原则。

3.《皇明名臣琬琰录》。钱茂伟在《明代史学编年考》中，考订出此书成于万历十二年（1584），他所见的书籍为浙江图书馆所藏的三十二卷钞本，并言此书乃原来与杨豫孙合作，以补徐纮《皇明名臣琬琰录》。徐纮《皇明名臣琬琰录》二十四卷、续录二十二卷。徐纮，字朝文，武进人。弘治庚戌（弘治三年，1490）进士，官至云南按察使副使。《四库总目》评价此书："是书乃仿宋杜大珪《名臣碑传琬琰集》而作，所辑自洪武迄弘治九朝诸臣事迹，前录所载一百十有七人，续录所载九十五人。凡碑、铭、志、传以及地志言行录之类悉具焉。"② 考《千顷堂书目》卷十载录："王世贞、杨豫孙《补辑名臣琬琰录》一百一十册。"《明史》卷九十七《艺文

---

① （明）王世贞：《弇州山人四部稿》卷七一《文部·明野史汇小序》，第3429页。
② （清）永瑢等编：《四库全书总目》卷五八《〈明名臣琬炎录〉、〈续录〉》，第524页。

志》亦有同样的记载，不过言其为一百十卷。本书第三章谈王世贞《史乘考误》时，杨豫孙的《谥纂》被《史乘考误》论及过，有所介绍。《明儒学案》中称："华亭（徐阶）当国，引先生自辅，凡海内人物、国家典故，悉谘而后行。"①可见，杨豫孙与徐阶都是华亭人，因而关系密切。而他对于明朝之政治、人物也相当了解。《四库总目》有多处提及杨豫孙的《补辑名臣琬琰录》，皆只注明杨豫孙的名字，而未提王世贞。可见，诸家的介绍多有出入，不过以王世贞的自序为据，此书应当是王世贞与杨豫孙合纂，共一百一十卷。王世贞自序云："始江阴尝刻《皇明名臣琬琰录》，起洪武，至成化，诸名公大夫志、铭、传、状备焉，其称名缘宋旧也。成化后不复传，又于时亦多挂漏者。予乃与杨祠部豫孙益搜之。其后，予宦游所得为最多，以至武弁、中珰之贵重者，与布衣之贤者，亦与焉，为人以千计，卷亦过百。"②可见，此书乃收录明代人物的家传铭文一类的资料汇编。

4.《弇山堂识小录》。二十卷。钱大昕在《王弇州年谱》中以为此书是《别集》的初稿，姜公韬等已论其误。从《四部稿》中收录其序可知《识小录》只是收录一些"志""传"，而《别集》中只有"述""考""表"，可见其内容完全不同。且陈文烛在《别集》序中言："尝窃窥其青箱，则尚有《弇园识小录》。"③可知《识小录》与《别集》是不同的两部书。是书成于嘉靖丁未至戊午（嘉靖

① （明）黄宗羲：《黄宗羲全集》第十五册《明儒学案》卷二七《中丞杨幼殷先生豫孙》，第675页。
② （明）王世贞：《弇州山人四部》卷七一《文部·皇明名臣琬琰录小序》，第3430—3431页。
③ （明）陈文烛：《弇山堂别集·序》，载《弇山堂别集》，第2页。

二十六年至三十七年，1547—1558）之间，故初名《丁戊小识》。《千顷堂书目》卷五载："《弇山堂识小录》，二十卷，初辑名《丁戊小识》，嘉靖丁未迄戊午，后多所增益，更今名。"①后有增补，藏于弇山堂，故更名。值得一提的是其以"识小录"为名，序称："语云：不贤者，识其小者，吾姑为其小哉。"②此后明代出现过数部以"识小录"为名的书，张萱编过《西省识小录》，徐树丕亦有《识小录》传世。③而《四库总目》中，更载录多部名为《识小录》的书，看来，明清学人有些喜欢"识小录"这个书名，以示自谦。

5.《少阳丛谈》。《明史·艺文志》载录，二十卷。《四部稿》卷七十一有《少阳丛谈序》曰："余抱陵秋官郎，则以其燕有《丁戊小识》焉。识矣而弗志也，弗敢辨也。既窃禄浮沈刀笔间，稍久而耳目所睹记者，时时有概于中，顾属耳于垣棘吻抹嚓，莫我下上。亡何，出持青齐节。齐虽号悍犷难治，饶案削，而以非孔道，故过从简，往往杜门，辄以笔次第受书，曰《少阳丛谈》。少阳，齐望也；丛之为言，聚也，又杂也；何以称谈？笔语也。王子曰：余于《少阳丛谈》有志焉，有辨焉，稍进于识矣，然而弗敢传也，积之凡二十卷，因纪其次。"④可见，此书乃王世贞为青州兵备使时所书，内容乃"志""辨""识"，尽管现在已不可得此书，但是可

---

① （清）黄虞稷：《千顷堂书目》卷五《别史类》，《影印文渊阁四库全书》第676册，第129页。
② （明）王世贞：《弇州山人四部稿》卷七一《文部·弇山堂识小录序》，第3429页。
③ （明）徐树丕：《识小录》，台北：新兴书局，据佛兰草堂钞本影印，1985年。
④ （明）王世贞：《弇州山人四部稿》卷七一《文部·少阳丛谈序》，第3436—3437页。

以说此书是王世贞年轻时候，记录其所见所闻、所思所想的一部著作，可能杂感多于史料。

6. 《国朝丛记》。六卷，录入董复表所编的《弇州史料》，为后集卷三十一到卷三十六。在黄宗羲《明儒学案》卷三十二《泰州学案》中，征引过此书的资料。清人张尚瑗《左传折诸》卷五，讨论宦官自宫问题时，也征引过此书。但《明史·艺文志》与《千顷堂书目》都未见载录。此书乃载录有关明代朝中掌故资料，例如《永乐功臣宴》《勒科道相纠》《诸王除国异典》《设内教场》《高赵之郜》等等。

7. 《觚不觚录》。一卷。被多种丛书收录，如《指海》《广百川学海》《皇明百家小说》《宝颜堂秘笈》《四库全书》等。是书专记明代典章制度，于今昔沿革尤详。以"觚不觚"为名，"盖伤觚之不复旧觚也"，王世贞于前言中称：

> 余自舞象而小识人事，逾冠登朝，数踬数起，以至归田，今垂六十矣。高岸为谷，江河下趋，觚之不为觚，几莫可辨识。闲居无事，偶臆其事而书之。大而朝典，细而乡俗，以至一器一物之微，无不可慨叹。若其今是昔非，不觚而觚者，百固不能二三也。既成，而目之曰《觚不觚录》。①

其作此书的目的就是伤今不如昔，从而反映出他对明中叶以后制度变化败坏之痛心。《四库全书总目》称其："虽多纪世故，颇

---

① （明）王世贞：《觚不觚录》，第1页。

涉琐屑，而朝野轶闻，往往可资考据……非他人之稗贩耳食者可比。"①周中孚亦赞其"记述多有端绪，盖皆就起所阅历者切实详载，虽伤于琐屑，而颇足以补史阙焉"②。全书凡六十余则，乃王世贞晚年所作的史料笔记，其被收入《弇州史料》后集。

8. "三述"。即《皇明盛事述》（亦名《列朝盛事》）、《皇明异典述》《皇明奇事述》。其中，最初《盛事述》《异典述》收入《四部稿·说部》中，合为六卷，后削去。明人《千顷堂书目·史部·别史类》收录《异典述》五卷、《异事述》一卷、《盛事述》三卷，由此可知，《弇山堂别集》刊行前，"三述"已单独刊行了一段时间。收入《弇山堂别集》后，王世贞对"三述"作了增补，并将"异事述"改为"奇事述"。《皇明盛事述》五卷、《皇明异典述》五卷、《皇明异事述》一卷。董复表编《弇州史料》时，再将"三述"收入《后集》，且把《盛事述》析为六卷。有些丛书如《借月山房汇钞》《指海》等都收录了《列朝盛事》一卷。"三述"较之其他史料笔记稍有不同，王世贞在生前相当长的时期内一直在修改增补这部分内容，具有相对的独立性。无论是王世贞本人，还是后人都相当看重这部分内容，所以被收入多种书籍中。尽管大体上归于史料笔记类，但是其编排也有作者独具匠心的用意，在讨论《弇山堂别集》时再作详细讨论。

总之，这一类著作以史料为主。《天言汇录》《明野史汇》《皇明名臣琬琰录》固然是史料汇编，从皇帝诏谕、诸家野史，到家乘

---

① （清）永瑢等编：《四库全书总目》卷一四一《觚不觚录》，第1204页。
② （清）周中孚：《郑堂读书记》卷六五《子部三·小说家类三》，北京：中华书局，1993年，第325页。

传记资料，都包括进来，这些是王世贞著史的基础。而《弇山堂识小录》与《少阳丛谈》，成于王世贞早期，虽然不是那种史料汇编，但是乃记录王世贞见闻为主，也是王世贞以后著史的材料，也可以归于这类。《觚不觚录》乃其晚年作品，也是史料笔记类。

第二类史料考辨类。即《史乘考误》。王世贞对明代国史、野史、家乘的优劣短长，有非常清楚的了解，既然要作一部纪传体国史，就先要对这些史料进行考辨，于是就作了《史乘考误》。王世贞很早就开始动手搜集《史乘考误》的资料，加以考辨了，因为此书原为《四部稿·说部》之一部分，初刊于万历五年（1577），考史料一百九十一条，题为《野史家乘考误》三卷。①后来又加入了对"国史"实录的考辨，而且进一步扩大对野史、家乘的考辨范围与深度，《弇山堂别集》中将其扩充为十一卷，共考辨史料三百七十余条，较之原来的增加了近一倍。而且在内容上，作了较大的改动。据吴振汉考订，《史乘考误》较之《野史家乘考误》有三方面的改进：另加按语、重新考订、补充说明。②可见，是大大提高了其学术价值，而且编入王世贞晚年自编的《弇山堂别集》中，可见，王世贞是十分看重这个部分的。《弇州史料》将其录入《后集》，几乎一字未改。《四库全书总目》在史部史评类存目收录此书，言："是书一曰《二史考》，凡八卷。二曰《家乘考》，凡二卷。"③较现存的《别集》所录少一卷，其《家乘考》是三卷而非两卷。笔者比对了《弇山堂别集》与《弇州史料》中的《史乘考

---

① 姜公韬：《王弇州的生平与著述》，第70页；亦见黄如文：《弇州先生文学年表》。
② 吴振汉：《王世贞〈史乘考误〉所论嘉、隆之际史事考释》，第65—92页。
③ （清）永瑢等编：《四库全书总目》卷九〇《史乘考误》，第762页。

误》，内容上并没有什么不同，只是《弇州史料》将《家乘考》分为两卷，而《弇山堂别集》分为三卷，但所收录的史料条文并无差别。王世贞在搜集资料的同时，即进行史料的考辨，体现一位史家的基本素养，也反映出王世贞著史求真的风范，是为他撰纪传体国史所作的第二步准备。

第三类为史书初稿类。若《锦衣志》《北边始末志》《哈密志》《倭志》《安南志》《张司马定浙二志》一卷、《国朝公卿表》二十四卷、《武宗巡幸记》一卷，以及收入《弇山堂别集》中的《谥法考》《科试考》《中官考》等凡十二《考》，和收入《四部稿》与《续稿》中的《史传》等等。这些是王世贞计划中明史的部分，因为这些史书或单独刊行过，或大多收入其文集、《弇山堂别集》以及董复表所编的《弇州史料》中。

1. 《公卿表》，二十四卷。《明史·艺文志》载录，焦竑《国史经籍志》亦载录王世贞有《国朝公卿表》一书。《弇山堂别集》中所录表亦是二十四卷，想必《公卿表》即《别集》中的诸表。

2. 《锦衣志》，一卷。被录入《四部稿》和明人贺复征编的《文章辨体汇选》。序言："客有征锦衣事者，不能详，余以所闻答之，退而诠其语曰《锦衣志》。"①此虽是答客问，实际上是一篇关于明代锦衣卫建制沿革的制度史文章，所以也可以列入他的史料初稿类。

3. 《北边始末志》《哈密志》《倭志》《安南志》。皆录入《四部稿》卷八十，乃是记录明代边防的重要史书，实际上可以视作明

---

① （明）王世贞：《弇州山人四部稿》卷七九，第3735页。

代的"四夷传"。

4.《武宗巡幸记》,一卷。《续修四库全书总目提要》将其录入《史部·杂史类》,此书乃《弇山堂别集》中《巡幸考》节录而成,傅惜华所撰提要有言:"所述类皆武宗荒淫无道之事,世贞身为明臣,初不为讳,何耶?"[①]对王世贞秉笔直书不讳武宗予以批评。

5.《史传》。在《四部稿》《续稿》有关碑铭传志等人物传记资料很多,《四部稿》中共240余篇,《续稿》中则有270余篇,占有相当大的篇幅。涉及的人物也非常广,从大学士、六部尚书到知府、知县、郎中,以及太学生、商人、布衣、和尚、节妇等,留下了丰富的人物传记资料。《史传》可以说是王世贞模拟《史记》而撰写的明代国史的一个重要部分。但真正称为《史传》的只有十卷。

《史传》十卷,又分《世家》四卷,《传》六卷,录入《弇州续稿》,后被收入《弇州史料》前集。四卷《世家》分别是《中山王世家》《开平、岐阳、定远三王世家》《东瓯、西平、东平三王世家》《定兴、宜平二王世家》。除《定兴、宜平二王世家》与《故帅滁阳王传》共一传外,其他三世家皆独自为传。之所以将其列为世家,乃因为他们有王的封爵,他们分别是中山王徐达、开平王常遇春、岐阳王李文忠、宁河王邓愈、东瓯王汤和、黔宁王沐英、东平王朱能、定兴王张辅和宜平王朱永。清初傅维鳞《明书》受其影响,亦列《世家》一体,但傅维鳞的原则是:"录其功德最著者,为

---

① 傅惜华:《〈武宗巡幸记〉提要》,收入中国科学院图书馆整理:《续修四库全书总目提要》(稿本)第1册,济南:齐鲁书社,1996年,第423页。

开国世家而不以享国之久暂为重轻。"①所以他的世家除徐达、常遇春、李文忠、邓愈、汤和、沐英外，尚有颍国公傅友德、宋国公冯胜、韩国公李善长、营国公郭英，其他人物虽有王爵封号，亦都被列入传记类，而不被列入世家。在一定意义上，他的处理原则较之王世贞更为合理些。

《传》六卷，分别是《韩、宋、颍三国公传》《浙三大功臣传》《王守仁传》《王骥、杨善、徐有贞、王越传》《弘治三臣传》（分为两卷）。除王守仁是单传外，其余皆是合传，但其体例很不整齐，把王骥、杨善、徐有贞、王越四个不同时代的人扯到一起，只因他们都有伯的封号，其他三传或依时代或依地域，似还说得过去。十卷《史传》不只是给后人留下了有关人物的传记资料，更重要的是由此可了解明代政治变迁史，给清人修《明史》提供了参考资料和体例上的借鉴。

另外《弇山堂别集》中收录的《科试考》《谥法考》《中官考》等也可以视作其史学初稿，在随后讨论《弇山堂别集》时再作详细论证。

这类史书，之所以把它们称为史料初稿，乃是因为不仅王世贞十分看重它们，收入其《四部稿》《续稿》和《弇山堂别集》等多部文集中，而且后人也十分看重这些史书的价值，董复表编录的《弇州史料》也将其中的大部分收录。因此，可以将它们定为王世贞的史料初稿，是王世贞最后所编史书的一部分。王世贞因为身任行政职务，又长于诗文，兴趣广泛，他不太可能专心致志、集中时

---

① （清）傅维鳞：《明书》卷九一《世家一》，第15册，扬州：江苏广陵古籍刻印社，1988年，第22页。

间与精力去写他的明史，只能是一点点的长期积累，一部分一部分地写出来，所以拖的时间甚长，而因为最后定稿的明史并未编成，所以这些初稿只能散见各书之中了。不过，我们从这些初稿之中，能够大体获知王世贞最后明史的规模与体例。

第四类为晚年定稿的史学专著，则有《弇山堂别集》一百卷与《嘉靖以来内阁首辅传》八卷。此乃王世贞晚年，因为无法完成自己的明史计划，退而求其次，编成的两本书，这两本书代表王世贞明史研究的最高成就，是值得认真研究的，随后将专题讨论。

另外，考察王世贞著作时，还必须考察他人编选与诸多伪托之作，因为这类书非常多，是研究王世贞著作中的一个重要问题，学术界已经有不少的研究，而本书只关注王世贞的史学，此处就不全面展开论述了，只附带提一下《凤洲笔记》与《纲鉴合编》。他人编选的史书，除下面要重点讨论的《弇州史料》外，另外比较重要的就是黄美中编刊的《凤洲笔记》了。

1.《凤洲笔记》。二十四卷、《续集》四卷、《后集》四卷。《千顷堂书目》作《凤洲笔记》三十二卷。乃隆庆三年（1569）由黄美中刻印的，其中第十一至十六卷是《名卿绩纪》。黄美中，太仓人，乃王世贞同乡，嘉靖间作过浙江松阳县知县。从黄美中的序看，《凤洲笔记》原是王世贞想削去不用的。其言：

> 笔记如千卷，盖王元美先生削稿也。削稿而梓之，何也？先生天才纵肆，千载一人，率意所属，牢笼今古，穷极细微。方与历下李于麟氏主盟斯文，力振出乡，学士翕然从之。半辞只字，流传人间，至为纸贵。夫剖荆山之璞，采合浦之

珠，则纤颗必攫，岂直连城照业，为世物宝已哉！此削稿所为梓尔。①

且言"是编默梓行之，非先生意也"。可见此书原是王世贞弃置不刊的，这反映出此书并非王世贞满意的作品。究其内容，《凤洲笔记》包括《诗》二卷、《文》四卷、《尺牍》二卷，及《明诗评》四卷、《安南传》二卷、《杂编》六卷和《名卿绩纪》四卷。此处所言之《杂编》与收入《纪录汇编》本之《凤洲杂编》基本相同，共六卷，是一种史料笔记性质的札记，涉及面相当广泛。

另外，有许多书籍挂了王世贞的名字，实际上并非王世贞所作，而是当时或后人伪托其名作的。②文学作品有《金瓶梅词话》《鸣凤记》《有象列仙全传》等，史书有《纲鉴合编》《国朝纪要》《通鉴笺注》等等，最重要的就是《纲鉴合编》。

2. 《纲鉴合编》。三十九卷，又名《袁王纲鉴合编》。长期以来被认为是王世贞与袁了凡（袁黄）所编。民国十二年（1923）印鸾章校订并刊于世界书局，1967年台北广文书局予以排印，1985年3月，中国书店亦影印此书，在学术界产生广泛的影响。以前多有学者据此书论王世贞史学思想，但事实上早在七十年代，姜公韬就论定其为伪托之作。他举出几条理由：一是书前所录王世贞序言在王世贞的任何书中都找不到，且此序不像王世贞的文字；二则是书

---

① （明）黄美中：《刻王先生笔记序》，载（明）王世贞：《凤洲笔记》，北京大学图书馆藏黄美中刻本，明隆庆三年（1569）。

② 不仅有许多书伪托王世贞所作，亦有文章伪托王世贞之名的。向燕南考订了《祝子罪知录序》为伪托之作，即是一个很好的例子。参见向燕南：《王世贞〈祝子罪知录序〉真伪考》，《中州学刊》2004年第3期，第87页。

正统观秉承朱子学说，且对《朱子纲目》称赞备至，既云："义例严正，真是非不谬于圣人。"又云："读史家舍《通鉴纲目》，其孰从而求之！"姜公韬认为王世贞"必不作此语"，因而断定"是书殆亦书贾牟利之作而托之弇州者"①。此论一出颇获台港学者认可，但当时大陆学者很难获取这些研究成果，二十世纪九十年代初，尚有学者信奉此书为王世贞之作。不过近年来，大陆学者亦多认为系伪作。②

　　其实此书与王世贞的史学思想相悖不只是体现在对《通鉴纲目》的评价上，更可以说其处处与王世贞的史观不符。前面第二章中，我们已详论了王世贞在史学理论上的看法，王世贞严厉批评了欧阳修的《五代史》、朱熹的《通鉴纲目》；反对在正统论上贬低秦晋，亦同情曹魏；反对过分拔扬宋朝的地位。但《纲鉴合编》则持完全不同的说法，《序》称："要其书之坚洁整瞻，有非蔚宗所逮者，下此唯庐陵《五代史》凌灿古今，子瞻犹短其作传有漏，况十九史纷纷籍籍，文成而义不属者，伙耶？"又言："考亭朱子熹因《通鉴》为《纲目》，黜魏帝汉，义例严整，真是非不谬于圣人。"称商辂《续编宋元纲目》，"是皆有以足涑水（司马光）、考亭所不逮"③。可见这些论述无不与王世贞的思想背道而驰，是决然相反的观点。故此书是他人伪托之作，自无须多辨。

---

① 姜公韬：《王弇州的生平与著述》，第77页。
② 仓修良在其《明代大史学家王世贞》（《文献》1997年第2期，第107—124页）一文中，即持此观点，而且申明此文之作是为了纠正以前的错误。
③ （明）王世贞：《原序二》，载（明）袁了凡、（明）王凤洲：《纲鉴合编·序》，北京：中国书店影印世界书局1936年版，1985年，第4—5页。

## 二、《弇山堂别集》及其对《史记》的模拟

### （一）《弇山堂别集》的成书时间与各部分内容

《弇山堂别集》乃王世贞生前自编最为重要的明代史书，一百卷。姜公韬以为"是书之初刊殆即在（万历）十七、十八年（1589—1590）间，正是王世贞卒前不久"[①]。郑利华亦以为《别集》当刊于"是年（万历十七年，1589）元美任南京刑部尚书后，明年春致仕归里前（万历十八年，1590三月）"[②]。事实上，王世贞在万历四、五年（1576—1577）间开始编撰此书，后因病停顿，再访王锡爵女王焘贞学道而作罢，但依然札录见闻，从其小序称"秋官尚书吴郡王世贞撰"，可知他在万历十八年卸任南京刑部尚书前已基本编好了此书。而书中有关内容最晚到了万历十八年（1590）二月，故言刊于十八年较之十七年更为合理。《别集》中有多处载录万历十八年（1590）事，如十八年二月，吏部尚书杨巍致仕（卷四七）、孙丕扬升南京都察院右都御史（卷五三）、赵志皋任吏部右侍郎（卷五四）等等。此书编成与最后刻成当有一段时间间隔，确切地讲，编成在万历十八年三月前大体可信，而最早刻成则应在此之后而在王世贞去世之前，因陈继儒在《别集》序中提到王世贞生前是见过此书之刻本的。今哈佛大学哈佛燕京图书馆藏有明万历十八年（1590）金陵刻本，刻工为蔡朝光，书末有牌记，刊"大明万历庚寅孟冬谷旦金陵镌行"[③]，另还有万历十八年（1590）翁良雨金堂刻本，这当是最早刊行的版本。

---

① 姜公韬：《王弇州的生平与著述》，第55页。
② 徐朔方：《王世贞年谱》，《晚明曲家年谱 第1卷》，第343页。
③ 沈津：《美国哈佛大学哈佛燕京图书馆中文善本书志》，上海：上海辞书出版社，1999年，第146—147页。

综观是书，卷一至卷九为《皇明盛事述》五卷、《皇明奇事述》四卷、《皇明异典述》十卷，举凡朝章典故、君臣事迹、人物轶事、民族关系、中外交往皆有涉猎，不过偏重于"奇""异""盛"，是一种笔记体史料。随后十卷《史乘考误》，详考了明代国史、野史、家乘之曲笔、臆说、谀辞，对嘉、万以前的史书进行了梳理，澄清了一些史实，是其考证史学最集中的体现。从卷三十一到卷六十四，是自帝王、宗藩、百官诸表一共七十二目，把嘉、万以前的有关行政机构及政治制度加以勾勒出来。末为《考》，分十二目三十六卷，举凡皇帝亲征、巡幸、赏赐、诏令、谥法、兵制、市马、科举、宦官等史实都有较详的叙述和考证，是书包括了王世贞最重要的明史篇章。《弇山堂别集》虽自成整体，但各部分相对独立，写成时间亦早晚有别，它是王世贞晚年将其最重要的明史著作汇编而成的。

（二）何谓"别集"

自《弇山堂别集》问世以来，书名就受到非议，所谓"别集"当指文集①，今以史书而言别集，难怪要被人指责不懂别集之含义。②其实王世贞名之"别集"，确实另有隐情。清人周中孚以为"是编记述明一代君臣事迹，于史例之外，别立一体"③，他虽然指责别集一名，但亦不否认是另立一体。而陈文烛以为王世贞之别

---

① （唐）魏徵等：《隋书》卷三五《经籍志四》载："别集之名，盖汉东京之所创也。自灵均已降，属文之士众矣，然其志尚不同，风流殊别，后之君子，欲观其体势，而见其心灵，故别聚焉，名之为集。"（北京：中华书局，1973年，第1081页）此乃别集最常见之解释。

② （清）周中孚：《郑堂读书记》卷一九《史部五·杂史类·弇山堂别集一百卷》，就指责其"盖不知诗文之当称别集也"（第108页）。徐朔方则以为古代文史不分，称别集乃重申此义也。《王世贞年谱》，载《晚明曲家年谱 第1卷》，第484页。

③ （清）周中孚：《郑堂读书记》卷一九《史部五·杂史类·弇山堂别集一百卷》，第108页。

集乃效法《史记》而自成一体，自具特色。体例上对《史记》的模仿显而易见，笔者以为《弇山堂别集》就是模拟《史记》之作。

《史记》是以本纪志帝王，世家记诸侯，十表系时事，八书评制度，列传述人物。"自此例一定，历代作史者遂不能出其范围，信史家之极则也。"①赵翼认为《史记》是后人无法逾越的藩篱，因之广义而言，王世贞之效法《史记》应是情理之中的事。《弇山堂别集》分"述""考""表"三大体例，表面上看，除"表"应是纪传一体外，"述""考"与纪传体无关。仓修良等在《中国古代史学史简编》中论道："它是史书而不是文集，分'述'、'考'、'表'三大类，'述'是记载明朝有关重大事件；'考'是记载典章制度，就是纪传体的书志部分；'表'即纪传体史书中的表。"②所论允当。在《明代大史学家王世贞》中，则注意到"考"对"志"的效法，并以为《弇山堂别集》"是他编纂纪传体的一种素材"，针对学术界的有关批评进一步强调了他的观点。③可见《别集》与纪传体的关系密切，已为学术界所注意。王世贞名之曰"别集"，其实另有原因。

王世贞在《弇山堂别集》自序中对"别集"一名有过解释，他说："《弇山堂别集》者何？王子所自纂也。名之别集者何？内之无当于经术政体，即雕虫之技亦弗与焉，故曰别集也。"④陈文烛则道出了另一个原因，认为因"元美诗文有《弇山堂正集》，而此则国

---

① （清）赵翼著，王树民校证：《廿二史札记校证》卷一《各史例目异同》，第3页。
② 仓修良、魏得良编：《中国古代史学史简编》，哈尔滨：黑龙江人民出版社，1983年，第403页。
③ 仓修良：《明代大史学家王世贞》，第107—124页；并参见氏著《史家·史籍·史学》，第310—316页。
④ （明）王世贞：《弇山堂别集·小序》，载《弇山堂别集》，第1页。

朝典故，比一代实录云"①。所谓"弇山堂正集"，即《弇州山人四部稿》②，故此书只能名之为别集了。《四库全书》载《〈弇山堂别集〉提要》则以为是王世贞晚年知作史之难，故以别集为名以表示谦抑之辞，其论道：

> 世贞承世家文献，熟悉朝章，复能博览群书，多识于前言往行，故其所述俱确有可征，迥非诸家耳食传讹者比，且不敢自居笔削，第用说部之体，烘聚条分，而以别集命名，深致谦抑之意，亦由其晚年境地益进，深知作史之难，故能敛晦如此。与当时略窥纪载便奋然以史笔自居者，相去亦不啻霄壤。③

笔者以为用"别集"还另有隐情，王世贞之志是效法司马迁而作一部纪传体的明代史，但迟至暮年依然未见希望，只得退而求其次，编成《别集》，此书成于万历十八年前后，书成不久他即故去。陈继儒在《弇州史料序》中谈及王世贞晚年于明代国史之心态时言，"偶及国史，辄停杯不御，为慨然感叹久之"④。王世贞一生以国史自任，但终究未完成自己的心愿，那种于心不甘，那种壮志未酬的落寞感自不待言。既然编明代国史的心愿未成，只得退而求其次，做一部类似于纪传体而又非正式的纪传体史书，故名之曰

---

① （明）王世贞：《弇山堂别集·序》，载《弇山堂别集》，第1页。
② 包遵彭亦似赞同此观点，见其《王世贞及其史学——为〈弇山堂别集〉影印而作》。
③ （明）王世贞：《弇山堂别集》，《影印文渊阁四库全书》第409册，第2页。此处所附之提要比《四库全书总目》所载要详细得多。
④ （明）陈继儒：《弇州史料叙》，载《弇州史料》，《四库禁毁书丛刊》史部第48册，第426页。

"别集"，聊以自慰罢了！这应是其以别集为名的真正内在原因。

正如前面论及，王世贞文学上主张复古，而史学上主张模拟，而纪传体史书则应当模拟《史记》。对于《史记》体例上之模仿，王世贞在给友人况吉夫的信中表示过一种心态，他认为《史记》中的《游侠列传》《刺客列传》《货殖列传》之类使得《史记》"非正史也"，因为其"或借驳事以见机，或发己意以伸好"，故此完全模仿就有问题，"今欲仿之则累体，削之则非故，且《天官》《礼乐》《刑法》之类，后几百倍于昔矣，窃恐未可继也"[①]。这里表示了不能做到机械模仿的担心，虽然王世贞对那些传不满意，想删削之而稍作变通则有"非故"之忧，效法它则又有"累体"之嫌，故此处于一种两难境地，由此可以看出他对《史记》之模仿，亦步亦趋至于何种程度。

正如前面提及，《弇山堂别集》主要有《皇明盛事述》五卷、《皇明异典述》十卷、《皇明奇事述》四卷、《史乘考误》十一卷。接后有诸表，共四十卷六十七表，如《同姓诸王表》《公侯伯表》、六部尚书、中书省等表，《卿贰表》。最后是诸考，共十二考三十六卷，如《亲征考》《命将考》《谥法考》《赏赉考》《诏令杂考》和《中官考》。大体可分为"述""表""考"三体[②]，这就是陈文烛

---

① 《弇州山人续稿》卷二〇三《文部·答况吉夫》，《影印文渊阁四库全书》第1284册，第865页。

② 事实上述、考、表并非王世贞首创，郑晓《吾学编》中就有此种体例，其具体分：记（《大政记》《逊国记》《名臣记》《逊国臣记》）、表（《同姓诸王表》《异姓诸王表》《直文渊阁诸臣表》《两京典铨表》）、述（《地理述》《三礼述》《百官述》）和考（《四夷考》《北虏考》），但除表外，《吾学编》之"考"与"述"和《弇山堂别集》中的是不同的，《吾学编》之"考"只有两篇，就相当于纪传体中的"传"；而"述"显然也就是"志"，亦无须多言。而《弇山堂别集》中之述、考则另有含义。王世贞称"述""考"可能受到《吾学编》的影响，但并不拘泥于《吾学编》的范围，只不过借其名罢了。

所言之"别集"体。下面我们再来看看其各部分是如何效法纪传体的。

（三）"三述"祖述《本纪》之意

所谓"三述"即《皇明盛事述》《皇明异典述》《皇明奇事述》。《四库全书总目》以为其"颇涉谈谐，亦非史体"①。我们不要为其表面的东西所迷惑，其实王世贞设立此体，有其特别的意图。他在《皇明奇事述序》中，既对"三述"关系进行了阐述，又说明了他作"三述"的意旨。道：

> 异典者，遘之自人主者也；盛世者，遘之自天者也。盛事之遘无非燠已，异典之遘燠居十九，疵亦居一已，乃复有遘之自天而不可言盛，遘之自人而不可言典，或人与事之巧相符者，或绝相悖者，为其稍奇而不忍遗之，别录成卷，以备虞初春明之一采，故不敢称稗史也。②

在王世贞看来，所谓异典、盛事、奇事，或自"人主"，或自"天"，自然是关于明朝之军国大事，他对三述颇为自负，认为"不敢称稗史也"。笔者以为从功能上看，王世贞是用"三述"来奠定全书基调。刘知幾以为"纪以包举大端"，本纪是记载帝王之事，统领全书格局，而林駧认为：

---

① （清）永瑢等编：《四库全书总目》卷五一《弇山堂别集》，第466页。
② （明）王世贞：《弇州山人续稿》卷四九《皇明奇事述序》，《影印文渊阁四库全书》第1282册，第649页。

子长以事之系于天下，则谓之纪，秦始皇已并六国，事异于前，则始皇可纪也；项羽政由己出，且封汉王，则项羽可纪也；孝惠高后之时，政出房闼，君道不立，虽纪吕后亦可也。①

可见司马迁创立本纪一体时，亦并非只局限于帝王，只要是关于天下之事，即使非帝王亦可作纪，因此既然是关于"人主"和"天"之事的"三述"，在功能上和全书的地位上乃比拟可"纪"的。

"三述"从形式上言，只是一条条的史料，似乎无甚关联，其实每一卷都有一个明确的中心，围绕一个共同的主题。即以《皇明盛事述》②为例，它共五卷，卷一是记载宫廷与皇室的所谓盛事，如皇帝之功德，藩国之强盛，宗室之繁盛，勋臣国戚之事；卷二则是记载官宦家庭中的所谓盛事，如官吏之封赠，几代同任高官，几代科第等等，卷一与卷二的两类家庭，构成了封建统治阶层的最上层，他们原本就是封建史家注意的对象，这样也就成了王世贞注目的中心；卷三则偏重于某一地方之所谓盛事，作为一州一地有许多高官，当然可以说是盛事，如"昆山盛事""严州盛事""蒲州盛事""吴中盛事"等等；卷四则是偏重于记载个人获得的官职、封赠等等，人生难得高官重位，若一人能得多种官职，或历官长久，自然可以称为盛事，如"四入内阁""三总三边""四总河道"

---

① （宋）林駉：《古今源流至论·后集》卷九《史学》，《影印文渊阁四库全书》第942册，第295页。
② （清）周中孚：《郑堂读书记补逸》卷一〇《列朝盛事一卷》言《盛事》为"弇州以明代官爵之制，轻于前代，故公卿将相之位业，亦少逊前代，因自洪武至万历，取其科甲功臣之盛者，汇为一编以记之，凡三十九条，各标题目，而以类相从，亦唐人卓异记之类也。"第430页。

等等；卷五则是偏重年龄问题，既得高官厚禄，又得长寿，当然值得祝贺，即便不得高官厚禄，但得长寿，亦是令人羡慕的事，因而也成为王世贞注意的对象。我们总括各卷重心，可得如次的轨迹：宫廷与宗室之盛——家族之盛——地方之盛——个人之盛。宫廷与宗室是封建国家的化身，家族与地方使家庭得以依存，人之官位与寿命可以说是修身之结果。这样很明显地体现了作者所关注的目标，正同封建社会之所谓"修身、齐家、治国、平天下"之思想是一脉相承的，可见，王世贞之"三述"是独具匠心的。《皇明异典述》亦秉承同样的原则，以彰显明朝之卓异事，以彰显明朝之功德。《皇明奇事述》之所谓奇事，则多是载有一种特征相同者，如同名、同爵、同官品、同姓、同谥等等诸种特征相同者，归纳为数条，如"嘉靖二真人""甲辰二会元""绍兴二首甲""蒲州二孤""全州二相"等等，亦有姓名相同一类的史料。王世贞将这特别名之为"异典""盛事""奇事"，正含有称颂当朝之意，这是王世贞所用的春秋笔法。

清人李慈铭称："阅《弇山堂别集》中《皇明盛世述》《异典述》《奇事述》共二十卷，大抵纪官爵科名，虽亦间近琐碎，而多系于朝章国故，言明事者所必考也。"[①]汪荣祖指出："国朝之国本植于帝室，求一姓之绵延"，而"求一姓之绵延有赖忠君爱国（国者，朝廷也）。所彰之善，忠臣良将；所瘅之恶，乱臣贼子也。其归宿在于惩劝"[②]。王世贞的"三述"既是称颂明朝，同时又有劝惩之

---

① （清）李慈铭：《越缦堂读书记》之《史部·别集类·弇山堂别集》，由云龙辑，本社重编，上海：上海书店出版社，2000年，第966页。
② （美）汪荣祖：《史传通说——中西史学之比较》之《彰善瘅恶第三》，北京：中华书局，1992年，第17页。

意。与王世贞同时代的归有光以为史家"扶翊纲常，警世励俗"①应是常理。故国史之精神应有三点，"一曰显忠臣，二曰诛逆子，三曰树风声"②。《弇山堂别集》中的"三述"所担当的作用正是"显忠臣""诛逆子""树风声"。于此也可看出王世贞修国史那种强烈的责任心。而从功能上来说，"三述"正祖述了纪传体"纪"的用意。

（四）诸表之模仿

《弇山堂别集》之表自然是对《史记》表之模仿。自《史记》创立表以后，即为纪传体史书之一例，但因做表很难，后代史书多略去此部分。在二十五部纪传体正史中列表的史书，《史记》以外，只有《汉书》《新唐书》《宋史》《辽史》《金史》《元史》《明史》和《新元史》，一共九部史书，不足一半。但表很重要，正如顾炎武所言："年经月纬，一览了如，作史体裁，莫大于是。"并以为作表可以省去许多不必要的文字。③浦起龙亦认为表"揆之史法，参以时宜，亲若宗房，贵如宰执，传有所不登，名未可竟没，胥以表括之，亦严密得中之一道哉"④！赵翼则认为"凡列侯、将相、三公、九卿，功名表著者，既为立传，此外大臣无功无过者，传之不胜传，而又不容尽没，则于表载之。作史体裁，莫大于是"⑤。诸多史家重视表，其重要性由兹可见一斑。

明代史书，在《弇山堂别集》问世以前，郑晓《吾学编》中

① （明）归有光：《震川先生集》卷二《卓行录序》，周本淳校点，上海：上海古籍出版社，1981年，第36页。
② （美）汪荣祖：《史传通说——中西史学之比较》之《彰善瘅恶第三》，第18页。
③ （清）顾炎武著，（清）黄汝成集释：《日知录集释》卷二六《作史不立表志》，第1446页。
④ （唐）刘知幾著，（清）浦起龙释：《史通通释》内篇卷三《表历第七》，第50页。
⑤ （清）赵翼著，王树民校证：《廿二史札记校证》卷一《各史例目异同》，第4页。

即已列了四表，共五卷，分别是《同姓诸王表》二卷、《异姓诸王表》一卷、《直文渊阁诸臣表》一卷、《两京典铨表》一卷，前二表后当即接同姓诸王传和异姓诸王传，采取史表与传记结合的方式。王世贞显然参考了《吾学编》，但《弇山堂别集》中的表分得很细，前后一共四十卷六十七表，远非《吾学编》所能比拟的。先是《帝系》《同姓诸王表》，下又分为《亲王》《郡王》；《公侯伯表》下有《高帝功臣公侯伯表》《永乐以后功臣伯表》《恩泽公侯伯表》《衍圣公爵系表》《追封王公侯伯表》《公孤表》；《东宫三师表》；《公孤宫臣表》；《内阁辅臣年表》；《翰林诸学士表》；在《六部尚书表》中，分吏、户、礼、兵、刑、工分别介绍；最后是《卿贰表》。涉猎的范围从皇帝、王侯到大学士、六部尚书、卿贰，几乎囊括整个明代中上层统治者。

清初傅维鳞著的纪传体《明书》中的表几乎可以说是《弇山堂别集》表的翻版。《明书》有《祖系故王表》《同姓诸王表》《公侯伯表》《恩泽公侯伯表》《圣贤世裔表》《追封及赠王公侯伯子男表》《辅臣部院正卿年表》《柱国公孤表》《学士祭酒表》《卿贰表》《先设后革诸官表》《制科取士表》等十二表，除《先设后革诸官表》《祖系故王表》《制科取士表》外，其他的可以说几乎都是改编《弇山堂别集》诸表而成，王世贞是修明代国史诸家中，最完善列表的人，故此，其以后的明史书，只要列表莫不受他的影响。《明史》诸表，有《诸王世表》《功臣世表》《外戚恩泽侯表》《宰辅年表》《七卿年表》，较之《弇山堂别集》要简略得多，而其参考了《弇山堂别集》是显而易见的。

王锦贵将中国古代史书上的表分为七类：表国者、表部族者、表世系者、表官者、表人者、表地者、表事者。①这是根据表所记录的对象而分的，以此原则来分析《弇山堂别集》中之诸表，我们可以看到王世贞是以职官之大小、地位之高低来制作表的，可以称之为表世系者、表官者、表人者。这些表中，我们可以了解明代爵位的变化，官职源流之沿革，因而其地位十分重要。

《弇山堂别集》中的表，主要是关于有明一代之史，纵观全书亦主要是明代之史，但唯有《衍圣公爵系表》例外。它是从孔子开始，一直到明嘉靖年间一千多年的衍圣公封爵全都普列出来。之所以打破有明一代之范围，王世贞在序中有如下的说明："孔子实成汤后，论者不知其所自起，余故因表衍圣公之爵系而备识之，明孔子非国家所得而封建也。"②明代对孔子的尊崇甚于往代，尤其是嘉靖年间，把孔子称为"至圣先师"，衍圣公之地位因而也显赫得多，故此，王世贞在史书中亦给予相应的重视。

从格式上说，《弇山堂别集》中的表与正史不同，按照《四库全书总目》所批评的，则是"多未依旁行斜上之体"，它未依表例，因之亦屡被人攻击。③但其价值则不容忽视，理应肯定。

（五）"考"与"书志"的关系

《弇山堂别集》中有十二"考"，共三十六卷，是书中最重要的内容之一。除专门考辨史书之《史乘考误》外，还有《亲征考》

---

① 王锦贵：《中国纪传体文献研究》，北京：北京大学出版社，1996年，第134—136页。
② （明）王世贞：《弇山堂别集》卷三九《衍圣公爵系表》，第706页。
③ 参见（清）永瑢等编：《四库全书总目》卷五一《弇山堂别集》，第466页。
　（清）周中孚：《郑堂读书记》卷一九《史部五·杂史类·弇山堂别集一百卷》，第108页。

《巡幸考》《亲王禄赐考》《命将考》《谥法考》《赏赉考》《赏功考》《科试考》《诏令杂考》《兵制考》《市马考》《中官考》，一共十二类。已有学者对此进行过研究，仓修良以为"考"是"纪传体史书中的书志部分"①。他以章学诚之分析为根据，"考之为体，乃仿书志而作，子长《八书》，孟坚《十志》，综核典章，包涵甚广"②，因而断言"考是记载典章制度，就是纪传体史书里的书志部分"③。"考"与"书志"之间的关系仓先生已作了充分的论证，但"考"是否就是纪传体中的书志部分，则应还有详论的必要。

司马迁首创八书，班固变书为志，此后即成纪传史书之一体，历千年而不变。刘知幾以为"志以总括遗漏，逮于天文、地理、国典、朝章，显隐必该，洪纤靡失"④。因此，志重点在于论述典章制度。王世贞虽然记载明代的制度，但是他只称"考"而不称"志"，期间必定另有原因，因之，把其完全等同于"志"似不太妥当。陈文烛以为《弇山堂别集》乃师法子长之意而作，"考"正可谓祖述"书志"之意而成。

在十二考中，《谥法考》《科试考》《兵制考》自然是典章制度，这无须多言，《明史》中就有《礼志》《选举志》和《兵志》，谥法是礼极其重要的部分，而科试也可以与选举等同。《赏赉考》《赏功考》谈明代有关赏赐制度及事例，在《明会典》中有类似的《给赐》《赏格》，记载同样的内容。至于《中官考》《诏令杂考》

---

① 仓修良：《明代大史学家王世贞》，第114—115页。
② （清）章学诚著，仓修良编注：《文史通义新编新注》外编第四《答甄秀才论修志第二书》，第715页。
③ 仓修良：《明代大史学家王世贞》，第115页。
④ （唐）刘知幾著，（清）浦起龙释：《史通通释·内篇》卷二《二体》，第25页。

《巡幸考》等则在书志中找不到相同的内容，但它们依然是记载了许多典章制度方面的材料。即如《中官考》，先记载明代宦官制度的变化沿革，同时述说明代宦官专权误国之史实，十分详尽，远远不是一般的书志可比拟的。它既有书志体史的优势，详细记载了制度的变化沿革，同时，又详述了历史事实。可以说它兼有"志"和"宦官传"的功能。同时因其是按年月来谈明代宦官之干政，具有编年体史的特色。因之，这些可以说是"考"自具的特点。

　　名之为"考"，还在于书中有真正的考据，并非只是一味地陈述史实。对于类似的问题，王世贞往往将其与前代相关史实进行对比，同时纠正明代有关书籍记载之错误。如《亲王禄赐考》，即参核《明会典》，并纠正《明会典》记载之错误。王世贞以为《明会典》谈明亲王、郡王禄赐时，俱引唐制为参考对象，但唐代之亲王、郡王与明代是完全不一样的，究其原因，"盖唐制王公以食邑为准，而有官则有禄，宋制食邑真食皆为虚，而以兼官制禄，与本朝之制异，不可强而引也"①。再如《来朝之赏》，有如此考据之言："按古之恩赐可考者，汉昭帝初，赐燕王旦……钱一千万"，考汉唐宋之恩赐后，其发议论曰："汉与元之赐宗室如此，其去我朝何啻十倍也。"②

　　王世贞善于考证，似乎也乐于考证。在《弇山堂别集》中有专章进行考证，这就是《史乘考误》，详考了明代的国史、野史、家乘。在《考》部中，又随时加以考据，一则纠正史实，再则在考证之时进行评论。再以《中官考》为例，在述说明代宦官干政史实之

---

① （明）王世贞：《弇山堂别集》卷六七《亲王禄赐考》，第1259页。
② （明）王世贞：《弇山堂别集》卷六七《来朝之赏》，第1268、1270页。

际，详考相关的历史。如宣德赐宦官司礼监太监金英、范弘免死诏时言："案，太宗于光禄卿井泉、张泌皆有之，则其时内臣所必有者，但不可考耳。此见范弘墓志，史所不载也。"[1]《中官考》中，常有"干政之始""封赐之始"这样的说明语，如谈天顺元年给王振恢复官爵，立祠赐额曰"旌忠"，作按语云："案，此内臣立祠之始也。成化中御马监太监刘永诚祠曰'褒功'，弘治司礼监太监怀恩祠额曰'显忠'。此二臣皆可纪者，自是而后，繁且滥矣。"[2]又如谈西厂之设云："案，此立西厂之始也，虽与东厂侔，而势出其上矣。十三年革西厂，以御史戴缙言，仍复之。"[3]文中就是以这样的方式既予考证又加议论。

《诏令杂考》原非书志一类所包含，但王世贞设立此体，实有深意焉。它在《诏令杂考序》中说明了作此之原因，"自高帝以后，书檄之类，不登诏令，及不可以入史传者，录以备考"[4]。于是作《诏令杂考》四卷，似乎只是补遗性质。但是，其重要性显而易见，因为不仅保存了许多它书难见的史料，更重要的是体现了诏令与书志的关系。唐代刘知幾就提出应立一体以载诏令章表。他说：

> 迁、固列君臣于纪传，统遗逸于表志，虽篇名甚广而言无独录。愚谓凡为史者，宜于表志之外，更立一书。若人主之制册、诰令，群臣之章表、移檄，收之纪传，悉入书部，题为"制册""章表书"，以类区别。他皆放此。亦犹志之有《礼

---

① （明）王世贞：《弇山堂别集》卷九〇《中官考一》，第1728页。
② （明）王世贞：《弇山堂别集》卷九〇《中官考一》，第1731页。
③ 同上。
④ （明）王世贞：《弇山堂别集》卷八五《诏令杂考一》，第1615页。

乐志》《刑法志》者也。①

王世贞的《诏令杂考》虽未明确提出将诏令当作纪传体史之一例，但他的考是师法书志之意而成，恰在此部分收录了诏令，由兹可见，王世贞实有将其看作是书志内容的考虑。

综上所述，"考"是师法子长纪传体"书志"而来，但又同"书志"有不同的特点，它不只是记载制度条文，同时，亦记录下相应的史实，并进行相关的考证，它兼有"志""传""编年"诸体之特色，是纪传体的一种变体。如果按陈文烛的说法，王世贞独创了"别集"一体，那么，"考"可以说是"别集体"中最为成功的一例。万历四十二年（1614），王世贞的门人董复表编《弇州史料》时，他特将"考"放在前集的最前面，由兹亦体现他对"考"之重视。

此外，在《弇山堂别集》中，每部分都有序，而别集中"序"之多亦是少见，在每部分中，往往又分总序、分序、大序、小序，不一而足。而篇皆有序，这种做法自《史记》开始。所以，王世贞在这方面亦模仿司马迁，在每部分皆立序。序者，所以叙作者之意也。总括别集中诸序，具体可以分为以下三类：一曰说明编纂原则，统括全篇；二曰叙述渊源，明其沿革变化；三曰评论史实，表达观点。其中第二类是最多的，究其原因乃有关国家政制，"凡国家之典，始则若滥觞，继则滔滔焉，又继则汤汤焉"②。是故于序中明其变化因革就显得十分重要。

---

① （唐）刘知幾著，（清）浦起龙释：《史通通释·内篇》卷二《载言》，第31页。
② （明）王世贞：《弇山堂别集》卷四四《赠公孤宫臣表》，第803页。

（六）余论

明代文学上的复古，已为学术界所公认，因为由国初到末世，主张复古的议论层出不穷，因之复古是明代文学的主流。[①]由文学上的复古而至史学上的模拟古人，则鲜有人论及。其实古代文史原本一家，文学上的复古，势必也就是史学上的复古，因之而模拟古人。只是由于史学的发展不如文学发展那么注重流派与风格，对复古与创新似乎不如文学重视罢了。王世贞是"后七子"的领袖，独掌文坛二十余年，在文坛上的模拟古人已成定论，而要修明代纪传体国史对司马迁的模仿自是当然。

中国传统史书中的三大体裁：纪传体、编年体和纪事本末体。自创立以后历代因循，因之后人模拟是极其普遍的，具体看采取什么样的方式。刘知幾并不反对模拟，但他主张"貌异而心同"，而反对"貌同而心异"。正如前面已提及，王世贞追求形式上的雷同，他觉得《史记》的《刺客》《游侠》《货殖》诸传不妥，删之觉得"非故"，仿之以为"累体"。《弇州山人续稿》的《史传》中特别设《世家》一体尤显无理，只就其名，不得其实，正是他模拟追求形式的体现。

《弇山堂别集》的模仿不如《弇州山人续稿》史传般拘泥形式，"考""述"之设立是纪传体的一种变例。尤其是"述"，只是一种神似的东西，在"形"上没有任何纪的色彩，以故多为后人所忽视。"考"则是由纪传体的书志发展而来，体现了王世贞的创造性。但其表则显得过于细碎烦琐，而篇皆有序，前有总序，各部分有小序，亦

---

① 参见陈国球：《唐诗的传承：明代复古诗论研究》，台北：台湾学生书局，1990年，第6页。

太啰嗦。总体而言,《弇山堂别集》在体例上是王世贞的独创,它既非纪传体史书,也不同于一般的史料笔记,大概真可以称之为"别集体"吧。明清人一般将《别集》归于杂史类①,如果按张之洞之标准,"以官撰及原本正史重为整齐,关系一朝大政者入别史,私家记录中多碎事者入杂史"。把《别集》作杂史当然是合理的。

王世贞对《别集》的评价甚是低调,他说:"是书行,异日有裨于国史者,十不能二;耆儒掌故取以考证,十不能三;宾幙酒次以资谈谑,参之十或可得四。其用如是而已。"②王世贞以为其不过是茶余饭后的谈资罢了,也不过十分之四。显然同他作明代国史的愿望相差甚远,故只能名之曰"别集",表现出他的某种遗憾。但陈文烛以为王世贞于明代国史似推而实任,对《别集》之评价他反其言而论之曰:"异日有裨于国史者最其大也,耆儒考证其次也,宾筵以资谈谑特其余耳。"③总体而言,王世贞之师法子长,应是得了其精髓的。可以说王世贞亦是善师司马迁者,变纪传体为"别集体"。

## 三、《嘉靖以来内阁首辅传》之内容与体例特点

《嘉靖以来内阁首辅传》是王世贞关于明代政治制度十分重要的史书,全书八卷。姜公韬论其为王世贞晚年之作,黄志民以《四库总目》中言此书载及昙阳子王焘贞事,而此事发生在万历八年

---

① 《四库全书》将其列入史部杂史类,张之洞在《书目答问》中称:"别史、杂史,颇难分析,今以官撰及原本正史重为整齐,关系一朝大政者入别史,私家记录中多碎事者入杂史。"因之他将《弇山堂别集》亦列入杂史类。参见范希曾补正:《书目答问补正》,上海:上海古籍出版社,2010年,第75、80页。

② (明)王世贞:《弇山堂别集·小序》,载《弇山堂别集》,第4页。

③ (明)陈文烛:《弇山堂别集·序》,载(明)王世贞:《弇山堂别集》,第2页。

（1580）十月，因而推论此书成当"不早于万历九年"，杨文信则以该书卷八载："明年，云南上莽酋捷，（申）时行复加太子太师中极殿大学士，（余）有丁加少保武英殿大学士，许国加少保武英殿学士。"而断言此书成当必不早于万历十二年（1584）九月以前，因为所谓"云南上莽酋捷"。考《神宗实录》乃万历十二年九月，刑部以云南俘获"缅贼岳凤等献，诏磔之"。又因王世贞于自序中称："余所述阁臣沿起轻重始末，已具年表中。"此处所谓年表，杨认为当指《别集》中卷四十五之《内阁辅臣表》，但此表最后提到王家屏万历十六年（1588）十二月以礼部尚书、东阁大学士复入阁办事，所以推论："所载既及万历十六年事，然则《首辅传》亦可能成书于该年年底之后，尚俟考。"①但仔细考察，王家屏真正入阁并非十六年十二月，而是十七年（1589）四月间事。考《神宗实录》万历十六年十二月甲午，申时行奏王家屏服制已满，理当起复，丙申，方拟手敕，并遣官行取驰驿进京。王家屏分别于十七年正月戊辰、二月甲午、三月己巳三次以病辞，都未准奏，遂于万历十七年四月乙亥回京入阁办事。②当时王世贞正在南京兵部侍郎任上，因此他对王家屏入阁之经过应十分了解，所以若细论之，《内阁辅臣年表》所言王家屏入阁之事，若说有此倡议，定为十六年十二月当然不错，若说已入阁办事，则应为十七年四月。笔者以为王世贞此处当为实指而非虚应。而《四库全书总目》言王世贞所说之年表，

---

① 杨文信：《王世贞史学研究》，第44页。
② 参见《明神宗实录》卷二〇六，万历十六年十二月甲午，第3852、3854页；卷二〇七，万历十七年正月戊辰，第3873页；卷二〇八，万历十七年二月甲午，第3902页；卷二〇九，万历十七年三月己巳，第3924页；卷二一〇，万历十七年四月己亥，第3941页。

"阁臣沿革始末已具年表者，即指《弇山堂别集》中之《百官表》也"。所谓"百官表"，则是除了《内阁辅臣年表》以外，其他的职官表如《卿贰表》亦包括在内。而其他年表的内容多有包含万历十八年的事件，前面已论及，此不赘述。据此可知《首辅传》当成书于万历十八年左右，且是成于《弇山堂别集》之后，不过与《别集》编成的时间相差不会太远。因为万历十八年（1590）十一月王世贞就已去世。可以说《首辅传》与《弇山堂别集》一样，是王世贞晚年的压轴之作。

《嘉靖以来内阁首辅传》的版本有万历四十五年（1617）茅元仪校刊本、万历间刊本（四卷）、明刊本、四库本、借月山房汇抄本、泽古斋重抄本、式古居汇抄本、指海本、螺树山房丛书本、守山阁本；清光绪顺德龙裕元年刊本、艺文印书馆《百部丛书集成》景借月本等等。①台湾"中研院"傅斯年图书馆藏有万历四十五年茅元仪校刊本，只有四卷，而其他的版本皆是八卷本。

以前诸家研究对书名亦发生疑义，书名当为《嘉靖以来首辅传》，还是《嘉靖以来内阁首辅传》？书名有无"内阁"二字是讨论的焦点。姜公韬以《嘉靖以来内阁首辅传》为名，杨文信以为他是据《借月山房汇抄》本，故有"内阁"二字，但《四库全书总目》《明史·艺文志》及王世贞书前自序皆无"内阁"字样，因此断言书名"内阁"二字应无。②其实，此问题周中孚在《郑堂读书记》中就已注意到，他注明是用《借月山房汇钞》本，故亦加"内阁"二字，

---

① 黄志民：《王世贞研究》，第71页；王和安：《〈嘉靖以来内阁首辅传〉之〈严嵩传〉研析》，《史汇》2004年第8期，第185—192页。
② 杨文信：《王世贞史学研究》，第43页。

并解释道:"《四库全书》著录无'内阁'二字,《明史·艺文志》亦同,盖张若云所据本有之尔。"①他未敢断言是真有还是应无,只是以为编《借月山房汇钞》之张若云(张海鹏)所据之本有。而从全书内容看,有"内阁"二字似更明确些,所以骤然言无"内阁"二字,似嫌武断。因《四库全书》著录书目时常减省书名。即如《弇州山人四部稿》作《弇州四部稿》,《弇州山人续稿》作《弇州续稿》,皆省去"山人"二字,因此不能把《四库全书》的权威性看得过重。故笔者以为在未能找到最原始的版本以前,我们不能断定其到底应有还是应无。当然从现在通行的版本看,大多没有"内阁"字样,但这并不能说明其最早的版本就应该无"内阁"二字。②

本书所载录的内阁首辅从杨廷和开始,一直到申时行。现以《嘉靖以来内阁首辅传》和《明史·宰辅年表》为据,将这一时期的内阁首辅相关情况并王世贞在书中的评断,列表如次:③

表三 《嘉靖以来内阁首辅传》中所载录之首辅概况表

| 姓名 | 初任首辅时间 | 离职时间 | 备注(并王世贞之评断) |
|---|---|---|---|
| 杨廷和 | 正德八年<br>正德十三年 | 嘉靖三年二月 | 廷和两任首辅。本书对廷和之功大加肯定,对其道德品行亦予褒扬。 |

① (清)周中孚:《郑堂读书记》卷二三《史部九·传记类二·嘉靖以来内阁首辅传八卷》,第122页。
② 据姜公韬考证,现存最早的版本是万历四十五年(1617)茅元仪校刊本和另一万历年间刊本。参见其《王弇州的生平与著述》,第56页。但他未提是否最原始的版本,亦未提书名如何。
③ 张显清在《严嵩传》中附录《嘉靖内阁年表》,载录嘉靖元年至四十五年每年内阁大学士的人员。合肥:黄山书社,1992年,第444—456页。

| 姓名 | 初任首辅时间 | 离职时间 | 备注（并王世贞之评断） |
|------|------------|---------|----------------------|
| 蒋冕 | 嘉靖三年二月 | 嘉靖三年五月 | 为首辅仅二月。本书称蒋冕"尤耿介抗颜执诤，侃侃有大臣体"。 |
| 毛纪 | 嘉靖三年五月 | 嘉靖三年七月 | 为首辅三月。对毛纪颇加褒扬。 |
| 费宏 | 嘉靖四年六月 | 嘉靖六年二月 | 两度为首辅。称宏"宽和，与物无竞"，对其贬抑议礼诸臣，赞誉有加。 |
| 杨一清 | 嘉靖六年八月 | 嘉靖八年九月 | 称杨一清之才，善登荐人才，讥其纳贿营私。 |
| 张璁 | 嘉靖八年九月 | 嘉靖十四年四月 | 期间张璁两度致仕，十年二月更名孚敬。对于议礼诸臣，称其才，讥其德行，尤恶桂萼。 |
| 方献夫 | 嘉靖十一年八月 | 嘉靖十三年四月 | "在（议礼）诸公稍和平……毁誉半焉。" |
| 李时 | 嘉靖十四年四月 | 嘉靖十七年十二月 | 称其不如张璁廉洁，间或庇护亲故，然而"最为老成详谨"。 |
| 夏言 | 嘉靖十八年正月 | 嘉靖二十七年正月 | 期间三度致仕，又三度入阁。称赞夏言之才，对其命运寄予同情。 |
| 翟銮 | 嘉靖二十一年八月 | 嘉靖二十三年八月 | 称翟銮处事得体，在内阁应对自如。 |
| 严嵩 | 嘉靖二十七年正月 | 嘉靖四十一年五月 | 称严嵩之才，对其技巧营私亦揭露无遗，评断有意气成分。 |
| 徐阶 | 嘉靖四十一年五月 | 隆庆二年七月 | 褒奖有加，对其子孙横行乡里亦毫不隐瞒。 |
| 李春芳 | 隆庆二年七月 | 隆庆五年五月 | 称李春芳无他才，"为人性宽平"，"唯唯而已"。 |
| 高拱 | 隆庆五年五月 | 隆庆六年六月 | 称"拱为人有材气，英锐勃发，议论风起，而性迫急不能容物"。 |

续 表

| 姓名 | 初任首辅时间 | 离职时间 | 备注（并王世贞之评断） |
|------|------------|---------|----------------------|
| 张居正 | 隆庆六年八月 | 万历十年六月 | 赞张居正之功及行事之迅猛，对其威势盖过神宗，亦予微词。 |
| 张四维 | 万历十年六月 | 万历十一年四月 | 批张四维废张居正之法，"而祖宗之法坏且尽矣"。 |
| 申时行 | 万历十一年四月 | 万历十九年九月 | 对其追夺张居正之作法表示不满。 |

从上表可以看出，《嘉靖以来内阁首辅传》中，将嘉靖到万历初年的内阁首辅都包揽进来，而这时期的内阁首辅能人甚多，王世贞根据他们的作为与品行给予适当的评价。有褒有贬，既能肯定其长处，亦不讳忌其短处，评断人物，并不绝对。但这部书不同于一般的人物传记，而是一部很有深度的关于嘉、万时期政治史的专著，是一部将制度史、政治史、人物传记结合起来研究的成功之作。该书在体例上亦有鲜明的特色，充分体现了王世贞的史才与史识，当然也能看出他的史德与治史心术。

首先，是书内容以内阁首辅为中心，揭示嘉、万时期内阁政治的发展概貌。

正如《四库全书总目》所言："乃纪世宗、穆宗、神宗三朝阁臣事迹。""其所载始杨廷和，讫申时行，皆以首辅为主，而间以他人事迹附之，于当时国事是非及贤奸进退之故，序次详悉，颇得史法。""所纪则大抵近实，可与正史相参证。"①正如前表所示，所记

---

① （清）永瑢等编：《四库全书总目》卷五八《嘉靖以来首辅传》，第524页。

之内阁首辅有杨廷和、蒋冕、毛纪、费宏、杨一清、张璁、李时、夏言、翟銮、严嵩、徐阶、李春芳、高拱、张居正等人，"各为之传，并为总论，俱赅析靡遗，评论极允，而叙次诸人事迹，亦颇详瞻有法"①。这是研究明代内阁制度和明代政治史十分重要的资料。

此书揭示了嘉万时期内阁权力的发展轨迹。由杨廷和时期发展，随着时间的推移，越往后，内阁权力越大，首辅、次辅权力亦有别。王世贞在《嘉靖以来首辅传序》中称：

　　嘉靖入绍，尽扫其蠹而新之，归政内阁。新都（杨廷和）疑然，三辅鼎承，百辟风偃，虽不久而有所扤以去，然相形成，而首次遂大分。永嘉（张璁）之为卿佐，则击内阁而破相之体；居内阁，则排六卿而成相之尊。其为次则出首之上；为首则恶次之近，然而直者犹能奋而与之抗；健者犹能挟而掣其肘。若乃屏苞苴，折奸倖，明主威，荡国蠹，斯亦功之首也。已信州（夏言）之所结托，不能如永嘉（张璁）而汰过焉。上舞其上，下逞其下，宠尽而辱乘之，身首异处，为天下笑。袁州（严嵩）以柔用，窃人主之喜怒而为威福；荆州（张居正）以刚用，操人主之威福，而成喜怒。六卿伺色探旨，若六曹吏，称次者亦惕息屏气，而不敢有所异同。于是乎相之形张矣，其首次则霄壤矣。刑宪之报，近而及身小，远而及子孙，皆家籍名灭，播之丹书，夫岂不幸哉。然谈者犹以为荆州（张居正）微有功罪，稍不蔽云。大约新郑（高拱）狠于信州，而

<hr>

① （清）周中孚：《郑堂读书记》卷二三《史部九·传记类二·嘉靖以来内阁首辅传八卷》，第122页。

汰小未甚；二李（李时、李春芳）肩次，无咎无誉；新都（杨廷和）、华亭（徐阶），用亦有刚柔，而业相埒，其最优者也。余既卒卒，不获终三管之事，故及耳目之确者著之。曰《嘉靖以来首辅传》，盖至嘉靖而始有相与首也，曷言辅？避相也。诸为次者及与连者附志其中。[1]

该书在具体的论述中，对于内阁之中首辅与内阁其他大学士的关系又予以了鲜明的描述。如："始，（李）春芳、（严）讷之共政也，事（徐）阶谨，侧行伛偻若属吏。而（郭）朴、（高）拱皆阶所荐也，顾于礼稍倨。"[2]而到张居正时代，"故事，入内阁者曰同某人等办事，至是，直曰随着元辅居正等办事，不欲夷之僚佐也。于是四维恂恂若属吏矣"[3]。而当张居正大权独揽之际，"毋论六卿，其（张居正）视（张）四维等若不屑，与称寮寀者，四维等事之益谨"[4]。这是对其序言中概括的具体例证。

其次，本书揭示嘉、万时期政治斗争的一大特色，就是首辅们如何想方设法赢取皇帝的宠信，若失去信任，就将失去官位。

内阁首辅的权力始终受制于皇帝，皇帝才是一切权力的来源，由此也决定了朝中政治斗争的特色，就是阁臣们如何想方设法，获取皇帝的信任。杨廷和以推戴朱厚熜继位之功，而执掌内阁，于是尽革正德晚年弊政，开嘉靖初政新风，然因议礼与世宗相左而

---

① （明）王世贞：《嘉靖以来内阁首辅传序》，载（明）王世贞：《万历以来内阁首辅传》，"序"，第1—2页。
② （明）王世贞：《嘉靖以来内阁首辅传》卷六《高拱传》，第77页。
③ （明）王世贞：《嘉靖以来内阁首辅传》卷七《张居正传上》，第101页。
④ （明）王世贞：《嘉靖以来内阁首辅传》卷八《张居正传下》，第121页。

去职。蒋冕、毛纪继续坚持原则，反对议礼派主张，终不得世宗重用。费宏、杨一清顺应世宗要求，亦不得罪议礼诸臣，弥缝其间，得保一时官位。议礼诸臣虽因顺应世宗要求，一时骤贵，然皆不得久相。徐阶和严嵩等皆为权倾一时的首辅，始终受制于世宗皇帝。而他们权力斗争的方式，就是如何想方设法去获取皇帝的宠爱与信任，世宗皇帝玩弄他们于股掌之间。一旦失去皇帝信任，就只得罢职归家。首辅权力到张居正时期发展到极致，张居正之威实际上是借天子之威而用之，即便如此，他还得结好宦官冯保于内廷。也正因为他"窃"天子之威，尽管在张居正生前，神宗皇帝给他礼遇极隆，但张死后即大加清算。所以本书在叙述内阁首辅权力的发展时，无时无刻不在提醒读者，首辅的一切权力都来自于皇帝，这样也就决定了内阁政治斗争的特色。首辅权力始终受制于皇帝，一旦与皇帝相左，首辅大臣轻则去职，重则身首异处，妻离子散，家破人亡。正如王世贞论述严嵩为首辅十余年，其成功之策乃是：

> 当是时，上坐深宫中，欲以威福远摄连率大臣，时时有所逮讯，若阮鹗、吴嘉会、章焕等，多从重典。虽甚亲礼嵩，而不尽信之。间一取独断，或故示异同，欲以杀离其势，而嵩与世蕃能得其款。欲有救解，则必顺上意极詈之，而婉曲解释，以中上所不忍；其欲有排陷，必先称其微露若与彼亲者，而以冷语中之，或触上所耻与讳，上更为之怒，以是卒不能脱其笼络，而威福益广。[1]

---

[1] （明）王世贞：《嘉靖以来内阁首辅传》卷四《严嵩传》，第54页。

可见，即便是号为奸佞的严嵩，也不过是善于察言观色，善于利用世宗之威福而已，也不可能事事按照他本人的意思处理。而徐阶之掌内阁，也是想方设法去获取世宗的欢心。其言：

> （徐）阶既用恭谨得上意，即资重甚幸矣。而其为恭谨不衰，上或有所委使，通夕不敢假寐，应制之文沓至促应，有诸少年所难者，未尝逾顷刻期。人以谓阶，阶叹曰："君，天也，父也，吾敢易之！吾岂不知愧诸少年，计以得上意此耳。得上意，而后可有为于天下。夫欲为一己名不难，谁与上共天下者！"上果日益爱阶。又时时采外议，阶以是益重。[1]

徐阶的这段话道出了首辅们的心声，他们要想有所作为，首先必须得到皇帝赏识，否则永远也不可能有表现的机会。这样看来，虽然王世贞是在写首辅们的历史，实际上揭示的是明朝中叶以后皇帝高度集权的专制政治的状况。

而张居正之所以能够号令天下，乃是借天子之威福。"时上幼冲，虚已委居正，居正既得国，亦慨然以天下为己任。"[2]"上以师臣待居正，凡所下御札皆不名，称先生，或称元辅。"[3]实际上，张居正所行使的并非首辅的正常权力，而是皇帝"委寄"的皇权，王世贞亦是这么认定的，他说："居正，申商之余习也，尚能以法劫持天下，器满而骄，群小激之，虎负不可下，鱼烂不复顾。寒暑移

① （明）王世贞：《嘉靖以来内阁首辅传》卷五《徐阶传》，第73页。
② （明）王世贞：《嘉靖以来内阁首辅传》卷七《张居正传上》，第97页。
③ （明）王世贞：《嘉靖以来内阁首辅传》卷七《张居正传上》，第99页。

易，日月亏蔽，没身之后，名秽家灭。"①大臣焉能"以法劫持天下"！这样直接导致了张居正没身后的家族悲剧。可见，所谓明代的内阁首辅即便在其最为辉煌的嘉、万时期，也不过是皇权的一个附庸，失去了宰相权力那样的相对独立性。王世贞通过对这一时期首辅权力的变化与更替，揭示出了明洪武年间废相以后明朝中央集权的特色，将内阁制度的实质揭示出来，从而对明代政治制度的特色给予了深刻的阐释。

其三，本书体例上亦有明显的特色，以在任首辅的传记为中心，将当朝政治制度与事件结合起来叙述，在一定意义上具有专题史的性质。

全书八卷，始于杨廷和，终于张居正，尽管表面上看是人物传记，但与普通的传记完全不同。基本上是以时间顺序叙述历史，传主虽为中心，但是以任职内阁首辅期间的事件为主进行叙述的，重点讨论传主与周边人物的关系及表现。传主任职内阁之前的事情从略，而致仕、退归乡里的事情或从略，或涉及政治斗争之时，在其他人物传记中叙述。而且每传之间都有联系，若同一事件出现在不同人物的传记中，则着重叙述本传主的表现与作为。例如卷五为《徐阶传》，徐阶致仕归家后则很少论及，而在卷六《高拱传》，着重叙述了徐阶诸子横行乡里，高拱试图借机打击迫害之事，并详细讨论了徐阶与高拱的矛盾以及徐阶为了摆脱困境所采取的行动。在卷七《张居正传上》中，提及高拱与张居正的矛盾时，又提及徐阶曾器重张居正而引起高拱的不满，这样人物之间的关系就更加立

---

① （明）王世贞：《嘉靖以来内阁首辅传》卷八《张居正传下》，第126页。

体化、鲜明化，而朝中政治斗争的激烈也更为清楚地表达出来。

其四，本书体现了王世贞的治史心术，王世贞评断人物虽间有意气用事，但基本客观。

王世贞和本书传主严嵩、徐阶、高拱、张居正等都有过直接的接触，亦有一定的恩怨，考察王世贞的评论，可以检视王世贞治史心术是否端正。在第一章中，已经讨论了王世贞与他们之间的关系，除徐阶之外，王世贞与其他三位首辅都有过节，关系并不融洽。这是否影响他著史论人之公平？他写《嘉靖以来内阁首辅传》是否是为了报复，"以毛锥杀人"？

确实，王世贞是个心气很高的文人和史家，爱憎分明，势必对他评断人物有一定影响。不可否认，王世贞在评断他们时，有心存意气之嫌，语气之中往往不平。王世贞对严嵩、高拱、张居正皆有贬抑之辞，如论严嵩极言其借世宗之手以除政敌，不择手段。且描写严氏父子之搜刮钱财不遗余力，如言："嵩故有居第在宜春、分宜，并京师、南昌而四，皆宏敞壮丽，分辇金宝以实之，犹不足，而纵世蕃之罗取益甚。"[1]又称严嵩"治家纤啬近小慧，时人莫之重也"[2]。"自是始谬为恭谨，以迎合上意。"[3]称严嵩党羽赵文华"故无赖小人"[4]等等一类语句，皆有意气用事之嫌。但并非全盘否定，王世贞对严氏父子之才能还是予以肯定，称赞世蕃"颇亦能习国家典故，晓畅时务"，"性尤强记，于中外官职饶瘠险易，亡不

---

① （明）王世贞：《嘉靖以来内阁首辅传》卷四《严嵩传》，第55页。
② （明）王世贞：《嘉靖以来内阁首辅传》卷四《严嵩传》，第45页。
③ 同上。
④ （明）王世贞：《嘉靖以来内阁首辅传》卷四《严嵩传》，第51页。

谙熟"。<sup>①</sup>王世贞以熟悉明代掌故典章而自负，而他竟能如此论严世
蕃，可见对其才干亦是称服的。而对于嘉靖朝的政事，王世贞也并
未完全归咎于严嵩父子，前面引论过一段论述严嵩与世宗关系的史
料，充分说明王世贞对于严嵩的作为最多也只是认为其起了推波助
澜的作用，最终决策关键还是世宗皇帝。

　　同样王世贞亦称赞高拱之能干，开篇就言："（高拱）生而状瑰
奇，刻苦学问，通经义，务识大指，为文不好称辞藻，而深重有气
力。"<sup>②</sup>赞其"为人有材气，英锐勃发"。而批评他"不能容物，又
不能藏畜需忍，有所忤，触之立碎，每张目怒视，恶声继之，即左
右皆为之辟易"<sup>③</sup>。

　　对张居正之评价最能看出王世贞的治史心术。论张居正之为
政，"大约以尊主权、课吏实、信赏罚、一号令，万里之外，朝下
而夕奉行，如疾雷迅风，无所不披靡"<sup>④</sup>。显然是肯定其效率，言
辞之间饱含赞扬之意。对张居正死后，明廷一味追究其罪责，全盘
否定其功业的做法，王世贞深表不满，其言："江陵之忮愎，与一
时之奉行者，诚有之，然不至人人皆奉行，事事皆忮愎也。今有所
不合，则皆援之正，而有所合，则皆斥之邪。仆以为毋论被斥者，
即江陵不为冤，亦未尽不冤也。"<sup>⑤</sup>而当时定张居正罪名之一是说
他有"异谋"，王世贞对此进行了严厉的批评，认为："江陵晚途骄
恣贪狠，而宵人又为之翼，而长其忮，罪固当然。有交结紊乱一律

①　（明）王世贞：《嘉靖以来内阁首辅传》卷四《严嵩传》，第56页。
②　（明）王世贞：《嘉靖以来内阁首辅传》卷六《高拱传》，第75页。
③　（明）王世贞：《嘉靖以来内阁首辅传》卷六《高拱传》，第84页。
④　（明）王世贞：《嘉靖以来内阁首辅传》卷七《张居正传上》，第98页。
⑤　（明）王世贞：《弇州山人续稿》卷一九二《文部·与郭中丞》，第740页。

可引也，胡至诬之异谋！且堂堂天朝，而主上所师礼之臣至异谋，于国体不少损，元气不小坏耶！六七少年，其修怨者，不过快心于一击；干进者，不过求合于一喜，而了无毫发忠君爱国之念。当事之臣，虽极调剂支吾，而太阿倒持，事权傍落，将来貂珰之毒与缙绅之祸，不知其所底止。"①沈德符亦引其言曰："王太仓之评张太岳曰：'江陵相业，吾始终不谓其非，独昧于知人一事，到底不悟'。"②可见王世贞对张居正的评价还是秉承公正客观的态度，并未因一己之恩怨而随意褒贬。当然以王世贞作为文人的性格，他在评论人物之时总是满含激情，显示出个人好恶，沈德符就指出王世贞"描画两公（严嵩、高拱）妍丑，无不极笔，虽于恩怨太分明，亦二公相业有以自取之"③，认为王世贞虽有好恶，但亦是严嵩、高拱等应得的，并非空穴来风，没有根据。

而王世贞与徐阶的关系最为密切，因为徐阶积极主张给王世贞父王忬平反，并起复王世贞于田野，有恩于王世贞。而晚年与王世贞往来也较为密切，在第二章中已经论及。王世贞称赞徐阶："盖自古宰相之佐理天下，其难未有如公者，其能善用难亦未有如公者。""于文章最为晚合"，王世贞还盛赞徐阶"颇有根柢"。④对徐阶虽赞其才，但对他亦有批评，曰："其（徐阶）性颇好名，而不恶谀，以是缙绅大夫，争为名高，以中阶好，往往取通显。小人欲自

---

① （明）王世贞：《弇州山人续稿》卷一九三《文部·石拱辰司马》，第742—743页。
② （明）沈德符：《万历野获编》卷二五《评论前辈》，第630页。
③ （明）沈德符：《万历野获编》卷八《严相处王弇州》，第209页。
④ （明）王世贞：《弇州山人续稿》卷一三八《徐文贞公行状》，《影印文渊阁四库全书》第1284册，第33页。

解，多为近情之谀以蘖入，一时不能觉也。"①批评徐阶喜好谀词，而对他诸子横行乡里也予以毫不客气的批评。"当先帝日，所以向信阶甚，阶又多在直，其二子在外不能无干请，舍人子横行乡里间，颇有指。"②"阶之子前太常卿璠与少卿琨，性贪鄙，尝使其家人置私邸于燕市，赀可三万金，阶不知也。"③皆加以揭露，毫不隐瞒。

清人李慈铭在《越缦堂读书记》中评价此书曰：

> 弇州以嘉靖以来，阁权益重，首辅之与次辅，高下益分，故著为是书。事多目击，曲折详尽，较史为备而可信。其最称重者新都（杨廷和）、华亭（徐阶）；次则全州（蒋冕）、掖县（毛纪）、任丘（李时）、兴化（李春芳）；而于铅山（费宏）则讥其晚节不终，巴陵（杨一清）则讥其权术自用。于永嘉（张璁）虽讥其横而称其屏苞苴，折佞倖，明主威，荡国蠹，为功之首。于新郑（高拱）谓其刚愎强忮，虽有小才，不足道，幸其早败耳。皆持平之论。弇州受知于华亭（徐阶），又与江陵（张居正）素厚，而始困于分宜（严嵩），后厄于新郑（高拱）。然分宜之恶，不待一人之言；江陵功罪相平，而弇州颇不为留余地……于华亭虽称美之，而谓其小用权术，收采物情，识者不无遗恨……此书谓新郑很于信州（夏言），而汰小未甚，亦可谓恶而知其美者。诸传叙事，亦有笔力，惟时

① （明）王世贞：《嘉靖以来内阁首辅传》卷五《徐阶传》，第74页。
② （明）王世贞：《嘉靖以来内阁首辅传》卷六《高拱传》，第79页。
③ （明）王世贞：《嘉靖以来内阁首辅传》卷六《高拱传》，第86页。

第四章　王世贞的明史著述与明史研究　265

有疵语及不典之俪，此染于二李习气，故为后人口实也。①

由上可以看出，李慈铭对于《嘉靖以来内阁首辅传》中之评断人物也认为是客观公正的，而对此书的价值也给予了相当高的评价，认为"较史为备而可信"，实为公论。因之，尽管王世贞在评断人物时，有意气用事之嫌，但王世贞既能看到所论人物的优点，也能指出其不足，并非所好者只论其好，所恶者只言其恶，王世贞评断人物基本上是客观和辨证的。

### 四、王世贞计划中的明史与《弇州史料》

王世贞平生志向就是写一部体例完备的明史书，但最终并未成功，于是引得后人许多推测，他的明史究竟如何？体例如何？内容如何？价值又如何呢？当今学者杨文信和钱茂伟都进行了大胆的设想，甚至排列出了相关内容。②杨文信基本上是以《弇山堂别集》中的"表"、《四部稿》中的"志"和《续稿》中的"史传"，作为王世贞明史的主体部分。钱茂伟指出"弇州的明史稿体例，仿《史记》，有本纪、表、志、世家、列传五个部分"③，主要是以《弇山堂别集》和《弇州史料》中的内容来排比其书的体裁与内容，他还指出《国朝纪要》十卷，是王世贞明史稿的本纪部分。在考察王

---

① （清）李慈铭：《越缦堂读书记》之《史部·传记类·嘉靖以来内阁首辅传》，第454页。
② 参见杨文信：《浅论王世贞的当朝史著作》，《论衡》（香港）1994年第1卷第1期，第75—92页。钱茂伟：《弇州史学新探——从历史上对弇州史学的评价说起》，《论衡》（香港）1995年第2卷第1期，第100—112页。钱茂伟：《明代史学的历程》，第243—250页。
③ 钱茂伟：《弇州史学新探——从历史上对弇州史学的评价说起》，第103页。

世贞计划中的明史这一假设性论题时，我们确实要充分考虑王世贞生前自订的最重要的《弇山堂别集》和后人董复表编刊的《弇州史料》，但《嘉靖以来内阁首辅传》及王世贞文集《四部稿》与《续稿》中的相关内容也应该是相当重要的参考内容。

（一）王世贞明史之体裁与体例

王世贞的明史究竟是什么体裁？从王世贞对司马迁的崇拜、《弇山堂别集》对《史记》的模拟上看，恐怕没人会反对王世贞要作的明史是纪传体。王世贞在给友人徐孺东的信函中表示了他的著述进展情况："仆生平不自量，妄意欲整齐一代史事，以窃附于古作者之后。于国家大纲及名公卿、将相、忠义、孝友、儒林、文苑之类，十已庶几七八。"[①]这里清楚地表明他是在写纪传体的明史书，只是最后未能完成，所以晚年编成一部类似于纪传体的"别集体"的《弇山堂别集》。因此要讨论其明史的体裁与内容，《弇山堂别集》是应该最先考察的对象。前面已经讨论了《别集》对《史记》的模拟，《别集》中实际上已经包含了"纪""志""表"三大体例。当然"三述"并非实际上的"纪"，它只是内在用意上继承了纪的功能，因而，在正式的纪传体明史书中，"三述"应该摒去不录，而可以将"三述"视作本纪的编撰资料。杨文信把《别集》中的卷三十一"帝系""皇明帝历""帝统""帝号追崇""东宫纪"等部分认为是纪传体正史本纪部分的资料，所论允当。而钱茂伟认为《国朝纪要》十卷为本纪部分，则值得重新讨论。

《国朝纪要》十卷，《明史·艺文志》言系王世贞著作，姜公

---

① （明）王世贞：《弇州山人续稿》卷一九〇《文部·与徐孺东书》，第708页。

韬以为此书为杂采王世贞著作而编选自他人者，但具体如何，他亦未细论。今北京中国国家图书馆藏有此书，全书十卷共十二册，系明刻本。《国朝纪要序》曰：

> 国朝纪事书，最著者，编年体例有《宪章录》《皇明通纪》，纪传体则有《吾学编》，其他小史、野记不下百种，积之充栋，不可殚读之。穷年不可究，乃为撮三家之要，旁及小史、野记之关大政者，以便观览。近《弇山堂别集》所载《帝统》与《诸公侯百官表·序》，颠末颇详，如《盛事》《异政》所编未尽关大政，而时亦有及世、穆两庙事，前编所未及者，复为抄附之，凡十卷。

此序未审何人所作，落款未附姓名，从口气看不像出自王世贞之手。但此书之刊行是在《别集》刊行不久，似有补《别集》之意。就内容来说，有一部分抄自王世贞的其他书。卷一至卷八，是以编年体的形式，陈述自洪武元年（1368）到正德十六年（1521）史实，卷九、卷十为《弇山堂别集》中所录入的有关表及相关的序文，末列"皇明盛事""皇明异典""皇明奇事""史乘考误"之标题，但正文从略未刊。笔者推测，此书当是明代刻书匠所为，因序中言明代野史之多，"不可殚读之"，所以撮其要，"以便观览"，其目的是在于赢取读者，而不是作真正的明史研究。将这样的书论定为王世贞明史的本纪部分，自然欠妥。即便王世贞有过《国朝纪要》，也绝对不是这样的史书，而他的《国朝纪要》究竟如何，现

缺乏足够的史料证明，故只能存疑。<sup>①</sup>

而《弇山堂别集》中卷六十五《亲征考》，乃记录天子御驾亲征之史实，"天子御甲胄统六师者，自高、文、宣、英、武凡五庙，而出塞者七，平内乱者三。今悉纪之"<sup>②</sup>。卷六十六《巡幸考》，乃记录天子巡游全国各地的史实，"高皇帝慎举动，惜烦费，自即位后，以天下大计，尝一幸汴梁，再幸中都。自是深居法宫，无都外之跸。文皇定鼎幽都，北巡者三。世宗相定显陵，南迈者一。然不过傍览形势，行游较猎。独武庙轻离，六师驰骋，八骏不无祈招之叹焉"<sup>③</sup>。《巡幸考》中皆将这些史实列举出来，与《亲征考》皆是记录天子举动的，故应是其明史"纪"的部分，或者至少可以说是其明史"纪"的参考资料。而卷八十五至卷八十八，四卷《诏令杂考》，"自高帝以后，书檄之类，不登诏令，及不可以入史传者，录以备考"<sup>④</sup>。乃记录皇帝诏令的资料，也可以说是其"纪"的参考资料。因此，王世贞的明史"纪"的部分，是以"三述"的精神，加上"帝系""帝统"和《亲征考》《巡幸考》《诏令杂考》，甚至《赏赉考》的资料，大体可以编成了。

《弇山堂别集》之卷三十二到卷六十四为各类表，这些是王世贞明史中"表"的部分，已是公论，无须多谈，而各表具体内容上

---

① 钱茂伟在其论文《弇州史学新探》与著作《明代史学编年考》（北京：中国文联出版社，2000年）中，都讨论过王世贞《国朝纪要》一书的相关问题，论点大同小异。他指出国图本《国朝纪要》无作者题名，但有姚文蔚序。尽管他没有明指国图本《国朝纪要》就是王世贞的著作，但却广泛引用史料证明王世贞作过《国朝纪要》一书，并且将上面提到的《与徐孺东书》的史料中提及的"国家大纲"，视作《国朝纪要》已经成稿的证据。
② （明）王世贞：《弇山堂别集》卷六五《亲征考》，第1211页。
③ （明）王世贞：《弇山堂别集》卷六六《巡幸考》，第1231页。
④ （明）王世贞：《弇山堂别集》卷八五《诏令杂考一》，第1615页。

文已经论及，也不再重复。《弇州续稿》中的《世家》四卷、《传》六卷，后被收入《弇州史料》前集，可以说是其传的部分。而《嘉靖以来内阁首辅传》《别集》中的《中官考》，皆可视作此部分的内容。杨文信还提出《名卿绩纪》，也可能是其中的一部分。《名卿绩纪》本是《凤洲笔记》的一部分，《纪录汇编》录为四卷，《弇州史料》前集录入时分为上、下两卷。《四库全书存目丛书》著录此书。其所载"皆阃外勋也"①，得自刘基以下巨勋文臣四十人，非文臣不录。可见，将其视作王世贞明史的"传记"部分，并不为过。从这些资料看，其传的部分，以类传和合传为主。此外，还应有"公卿、将相、忠义、孝友、儒林、文苑"等类传，和"循吏传"，因为王世贞在给友人徐孺东的信函中提及这些传，并对没有写成"循吏传"而表示担心，曰："独念不能得所谓循吏者，即稍得之，视班、范所记，寥寥不能称。"②可见，王世贞在他计划的明史中，对相关的传记有相当全面的考虑。

诸家讨论王世贞计划中明史的内容时，都提到"志"的部分。杨文信将《四部稿》卷七十九中《锦衣志》《庚戌始末志》，卷八十之《北虏始末志》《三卫志》《哈密志》《安南志》及《倭志》视作为志的部分。钱茂伟认为除此外，还应加上《科试考》和《兵制考》部分。笔者以为，这些名之为"志"的篇章，除《锦衣志》外，其他的并不是纪传体史书中"志"的内容，反而可以说是其"传"的部分。若《三卫志》《哈密志》《安南志》及《倭志》皆

---

① （明）黄美中：《刻王先生笔记序》，载（明）王世贞：《凤洲笔记》，北京大学图书馆藏黄美中刻本，明隆庆三年（1569年）。
② （明）王世贞：《弇州山人续稿》卷一九〇《文部·与徐孺东书》，第708页。

是传的内容，可以说是明代的"边裔传"或"四夷传"。《庚戌始末志》与《北虏始末志》则是纪事本末体的文章，也不应归入纪传体史书中的"志"部分。所谓"志"，应当是有关制度沿革变迁方面的内容。正如前面讨论过的，《弇山堂别集》中的十二考中，如《谥法考》《科试考》《兵制考》《市马考》《赏赉考》《赏功考》等皆可以视作这部分的内容，《锦衣志》也可以视作这部分内容。而《中官考》既有传的内容，也有志的成分。因此，说王世贞的明史有纪、世家、传、表、志的体例，并不为错，不过对于具体的篇章还须仔细论定。

（二）从《弇州史料》看王世贞明史的内容

对于王世贞未完明史的体例与内容，参考一下董复表编录的《弇州史料》中相关内容，或许可以得到更多的启示。《弇州史料》，乃万历四十二年（1614）王世贞门人董复表所编，分前、后二集，《前集》三十卷，《后集》七十卷。董复表，字辛甫，华亭人。他有感于："当代史学之富无逾先生，而不及成史，一二梓行之者，漫置诗文集中，卒为诗文所掩，海内拱壁先生之诗文，而莫举其史笔，其他传录，又以避忌而秘之，遂使先生一代大业若存若亡，一第生苦心，几为乌有。"①于是就起而编成此书。可见，董复表认为王世贞的史学成就为其诗文所掩，故而将他认为重要的史学部分编成了《弇州史料》一书。

《四库全书总目》传记类存目著录了《弇州史料》三十卷，此乃其《前集》。但对董复表此书予以了批评，以为："是书采掇王世

---

① （明）董复表：《纂弇州史料引》，载（明）王世贞：《弇州史料（一）》，《四库禁毁书丛刊》史部第48册，第429—430页。

贞文集说部中有关朝野记载者，裒合成书，无所考正，非集非史，四库中无类可归，约略近似，姑存其目于传记中，实则古无此例也。"①《四库全书总目》批评此书"非集非史""古无此例"。此种论点遭到了《续修四库全书提要》的反批评，指责《四库全书总目》："盖其所收，只前集而无后集，如援著录《通志》之例，则当入之别史。如援《弇山堂别集》之例，则当入之杂史，何谓无类可归？殆未见全书，为此臆断之辞，不足信也。"《续修四库全书提要》所论大体符实。但同时《续修四库全书提要》却以为《弇州史料》是王世贞的《明野史汇》，道："是书初名《明野史汇》，一百卷，《明史·艺文志》载之，下注万历中董复表汇诸集为《弇州史料》者，则梓行时改名。"②考《续修四库全书提要》所言大致可能来自周中孚《郑堂读书记》，周书如斯言："前集三十卷，《四库全书》存目。《明史·艺文志》杂史类于王世贞《明野史汇》一百卷下注云：万历中董复表汇纂诸集，为《弇州史料》，凡一百卷。"③《续修四库全书提要》"弇州史料"条先批驳《四库全书总目》的观点，然后几乎是全文抄录了《郑堂读书记》的内容，但在抄录过程中又望文生义，将《明野史汇》与《弇州史料》混为一谈。王世贞曾编过《明野史汇》，此书今已不存，但《四部稿》收录其序，前已论之，此处不再赘述。由此可知，把王世贞自己抄录编成的《明野史汇》和董复表编的《弇州史料》混为一谈，显然是十分错误的。

---

① （清）永瑢等编：《四库全书总目》卷六二《弇州史料》，第562页。
② 叶启勋：《〈弇州史料〉提要》，《续修四库全书总目提要（稿本）》第4册，第556页。
③ （清）周中孚：《郑堂读书记》卷二三《史部九·传记类二·弇州史料》，第123页。

《弇州史料》前集可以说是董复表所复原的王世贞的"明史"，陈继儒在序中称："王弇州负两司马之才，若置之天禄、石渠，而以伯玉诸子为副，其史必可观。而老为文人以殁，皆本朝大恨事也。犹幸有《史料》一书，存什一于千百。"[①]董复表自己也说："以先生（王世贞）未竟之志，此纂若可传神，以异日自有绍明先生之业者，此纂终当蛇足矣。"[②]这当然是他的自谦之辞，不过，其意在完成王世贞"未竟之志"，期待《史料》能够"传神"，也清楚点明了他编此书的用意，乃辑录王世贞史学著述之精华而汇于一篇之中。他又说："先生胸中一部明史犁然，若前集所纂略具。千百世下，知先生绵蕞一代史矣。"因而董复表将《弇州史料》分前后集，乃他认为前集是王世贞明史的部分，而后集，"则旁及志、状、碑、表，即先生集《琬琰录》之意也。盖先生特不为谀墓假借，笔下衮钺，皆足信史千古……若《丛记》《笔记》《觚录》《三述》《考误》之属，何渠史材，乃紫阳之遗意乎"[③]？后集是一些王世贞所撰的人物传记、碑志铭文及相关重要的史料笔记，也是他编修明史的重要资料。

究其内容，具体而言，《弇州史料》前集三十卷，分别是《诸表·序》二卷，收录有《同姓诸王表·序》《公侯伯表总·序》《高帝功臣公侯伯表·序》《永乐以后功臣公侯伯年表·序》《恩泽公侯伯表·序》《追封王公侯伯表·序》《公孤表·序》《东宫三师表·序》《赠公孤宫臣表·序》《柱国表·序》《内阁辅臣

---

① （明）陈继儒：《弇州史料叙》，载《弇州史料》，第428—429页。
② （明）董复表：《纂弇州史料引》，载《弇州史料》，第430页。
③ （明）董复表：《纂弇州史料后集意》，载《弇州史料》，《四库禁毁书丛刊》史部第49册，第206页。

年表·序》《翰林诸学士表·序》《中书省表·序》《六部尚书表·序》《都察院左右都御史表·序》《大都督府左右都督同知金事表序》等，这些表序乃摘自《弇州山人续稿》之卷四八与卷四九，但并非这两卷中所有的序都收录进来，如《中官考·序》《亲征考·序》《科举考·序》《谥法考·序》等，就未录入。《弇山堂别集》虽然收录了王世贞所作的诸表，但是许多表序并未录入。《弇州史料》前集首二卷只收入有关职官表的序，而其他的序文未收录。这些表序对明代职官发展脉络给予了清楚的交代，合在一起可以说是简明的明代职官志。对于这些序，在陈子龙编选的《明经世文编》之《王弇州文集》中，也都收录进来，可见，明人是相当看重这些序的价值的。

卷三《巡幸考》、卷四《亲征考》、卷五、六《命将征讨考》、卷七《功赏考》《赐赉考》，卷八《京营兵将考》《市马考》《藩禄考》《谥法考》，卷九、一〇《科举考》，卷一一到卷一六为《中官考》。这些考皆录自《弇山堂别集》之中。卷一七、一八，出自《弇州山人四部稿》卷七九、八〇诸"志"，若《锦衣志》《庚戌始末志》《北虏始末志》《三卫志》《哈密志》《安南志》及《倭志》等；和《弇州山人续稿》卷一四一之《旧丞相府志》和《后旧丞相府志》。这些考与志，除《庚戌始末志》《北虏始末志》《三卫志》《哈密志》《安南志》及《倭志》外，皆可以看成是王世贞明史"志"的部分。

卷一九到二二为世家，共四卷，乃录自《弇州山人续稿》卷八〇到卷八三；卷二三到卷二七为传，乃录自《弇州山人续稿》卷八四到卷八九，只是在篇名上稍加改动，内容则完全照搬。卷二八为传记赞叙，卷二九、三〇为《名卿绩纪》。这些是王世贞明史

"传"的部分。

后集七十卷则分为：卷一至卷八为传，董复表以为非史传，故不入前集，包括《张文忠传孚敬》《胡元瑞传应麟》等三十篇，乃王世贞为生活于同时代人所写的传记，董复表不把这些传视作史传；卷九至卷二一为志、状、碑、表、故实等共十三卷，收录《徐文贞状略》《杨忠愍状略》等四十九篇，也是王世贞为他同时代人所写的；卷二二为"序"记一卷，卷二三至卷二六为往哲像赞，卷二七为碑版杂记，卷二八为札记题跋，卷二九至三〇为章、疏、议、策，卷三一至卷三六为《国朝丛记》。后文还有《笔记》二卷、《觚不觚录》一卷、《皇明三述》二十卷、《史乘考误》十卷，共一百卷。《弇州史料》主要采自《弇山堂别集》《四部稿》《续稿》，将王世贞的主要史学成果汇于一编之中，大体反映了王世贞的明史成就，但亦有些重要的史书如《首辅传》未能包括进来。

可见，董复表是将王世贞的史著分成两部分，前集三十卷他认为理应是王世贞计划中明史的部分，主要是序、考、志、世家、列传几大体裁，而对应纪传体之志、传、世家三类体裁。而后集七十卷，乃是王世贞编修明史的重要资料。值得注意的是，董复表没有提及王世贞明史"纪"的部分，也没有将王世贞所作的诸表录入进来。尽管我们不能把董复表的编选过分看重其权威性，但是讨论王世贞未完明史这一假设性论题时，也不能不将《弇州史料》考虑进来，作为我们的一个重要参考对象。

（三）王世贞未成明史之原因与对其明史之评价

王世贞之明史并未编成，对一部未编成的史书进行评价，似乎很荒唐。之所以要谈这个问题，因为有学者认为："王氏之史，幸好没有成书，还多少给留下了些美好的回忆。否则，此书只能是一部普普通通的明史著作，因为此书既没有在体例上有所创新，也没有新的史观作指导。"①进而指出王世贞虽然效法司马迁《史记》，但只学到了形式，而不可能学到《史记》的精神实质，"王氏至多只能修成一部御用国史"。而王世贞没有修成此书的原因，认为一是"弇州缺乏一种为修史而献身的精神"，二是"弇州缺乏一种勇气"。②因为王世贞是"位兴趣广泛、喜欢热闹的人"，修史虽然风光，"但这需要'冷板凳'功夫"，"王世贞更喜欢参与当时主流文坛"，"不可能静下心来，从事史学创作"，因而未能完成其明史书。③这里实际上指出王世贞未能成史书的四个问题：一，王世贞未完成此书原因主要是他没有为修史而牺牲的精神，不愿坐冷板凳；二，其所修之书体例没有创新；三，王世贞也没有新的史观；四、他的明史是一部御用国史。既有这样的论断，笔者无法回避这个问题，也得谈谈粗浅的看法。

评价一部未修成的史书，必须从相关的史实出发，不可带有主观臆测和猜想的成分。讨论王世贞未完成史书的原因，一要看其是否有这样的志向与目标，二要看其生平经历，尤其是晚年境遇。前面已经多处提到王世贞平生以撰修"国史"为目标。王世贞在《国史策》中，就明确地表示了其志向：

有如一旦悉出金匮石室之闷，而录其副，以授夫载笔之

① 钱茂伟：《弇州史学新探》，第104页。
② 钱茂伟：《弇州史学新探》，第102页。
③ 钱茂伟：《明代史学的历程》，第246页。

臣，而益以郡国志记，及向所云野史、家乘之可采者。使公平赅博之士，持衡其是非；而尔雅道古之才，藻润其辞事。会典之所辑、星官之所职、六尚书之故牍，可以书、可以志、可以表，而我明一代之业，当无逊于西京矣……有能节其（《史记》）凡例，自羲黄而下，迄于今，为一家言，以藏之名山大川，愚且愿为之执鞭而终其身也。①

如果说《国史策》中，表述其作史志向尚比较委婉，在给友人徐孺东的信函中，则直陈："仆生平不自量，妄意欲整齐一代史事，以窃附于古作者之后。"②而好友况吉夫"每以续史见属"③。王世贞在答况吉夫书函中也说："虽然，执事之知我深矣、其属我切矣，不佞焉敢终自弃，以孤君子之明意者，其自东京建武始乎？"④传说徐阶亦言他日王世贞会以"毛锥杀人"，实际上，是对王世贞修史的一种寄望。可见，当时不仅王世贞本人有这样的志向，而且在别人心目中，"国史"的任务也非他莫属。

王世贞不仅有这样的志向，而且一直为此努力。他自言："余少则好谈公卿世家阀阅之贵、福履之隆与遭遇之巧，有所见闻则录之。"⑤在《弇山堂别集小序》中称："王子弱冠登朝，即好访问

---

① （明）陈子龙等编：《明经世文编》卷三三五《王弇州文集四·国史策》，第3599页。又见（明）王世贞：《弇州山人四部稿》卷一一六《策部·湖广第三问》，第5448—5450页。

② （明）王世贞：《弇州山人续稿》卷一九〇《文部·与徐孺东书》，第708页。

③ （明）王世贞：《弇州山人续稿》卷一七二《文部·寄用晦》，第477页。

④ （明）王世贞：《弇州山人续稿》卷二〇三《文部·答况吉夫》，第865页。

⑤ （明）王世贞：《弇州山人续稿》卷三六《封户部右侍郎□□舒翁暨配某淑人偕寿七十贺叙》，第483页。

朝家故典与阅阅琬琰之详，盖三十年一日矣。晚而从故相徐公所得，尽窥金匮石室之藏，窃亦欲藉薜萝之日，一从事于龙门、兰台遗响，庶几昭代之盛，不至恣恣尔。"[1]因此他留下了许多的史料笔记和诸多的史料汇编，这些都是为他最后要修的明史作准备的。三十年如一日的搜集资料，为修史准备，还指责他没有为修史而献身的精神恐怕是不当的吧。尽管他仕途最终也是"位列八庑，阶跻二品"，但几起几落，尤其是后来投身昙阳子门下学道，"自奉先师教，辍意不复措手"[2]，原先修史的雄心顿减，"觉事大，未敢担承"。在给徐生的信函中，非常清楚地交代了他这种心境的变化：

> 方仆盛壮时，妄自意以为班史而后，纪传之体猥杂偏胜；左氏而后，编年之书繁简失次，亦欲整齐其事与辞，勒成二家，以追迹盲、腐。至于国家泛扫荒秽，照暎千古，而二百余年来，无一人受兰台之管者。乃上称金匮，下衷稗官，方欲谢绝人事，冀有所结撰，而一行作道民，不敢捐半生精神于笔砚毫翰间。且虑见闻少，有未真，不忧人非，亦有鬼责，以故遂抑不为。[3]

可见，王世贞投身学道以后，思想与心境有了极大的变化，由信

---

① （明）王世贞：《弇山堂别集·小序》，载《弇山堂别集》，第4页。又见（明）王世贞：《弇州山人续稿》卷五四《文部·弇山堂别集·小序》，第716页。
② （明）王世贞：《弇州山人续稿》卷一九○《文部·与徐孺东书》，第708页。
③ （明）王世贞：《弇州山人续稿》卷一八二《文部·与徐生书》，第604—605页。

心百倍的以修史为己任，到后来却以为是"不忧人非，亦有鬼责"，变得极其慎重。在《弇山堂别集·小序》中，有更为明确的说明：

> 甫欲命管，而病妒之。既而自惟材力绵浅，一不称也；所睹章奏竿尺赋颂之类，鲜足衷者，二不称也；是非小有不当，流祸后世，三不称也。而是时倡道者谓王子毋受役于笔研以凿性灵，自是绝意不复作。[1]

越到后来，王世贞反而越谨慎，其所谓"三不称"，就是担心有余，而最终影响了他的行动。而潜心学道，更使得他"绝意"笔耕。更重要的是，对于修史已经没有以前那样的自信，在给友人况吉夫的信函中明白地表示了这种担心：

> 仆固不佞，兹意蓄之久矣。虽会出入朝野，未遑息肩，然所以不敢轻举笔者，说有二：其一，尝笔之《卮言》，以为千古而有子长，亦不能成《史记》，何也？西京以还，封建、郡邑、官师、宫殿，名不雅驯，不称书矣；其诏令、辞命、奏书、赋颂，鲜古文，不称书矣；其人有籍、信、荆、聂、原、尝、无忌之流，足模写者乎？诗有《尚书》《毛诗》《左氏》《战国策》《韩非》《吕不韦》之书，足荟蕞者乎？窃恐未能继也。其二，则当有罪我者。《史记》，千古之奇书也，然而

---

① （明）王世贞：《弇山堂别集·小序》，载《弇山堂别集》，第4页。又见（明）王世贞：《弇州山人续稿》卷五四《文部·弇山堂别集·小序》，第716页。不过二者在文字上略有不同，《弇州山人续稿》作"编次成秩，凡九十余卷"。

非正史也。如《游侠》《刺客》《货殖》之类，或借驳事以见机，或发己意以伸好，今欲仿之则累体，削之则非故。且《天官》《礼乐》《刑法》之类，后几百倍于昔矣，窃恐未可继也。<sup>①</sup>

王世贞在此函中谈到的两个理由，在《艺苑卮言》中都提到过。如果说最初在《艺苑卮言》中提出这两点是评价《史记》的话，那么在回答况吉夫催他写明史的函中，再次提及，则可以说是王世贞内心的真实感受。因为他始终是以司马迁的《史记》作为他明史效法的榜样，可他认为即便是司马迁再世，也难以再成《史记》，所以他说"窃恐未能继也"。即便是《史记》，也有令人不满意之处，而后世形势远不如前，所以他又说"窃恐未可继也"。有此两点理由，王世贞最终犹豫不决，晚年遂不敢再编纪传体的"国史"，而编成类似于纪传体的《弇山堂别集》。所以《四库总目》以为："且（王世贞）不敢自居笔削，第用说部之体，烘聚条分，而以别集命名，深致谦抑之意，亦由晚年境地益进，深知作史之难，故能敛晦如此。"<sup>②</sup>笔者以为此种论断是真正领会了王世贞的晚年心境。尽管王世贞信函中这样的两个理由让人觉得王世贞之模拟《史记》过于牵强、有些迂腐，甚至可以说是作茧自缚，但却可以使我们真正探知王世贞未能完成明史的内在原因。

王世贞的明史未成，不仅对王世贞来说是十分令人遗憾的事

---

① （明）王世贞：《弇州山人续稿》卷二〇三《文部·答况吉夫》，第864—865页。

② 《〈弇山堂别集〉提要》，载《影印文渊阁四库全书》第409册，第2页。

情，而且不少学者也对此表示惋惜。陈继儒认为王世贞未成史书，为明朝恨事。其言："予尝谓吾朝有两大恨……王弇州负两司马之才，若置之天禄、石渠，而以伯玉诸子为副，其史必可观，而老为文人以殁，皆本朝大恨事也。"① 陈子龙也说："先生有云：司马氏而复生也，不能为《史记》矣，以所采取之不若古也。诚然哉！然简洁而详明，无枝言，无晦事，弇州其庶几乎？惜哉，其未之成书也！"② 陈子龙对王世贞的明史寄予了极高的期许，对最终未能成书表示了深深的惋惜。明人既有此期许，我们今人又如何推测呢？

王世贞明史之体例与内容，前面已经作了较详细的讨论，是否有所创新？还是完全因循？从前面对《弇山堂别集》体例的讨论中，我们应该可以看出王世贞在史书体例上的用心。而就明史而言，王世贞对于表、志的创造，在以后的明史学界产生了深远的影响。清官修《明史》，就大量参考了王世贞的著作，不仅用其资料，还参考其体例。

同时，清人虽多指责王世贞《别集》中诸表不合规范，《四库总目》指责其"多不依旁行斜上之体"③，清人李绂也批评《同姓诸侯表》："既不分世与年，徒列诸王国目于前，而逐一纪其事于后，谓之传可也，何谓之表？"批评《永乐以后功臣表》："既称年表，仍用前法，功臣袭封薨除，各叙其年，不相联属，顾名思义，

---

① （明）陈继儒：《弇州史料叙》，载《弇州史料》，第428—429页。
② （明）陈子龙等编：《明经世文编》卷三三五《王弇州文集四·国史策》，第3599页。
③ （清）永瑢等编：《四库全书总目》卷五一《弇山堂别集》，第466页。

谓之年表可乎？"①这样的批评并非没有道理，但是不能因此而完全否定诸表的价值。实际上，他们批评的只是一种格式上的错误，并没有涉及王世贞诸表的具体内容和学术价值，例如其包括范围的大小、对相关问题的梳理是否适当、对后世诸史表的影响如何，这些方面才是真正判断其学术价值的关键。后世修表，可以说无出其右者，傅维鳞的《明书》诸表完全照搬王世贞的《别集》，清官修《明史》之《诸王世表》《功臣世表》《外戚恩泽表》《宰辅年表》《七卿年表》皆是对王世贞《别集》中诸表的一种继承与发挥。而《中官考》对于《明史》之《宦官列传》也有直接的影响，且不说一些重要人物的传记了。所以深入讨论、详细对比的话，就能感知王世贞明史之价值，并非是"普普通通""平平常常"的。他要作的明史是经过多年的积累，是在对明代国史、家乘、野史进行深入考察，对相关疑案进行仔细考订的基础上修出来的，其学术价值自然相当高，这一点在《弇山堂别集》中已经反映出来。有关王世贞明史著作的价值与影响，具体情况，在第五章中还会进行详细的讨论。

---

① （清）李绂：《穆堂初稿·穆堂别稿》卷四七《书〈弇山堂别集〉诸表后》，《续修四库全书》第1422册，第139页。李绂批评之余，再发了一通议论，说："弇州自以为上追《史》《汉》，下薄唐、宋，其所为如此，是《史记》《汉书》未尝涉目。否则心粗气浮，虽泛览而茫无所解，徒以门阀爵位奔走一时，无识小人耳，岂足与文事哉！……弇州欲为文章巨子，操敦槃、执牛耳，以主持斯事，而世之庸人至今犹有傅会之者。置而不论，则其害未已。且余姑就此书论其一端耳，其他文理之鄙倍，虽累千百简，莫能悉数，此未得与苟也。"（第139页）李绂抓住一点，大发议论，批评过甚，苛求古人，有失公允，非持平之论。

## 第二节　王世贞的明史研究

王世贞虽未完成一部成一家之言的明代国史，但他对明史研究的深度与广度都足堪称道。王世贞涉猎了万历以前几乎所有的重大问题，从明代政治事件、典章制度，到社会经济、中外关系、历史人物，甚至明代史学，他都有独到的看法和贡献。由于他具有多重身份，既是官员，又是文人；既是诗人、文学家，又是史学家；而他仕途坎坷，有春风得意的岁月，亦有被冷落闲置的时光；丰富的人生经历使他可以了解当时社会的各个层面。因此他的明史著作不仅给后人提供了非常宝贵的史料，他的明史研究对后世也产生了深远的影响，从而奠定了他在中国史学史上不容忽视的地位。故全面探讨王世贞的明史贡献和成就对深入研究王世贞甚至明代史学都相当有必要。

### 一、对明代政治制度史的研究

王世贞十分重视制度史的研究，对明代的内阁制度、宦官制度、科举制度、宗藩制度、考察制度等等都有精深研究。《弇山堂别集》中的《表》就主要是涉及明代官制的资料，谈官吏任免升迁之事，而每《表》前皆有序，多为陈述明代官制的发展沿革，因而十分重要。这些序文还被收入《弇州山人续稿》《国朝纪要》《弇州史料》前集和《明经世文编》中，可见无论是王世贞本人还是后人对这些序文都十分看重。究其原因，乃是这些序文为研究明代官制极重要的资料。而《嘉靖以来内阁首辅传》与《觚不觚录》更是专门研究明朝政治制度的著作，前者揭示明代内阁制度发展到极盛时的状况，后者则记录下相关的掌故。

内阁制度是明代政治制度上的一大特征，是朱元璋废相后的产物。黄宗羲认为"有明之无善治，自高皇帝罢丞相始也"[1]。因为罢相后，丞相的权力全被皇帝攘取，而皇帝所赖以依靠的，一是皇帝私臣性质的宦官，二是皇帝幕僚性质的内阁。这样内阁制度就成为把握明代政治史的一把最为重要的钥匙，一直是史家关注的重心，迄今依然是明史研究的一大热点。王世贞可以说是最早系统地研究明代内阁制度的史家，因而其地位十分重要。

王世贞首先对朱元璋废除丞相，分相权于六部，进行了系统的论述。如斯论道：

> （洪武）十三年，丞相胡惟庸以专擅蒙蔽诛，分其职于吏、户、礼、刑、工、兵部，分大都督府为五，而摄其枢要于兵部。升尚书正二品，左右侍郎正三品，虽并称政府，而名位不极，事权不专，天子之威福无下移。盖隐然周世六官之燏，而独冢宰不制国用，司徒不掌邦教，以此小异耳……弘、正以还，内阁日益重，而六尚书日益轻，然老臣勋业稍重，加三孤、东宫三师，若吏、兵之长，犹能与之抗；而至分宜（严嵩）之得政，则若外藏矣；江陵（张居正）之当国，则若曹郎矣。呜呼，人主不可以太阿授人哉！[2]

① （明）黄宗羲：《黄宗羲全集》第一册《明夷待访录·置相》，第7页。

② （明）王世贞：《弇州山人续稿》卷四九《文部·六部尚书表·序》，第640—641页。又见（明）王世贞：《弇山堂别集》卷四七《六部尚书表》，第880—881页。

在这里王世贞分析了朱元璋废相时，原本是分散丞相之权于六部，以提高六部地位。但其真正用意则在于"名位不极，事权不专，天子之威福无下移"，从而达到皇帝专权的目的。六部权力在废相初期似有提高，但后来随着内阁的发展，六部权力日益受到限制，在内阁发展的鼎盛时期，六部只不过是内阁的曹郎罢了。六部与内阁权力的消长，从一个侧面反映了内阁的发展态势。在《中书省表·序》中更直接点明："呜呼圣矣，百余年来，天子不能独断，必有所寄，不能不归之内阁，而至嘉靖中遂操丞相之柄而出其上，万历初，遂并人主之尊而兼其详，势重矣，是不可不变而通也。"[1]正是天子"有所寄"而"归之内阁"，从而使内阁权力日益膨胀。王世贞抓住了内阁势权日重的内在原因，内阁的权力也不过是来自皇帝，由皇帝所赋予的罢了，因而也是明代君主集权的产物。王世贞的这种分析真可谓是一针见血，入木三分。

在《内阁辅臣年表·序》中，更进一步论道：

> 论道之体，创尊仁、宣，迨景及宪，大权始集，今视之，赫然真相矣。夫阁臣，于礼至贵倨也，视百司乃无重相压，何以相称焉？其喜怒借上意，故上不嫌逼也；威福间己意，故下屏息也；创白由六曹，故难不与也；取以诏行，故众无敢訾也。贤者当之，不见迹而治；不肖者当之，不及败而乱，此在人主择矣。[2]

---

① （明）王世贞：《弇州山人续稿》卷四九《文部·中书省表·序》第639页。又见（明）王世贞：《弇山堂别集》卷四六《中书省表》，第874页。
② （明）王世贞：《弇州山人续稿》卷四九《文部·内阁辅臣年表·序》，第637页。又见（明）王世贞：《弇山堂别集》卷四五《内阁辅臣年表》，第833—834页。

此处分析了内阁辅臣与上下的关系，在王世贞看来，辅臣有宰相之威，而无宰相之责，权力来自皇帝，责任则由六部承担，所谓"创自自六曹"，"取以诏行"即此意也。有其权而无其责，王世贞把握住了明代内阁制度的特点。在《嘉靖以来内阁首辅传》中，具体描述了自杨廷和到张居正时期明代内阁的状况，从而揭示出内阁发展到极盛时期的情形。到严嵩、张居正时，内阁首辅权力达到登峰造极的地步，所谓："袁州（严嵩）以柔用，窃人主之喜怒而为威福；荆州（张居正）以刚用，操人主之威福，而成喜怒。六卿伺色探旨，若六曹吏，称次者亦惕息屏气，而不敢有所异同。于是乎相之形张矣，其首次则霄壤矣。"①这样因制度以述政事，据人物以明制度，不仅制度得以清晰地表述，相关的史实亦得以清楚地陈述。

王世贞是最早系统地研究明代内阁制度的史家，地位自然十分重要。此外他对明代的科举制度、宦官制度、宗藩制度的研究都很有深度。其《科试考》《中官考》都是研究相关问题的极为重要的资料。对明代制度史的研究构成王世贞明史研究的重要内容。

## 二、对宦官专权与宗藩膨胀问题的探讨

明中叶以后，宦官专权与宗藩膨胀就成为影响明代政治极为重要的问题，给明代政治、经济、文化等方面带来许多负面影响。宦官专权，使得政治黑暗；宗藩膨胀，加重朝廷财政危机，这两大敏感问题皆成为王世贞研究的重点。《弇山堂别集》中的《中官考》以十一卷的篇幅，把明代宦官专权的轨迹与危害予以清晰的描述。

① （明）王世贞：《嘉靖以来内阁首辅传序》，载《嘉靖以来内阁首辅传》，第2页。

五卷《宗藩诸王表》将明代宗藩制度的发展加以清楚的介绍，而《宗室策》又为解决宗藩问题提出了相应的办法。宦官与宗藩问题既是当朝历史，又是现实政治，因而更显王世贞研究的价值。

中国历史上，汉、唐、明三朝，宦官专权都十分猖獗，不过，明朝的宦官问题与汉、唐稍有不同。汉、唐时期，宦官可以自领军队，宦官不仅可以压制朝臣，甚至废立皇帝。而明朝宦官专权问题则完全是皇帝集权发展的产物，其完全依赖于皇权，是皇帝的附庸，宦官专权也是皇权异化的一种反映。对宦官问题，王世贞既梳理了相关史实，又进行了颇有见地的评论。从王世贞的梳理中，我们不仅可以把握明代宦官专权的轨迹，也能了解明代宦官专权的内在原因。

首先，王世贞对明代的宦官制度进行分析，从制度上把握了明代宦官专权的根源。在《阉寺小纪·序》中言：

> 今夫司礼，阁辅也；内官，冢宰也；御马，司马也；御用，司空也。总营务、备留守，则先公侯；镇守巨藩，并抚帅行事，而加重焉。蟒玉珍珥蚁列而不异，甚或骑禁中郎勋辅之首，天子体貌于素者列署必让。处则如鼠，出则类虎，黔首哀瘝，有司谁何？①

正因为司礼成首辅、内官成冢宰、御马是司马，制度上就为宦官专权大开了方便之门。而与朝臣相比，宦官更事事占先，处处为

---

① （明）王世贞：《弇州史料·后集》卷四〇《阉寺小纪序》，《四库禁毁书丛刊》史部第50册，第77页。

优，所获荣耀远甚朝臣。在《中官考序》中王世贞进而分析了宦官专权的轨迹及其发展趋势，以为洪武时，"神断自天"，宦官不得兼文武衔，不得染指外廷政治，不得御外臣冠服，所以三十年来，"宫府谧如也"；但自永乐初年，成祖"不能不有所私寄，是故（黄）俨、保之潜几得行，而抚监岌岌矣"；正统初年，"天子幼冲，母后不中制，权必有所归，而竖（王）振遂滔天矣"。正因为皇帝"不能不有所私寄"，故而给宦官以可乘之机。宦官专权正赖皇帝之"私寄"，"以孝庙之仁圣，尚不能无李广，而况蒙不省务，狎游是好"？字里行间，王世贞透露出正是制度上的缺陷，使得皇帝不得不依赖宦官以处政事，因之宦祸总是不绝，"一瑾死，百瑾生，参伍狡弁，表里作奸，非高庙神灵鼎成，期速明事，殆有不可言者"。这是宦官专权的根源所在。宦官专权虽十分猖獗，但亦是受制于皇帝的，王世贞论道：

> 夫（王）振、（刘）瑾至狼戾也，公卿台谏至狐鼠伏也，亿兆至鱼烂也。然而不为汉、唐之季者，高皇帝收天下之权，以归一人，即狼戾如振、瑾者，一嚬而忧，再嚬而危，片纸中夜下而晨就缚，左右无不鸟散兽窜，是以能为乱而不能为变也。[1]

王世贞此段分析进一步说明宦官与皇帝的关系，宦官权力来自皇帝，是皇权的寄生群体，如失去皇帝的支持，宦官也就一事难

---

[1] （明）王世贞：《弇州山人续稿》卷四九《文部·中官考序》，第644—645页。又见（明）王世贞：《弇山堂别集》卷九〇《中官考一》，第1720页。

成，故他们只能"为乱而不能为变"。乱者，搅乱朝廷也；变者，发动政变，废立皇帝也。明代宦官虽猖獗一时，但从未威胁过皇帝的安全，反而时刻控制在皇帝的股掌之中，他们是皇帝的私臣，是皇帝权力私寄的对象。这样就抓住了明代宦官专权乱国的本质特点。

黄宗羲继承和弘扬了王世贞这种思想。他认为天子传子，宰相任贤，"天子之子不皆贤，尚赖宰相传贤足相补救"。但明代废相之后，无可补救，故宦官趁机窃取其权。"盖大权不能无所寄，彼宫奴者，见宰相之政事坠地不收，从而设为科条，增其职掌，生杀予夺出自宰相者，次第而尽归焉"①，从而导致明代宦祸不断，弊政丛生。

其次，对宦官干政轨迹的描述。明代宦官干政有一发展过程，随着时间的推移，宦官攫取的权力日大，干政的范围日广，明中叶以后，浸透到政府的各个部门、社会的各个层面。在《中官考》中，王世贞不仅记录下宦官干政的史实，且尤重视对其干政轨迹的描述。

洪武二十五年（1392），尚膳太监而聂等奉敕往谕河州，按语云："此内臣奉使行事始也。"②永乐元年（1403）九月，内官李兴往谕暹罗，按语云："此内臣奉使外夷之始也。"③以后此类按语甚多，如"南京守备之始""镇守之始见者""内臣督工之可见者""内臣总兵之始""内臣子弟封爵之始"……又如天顺元年

① （明）黄宗羲：《黄宗羲全集》第一册《明夷待访录·置相》，第7—8页。
② （明）王世贞：《弇山堂别集》卷九〇《中官考一》，第1725页。
③ （明）王世贞：《弇山堂别集》卷九〇《中官考一》，第1727页。

（1457）给王振恢复官爵，立祠赐额曰"旌忠"，作按语云："案此内臣立祠之始也。成化中御马监太监刘永诚祠曰'褒功'。弘治司礼监太监怀恩祠额曰'显忠'。此二臣皆可纪者。自是而后，繁且滥矣。"[1]又谈两厂之设："此立西厂之始也，虽与东厂侔，而势出其上矣。（成化）十三年（1477）革西厂，以御史戴缙言，仍复之。"[2]凡是首次出现的相关干政事件或给予宦官的荣誉头衔，王世贞于事末都要加上按语，以点明其是首次出现，从这种按语中读者自然就可以了解宦官专权是如何一步步渗透到政府的各个部门，其地位是如何一步步得以提高的。在众多的明史专家中，唯有王世贞对宦官干政的轨迹作过如此详尽的描述，因而显得十分突出，也十分重要。

其三，对宦官与朝臣关系的探讨。了解朝臣对宦官的态度，是把握宦官专权的一个很好的尺度。正如前面所提到《中官考序》中所言："夫振、瑾至狼戾也，亿兆至鱼烂也。"这是王振、刘瑾专权时朝臣之处境与表现。在《觚不觚录》中更言：

> 国朝文武大臣，见王振而跪者十之五；见汪直而跪者十之三；见刘瑾而跪者十之八。嘉靖以来，此事殆绝，而江陵（张居正）殁，其党自相惊，欲结冯珰（保）以为援，乃至言官亦有屈膝者矣。[3]

---

① （明）王世贞：《弇山堂别集》卷九〇《中官考一》，第1731页。
② 同上。
③ （明）王世贞：《觚不觚录》，第11页。

朝臣对宦官屈膝，原本是怪事，但明朝不以为怪，反竟成为一种风气。从这一点可看出，朝臣与宦官的关系完全本末倒置、轻重失衡。

综上所述，王世贞从制度上探讨了明代宦官干政的根源，并描述了其干政的轨迹，而对宦官与朝臣关系的论述，更形象地揭示了宦官的嚣张气焰。王世贞是第一位如此深入而详尽地研究明代宦官的史家，他不仅留下了大量的珍贵资料，而且通过他的亲身观察和研究，给后人把握明史提供了一个重要视角。

宗藩膨胀，是嘉靖以后另一大社会问题。明太祖设立宗藩封分制度，一个寄生群体随之产生，相关问题亦得以相继暴露。宗藩叛乱时有发生，宗藩犯罪屡见不鲜。而更为严重的是随着宗藩人口的膨胀，宗藩俸禄成为明廷财政上日益沉重的包袱。王世贞对这一问题给予了充分的揭露，他论道："国家待宗室自亲王至中尉凡八等，其支子历八世至于庶人，而禄始绝。"要负担八九代人的俸禄，而宗藩人口增长之快，又出乎人们的想象，"自嘉靖二十八年（1549）而见存者一万余人，今又十余年矣，人益其半合之而当为二万人也。又十余年，而人益其半而合之，当为四万五千人也"。如此庞大的寄生阶层全都仰仗朝廷的供给，而这个群体还在以加速度膨胀。因此供给的俸禄，"酌禄之中，人各得禄五百石，益万人，是益五百万石粟也。天下有益禄而无增田，吾不知大司农何以应之。是重敝民也，民贫且逃亡矣。宗室之人所以仰哺而待衣者，日孳孳焉，而卒莫与也"[①]。宗藩的增长，加重了朝廷财政危机，明廷又

---

① （明）陈子龙等编：《明经世文编》卷三三五《王弇州文集四·宗室策》，第3587页。

把这种负担加在老百姓身上，百姓日贫，无以为生，纷纷弃田不耕而逃亡，社会矛盾激化，终造成连锁反应。王世贞以史学家的眼光，对这一问题给予了揭露，同时，他又以政治家的敏锐提出解决办法。他对宗藩人士不得在朝中任职提出质疑。"今诸王国亲，例不得为在京文武职官，而不知高皇帝假干城之寄，重维城之固，其意殊不尔也。"①不仅"贤者又不得偕寒士从有司之荐"，而且对贫穷宗藩亦严禁其"从农商之业"，使他们"蒙虚名而鲜实利"，所以有人"并室而雉经"，有的"易名姓而为所不可为"。情况既然如此，王世贞遂提出应网开一面，给宗藩提供自求活路的机会，"请自将军以上，少裁其禄数，而务实其惠。中尉以下，则请毋赐爵禄而宽其禁，使其贤者得与寒士角长而受仕，其不肖者，从事于南亩，以其力周其身，而官弗与焉"②。若明廷真采纳了王世贞的建议，那么宗藩问题就可以求得解决的良策。

由斯可见，王世贞所探讨的正是现实中存在的问题，他的当朝史著作与现实政治是密不可分的，这一特色贯穿于王世贞的全部明史著作。

### 三、对明代政治与党争的研究

激烈的党争构成明代政治的又一特色。自明初到明末，各派斗争始终不绝。究其根源，正如郑克晟师所言，其背后乃是由来已久的南北地主集团之争。江南地主"承袭元代的系统而来，他们来

---

① （明）王世贞：《弇山堂别集》卷一《勋臣国戚》，第10页。
② （明）陈子龙等编：《明经世文编》卷三三五《王弇州文集四·宗室策》，第3587—3588页。

源久远，聚族而居，势力非常强大"。北方地主集团"是以朱明政权的皇室、勋戚、太监、官僚等人组成，这是在永乐迁都北京以后逐步发展扩大而形成的"。南北地主的矛盾影响整个明代政局，因之党争源远流长，根深蒂固。[1]置身其中的王世贞，即几度遭受迫害。他对党争有切身的体验，故其史书中对明代政治与党争给予了极度的重视。

首先，对明代特务政治予以批判。明代自朱元璋开始就对朝臣不信任，设立锦衣卫，实行特务统治。永乐以后仰仗宦官，先后设东厂、西厂、内行厂等，以监督百官。王世贞在《中官考》中对诸厂进行了研究，而在《锦衣志》中，对锦衣卫又加以批判，并详细探讨了明代锦衣卫之发展沿革及相关史实。成祖以纪纲掌锦衣卫事，但纪纲大起冤狱，肆意屠戮忠良，后纪纲被处死。王世贞论之曰："按纲为天子腹心臣，负委任，妄意不轨，擢纲发，不足数罪，罪诚当万死。"[2]文末论锦衣卫道：

> 呜呼！锦衣一禁校耳，其领宿卫则光禄勋也，剌奸则司隶也，至（陆）炳而分将相任，极矣！一重于纪纲，再重于钱宁，三重于陆炳，其究乃位师保，参纶绋，不亦殆哉！[3]

由斯可见，王世贞认为皇帝以锦衣卫监控朝臣，使得锦衣卫的权力日甚一日，终成不可一世之态，从而加剧了明代政治的复杂性。

---

① 　郑克晟：《明代政争探源》，北京：故宫出版社，2014年，第7页。
② 　（明）王世贞：《弇州山人四部稿》卷七九《文部·锦衣志》，第3741—3742页。
③ 　（明）王世贞：《弇州山人四部稿》卷七九《文部·锦衣志》，第3768页。

言路在明代政坛上担当极其重要的角色，也是党争的前沿阵地，而言路是否畅通，又是衡量政治开明与否的标准。王世贞不仅在书中收录许多关于言路的掌故，而且对言路在明朝政治中的作用及其发展变化，都给予了论述。他对中叶以后的言路，如斯论道：

> 明兴，言路之辟，莫盛于孝宗朝。当是时，大臣多贤者，而犹不能胜其苛擿。上亦为之稍斥其一二不称之臣，以塞其意，其擿而不当者亦两不间。于是，大臣与言路之体并伸，而言路稍重。世庙初，亦微用其意，而是时大臣之贤不肖杂，于是，言路为之祛除其不肖者，而登进其贤者，故言路之体独重，而大臣为之稍屈。其后上有所用，当意之臣骤贵显之，而言路不能容，或肆其掊击，故天听不复恒，而甚或死或戍或编氓，于是大臣之体独重，而言路为之屈，然天下晓然知其为直臣。易世之后，死者旌，生者用，时或一伸于其屈。而大臣之中黠而忮者，阳宽之以外迁，或薄之以微谪，而阴风柄事之臣以考功令黜之，虽遭鼎革，不得昭洗，盖至是而言路大屈。①

言路是否畅通是衡量政治开明与否的标准，此段论述了明中叶以后，大臣之体与言路之体的关系，从而揭示了明中叶以后的政治状况。

其次，对洪、永两朝政治史之研究。由于《太祖实录》的有意隐瞒，野史笔记多随意妄测，使明初历史处于不清不明的状态。凡

---

① （明）王世贞：《弇州山人续稿》卷一一五《文部·贵州按察司佥事进阶朝列大夫南冈龙公墓志铭》，第613—614页。

太祖处开国功臣、靖难之役、建文下落、成祖杀建文诸臣等问题，皆存许多疑点。因此明中叶后，这些皆成为史家关注的重心。王世贞在《史乘考误》中，对国史、野史、家乘之谬说进行了较全面的清理考证，澄清了许多史实，还其真相。并对太祖、成祖都进行了批评，表现出正直史家之直笔精神。

王世贞在其诸史中对太祖并没有系统的论述，但对其创业之功予以高度的评价，认为："汉高之功，胜汤武矣，桀、纣虐痈其国人，不能遍四夷也。明高帝之功，胜舜、禹矣，洪水灾而居食废，人犹人也，故夫汉高之功，一世功也；高帝之功，万世功也，於乎休哉！"①把朱元璋立国之功称作"万世功""胜舜、禹"，称赞无以复加。但对朱元璋处置开国功臣则屡表微词。

洪武二十八年（1395），冯胜被杀，王世贞论之曰："虽然，胜功大，罪不能相掩，谪废可也，嫌死不可也；不王可也，不侯不可也。"②语气中满含不平。又如论汤和，以为其战绩寥寥，但"爵上公，赠真王，便蕃之赐，诸勋旧不敢望焉"，"显融令终美哉，乞骸一语基之矣"。③汤和主动交出兵权，乞骸回乡，使朱元璋没有威胁感，故使其得高爵令终。可是与其形成鲜明对比的是颍川侯傅友德、德庆侯廖永忠，攻灭四川明升政权，"功最卓绝，至劳人主纪颂，而赏亦薄，二将俱不益封。主帅汤东瓯又数督责，与昔所闻无

---

① （明）谈迁：《国榷》卷一〇，洪武三十一年闰五月乙酉"王世贞曰"，第784—785页。
② （明）王世贞：《弇州山人续稿》卷八四《文部·韩宋颍三国公传》，第233页。
③ （明）王世贞：《弇州山人续稿》卷八二《文部·东瓯黔宁东平三王世家》，第201页。

异，可怪也"①。而最终二人皆不得善终。在阐述这些史实时，王世贞暗暗批评朱元璋待功臣不平，处事不公。

王世贞评洪武三年（1370年）分封诸功臣，如斯曰：

> 中山侯（汤和）宿将也，以一言之詿而不获公。德庆侯（廖永忠）钜勋也，以一事之纰而不获公。永城（薛显）封而贬，东胜（汪兴祖）封而夺，训词盖凛乎斧钺焉。夫孰敢有恣睢而陨于法者？然至吉安（陆仲亨）、江夏（周德兴）、临川（胡廷瑞）、东平之类，抑何其奸夷狼藉也。三年而后，续侯者独西番之役最盛，平云南次之，其他以旧勋相错对，然至蓝氏（蓝玉）之株累而几若扫矣。夫以冯宋公（冯胜）、傅颍公（傅有德）之雄，而卒不免死嫌，谓其不蔽法也而讳之，即讳之犹不为置后，呜呼，可叹也！②

此处公开为诸臣抱不平。他不避忌讳，敢于表露真实想法，以史家之公心评断皇帝之是非。他有一段质疑"天"的话，所谓"天"，即皇帝也，如斯论道：

> 嗟乎，夫孰非天哉？今夫高、文二祖，至神圣也。从法语如转圜，然胡至斩王权，磔萧仪，而腐曾秉正也！始约法而天下有触罗者，皆以子请代得免，既而不胜请，乃许之，如陆安、郑士利辈，不可指屈。盖人子之志伸，而于太和不无漓

---

① （明）谈迁：《国榷》卷四，洪武四年十二月辛卯"王世贞曰"，第458页。
② （明）王世贞：《弇山堂别集》卷三七《文部·高帝功臣公侯伯表》，第657页。

哉。夫冯公伸为臣，而其子伸为子，然而卒以全者，天也。盖
冯公之后十八年，而杨忠愍继盛不免矣。其妇呼天而请代，而
若弗闻矣，故曰天也。①

所谓"天"，本应是公平处事，宽以待人，但却如此不顾事实
真相，不体恤士民痛苦，王世贞在这里实际上是对太祖、成祖和世
宗提出了强烈的批评，可见他胆识不小。

对朱棣之起兵，王世贞加以贬抑。虽然仁、宣以后的皇帝皆
是成祖的子孙，但王世贞还是怀疑朱棣得位的正统性。他有意将
"靖难之役"与朱宸濠的叛乱联系起来，其言："文皇靖难之师在
己卯秋，宁庶人作乱亦在己卯秋，相去正得二甲子。文皇之起，以
都督三司谢宴，伏兵戮系之，宁庶人亦然。岂偶合耶，抑有所借袭
也？"②将宁王之叛与"靖难之役"类比，从而使人对"靖难之役"
的正当性发生怀疑，从中可看出他良苦的用心。对朱棣的起兵经
过，他如斯论道：

> 高皇帝既厌群臣，太孙御历，而二十三王者皆叔父行，
> 以意行国中自如，礼乐刑政，几不自上，裁之则伤恩，纵之则
> 伤法。于是齐（泰）、黄（子澄）以晁大夫之谋进，而掩袭时
> 下，戮辱继之，诸叔惴惴，人不自保。
> 文皇因燕之成资，奋戈南向，仅三载而易大物，虽神武绝

---

① （明）王世贞：《弇州山人续稿》卷七六《文部·冯廷尉京兆父子忠孝传》，
第117页。又见（明）谈迁：《国榷》卷五六，嘉靖十四年六月己亥"王世贞
曰"，第3516页。
② （明）王世贞：《弇山堂别集》卷一八《皇明奇事述三》，第325页。

伦，猛将戮力，盖亦有天助焉。高煦狙前胜，宸濠乘国瑕，用其螳螂之斧、蛙黾之鼓而当伏轼，不旋踵而麋碎。虽顺逆之理悬，亦强弱异也。所以云弱者，护卫不设，不得臣一切吏民，进止机宜，一切不预，百口之命，仰给于县官。即小有淫泆越志者，片纸旦下而夕系于请室，百世之社，顷不屋矣。①

由斯可见，虽然王世贞觉得朱棣之成功"有天助"，但他实把"靖难之役"看成是叛乱之先，后代叛乱者如朱高煦、朱宸濠莫不是步朱棣后尘，其所以不得志，乃"资不足以行欲，其势不足以酬志"而已。②王世贞如此贬抑成祖之正统性，而世宗、神宗皆是朱棣的后代，贬低成祖，就是贬低当朝皇帝世宗、神宗。

对"靖难"诸臣，王世贞同样持贬抑的态度。认为他们："攻坚履危，断自神授。又大战不过十余，所定军府不过三四而已。毋论中山、开平，其视曹、卫、宋、颍而下，抑何径庭也？"③同开国功臣相比，"靖难"诸臣之功可谓微不足道了。又论"靖难"称首功的朱能、淇福："曷能一仗旄节，出号行罚哉！受赈南北，为大将帅，能薨于师，天宠苾被，福败而殒，坐违节制，宁唯弗旌，罚乃及嗣。平阴（张辅）失律，乘舆震踬，宠以真王，毋废世祀，覆败同轨，赏罚殊执。嗟乎！君犹天也，天之未定，谁能议之！"④此处

① （明）王世贞：《弇山堂别集》卷三二《同姓诸王表》，第562页。
② （明）陈子龙等编：《明经世文编》卷三三五《王弇州文集四·宗室策》，第3587页。
③ （明）王世贞：《弇州山人续稿》卷四八《文部·永乐以后功臣公侯伯年表序》，第630页。
④ （明）王世贞：《弇州山人续稿》卷八二《文部·东瓯黔宁东平三王世家》，第210页。

言"天之未定，孰能议之"，言下之意是既然对成祖之评价尚未敢称颂，又怎能赞其手下的大将呢。且对成祖待诸臣之严进行了委婉的批评。

与之相反，则肯定建文的正统地位，对建文死难诸臣亦予褒扬。王世贞论道："以建文之亡，而士大夫争先而为故主死者，若饥之就食，而喝之就凉，岂所谓杀身成仁，志士之分，而手足腹心，亦报施之常，烈烈叔扬，其没者固颓然而付清波，其不没者尚凛然而傲秋霜也耶。"①对建文诸臣杀身成仁、舍生取义之精神大加颂扬。具体言之，他把方孝孺看成是建文死难诸臣舍生取义之典型，道："建文末，天下之名能殉义者，莫如天台方先生，其得祸之烈，则亦无如方先生。"②而对其文集之遭禁毁，如次论道："其文固已鸠于三十年之余，而大行于百年之后，然后知万乘之威，不能与匹夫匹妇争胜者，此是也。"③又如论徐辉祖，以其是朱棣妃徐氏之弟的身份，"革命之际，小一移志"，即可"以元舅居上公"，但"公舍而恬然趣死，一何决也！于建文为纯臣，于中山王为令子矣"④。更赞黄子澄道："盖匹夫有必伸，而万乘有不能屈者，死是也。当公之于壬午也，知一死而已；知死而死，则不死。夫以人主之威，能寸析公之躯而不能寸夺公之志；能致辱公之戚属，而不能卒辱公之名。"⑤

---

① （明）谈迁：《国榷》卷一二，建文四年七月辛卯"王世贞曰"，第868页。
② （明）王世贞：《弇州山人四部稿》卷一二九《文部·题叶秀才为方氏复姓记后》，第5984页。
③ （明）王世贞：《读书后》卷四《书方正学文集后》，《影印文渊阁四库全书》第1285册，第53页。
④ （明）王世贞：《弇州山人续稿》卷六九《魏国第一世嗣太子太傅徐公表忠传》，第27—28页。
⑤ （明）王世贞：《弇州山人续稿》卷四〇《改黄太常墓序》，第530—531页。

可见，王世贞对建文诸臣不仅寄予深深的同情，更满含敬佩。

同时，王世贞对建文朝史实模糊不清，《明实录》中竟抹去其年号，深表不满。他特上疏皇帝，提出应重修建文史书，道：

> 臣又唯《太祖实录》，洪武三十一年止，中间至永乐元年，尚有阙漏未载。夫汉不以吕氏而废本纪，唐不以武氏而废《实录》，何者？明天下不可一日无史也。臣愚欲下内阁诸耆硕臣，考究革除年间事迹，别为一书，附之国史之末，其侍讲方孝孺、尚书铁铉，殒身灭族，以卫社稷，宜鉴其吠尧之忠，赐以易名之典，他若尚书齐泰等亦要明著功罪，以示劝惩，其于国家治体关系非细，臣愚不胜惓惓。①

虽然最后王世贞的呼吁未获朝廷重视，但他自己对建文朝史实则倾注了不少的心血，在《史乘考误》中对相关疑案进行了考辨，又作过多篇人物传记，试图澄清建文朝史实，其贡献之大，值得称赞。②

再次，对明中叶政治史的探讨。王世贞对明代政治史研究的独特处，表现在对洪、永史实的清理整顿和对中叶尤其是嘉、万时期

---

① （明）王世贞：《弇州山人四部稿》卷一〇六《文部·应诏陈言疏》，第4948—4949页。

② 王世贞对建文朝历史的重视与时代大背景有关系，当时及随后出现了许多关于建文朝的史书，如何对待建文朝历史正成为明中后期史家关注的焦点。可参看赵园：《明清之际作为话题的"建文事件"》，收入陈平原、王守常、汪晖主编：《学人 第10辑》，南京：江苏文艺出版社，1996年，第401—427页。亦可参见赵园：《明清之际士大夫研究》第三章《作为话题的"建文事件"》，北京：北京大学出版社，1999年，第165—191页。

内阁制度的研究上。在《嘉靖以来内阁首辅传》中，王世贞通过对内阁的探讨，从而揭示嘉、万时期的政治斗争及其背后的因素。他是以历史事实去陈述制度的变化，因此对当时的政治斗争进行了详细的探讨。

嘉靖以后随着内阁权力的增大，内阁首辅俨然真正的宰相，但每当首辅更替前后，总有一场激烈的党派斗争，王世贞都予以形象的描述。如张璁、桂萼等借"大礼议"而入内阁，严嵩借河套事件将夏言推向刑场，以后徐阶、高拱、张居正的掌政，莫不有激烈的明争暗斗，王世贞都娓娓道来。对十几位首辅，王世贞都进行了评价。他认为杨廷和，"居位自称逾于前后数公，则其才胜也。正德之政，蠹于左右貂，譬之衣若鹑结矣，不有处者，谁与弥缝？嘉靖之初，收涣为萃，宗社磐石，谁之力耶"？对杨廷和之功绩予以充分的肯定。论杨一清"有应变之略而无格心之本"；论张璁以一言拜相，"功罪不亦等"，论夏言，"诡获而获，器不胜才，上僭上，下逼下，东市之辱，夫岂不幸耶"？论严嵩，"沾沾小技，以顺为正，内固主宠，而外笼天下之利，即不有孽子，宁毋败也"！言辞之间，王世贞评价的好恶自现。在嘉、万时期诸首辅中，王世贞最称颂杨廷和与徐阶，而对严嵩、高拱、张居正皆有微词。他说：

> 若（杨）廷和、（徐）阶者，俱救时相也。（高）拱刚愎强忮，幸其早败，虽有小才，乌足道哉！（张）居正申商之余习也，尚能以法劫持天下，器满而骄，群小激之，虎负不可下，鱼烂不复顾，寒暑移易，日月亏蔽，没身之后，名秽家灭。善乎！夫子之言：虽有周公之才之美，使骄且吝，其余不

足观也已。[1]

王世贞的这种评价，观点十分鲜明，这本是应肯定的，但却被人指责以私心论史，以为徐阶对他有恩，而严嵩、高拱、张居正三人与他有不同程度的恩怨，故而贬斥。或许我们可以说王世贞对这些人心存成见，但却不能否认王世贞之论亦有道理。不管王世贞之论断是否可取，他对这一时期历史的陈述则应当肯定，其功莫大焉。

### 四、边疆问题的探讨

对明代边疆战事的关注成为王世贞明史研究的又一重要内容。嘉靖年间，"南倭北虏"猖獗一时，安南时叛时服，哈密卫几为蒙古所占，王世贞以史学家的眼光对这些问题给予了记载和分析，成《北边始末志》《庚戌始末志》《三卫志》《哈密志》《倭志》《安南志》《安南传》诸篇，另又有《御虏》《备虏》二策。这些皆被录入《四部稿》中。亦被收入《明经世文编》之中，可见从编选者陈子龙等人看来，这些都是"经世"之篇。在当时这些可以说是救时之策，而现在则是王世贞的史学篇章。

"南倭北虏"问题是嘉靖年间朝中关注的大事，倭寇在东南沿海骚扰不绝，蒙古铁骑于长城外虎视眈眈，时刻威胁着北边的安全。王世贞对此有较为清醒的认识。在《倭志》中，他从明朝与日本的关系入手，探讨倭寇的起源，以为明初即有倭患，只是到嘉靖

---

① 　（明）王世贞：《嘉靖以来内阁首辅传》卷八《张居正传下》，第126页。

年间日益嚣张罢了。究其原因，乃嘉靖二年（1523），倭使宋素卿与宗设为争贡①，而大闹宁波市舶司，"自是有轻中国心"。所谓倭寇，真正的日本人并不多，大多数还是江浙一带奸商、海盗与其勾结，因使倭患大盛起来，他论道：

> 中国亡命者，多跳海聚众为舶主，往来行贾闽浙之间，又以财物役属勇悍倭奴自卫，而闽浙间奸商猾民，睹其利厚，私互市违禁器物，咸托官豪庇引，有司莫敢谁何，黠者又多取其责，匿去莫与酬，舶人怒，则辄有所杀害，而他舶不为商者，又行剽掠海中，渐彰闻，朝廷虑之……其魁则皆闽浙人，善设伏，能以寡击众，反客主劳逸而用之。此其所以恒胜也。大群数千人，小群数百人，比比蝟起，而舶主推王直为最雄，徐海次之，又有毛海峰、彭老不下十余帅。②

从倭寇首领到手下寇众，大多数是闽浙间亡命之徒，所谓"真倭"并不多见。他的这种看法得到今人证实。③随后他提出倭寇的出没规律及相应的对付措施。

---

① 宋素卿其实是中国人，原名朱缟。因弘治年间，其父欠日本商人汤四郎五郎的货款，无力偿还，遂以其子抵债，朱缟就随汤四郎去了日本，并改名宋素卿。后为细川氏重用，以纲司身份来明朝贡。参见郑樑生：《明史日本传正补》，台北：文史哲出版社，1981年，第453页。

② （明）陈子龙等编：《明经世文编》卷三三二《王弇州文集一·倭志》，第3555—3556页。

③ 《明史·日本传》言："大抵真倭十之三，从倭者十之七。"（第8353页）郑樑生以为《明史》乃最为保守的说法，他认为真倭只居十之一、中国奸民占十之八九。参见氏著《明代中日关系研究——以明史日本传所见几个问题为中心》第四章第七节《真倭、伪倭及日本元龟以后之国情》，台北：文史哲出版社，1985年，第506—522页。

在《北虏始末志》中，对"北虏"问题予以概括性的陈述，追溯其渊源。自洪武元年（1368），徐达攻占北京，元顺帝逃往应昌，一直到嘉靖年间俺答南侵，皆有所涉猎。《庚戌始末志》则详述了庚戌（1550）之变的经过，文中提到俺答围攻北京后，想同明朝议和，恢复朝贡关系，世宗命严嵩、徐阶与廷臣商议，国子司业赵贞吉认为："虏大入寇震宫阙，罪在不赦，而扼我吭迫，乃许之，此何异城下盟！"[1]力主却之，和议自然未成，一直到隆庆年间，王崇古倡和议，恢复贡市，方消弭蒙古的威胁。如若庚戌之际，明朝同意恢复贡市，或许北虏问题早已解决。

同蒙古相关的还有哈密、三卫问题，王世贞亦给予了关注，作《三卫志》《哈密志》。三卫，即朵颜三卫，与哈密一样是明西北的重镇，但"自北虏外，我膏肓之患而不能绝且不宜绝者，则无如朵颜三卫焉"[2]。此三卫属兀良哈；他们时而降服，时而叛乱，"虏以众来攻，不敌则降，而事之为向导，至婚子女，诅誓相媾，而贪中国赐予，岁来朝，抚之厚，则更以虏情告我，得预为备，故迫则驱入虏，信则堕其计，善处之则因而为间，虽藩篱失而耳目犹在也"[3]。

哈密则"为西域诸国之喉咽"，能否控制哈密，对于明西北地区之安宁有举足轻重的影响。嘉靖以后，哈密屡次骚扰，明廷多年兴兵伐之不果，王世贞论之曰：

夫国家立哈密，欲以为外臣，藩西陲耳。卒之兵连祸结，

① （明）王世贞：《弇州山人四部稿》卷七九《文部·庚戌始末志》，第3778页。
② （明）王世贞：《弇州山人四部稿》卷八〇《文部·三卫志》，第3795页。
③ （明）王世贞：《弇州山人四部稿》卷八〇《文部·三卫志》，第3797—3798页。

几与明朝相终始，其害何如也。即厌兵不能灭吐鲁番，弃哈密，闭关绝朝贡，置之度外可也。兵不足威，赏不足结，奈之何？竭中国之财力而填之，竟取辱也。虽然，其内事犹有可论者，夫彭泽躁而轻，然其不用兵旨可采也。陈九畴果而擅，然其材不可失也，功罪亦相当。杨廷和似有挟，然其所超进皆才也。王琼愎而修怨，然其经略之策似长也。（张）璁、（桂）萼似公，然其所快在私也，合而论之，可思已。①

王世贞认为与其长年累月用兵哈密而不果，不如置之度外而不顾。而用兵哈密不奏效的原因，又与内阁首辅之方策及所用人才优劣很有关系。他把内外因素结合起来论述，从而认为"可思"之。言下之意，哈密问题长期得不到解决，并非只是军事上的原因，而与朝廷之指导方策是分不开的。

安南问题又是另一困扰明廷的难题，王世贞作《安南志》《安南传》，详细讨论了明与安南的关系。王世贞将"南倭北虏"、哈密、安南诸问题皆进行论述，成为其史书中相当重要的部分，他阐明这么做的用意是：

先北虏，次南倭，志大害也；又次安南，志大举也；又次哈密，志大谋也。夫哈密末矣，闭玉关而绝西贡之路可也。安南故虽故版图，夷之久矣，弗复可也。北虏不易胜者也，倭能胜而不得所以胜之者也。练士卒，固险要，明赏罚，此书生谈

---

① （明）王世贞：《弇州山人四部稿》卷八〇《文部·哈密志》，第3798、3804—3805页。

耳。究孰有易之者乎？夫虏与倭，乱我者也，非欲有我者也。
忧不在南北而在中土，机不在将帅而在朝廷，失不在地利而在
人心，呜呼，亦未如之何已。①

王世贞在此指出诸问题的轻重缓急，认为安南、哈密失不足
惜，而"北虏南倭"也不过是作乱而已，他以敏锐的洞察力指出
"忧不在南北而在中土，机不在将帅而在朝廷，失不在地利而在人
心"，从而警告当权者应当注重"中土"的问题，以免丧失人心。

### 五、新掌故史料

日本学者内藤湖南在《中国史学史》中，第十章专讲明代史
学，他说："通观有明一代的史学，其掌故学问之盛就连清朝学者
也是予以承认的。这类书籍至今留存很多，论其种类，从明末焦竑
《国史经籍志·纪注时政》项所汇集的明代掌故书籍，可以一目了
然……王世贞新掌故之学，他将野史风格的掌故之学一变成为实录
本位的掌故之学。"此后，焦竑继承和弘扬了这种风格，"此二人乃
是明代掌故学大家，由于此二人的出现，明代史学才从野史本位转
变为实录本位的著作……以往修史取材时比起吏牍记录更注重取材
于小说逸事，但是自此二人一出，这种以说部为主的著述方针发生
了变化，变为了以吏牍、记录为主的风格"②。在内藤看来，正是
王世贞开创了一派以实录为本位的新掌故史学，从而影响了随后明
朝史家的治史风格。王世贞很重视掌故，他的史书中凡关于典章制

---

① （明）王世贞：《弇州山人四部稿》卷八〇《文部·倭志》，第3828—3829页。
② ［日］内藤湖南：《中国史学史》，第212—213页。

度、遗闻轶事、人物故事、社会经济史料等等方面的内容皆有充分的涉猎，全面考察王世贞的史书，笔者以为其掌故史料具有以下几个特点：

其一，内容非常全面，范围十分广泛。王世贞在《觚不觚录》中自言："大而朝典，细而乡俗，以至一器一物之微，几无不可慨叹。"①换言之，他史书的内容也是从朝典到乡俗，几无不可涉猎。前已论其大的方面，如政治制度、朝中党争、宦官及宗藩问题，而有关社会风俗、经济史料亦见诸其书中，凡赋税、人口、军粮、土地面积、军费开支、钱币铸造等等皆有记录。

如言边粮，"正德末年通记各边年例，犹止银四十三万……今本部岁派山西等布政司、直隶河间等府粮料五十四万七千五百二十五石，布一十八万九千六百一十八疋，棉花绒三万七千五百斤，马草七十五万束……嘉靖二十八年一年，延绥一镇发银至二十九万一千四百七十七两"②。由兹可见，嘉靖二十八年延绥一镇发银就差不多是正德末年九边年例的四分之三，而派发的粮草更是有增不减，从这条史料中，我们可以体察明中叶以后日益增长的军费开支给明廷财政带来的巨大压力。

再如钱钞，洪武初年以纸币为主，后盛行铜钱，中叶以后则白银大盛，王世贞论之曰："凡贸易，金大贵而不便小用，且耗日多而产日少，米与钱贱而不便大用，钱近实而易伪易杂，米不能久，钞太虚，亦复有浥烂，是以白金之为币长也。"③在诸种钱币中，王世

---

① （明）王世贞：《觚不觚录》，第1页。
② （明）沈节甫辑：《纪录汇编》卷一五四《凤洲杂编一》，北京：全国图书馆文献缩微复制中心，1994年，第1669—1670页。
③ （明）谈迁：《国榷》卷六，洪武八年三月辛酉"王世贞曰"，第518页。

贞以白银为最佳，较之钱、钞皆为优越。

又如妇女问题，王世贞不仅作了许多节妇、嫠妇的碑铭传记，且对相关的制度、典故亦加考证。如言"国家于嫠妇，未三十而守志者，及其逾五十也，而旌表其门闾，所以风励女德，至隆重也"①。又考证出《烈妇俱妾媵》，明廷规定凡女子殉夫死者，皆有旌异，但实录所载殉夫者大多是小妾而非正妻，"岂妾独厚而妻独薄耶"？最终王世贞指出妾殉夫原因，乃夫死妻妒，妾难以自存，只得殉夫了。可见，明代妾的命运相当悲惨。②

像这类史料非常多，恕不一一列举。这样的史料虽然零散，但都是王世贞逐一考证的结果，且涉及明代各个方面，因而具有非常可贵的史料价值。

其二，求真实，摒臆说。王世贞的新掌故史料，所谓以实录为本位，乃求其真实，不载无根无据之史料。《史乘考误》中，王世贞详考了国史、野史、家史的错谬，祛除其错误，尽可能地还其真实可信的历史。因此，王世贞在自己写历史书时，几乎每一条史料他都进行了考证，力求真实可信，因而他的史书史料价值极高，这一点为以后诸多史家所证实，清人官修《明史》，对此亦给予了充分肯定。

## 第三节　王世贞明史研究的特点

史学家的著述包括"事""文""义"三个方面。《孟子·离娄

---

① 　（明）王世贞：《弇州山人续稿》卷六七《文部·徐节妇汤氏传》，第8页。
② 　（明）王世贞：《弇山堂别集》卷一八《烈妇俱妾媵》，第327—328页。

下》言："晋之《乘》、楚之《梼杌》、鲁之《春秋》，一也。其事则齐桓、晋文，其文则史。孔子曰：'其义则丘窃取之矣。'"[①]自此以后的史家皆十分重视史学著述的这三个层次，且成为著史的一种指导精神。今人杜维运释之曰：史学著述所涉及的是林林总总的历史事实，叙述这些历史事实，须用文字。所谓"其事""其文"，是史学著述的两大元素，缺一不可。"其事""其文"以外，史学著述还有一个精神境界，即所谓"其义"。史学家为什么倾毕生岁月，写一部史学大著，一定有他的动机与目的，这就是史学著述的精神境界。没有这种精神境界，史学著述将失去闪烁的光辉与珍贵的生命。[②]因此评论史学著作当有"事""文""义"三个层次，那么王世贞的情况如何呢？王世贞的明史研究，如前所述，他既对明史上的重大问题有深入研究，尤其是对影响至巨的内阁制度、宦官专权、党争政治等皆有独到见解。而又涉猎明史上的各个层面。透过他的史书，可见其明史研究的特点。上面我们已详论了王世贞明史研究中的"其事"与"其文"，现在再来讨论"其义"。笔者以为"其义"体现在以下几个方面：

其一，把握住明朝的总体特点，宣扬明朝正统地位，并对其在中国历史长河中予以定位。

虽然王世贞的史学成就主要表现在明史上，但他内心则有一种历史的全局观念，他是把明史放入整个中国历史长河中去研究，并予以定位。在《弇山堂别集》的各部分"序"中，总是先叙述历代

① 杨伯峻译注：《孟子译注》卷八《离娄章句下》，北京：中华书局，1988年，第192页。
② 杜维运：《中西古代史学比较》，第117页。

的沿革。如《百官表·序》，谈及相关官制，他往往从最早的源头谈起，介绍历代的发展状况，然后再论明朝的沿革及特点。如《中书省表·序》先介绍秦及列国设丞相，然后略及汉、魏、晋、隋、唐、宋、元丞相之情况，末再论明代之状况。《六部尚书表·序》《公孤表·序》等等莫不如此。在对明代人物的评价上，这一点表现尤为突出，前已略有论及。如论"汉高之功，一世功也。高帝之功，万世功也"①，称徐达"古今勋臣第一"②。在这么一种评价中，不仅是称颂太祖、徐达或其他明人，更重要的是通过这么一种方式，来肯定明朝的正统地位，且不止于此，更以为明朝超迈千古，是历来得统最正而时代也最清明的朝代。

其实王世贞的那个时代正有这么一种思潮涌起，以为明朝胜过前朝以至远古。有些学者更明确提出明朝"超越前代"多少事，像董谷、刘仕义、谢铎、陆容、陈继儒、张燧等皆提出过相关的说法，后来查继佐在《罪惟录》中又加以发挥，意在强调明朝的正统性和在历史上的地位。③可见这种思想在当时有相当影响。王世贞虽未明确提出明朝胜往代多少事一类的主张，而受这种思潮的影响则毋庸置疑。所以他就将这种思想注入其明史研究中去。

其二，抓住现实中的"大"问题，以史学来实现他的经世思想。

---

① （明）谈迁：《国榷》卷一〇，洪武三十一年闰五月乙酉"王世贞曰"，第785页。
② （明）王世贞：《弇州山人续稿》卷八〇《文部·中山王世家》，第185页。
③ 对此问题，郑可晟师已有深入的研究，参阅其文《论董谷、刘仕义之明朝"超越前代"说》，收入南开大学《中国历史与史学》编辑组编：《中国历史与史学——祝贺杨翼骧先生八十寿辰学术论文集》，北京：北京图书馆出版社，1997年，第16—29页；又见氏著《明清史探实》，北京：中国社会科学出版社，2001年，第326—344页。

朱熹论读史当"观大伦理，大机会，大治乱得失"①，瞿林东认为这是一条重要的史学批评标准，即历史撰述是否真正把握了时代"大伦理，大机会，大治乱得失"②。王世贞之明史研究可谓真正把握住了这一特点。正如前面已经论述的，嘉靖以后明代的各种问题都得以暴露，尤其是宦官专权、厂卫横行、宗藩膨胀、内阁兴盛、党争激烈、南倭北虏，莫不给明朝政治、经济、社会、文化各个方面带来影响，王世贞在其史书中皆予以详尽地论述。他既把握住了这些问题，于论述之同时，他还提出相应的解决办法，这一点在南倭北虏等边疆问题、宗藩问题上表现尤其突出。因此他的明史研究既是历史，又是现实。他的历史研究是为了解决现实中的重大问题，表现出一种强烈的经世致用思想。这是他明史研究的又一重要特征。

同时，他的明史研究又表现了强烈的危机感。他在讨论内外危机之时，提出"中土"问题，最值得关注。所谓"中土"问题，他特别强调：

> 燕、赵、秦、晋、齐、鲁、周、楚之郊，其为侠结纳亡命、习射骑陆博报仇者不可纪也；铸山煮海、夜出而晨归者，不可纪也；习妖书，为妖服，以妄希富贵者不可纪也。一旦而有豪喜乱者倡之，不旬月而数十万人可立受事于麾下，鼓行而前，谁为坚者？指淮漕则天下之咽喉塞，指中都则天下之耳目

① （宋）朱熹著，（宋）黎靖德编：《朱子语类》卷一一《读书法下》，第196页。
② 瞿林东：《中国古代史学批评纵横》，第18页，另参见同书载《读史当观大治乱得失——史学批评的一条重要标准》一文，第85—92页。

新，指陪京则天下之根本摇，指汴洛则天下之矛铃集。我欲抽
北兵而虏控揣我，我欲抽南兵而倭扼掣我，我欲悉发诸夷而诸
夷玩狙我，於乎，何以策之哉？……夫以天下全盛之势而举事
一不当，而豪杰得以窥其间，吁，可畏哉！①

在这里王世贞十分明确地指出最令人担心、最危险的是中土的
百姓，一旦他们揭竿而起，方是天下的大祸乱。他的见解无疑切中
要害，几十年后，终因人心尽丧，明廷覆没在明末农民起义的烈焰
之中。

其三，明史研究上强烈的"成一家之言"的心态。

自司马迁提出"究天人之际，通古今之变，成一家之言"后，
"成一家言"就成为中国古代史学家治史的一个目标。②王世贞生
平之志就是效法司马迁作一部纪传体的明史，因而他作史有种强
烈的"成一家之言"志向。他在《国史策》中言："愚故欲法司马
氏……有能删节其凡例，自羲皇而下迤于今为一家言，以藏之名山
大川，愚且愿为之执鞭，而终其身也。"③以后又多次提及过他的这
种志向。如言："仆生平不自量，妄意欲整齐一代史事，以窃附于
古作者之后。"④"余谬不自量，冀欲有所论著，成一家言，卒卒未

---

① （明）王世贞：《弇州山人四部稿》卷一一四《文部·策一》，第5327—
5329页。
② 参见张大可、俞樟华等：《司马迁一家言》，西安：陕西人民出版社，1995年。
③ （明）陈子龙等编：《明经世文编》卷三三五《王弇州文集四·国史策》，第
3599页。
④ （明）王世贞：《弇州山人续稿》卷一九〇《文部·与徐孺东书》，《影印文渊
阁四库全书》第1284册，第708页。

果。"①晚年对其未能完成"成一家言"的史书，表示莫大的遗憾。前面已经讨论过了其未能完成"成一家言"明史的原因，此处不再赘述。虽然没有完成"成一家言"这样的明史书，但是他的这种心态则显得十分强烈，他在《史乘考误》中，考国史之曲笔、野史之臆说、家史之诔辞，意在消除诸史之谬说，从而确立他认为正确的说法，是他"成一家言"的具体表现。而从其他的史书中亦可看出他"成一家言"的精神。

综上所述，王世贞的明史著述是对嘉、万以前明史研究的一次大总结，他以史学研究来实现其经世致用的目的，他的明史研究也就是现实政治，他不仅对明代重大问题有深入的探讨，且涉及明代社会的各个层面，留下了丰富的资料。他的明史研究亦贯穿着歌颂明朝的思想，体现其"成一家言"的著史志向。他治史严谨，作风踏实，成果卓著，开创了一派以实录为本位的新掌故史学，因而他在明代史学史上有十分突出的地位。他的明史研究既是对前人研究的总结，同时又对后人产生了深远的影响。

---

① （明）王世贞：《弇州山人四部稿》卷七一《文部·弇山堂识小录》，第3428页。

第五章
王世贞明史学的影响


　　王世贞卒于万历十八年（1590），一代史家虽然辞世，但其身后之明史学则更为活跃，一直到崇祯十七年（1644）明朝灭亡，出现了许多明史著作。其中代表性的有沈德符的《万历野获编》、张萱的《西园闻见录》、何乔远的《名山藏》、朱国桢的《皇明史概》等等，以及万历二十一年（1593）陈于陛倡导并组织的一次官修明史的活动。①明末清初则有谈迁《国榷》、钱谦益《太祖实录辨证》和《国初群雄事略》、潘柽章《国史考异》、清官修《明史》等等。从这些史家、史书及史学活动中，我们可以窥见王世贞史学的影响。因为凡治明史，从万历以后官私修明史书、清代的明史撰修，以及当今有关明史问题的研究，王世贞的著作皆是必备的参考资料。万历以后的明史专家，沈德符、张萱、朱国桢、谈迁、钱谦益、潘柽章、傅维鳞等人，皆或多或少受到王世贞的影响。当代有

---

① 　可参阅李小林：《万历官修本朝正史研究》，天津：南开大学出版社，1999年。

人将王世贞看成是明代史学的开创者与先驱①，有人将其看作是明代最杰出的史学家②，可见其史学地位日益得到肯定。可以说王世贞是嘉、万以前明史研究的集大成者，而他开创了对明代史料的考辨，为钱谦益、潘柽章所继承和弘扬，也为清修《明史》和《四库全书总目》所吸收和采纳。本章将就王世贞的史学影响从私家到官修明史，甚至东亚的朝鲜，来检视其影响，进而评判其价值。

## 第一节　王世贞明史学对明清史家的影响

全祖望称"明季野史，不下千家"，谢国桢特作《晚明史籍考》，后又出版《增订晚明史籍考》，洋洋八十余万言，收罗数千种史书，除清以后关于晚明的史书外，也有相当部分是晚明史家所作的史书。明末清初，也可以说是史家辈出的时代，其中不少深受王世贞的影响。例如焦竑，曾在万历年间，与陈于陛同修国史。后编成《国朝献征录》一百二十卷，是书采明一代名人事迹，其体例以宗室、戚畹、勋爵、内阁、六卿以下，各官分类标目，其无官者则以孝子、义人、儒林、艺苑等目分载之。自洪武迄于嘉靖，搜采极博。而最为重要的嘉靖、万历时期的首辅人物严嵩、徐阶、张居正等人，则只采录王世贞所写的传状资料。③又如胡应麟，与王世

---

① 徐彬：《明代杰出史家王世贞》，《文史知识》1997年第1期，第86—90页。瞿林东在《中国史学史纲》第594页中，称："王世贞为晚明史学的先驱。"

② 瞿林东主编：《中国骄子 史学巨擘》（北京：龙门书局，1994年）中列举了中国历史上三十五位史学家，上起左丘明、孔子，下迄吴晗、翦伯赞，而整个明代只选了王世贞一人。

③ 关于焦竑的研究，参见杨艳秋：《论明焦竑的史学思想——兼评其〈国史经籍志·史类〉》，《史学月刊》2002年第11期，第69—74页。

贞的私交甚笃，诗文、治学都深受王世贞的影响。傅维鳞《明书》也多方因袭王世贞的史书。这些在前面已经或多或少提到过，或者其影响更多地表现在别的方面，而不是在明史学上，所以下文中就不再作重点讨论。下文选取张萱、沈德符、谈迁、钱谦益等数人，他们都是万历以后对明史贡献颇多的史家，而王世贞对他们的影响也相当重要，所以进行重点讨论。

### 一、张萱与王世贞

王世贞曾独主文坛二十余年，有一大批年轻学子深受其影响。他尤好奖掖后进，有人则经其鼓励而致力于明史研究，但直接得到王世贞鼓励，而立志著史者莫过于张萱。张萱，字孟奇，号九岳，别号西园，博罗人。万历十年（1582）举人，由中书舍人官至户部郎中。好学博识，经史子集，皆有涉猎，又能画工书，与王世贞有许多共同点。著有《汇雅前编》二十二卷、《汇雅后编》二十卷、万历中编定《新定内阁藏书目录》八卷、《阁藏家录》四卷、文集《西园全集》三十卷，著述甚丰。而史书《西园闻见录》一百○六卷，是一部非常重要的明史著作。载录自洪武以迄天启年间史实，按专题加以评介，自内阁、六部到九边、属国、贡市皆有涉猎。

王世贞对张萱相当看重。在给汪道昆的信函中，还问起过张萱："张萱到否？此子材似胜文。"[①]称赞他的才学。张萱写《西园闻见录》，王世贞之鼓励可以说是张萱撰此书之直接动力，张萱自言道：

---

① （明）王世贞：《弇州山人续稿》卷一八五《文部·汪司马》，《影印文渊阁四库全书》第1284册，第655页。

余往家金陵，获交故大司寇王公世贞，数为余言："李宾之（李东阳）最称怜才，而北地（李梦阳）、信阳（何景明）皆不振，弇州山人老矣，当世得失之林，子其勉之。"盖读予《广陵怀古诗》诸小序及他古文词，谓孺子可与言史也。复移书左司马汪公道昆："崄中诚有意于班、马之业乎，不可当世而失张生。"余谢不敏，然二先生命之矣。①

由兹可见，王世贞对张萱是何等看重，以为自己老了，无法完成当代国史，嘱咐张萱勉力为之。且直接写信给自己的好友汪道昆，予以推荐，以至于张萱认为自己研究明史，写作明史著作，乃是为完成王世贞和汪道昆交付的任务。这段话虽然出自张萱笔下，但在《弇州山人续稿》中亦有类似的文字，因而可以说是确有其事的，并非张萱杜撰。后来张萱得以参加陈于陛组织的修史活动，获观历朝明实录，遂以为"今之日，岭外老公车，千载之一日也"。因此视草之暇，即觅书佣，节略历朝实录，自洪武迄隆庆，凡三百卷，成《西省识小录》一书，又自成书《西省日钞》。张萱以"识小录"为书名，想必与王世贞有关系，王世贞曾撰《弇山堂识小录》，以为"不贤者识其小者"故名之，张萱竟亦用之。书成后，以为"不获司寇（王世贞）、司马（汪道昆）二先生读之，自以为恨"。因为他是继承王世贞遗志而著史，书成而不得王世贞过目，故引为遗憾了。但不久邻居失火，《西省识小录》与《西省日钞》二书皆"付秦焰"，一场心血化为乌有，甚为可惜。但张萱并未就

---

① （明）张萱：《西园闻见录缘起》，载《西园闻见录》，第25页。

此罢休，万历三十九年（1611年）罢职归乡后，再综核官私史书，编成《西园闻见录》一书，以了平生夙愿。①

对此书卷数有不同的记载，张萱在《西园闻见录缘起》中提及，被大火烧毁的《西省识小录》为一百卷、《西园闻见录》一百卷。在他的文集《西园存稿》中言"为《西园闻见录》二百卷"②，《千顷堂书目》与《明史·艺文志》皆作一百〇六卷。清人王士禛《居易录》卷十六言："万历中东粤人张萱官中书舍人，别为《内阁藏书目录》甚详……按：萱，归善人，仕终平越府知府。尝撰《西园闻见录》一百二十卷，又《西省识小录》《西园汇史》各若干卷。"③现通行之版本为一百零七卷。

《西园闻见录》分内篇二十五卷，分别是孝顺、好学、好施、廉洁、殉难、抗节、义烈等有关道德品行方面的史实。外篇则自宰相始，经翰林、吏、户、礼、兵、刑、工六部，再钞法、台谏、建言、内臣等凡七十七卷。再杂篇为术数、堪舆、佛、老、灾祥、妖术等五卷。《西园闻见录》的价值甚高，邓之诚在民国二十九年（1940）哈佛燕京学术印行本的《跋》中称：

凡所称引，博览之士或有不悉其所从出者，故书旧记散佚多矣，犹赖此书以传，一也。所录奏疏，多出邸报，非今所恒见，二也。兵事逾三十卷，建州方盛，语焉特详，触忌新朝，

---

① （明）张萱：《西园闻见录缘起》，载《西园闻见录》，第25—26页。
② （明）张萱：《西园存稿》（清康熙四年重修本）卷一八《寿尹用平年兄八十有一序》。
③ （清）王士禛：《居易录》卷一六，《影印文渊阁四库全书》第869册，第507页。

所以终闷，三也。著一议论，主张歧出者，必备录之，以见持平，四也。尤足称者，著书本旨在以事存人，以人存言，自修己条目，迄于齐家、治平，言行一贯，合以求之，虽复旁及幽隐怪异，要以不倍圣人之教为本，盖世道衰微，慨然有作，非比空谈拜献也。①

邓之诚对《西园闻见录》的史料与学术价值给予了较为全面的评价。

而在《西园闻见录》中，王世贞的著作更是广被引用，王世贞的评论亦多被推崇。因此，张萱不畏艰辛，两度著史，终有《西园闻见录》传世，他著史之最初动力实得自于王世贞的鼓励。而后世即便未得王世贞鼓励但依然模仿王世贞著史者亦大有人在，其中以沈德符最为典型，他的《万历野获编》亦可谓模仿王世贞的史书而成。

### 二、沈德符与王世贞

沈德符（1578—1642），字虎臣，一字景倩，浙江嘉兴府秀水人。万历戊午（万历四十六年，1618）举人。其父沈自邠（1554—1589）为万历五年（1577）丁丑科沈懋学榜进士，选庶吉士，进修撰，年三十六卒。沈德符四十岁才中举人，一生未中进士，学问渊博，钱谦益在《列朝诗集小传》中称赞沈德符：

---

① 邓之诚：《西园闻见录·跋》，载《西园闻见录》，第7669页。

自王、李之学盛行，吴越间学者拾其残渖，相戒不读唐以后书，而景倩独近搜博览，其于两宋以来史乘别集故家旧事，往往能敷陈其本末，疏通其端绪。家世仕宦，习闻国家故事，且及见嘉靖以来名人献老，讲求掌故，网罗放失，将勒成一家之言，以上史馆，惜其有志而未逮也。①

在王世贞去世时（1590年），他才十二岁，根本就不可能亲获王世贞的教诲。不过，从沈德符的治史志向、治史方法，到史书体裁，皆可谓完全与王世贞一脉相承，沈德符与王世贞一样重视明代国政朝章、遗闻轶事，像王世贞一样记奇事、书异事、赞盛事。在他的《万历野获编》中处处可见王世贞的影响。此外，他还有《敝帚轩剩语》《顾曲杂言》《飞凫语略》等著作传世，《四库全书总目》中有所介绍，或录入《四库全书存目丛书》之中。沈德符以王世贞作为他治史的参照标准，或纠其谬，或补其阙。因之，王世贞既是沈德符学习的目标，又是其批评的对象。②

（一）治史志向之比较

博闻强记，熟悉朝章典故，是王世贞与沈德符共同的特点。王世贞乃"当累洽之季，而又家世从缨绂后，窃有志慕说古公卿将相之盛"③。正如前面论及，搜求明代国政朝章、前朝佚闻，从而成

---

① （清）钱谦益：《列朝诗集小传》丁集下《沈先辈德符》，上海：上海古籍出版社，2008年，第657页。
② 陈作荣、赵毅：《王世贞与明代史学》（载《长白论丛》1992年第2期）已看到《万历野获编》受《弇山堂别集》的影响，以为该书多处史论引王世贞的观点，沈德符十分推崇王世贞，奉为前辈，治史方法与王世贞一脉相承。
③ （明）王世贞：《弇州山人续稿》卷四九《皇明盛事述序》，第648页。

就一部当代国史，是王世贞平生志向。而沈德符亦有相同之爱好。沈德符在北京长大，自幼"即闻朝家事，家庭间又窃聆父祖绪言，因喜诵说之。比成童，适先人弃养，复从乡邦先达，剽窃一二雅谈，或与陇亩老农，谈说前辈典型，及琐言剩语，娓娓忘倦"。对前朝典故保持强烈的兴趣，长大后又勤于读书，"日读书一寸，所交卿士大夫，及故家遗老、中官戚里，习闻前朝掌故，沿革折衷，考之往昔，验之将来"①。沈德符与王世贞有一样的兴趣，但治史之愿望似不如王世贞强烈，《万历野获编》之成，他自以为："念年将及壮，遭回无成，又无能著述以名世。"②故就其所忆而写成此书，在沈德符本人看来，《万历野获编》似乎是极不经心之作。但正如前面提及，钱谦益对他给予了很高的评价，所谓"往往能敷陈其本末，疏通其端绪"，从上引钱谦益之分析中，我们看到沈德符是作了许多深入细致研究的，钱谦益提及"且及将嘉靖以来名人献老，讲求掌故，网罗放失"③。在某种意义上所谓名人献老，当亦包含王世贞在内。他揭示了一点，即沈德符作《万历野获编》，乃参阅前人之书而成。虽然沈德符本人所言似乎是极不经意之作，其实远非那么简单。正如王世贞的史书一样，《万历野获编》是一部精心考校之作。只是沈德符作史之志向不如王世贞那么外露，愿望也不如他那么强烈罢了。

（二）沈德符对王世贞治史风格之继承

王世贞曾作《皇明盛事述》《皇明异典述》《皇明奇事述》

---

① （明）钱枋:《野获编分类凡例》，载《万历野获编》，第7页。
② （明）沈德符:《万历野获编序》，载《万历野获编》，第3页。
③ （清）钱谦益:《列朝诗集小传》丁集下《沈先辈德符》，第657页。

三"述"，公开宣扬治史的重点在"盛事""奇事"和"异典"，而且对"盛""奇""异"有过明确的解释，"异典者，遘之自人主者也；盛事者，遘之自天者也。……乃复有遘之自天而不可言盛，遘之自人而不可言典，或人与事之巧相符者，或绝相悖者"，是为奇事。[①]以王世贞在当时史坛上之地位，他如此倡导史之"奇""异""盛"，确实影响了一代史学，其后的史家多注重所谓"盛事""奇事"和"异典"。沈德符的《万历野获编》重典故、记奇事、书异事、赞盛事，也成为此书的一大特点。

虽然沈德符写此书时，并没有按类编排，是康熙年间钱枋编次的。但沈德符的选材从"列朝""间闱""内阁"，到"六部""词林"，以及"内监""僧道""妓女"，朝野内外皆是其关注的目标。而所谓异典、盛事、奇事正是他重点考究的对象，在"列朝"与"六部""科场"等范围内，他偏重于"异典"与"盛事"，如"群相异秉""嘉靖初议大礼""六修国史""词林大拜""丁未闽中林氏之盛"等等。而在非关国政典章者中则偏重于奇，如"佞倖""司道""士人""妇女""妓女""风俗""技艺""玩具""讥详""徵梦""释道"等等。甚至还有"谐谑"一栏，专记稀奇古怪之言，此类奇事，如"方面官淫纵""金华二名士""恩诏逐山人""山人愚妄""妓鞋行酒""男色之靡"等等不一而足。由兹可见，沈德符之选材，深受王世贞的影响，他重典故朝章，亦是以"奇""异""盛"事去钩沉明代史实，从而塑造他所理解的明史画面。

---

① （明）王世贞：《弇州山人续稿》卷四九《皇明奇事述序》，第649页。

《万历野获编》一书内容方面类似王世贞的史书，而表述方式亦大体相同。正如王世贞之"三述"一样，亦是以一条条史料，或者说是一个个小故事分别进行介绍。康熙间钱枋按内容将其编排，从而以类相从，合以成篇成卷，在某种意义上，当时许多史书皆是以此方式进行陈述，成为当时史书的一大特色。因之，可以说沈德符继承和弘扬了王世贞的治史风格，王世贞史书体裁亦得以发扬光大。

（三）沈德符对王世贞之推崇及其书之补充

沈德符对王世贞十分推崇，《万历野获编》中不仅对王世贞的史书给予了极多的关照，对王世贞本人也予以十分的注意，直接涉及王世贞的有四条史料，论王世贞与严嵩、张居正、汪道昆之关系，对王世贞大体是采取称颂的态度。载王世贞言："予心服江陵之功，而口不敢言，以世所曹恶也；予心诽太函之文，而口不敢言，以世所曹好也。无奈此二屈事何，是亦定论。"[1]沈德符认为是定论，表明他赞同王世贞之言。论严嵩之处置王世贞，极尽严嵩之丑态，再言王世贞修史予以报复，"严、徐品行，不待人言，而弇州每于纪述，描画两公妍丑，无不极笔，虽于恩怨太分明，亦二公相业有以取之"[2]。虽然对王世贞著史太以恩怨处事，稍表微词，但终以为是严嵩所"自取之"，有意回护。涉及王世贞治史，在《评论前辈》一条中，引孙樾峰之评王世贞，以为"本朝大小纪载，一出此公之手，使人便疑其不真"，接着再引推崇王世贞之人"而一时推服诸君子，无不曰良史才，或云世家九卿，所闻见朝家事，甚备

① （明）沈德符：《万历野获编》卷二五《汪南溟文》，第630页。
② （明）沈德符：《万历野获编》卷八《严相处王弇州》，第208—209页。

甚确，往年陈文宪开史局，亦有生不同时之恨"。最后批评孙樾峰
"孙素以博洽称，何轻讥前辈乃尔"①！由此可见，沈德符对王世
贞处处回护，正反映他对王世贞之褒扬与推崇。

　　推崇之另一方面则是对王世贞史书之重视。《万历野获编》借
鉴了王世贞《弇山堂别集》的叙事方式和风格，同时把《弇山堂别
集》《弇州山人四部稿》等王世贞的著作作为其参照标准和批评对
象。其一，补其遗漏，论其粗疏。王世贞治史虽重考证，然粗疏之
处亦不少，因而补其遗漏，论其粗疏成为沈德符之目标。补其遗漏
共有十多条，如《三试三名内》等条目：

　　　　弇州所记解元、状元凡九人，而宣德庚戌科状元林震，
则本省解元，其会试又第二，而《盛事述》遗之，仅见于《科
试考》……又解元、会元，弇州所纪者十一人，而永乐二年甲
申科，有吉水刘子钦者，以先一年癸未江西第一、会试复冠多
士。弇州亦不之载……又甲申科取进士四百七十三人，而弇州
《科试考》亦不载，并无刘子钦会元姓名，余向已纪子钦科
第，兹因弇州再记之。②

　　　　弇州记台省之玷，首书永乐七年，御史袁纲、覃珩诬杀主
事李贞一事，而永乐八年，又有一事，更可笑而不及书。③

　　　　弇州纪抚按重轻，自正统至弘治凡四事，而遗却一事最有
关系者。④

────────

①　（明）沈德符：《万历野获编》卷二五《评论前辈》，第631页。
②　（明）沈德符：《万历野获编》卷一六《三试三名内》，第408页。
③　（明）沈德符：《万历野获编》卷一九《台省之玷》，第497页。
④　（明）沈德符：《万历野获编》卷一九《抚按轻重事论》，第553页。

弇州以一榜四相为盛事，此未足异，惟戊辰一榜，则……先后宰相七人，真是极盛。若尚书则十八人，亚卿、中丞、三品京堂则五十二人，而七相中五人一品，二人赠一品。尚书中四人一品，二人赠一品。凡系玉者十三人。此制科以来，未有之盛也。①

　　如斯之言，不一而足，皆是以王世贞为参照对象。王世贞以国史自命，以博洽闻名，但疏漏之处亦在所不少，沈德符每每先提出王世贞所言之事，然后再指出更有某某事较之更奇、更盛或更异，而以王世贞未记因而补之。正充分说明他把王世贞作为参照的目标，从而反映沈德符是沿着王世贞的思路而治史，也充分说明，他深受王世贞的影响。

　　其二，纠其错谬，正其失误。王世贞史书中遗漏固然不少，而错谬之处亦甚多，故而多成为沈德符纠正之对象。如：正德戊辰科，《词林典故》与王世贞《科试考》皆只记庶吉士焦黄中、胡瓒宗等五人，但胡瓒宗墓志中，还有李志学等三人。"则当时传奉实八人也，此近代事，遂讹失至此，可叹。"②

　　张居正夺情，两京大小官员九卿，各有公本保留，合辞请留，但有翰林院编修吴中行、检讨赵用贤，刑部员外郎艾穆、刑部主事沈思孝等人上疏激烈反对，皆予廷杖，并遣戍，"至辛巳京察，复别缀本末，欲永锢之。夫已氓已戍，宁须更丽考功法，弇州《首辅传》中姗笑之，谓江陵（张居正）敏识人，而瞀乱若此，知其不久矣。此

---

①　（明）沈德符：《万历野获编》卷一六《戊辰公卿之盛》，第415页。
②　（明）沈德符：《万历野获编》卷一○《正德朝鼎甲庶常》，第261—262页。

实至言，但谓将五君子入庚辰外计中，则实不然，当时弇州目睹其事，而谬误乃尔，信乎纪述之难也"①。可见，即便是在纠正王世贞错谬之际，沈德符亦颇注意言词，并非一味指责，即便语气较为强硬，但亦多有回护之意。王世贞评议礼诸臣，沈德符以为"凡言礼而贵者，其人材皆磊磊，即不言礼，必有以自见，其语不甚谬，然其中如黄绾之狡险、彭泽之狠横，又岂可以磊磊目之"②。

由兹可见，沈德符在批评王世贞错谬之际，非常注意方式，照顾礼貌，即便指责，亦相当委婉，甚至在批评之前，还大体予以肯定，然后再指出其错谬。如斯看来，他之于王世贞，确实是奉之为前辈，秉承一种尊敬推崇的心态。清人俞正燮对《万历野获编》很推崇，以为"景倩故家，多谙掌故，文笔调达，在弇州上。明代佳书也"③。按照日本学者内藤湖南的说法，沈德符正弘扬了王世贞开创的新掌故史学，并将其推上了一个新的高度。

综上所述，沈德符对王世贞之看法与记载如此重视，正表明他是以王世贞作为模仿的对象。虽然沈德符还征引过其他史家的史书，但征论王世贞的是最多的也是最受其重视，表明他之治史深受王世贞的影响。他秉承王世贞之风格，沿袭王世贞之著史方法，对王世贞处处回护，推崇备至。这正是王世贞史学影响的体现。

## 三、谈迁与王世贞

谈迁（1594—1657），字孺木，一字仲木，海宁人，明季诸生。

---

① （明）沈德符：《万历野获编》卷一二《五贤附察》，第308页。
② （明）沈德符：《万历野获编》卷二五《弇州评议礼》，第628页。
③ （清）俞正燮：《癸巳存稿》卷一二《野获编目录书后》，《续修四库全书》第1160册，第134页。

《海昌外志》《四库总目》称赞他"学颇博涉"<sup>①</sup>，并介绍了他的《枣林杂俎》《枣林艺篑》《海昌外志》等书，当然谈迁最为重要的著作是《国榷》。

谈迁在明清更迭之际，隐居不出，潜心著史，先成就一部编年体明史，不幸1647年被人盗走，遂发愤再撰，终在1653年完成《国榷》。《国榷》一书奠定了谈迁在明史学上的地位，而从这部史书中亦可窥见王世贞之影响。首先，王世贞的史书是《国榷》最重要的史源。对《国榷》一书的史源，喻应益在序中就有提及：

> 三代而后，国家之盛，是非之明，未有隆比我明者。故野史之繁，亦未有多于今日者。然见闻或失之疏，体裁或失之偏，纪载或失之略，如椽阙焉。盐官谈孺木，乃集海盐（郑晓）、武进（薛应旂）、丰城（雷礼）、太仓（王世贞）、临朐（冯琦）诸家之书，凡百余种，苟有足述，靡不兼收，勒为一编，名曰《国榷》。<sup>②</sup>

所谓太仓，即指王世贞。对于喻应益此序，吴晗在《谈迁与〈国榷〉》一文中予以肯定，认为其史料除列朝实录和崇祯邸报以外，喻应益所言采诸家著述凡百余种，"这话是有实事可查的"。他考察了《国榷》卷一至卷三十二之引书，以为参考了一百二十多家，而引得最多的是郑晓、雷礼、王世贞、薛应旂、屠叔方、

---

① （清）永瑢等编：《四库全书总目》卷七四《海昌外志》，第647页。
② （明）喻应益：《国榷·序》，载《国榷》，第4页。

朱鹭、焦竑、徐学谟、高岱等人的著作。①但笔者对《国榷》直接征引的著者进行粗略的统计，发现其征引的著作远不止百余种，直接征论的著者就有二百七十余位，以每位作者一种书计算就有二百七十余种著作。其实很多著者皆有多种著作，因之，保守一点估算，实录而外，《国榷》征引的史书在三百余种左右，而只参考未征引的著作还未算在内。在直接征引的史书中，又以征引王世贞的史书为最多，一共九十七次，次为何乔远九十五次，再次袁衮七十五次。而郑晓（15次）、雷礼（2次）、王鏊（5次）、陈建（4次）、焦竑（5次）等相对而言就少得多了。在《国榷》征引王世贞史书九十八次中，具体可如下表：

表四　《国榷》征引王世贞史书次数表

| 时代 | 洪武 | 建文 | 永乐 | 洪熙 | 宣德 | 宣德 | 景泰 | 天顺 | 成化 | 弘治 | 正德 | 嘉靖 | 隆庆 | 万历 | 合计 |
|---|---|---|---|---|---|---|---|---|---|---|---|---|---|---|---|
| 次数 | 28 | 10 | 4 | 0 | 2 | 3 | 2 | 6 | 6 | 5 | 7 | 17 | 3 | 4 | 97 |

由上表可知，《国榷》中征论王世贞史料最多的是洪武朝，其次是嘉靖朝，再次为建文朝。且在王世贞史书涉猎的每个朝代皆征引了有关论断，这充分显示谈迁对王世贞的重视。谈迁征引史料，自有其标准，他认为"实录外，野史家状，汗牛充栋，不胜数矣，往往甲泾乙渭，左轩右轾，若事鲜全瑜，人寡完璧，其何途之从，曰：人与书当参观也。其人而贤，书多可采，否则间征一二，毋或

---

① 吴晗：《谈迁和国榷》，载《国榷》，第4—5页；另见《吴晗史学论著选集》第三卷，第132—133页。

轻徇"①。"人与书当参观",是谈迁选择史料的标准,不只是看重其书,更要参照其人,作者之品行、阅历、心术皆是参照的对象。他大量地征引王世贞的史论与史料,正表明他对王世贞治史之推崇,从中亦体现着王世贞史学之价值和影响。

其次,谈迁对王世贞之称颂。谈迁对王世贞有过直接的评价,《国榷自序》中,谈迁对明代史家大都予以评价,以为修实录者,"泌阳(焦芳)之憸险也而史,江陵(张居正)之严刻也而史,杨文贞(杨士奇)、董文简(董玘)之褊愞也而史,史之权不有所歆,则有所避"。而野史诸家,"繁简予夺之间,得失相半,郑端简(郑晓)号为博雅,有其学矣,惜非其才。北地(李梦阳)才而不史,琅琊(王世贞)欲史而隐忍以没,又其初皆不践承明之庐,云杜寄径非久,遂老簿书钱谷间,史才难得亦难失"②。谈迁对王世贞"不践承明之庐",而终老"薄书钱谷间",以至于"隐忍以没",未能完成撰修国史的心愿,表示出极大的遗憾,故言"史才难得亦难失"。在明代诸多史家中,谈迁唯独推服王世贞,他以为王世贞"夙负名节,练习掌故,雅志不朽,所著《弇州四部稿》《续稿》《别集》,卓然推一代词宗"③。在文学上王世贞固然是一代词宗,史学上在谈迁看来亦是一位大家。

对王世贞的史才,谈迁固然十分推崇,对其史德,他虽未置词,但从他以"其人而贤,书多可采"的标准,反过来讲,既采其书,也当服其人。而谈迁《国榷》征引王世贞史书最多的事实来

① (明)谈迁:《义例》,载《国榷》,第7页。
② (明)谈迁:《自序》,载《国榷》,第7页。
③ (明)谈迁:《国榷》卷七十五,万历十九年正月辛酉,第4643页。

看，他对王世贞亦是推服的，且引屠隆之论，认为王世贞"言掩其德"，其论道：

> 古之王祥，德掩其言，今之元美，言掩其德。王祥不在能言之科，间与谈论，理致清远，是德掩其言也。元美作《艺苑卮言》，鞭挞千古，掊击当代，笔挟清霜，舌掉电光。天下士大夫，读其文想其丰采，远听遥度，必以为轻俊薄夫，而不知其为人殊长者，识无所不综，而量无所不包，宽仁爱人，盛德之声满里闬，而或不尽闻于薄海内外，是言掩其德也。[①]

屠隆以为王世贞德行高尚，乃宽厚长者。此出自屠隆之笔下，而见诸谈迁的《国榷》，亦可谓谈迁是赞同此论的。谈迁推服王世贞的史才，亦认同其史德，但在有关具体史实的论述中，他并不完全赞同王世贞的主张，即便有异议，他还是一并征引，如胡惟庸案，正如前面所言，王世贞《旧丞相府志》和《后旧丞相府志》二文进行了具体的考证，最终存疑，两说并存。谈迁《国榷》中则两说并收，既详述胡惟庸之预谋，"主上鱼肉勋旧臣，何有我耶？死等耳，宁先发，毋为人束死"[②]。遂谋逆，恰故里第井中忽生石笋，三世祖坟夜皆有光烛天，遂设计府中有甘露，请太祖临幸而伏兵，太监云奇知之，遂挡朱元璋之去路。如斯叙述此事经过后，再引王世贞之评价及对此事之考证，表明不抹杀王世贞考证之功，亦可谓提请后人注意王世贞之存疑。又如谈建文出亡之说，谈迁深信不疑，他详

---

① （明）谈迁：《国榷》卷七五，万历十九年正月辛酉"屠隆曰"，第4643页。
② （明）谈迁：《国榷》卷七，洪武十三年正月甲午，第581页。

述了建文出亡之经过。但王世贞对出亡之说，深表怀疑，谈迁亦将其收入，且言："王元美最博洽，颇疑逊国事，以《致身录》《从亡随笔》二刻晚出，未及见之耳。汉高知吴王濞有反相，豫戒之。我太祖篚匦缡以遗帝，至诚如神，亶其然乎？"[①]虽然对王世贞怀疑建文逊国之说表示异议，但还是附入，表明对王世贞论断之重视。由兹正体现不仅王世贞的史书是《国榷》的重要史源之一，而且王世贞的史论亦对谈迁产生影响。在明末清初的史家中，谈迁固然深受王世贞的影响，相比之下，王世贞对钱谦益的影响更大。

### 四、钱谦益与王世贞

王世贞是嘉、万时期的文坛领袖、史学大家，钱谦益则是明末清初的东林钜子、文坛宗主。两人皆能诗能词，能文能史。但无论文史，从钱谦益身上皆可窥见王世贞的影响。钱谦益以研究明朝开国史著名，其《太祖实录辨证》《国初群雄事略》，皆颇获史学界称赞。他还作过一部明史，只因祝融无情，书成之日，即毁于火，而不得流传于世。若将钱谦益的明史研究与王世贞的明史著述相比较，我们发现彼此有着密切的关系，甚至可以说钱谦益的明史研究乃是对王世贞研究论题的深入和发挥。

对于钱谦益史学研究与王世贞的关系，清人就已经注意到，甚至有人认为钱谦益那部被火焚毁的明史书原本就是王世贞的，陈寅恪在《柳如是别传》中对此事考辨甚详，不妨再略述如次。蔡澄《鸡窗丛话》载，王世贞长子王士骐家藏有王世贞一部史书，乃

---

① （明）谈迁：《国榷》卷一二，第842—843页。

编辑明朝名公卿碑志表传之，搜讨精备，卷佚甚大，几同焦竑的《献征录》。王士骐死后，此书为钱谦益购得，遂据为己有。在此书基础上，钱谦益再增益新的碑志文，并对旧文进行考辨，研修十余年，书成题名《绣史》。不幸书成之夕，钱谦益藏书之绛云楼失火，书稿尽焚，《绣史》亦未能幸免。接着陈先生引朱鹤龄《愚庵小稿》中《与吴梅村祭酒书》之反驳言，以为："（钱谦益）身居馆职，志在编摹，金匮之藏，名山之业，无不穷搜逖览。乱后恻默，乃取而部分之，自附唐韦述、元危素之义。未及告成，焚于劫火，《绣史》之名何自而兴？……弇州藏史未定有无，即使果出前贤，采为蓝本，排缵成书，亦复何害？"①陈先生据此论定所谓钱谦益盗取王世贞史书为自己的书，纯属谣传。此传说是否是明末清初人不满钱谦益之降清而故为传说，亦未可知。此事既属子虚乌有，不足一驳。但这一传闻亦可以说在某种程度上揭示了钱谦益治史与王世贞的关系。虽不能说钱谦益据王世贞书为己书，但钱谦益所从事之明史研究确与王世贞有关系。

事实上，钱谦益并不否认他受王世贞的影响，他在文集中屡屡提到年轻时对王世贞的崇拜，而他的史书中亦时而提及王世贞的论断，尤其是《太祖实录辨证》更可以说是对王世贞《史乘考误》的

---

① 陈寅恪：《陈寅恪集》第5册《柳如是别传》（上），陈美延编，北京：生活·读书·新知三联书店，2011年，第86—88页。《枣林杂俎》之《王元美读书后·毁论》云："《毁论》十本，系先生手书，无副刻。常熟钱牧斋乞于吏部者，秘不示人。辛卯九月书室灾，不存。"谈迁：《枣林杂俎》之《王元美读书后·毁论》，罗仲辉、胡明校点校，北京：中华书局，2006年，第246页。（清）查慎行：《人海记》亦载："王元美所著……又有《毁论》十本，系先生手书，无副本。牧斋宗伯乞于吏部，秘不示人。辛卯（1651）九月，燔于绛云楼之炬。惜哉！"（北京：北京古籍出版社，1989年，第61页）

继承和弘扬。

（一）钱谦益年轻时对王世贞之崇拜

王世贞去世时（1590），钱谦益八岁，或许钱谦益年幼时见过王世贞，因为钱谦益言"弇州则吾先世之契家也"①，可见，王世贞与钱谦益之先人交往甚密。而钱谦益与王世贞的子孙亦有往来。王世贞的长子王士骐，字冏伯，万历壬午（1582）乡试第一，己丑（1589）进士，由礼部主事调吏部员外郎，后坐妖书狱，削籍。他能诗工文，诗集有《醉花庵诗选》，史著有《皇明驭倭录》《武侯全书》《四侯传》等。王士骐比钱谦益年长，资历也稍老些，二人关系也比较密切。钱谦益《列朝诗集小传》中载王士骐小传，载录一段对话："（士骐）尝语余曰：'先人构弇山园，叠石架峰，以堆积为工。吾为泌园。土山竹林与池水映带，取空旷自然而已。'余笑曰：'兄殆以为园喻家学乎？'冏伯笑而不答。"②所谓弇山园，《江南通志》载："弇山园，在镇洋县隆福寺西，明王世贞家园。广七十余亩，中叠三峰，曰上弇、中弇、下弇，极亭榭卉木之胜。"③可见，弇山园是江南名园，乃王世贞精心构筑的。这里钱谦益以园林而比附家学发问，实际上是对王士骐的说法表示不同看法，言下之意是王士骐学问远不如其父。同时钱谦益在《列朝诗集小传》又提及王世懋孙王瑞国："闻余弇州晚年之论，翻阅家集，扣击源委，深

---

① （清）钱谦益：《牧斋有学集》卷四七《题徐季白诗卷后》，钱曾笺注，钱仲联标校，上海：上海古籍出版社，1996年，第1562页。
② （清）钱谦益：《列朝诗集小传》丁集上《王司勋士骐》，第438页。
③ （清）赵宏恩等监修、（清）黄之隽等编纂：《江南通志》卷三三《舆地志》，《影印文渊阁四库全书》第508册，第125页。

以吾言为然。"①可见钱谦益与王世贞后人有过往来，家世之往来更增加钱谦益对王世贞的重视。

钱谦益年幼求学，正是王世贞之影响大盛、如日中天的时候，《四部稿》正十分流行，钱谦益读书作文即自《四部稿》始。他自言年轻时喜欢王世贞书籍，屡见诸其文集中。如："仆年十六七时，已好陵猎为古文，空同（李梦阳）、弇山二集，澜翻背诵，闇中摸索，能了知某行某纸。摇笔自喜，欲与驱驾，以为莫己若也。"②又言："弱冠时，熟烂空同、弇州诸家，至能暗数行墨。先君子命曰：'此毗陵唐应德所云，三岁孩作老人形耳。'"③再言："仆少壮失学，熟烂空同、弇山之书。中年奉教孟阳诸老，始知改辕易向。"④又言："余发覆额时，读前后《四部稿》，皆能成诵，闇记其行墨。"⑤可见，年轻时钱谦益之作文即是向王世贞学习，后来随着阅历日益丰富，再加周边人的开导，并"观其（王世贞）晚年论定之说"，于是钱谦益渐渐改弦易张，再学其他人之作文，从而摆脱以前的框架，进入一种新的境界。因此，可以说王世贞的书是钱谦益走入文学殿堂的向导。即便后来钱谦益已树立自己的风格，在文史学界都有相当重要的地位，但对王世贞的评价依然相当高，如言："元美之才实高于于麟（李攀龙），其神明意气，皆足以绝世。"⑥而钱谦益的文章风格虽然改变了，但依然可见王世贞的影响，以致

① （清）钱谦益：《列朝诗集小传》丁集上《王少卿世懋》，第438页。
② （清）钱谦益：《牧斋有学集》卷三九《答山阴徐伯调书》，第1347页。
③ （清）钱谦益：《牧斋有学集》卷四九《读宋玉叔文集题辞》，第1588页。
④ （清）钱谦益：《牧斋有学集》卷三九《复遵王书》，第1359页。
⑤ （清）钱谦益：《牧斋有学集》卷四七《题徐季白诗卷后》，第1562页。
⑥ （清）钱谦益：《列朝诗集小传》丁集上《王尚书世贞》，第436页。

遭人批评，"牧斋引用，多类元美"①。这从一个方面反映钱谦益受王世贞的影响相当大。

（二）钱谦益的史学活动

万历三十八年（1610），钱谦益以探花及第，授翰林院编修，从此踏入史馆。天启年间参与《神宗实录》编修，以后历任经筵日讲官、侍读学士、詹事府少詹事、礼部右侍郎等职，均未脱史官身份。他自言："仆自通籍，滥尘史局，即有事于国史"，"三十余年，留心史事。"②清军入关以后，顺治朝即开《明史》馆，钱谦益又被委任为《明史》副总裁，与修《明史》。难怪黄道周言："庐山尚在，国史犹未死也。"③把他比作元末明初的危素，身负明史存亡之重任。钱谦益亦不负所望，毕生于明史孜孜以求，最终做出了不俗的成就。而钱谦益治明史，深受王世贞影响，他在《答吴江吴赤溟书》中表明其治史之志向，亦可窥见前人的影响。其言：

> 三十余年，留心史事，于古人之记事记言、发凡起例者，或可少窥见其涯略。近代专门名家，如海盐（郑晓）、太仓（王世贞）者，亦既能拾遗纠谬，而指陈其得失矣。徜得布席函丈，明灯促席，相与讨论扬榷，下上其议论，安知无一言半辞，可以订史乘之疑误、补掌故之阙略者？④

在这里钱谦益明确地表示与海盐郑晓、太仓王世贞进行商榷，

---

① （清）钱陆灿：《列朝诗集小传序》，载《列朝诗集小传》，第2页。
② （清）钱谦益：《牧斋有学集》卷三九《答吴江吴赤溟书》，第1367、1368页。
③ （清）钱谦益：《牧斋有学集》卷一四《启祯野乘序》，第686页。
④ （清）钱谦益：《牧斋有学集》卷三九《答吴江吴赤溟书》，第1368—1369页。

"下上其议论"，从而"订史乘之疑误，补掌故之阙略"。与前人商榷对话，补其缺佚，纠其错谬，这是对前人治史之继续，表明他是踏着前人的足迹而行，正体现了他乃受前人之影响而著史。他的《国初群雄事略》就是以为前人之史"人自为书，踳驳疑互"，遂乘撰修《神宗实录》之际，得见文渊阁所藏诸史与历朝实录，"国史之脱误，野史之舛谬，一一可据以是正"。"先之以国史，证之以谱牒，参之以别录，年经月纬，州次部居，于是开国功臣之事状粲然矣"①，因而完成此书。《太祖实录辨证》可以说是《国初群雄事略》的姐妹篇，从方法和内容上都是对王世贞《史乘考误》考辨诸史的继承。王世贞首开对明代实录、野史、家乘之考订纠谬，而得钱谦益和潘柽章所继承和弘扬。钱谦益因而写成《太祖实录辨证》，潘柽章则成《国史考异》，如果我们作进一步的比较研究，它们三者之间的关系就可以得到明晰的表露。

（三）《太祖实录辨证》对《史乘考误》之弘扬

明代实录不实，前面已引过多位史家之论评，王世贞首开对实录之辨证，钱谦益继承了王世贞考证实录之治史风格，所以王世贞既是其效法的对象，同时又是其批评的目标。而钱谦益的辨证又影响着潘柽章的明史考证。潘柽章，字圣木，江苏吴江人。隐居力学，综贯百家，尤精于史。平生以明史自负，才颇高，后因庄氏明史案牵连而被处死。《国史考异》书成后，颇受赞誉。但他是在王世贞、钱谦益的基础上进行的。所以本节附上潘柽章的《国史考异》，比较三者，共同论述，即可看出相互之间的关系以及考辨

---

① （清）钱谦益：《牧斋初学集》卷二八《皇明开国功臣事略序》，（清）钱曾笺注，钱仲联校，上海：上海古籍出版社，1985年，第844页。

《明实录》的渊源。

在《太祖实录辨证》中，钱谦益考辨实录之际，同时征论了前人的研究，但从具体问题的分析上可以看出王世贞是其主要的针对目标。因为其他史家如郑晓、黄金、刘辰等虽皆涉猎过明朝开国史，但并未对实录作系统的考证，唯独王世贞在《史乘考误》中详考了《太祖实录》等有关史书之谬误与曲笔，而王世贞的《别集》其他部分及《续稿·史传》上亦涉猎过洪武史实，所以皆为钱谦益参证的对象。对于《明太祖实录》，有关开国功臣结局及建文逊国之事是历来史家考辨的重点，也是王世贞及钱谦益、潘柽章关注的重心。凡是王世贞考辨过的问题，皆受到钱谦益、潘柽章注意。下面就有关问题，来探讨三者的关系。

其一，廖永忠之死。王世贞在《史乘考误》中详论了廖永忠死亡的真相，他引洪武十年（1377）朱元璋戒谕勋臣之诏令及永乐年间纪纲狱辞作据，从而断定廖永忠是僭用逾制而得罪被诛。钱谦益赞同廖永忠被诛之推论，并言"于是永忠之被诛始著，而人皆以国史之书法为隐"。但对廖永忠被诛的原因持不同意见，他以洪武二十九年（1396）宁宪王奉敕编撰的《通鉴博论》为据，以为"知永忠之被诛，虽为其僭侈犯上，实以沉韩林儿之故也"，他论定乃朱元璋恶其不义，遂加赐死。且对处置廖永忠的方式大加颂扬。其言：

> 我圣祖之于永忠，斯所谓义之尽仁之至也欤？于国史则讳之，于《博论》则彰之，其又何居？曰：国史之讳之，为一时也。《博论》之彰之，为万世也。曰沉韩林儿于瓜步，曰大明以永忠为不义，后赐死。于林儿则书其名，于大明则纪其号，

于永忠则正其罪，曰不义，曰赐死，其词简而该，其义博而严。愚以为此非宁宪王之书法，而圣祖之书法也。①

钱谦益这里对实录、《通鉴博论》所载不同予以解释，以为是太祖的书法，故意为之。但对为什么"沉韩林儿"时未诛，一直等到洪武八年（1375）朱元璋才将廖永忠处死，则未作分析，这自然是钱谦益推论最为致命之处，但他却避而不谈。因而受到潘柽章的批评，潘以为：

永忠之诛，盖因党比杨宪耳，非以沉韩林儿故也。瓜步之事，情状暧昧，若谓太祖心恶其不义，而隐忍数年，信任不衰，卒以他事诛之，将使天下后世，反有义帝江南之疑，岂若风浪掀舟之说，彰彰可信哉。②

潘柽章以为将廖永忠被杀归咎于沉韩林儿之不可信，因为事实上此后太祖对廖永忠"隐忍数年，信任不衰"，多年之后如果再以沉韩林儿为由将其诛谬，这种说法显然难以自圆其说，他考订出廖永忠乃党比杨宪而诛。他们二人皆肯定了王世贞论定赐死之结论，力求在王世贞论证的基础上有更新的发现，从潘柽章对钱谦益的批评来

① （清）钱谦益：《牧斋初学集》卷一〇三《太祖实录辩证三》，第2123—2124页。

② （清）潘柽章：《国史考异·高皇帝上》第十六条，《续修四库全书》第452册，第19页。另参见包遵彭主编：《明史考证抉微》，台北：学生书局，1968年，第59页。包遵彭主编之《明史考证抉微》收录了：陈守实《明史抉微》、潘柽章《国史考异》、钱谦益《太祖实录辩证》、卢文弨《读史杂记》、李光涛《论乾隆年刊行之明史》及包遵彭之《导论》等著作。

看，钱之分析并不比王世贞高明。但《明史》比较诸说，如斯论道：

> 初，韩林儿在滁州，太祖遣永忠迎归应天，至瓜步覆其舟死，帝以咎永忠。及大封功臣。谕诸将曰："永忠战鄱阳时，忘躯拒敌，可谓奇男子。然使所善儒生窥朕意，微封爵，故止封侯而不公。"及杨宪为相，永忠与相比。宪诛，永忠以功大得免。八年三月坐僭用龙凤诸不法事，赐死，年五十三。①

由兹可见，清修《明史》最终还是采纳了王世贞的说法。

其二，胡惟庸案。王世贞《旧丞相府志》和《续旧丞相府志》，对此考辨甚详，以为传说的旧丞相府并非胡惟庸的府第，进而揭示了胡惟庸案诸说之矛盾与疑义。钱谦益考证此事，沿袭王世贞的思路，甚至有些语句亦抄自《旧丞相府志》，如言："南京城西华门内，有大门北向，其高与诸宫殿等，后堂甍栋具在，曰旧丞相府，既胡惟庸故第，前有瞖井，即所谓醴泉，出邀上临幸者也。"这些皆可谓王世贞的《旧丞相府志》中摘抄而来。随之言："云奇之事，国史、野史一无可考，嘉靖中朝廷因中人之请而加赠，何孟春据中人之言而立碑，王世贞《旧丞相府志》据国史以驳之，其辨甚正。第亦疑惟庸私第不当在禁中，而未有核其实也。"接着，钱谦益以《奸党第二录》为据，考订出胡惟庸之府第在细柳坊，亦即武胜坊，故不在禁中，他先解答了王世贞的疑问，随后再指陈其谬误，"世贞谓上为吴王徙居旧内，误也"②。接着逐一指陈其谬误，从

---

① （清）张廷玉等：《明史》卷一二九《廖永忠传》，第3806页。
② （清）钱谦益：《牧斋初学集》卷一〇三《太祖实录辨证三》，第2126—2128页。

而推断出胡惟庸案之真相。

潘柽章肯定了旧丞相府与胡惟庸无关，赞同王世贞和钱谦益之论断，然后指出所谓丞相府即中书省，后为三公府。"今西华门内，门北向，而堂南向者，是已左右丞相参政以下公署，皆在焉，特称丞相者统于所尊也，非以胡惟庸故名也。"然后质言："王氏既疑惟庸私第不在禁中，而又谓非中书省，何耶？"以为王世贞的怀疑不是中书省旧址是没有根据的。对于云奇之事，以为：

> 云奇事，起于中官高隆等，相传为蓝玉时事，而何孟春从而附和之，以为玉未尝为丞相，故又移之胡惟庸，凿空说鬼，有识者所不道。然考之史，惟平章邵荣，尝伏兵三山门内，欲为变。上从他道还不得发，与墓碑所称相类。三山门在都城西南，与旧内相近。上登城眺察，固不难悉睹也。岂云奇本守三山门，讹而为西华耶？或云奇以冲跸死，而宋国兴之告变踵至耶？事有无不可知，史之阙文，其谓是欤？[1]

这里，潘柽章对云奇之事存疑，有关地点亦存疑。

由兹可见，钱谦益和潘柽章都是王世贞《旧丞相府志》的基础上进行深化，从而加以考释，作出自己的判断。

其三，朱亮祖之死。《太祖实录辨证》完全袭用《史乘考误》之说，他以朱元璋御制《圹志》而得出朱亮祖乃被鞭而死，以为实录言其病卒乃不实之词，"后有读御制文集者，则可考而知之矣。亦

---

① （清）潘柽章：《国史考异·高皇帝中》第十四条，第33页。

所谓讳而不没其实者与"？他以为"鞭之"，实则"杖之"也。①钱谦益此处完全是重复王世贞之论断，但他却未提王世贞的考证。潘柽章沿袭同样的思路，亦以为"亮祖之死于杖下明矣"②,《明史》遂因其说，言"鞭死"。对于朱亮祖之结局，钱谦益与潘柽章沿袭王世贞之结论，但两个人都没有提及王世贞之论断。

其四，李文忠之死。王世贞以为李文忠乃自尽而死，钱谦益先征引王世贞的考订，然后引俞本《纪事录》所载，以为文忠病，淮安侯华中侍疾进药，饮药而死，朱元璋疑其有毒，遂贬淮安侯，放其家属，医士全家被诛。钱谦益对此事之真否，深表怀疑，认为："惟庸之于诚意（刘基），淮安之于曹国（李文忠），与夫德庆（廖永忠）之于龙凤（韩林儿），卒皆用以致辟，岂其事亦有相类者耶？若曹国得罪之故，史家阙如，无可征考，吾不得而知之矣。"③钱谦益对进药一事表示怀疑，而对李文忠获罪之原因以为史家阙如，故亦不得而知。潘柽章则以为："进药之事可信，但谓族诛侍医，则诸书不谋同辞。"而对李文忠获罪之因，以为与马皇后故去有关，马皇后在时极力调护，故去之后，有大臣谗言"因其招纳士人，遂乘间媒蘖之耶"④。

钱谦益和潘柽章丰富了王世贞之考订，将王世贞未能注意到的史料加入进去，从而给此问题之考证提供了更多的证据。即便如此，最终对李文忠得罪之缘由，依然未搞明白，《明史》综合诸说，先言李文忠屡屡进谏，以是积忤旨，不免受到谴责，"十六

---

① （清）钱谦益：《牧斋初学集》卷一〇五《太祖实录辨证五》，第2143页。
② （清）潘柽章：《国史考异·高皇帝中》第十六条，第35页。
③ （清）钱谦益：《牧斋初学集》卷一〇五《太祖实录辨证五》，第2145页。
④ （清）潘柽章：《国史考异·高皇帝中》第十九条，第38页。

年冬遂得疾。帝亲临视，使淮安侯华中护医药。明年三月卒，年四十六。帝疑中毒之，贬中爵，放其家属于建昌卫，诸医并妻子皆斩"①，最终采纳了钱谦益与潘柽章之论断。

其五，鸡鸣山功臣庙。王世贞在《史乘考误》中对鸡鸣山功臣庙进行特别的考辨，以为实录载洪武二年（1369）六月建功臣庙，论次诸臣之功，凡二十一人，死者塑像，生者虚位。王世贞考辨道："生封公，死封王者，至二十八年而始定。何以预知李善长、冯胜之不终而革之？是时沐西平一指挥耳，何以预知其有功而列之胡大海之前？盖塑像虚位诚有之，以后有不克终者不得入，而所定位次，则据永乐初年见在者而言耳。"②钱谦益特作《鸡鸣山功臣庙考》上、下二篇进行考辨，他有言"王氏之考核矣，而未及详也"，认为王世贞的考辨精核，但不得其详。然后他逐一分析了诸公侯之命运，及有关大臣不得入此庙之原因，并以为"虚位塑像，王氏以谓诚有之，吾以为非也"③。再征论《明会典》及其他诸史不同的说法，以为："繇此推之，二十一人位次，《实录》《会典》，彼此错互，已不可考正。《一统志》之所载，未知何所援据，又岂可遽信哉？"④

潘柽章先将王世贞之考订、钱谦益之文章及实录的记载全都列出来，然后再征引其他相关的记载，接着综合诸说，以为塑像虚位说非实，从而肯定了钱谦益的说法。"钱氏既力驳之，谓论次之定，当在胡、蓝二党底定之后，然不能决于何年也。考《实录》祔祭文武诸臣，亦有正祀、附祀之辨。"逐一指出其正祀、附祀者，最后

① （清）张廷玉等：《明史》卷一二六《李文忠传》，第3746页。
② （明）王世贞：《弇山堂别集》卷二一《史乘考误二》，第384页。
③ （清）钱谦益：《牧斋初学集》卷二二《鸡鸣山功臣庙考》，第752页。
④ （清）钱谦益：《牧斋初学集》卷二二《鸡鸣山功臣庙考》，第755页。

论道："意圣祖末年倦勤，大礼大政，悉令皇太孙参决，继遭革除之事，必有缺不及补讹不及订者。而《国史》《会典》，承袭疑舛，无所厘正，此岂独有司之责乎？"①此事正如钱谦益所言："是祀也，掌在太常，记在《会典》，二百余年已来，未之有改也。太仓王世贞独考其误，以为国初之封六王，韩、魏、郑、曹、宋、卫也。"②王世贞首先对此产生怀疑，可以说他先提出此问题并开其先河，钱谦益和潘柽章在此基础上进行深化，详细探讨其问题的根源，从而推断出有关的结论。

其六，建文之自焚说、逊国说。前面已详论了王世贞考辨建文出亡之看法，以为"大抵建文出亡与否不可知"。谈迁以为若王世贞看了《致身录》和《从亡随笔》，势必会相信建文出亡之说，但钱谦益特作《致身录考》和《书致身录考后》，考辨二书，乃后人伪作。《致身录》署名史仲彬所撰，乃焦竑游茅山时得诸道士，书前有焦竑作的小引云："往岁戊辰（隆庆二年，1568），予同二三友人薄游茅山，会淫雨连旬，兀坐一室，老道以所集供翻阅，竟日无可意者，最后得史翰林《致身录》，读而抚掌曰：'革除多疑事，读史者深不决之悲，得此足发覆矣。'询其得之由，则成、弘间，史公裔孙常携以游，道士窥而窃之者也。"③《致身录》和《从亡随笔》被发现以后，明末史家大都以为可信，因而建文逊国说广为接受，但钱谦益特作《致身录考》和《书致身录考后》二文，以十

---

① （清）潘柽章：《国史考异·高皇帝中》第一条，第21—22页。

② （清）钱谦益：《牧斋初学集》卷二二《鸡鸣山功臣庙考》，第751页。

③ （明）焦竑：《史翰林致身录小引》，载（明）史仲彬：《世祖学士忠敏公致身自序》，收入刘兆祐主编：《中国史学丛书三编》第26册，台北：台湾学生书局影印台湾"中央"图书馆藏本，1987年，第327页。

条理由说明《致身录》系后人伪作，《从亡随笔》是："此又妄庸小人，踵《致身录》之伪而为之者也。"①钱谦益在《列朝诗集小传》中言："帝逊位后入蜀，往来滇、黔间，尝赋诗一章，士庶至今传诵。或云正统中，坐云南布政司堂上，袖出此诗也。"②接着对当时流传的建文诗三首，进行了考辨，指出叶子奇《草木子余录》中所录《新月诗》和郑晓《逊国记》中所载诗，都是李维桢伪作。建文出亡尚不可知，如何会出现他出亡所作的诗呢？故一一指出其诗乃后人伪作，可见，钱谦益对出亡之说是坚决否定的。

潘柽章则以为："自焚之说，可疑者有三，而逊去之说，可据者亦有三。其可疑者何也？一曰丧礼之不备也。史言成祖望见烟起，遣中使往，出尸火中，还报而哭，遂驻营龙江发哀，命有司治丧葬，是始终未尝一临其丧，而《通纪》所传抚尸而哭，且以小子无知斥之者，亦妄语耳。其谓丧葬如仪，及备礼云者，皆史家微词。"③以为建文当日还能亲手杀徐增寿于左顺门，因而不可能困坐宫中。至于出亡之实际情况，事本属隐秘，"吾不得而知之矣。必欲从二百载后，而一一指其同谋何人，寄迹何地，非愚则诞，阙疑焉可也"④。

随后潘柽章赞同王世贞所论，杨行祥并非建文帝，但批评王世贞以为未闻思恩升州为府，潘柽章论定确有此事，只是与杨行祥案无关罢了，而所谓建文之诗亦乃后人假托，最后得出结论："建文迎归之事，断不足信，若逊位而出，则或有之耳。"⑤虽然他倾向于出

---

① （清）钱谦益：《牧斋初学集》卷二二《书致身录考后》，第758页。
② （清）钱谦益：《列朝诗集小传》乾集上《建文惠宗让皇帝》，第2页。
③ （清）潘柽章：《国史考异·让皇帝》第十三条，第70—71页。
④ （清）潘柽章：《国史考异·让皇帝》第十三条，第72页。
⑤ （清）潘柽章：《国史考异·让皇帝》第十七条，第78页。

亡说，但对建文迎归之事完全赞同王世贞的论断，论其纯属子虚乌有之事。总体而言，他的结论未出王世贞之考证，虽然他强调的与王世贞论定的有些相悖，但终究还是以疑存疑，表现了其考辨史实的严谨性，同时也反映出王世贞史学深远的影响。

综上所述，如果全面对比王世贞、钱谦益和潘柽章的考订，自然是潘柽章的最为全面而深入，钱谦益的《太祖实录》的考订也较王世贞更为深刻。①而王世贞并没有对整部《太祖实录》进行深入细致的考订，《太祖实录》虽是其最为重视的史书之一、但由于《史乘考误》涉及的面太宽，凡嘉、万以前的国史、野史、家乘皆是其考订的目标，因而具体到《明太祖实录》，涉猎的问题就非常有限，因之深度、广度皆不如钱谦益与潘柽章。但是钱、潘之考证则深受王世贞的影响，体现在以下三个方面：

一则，继承和弘扬了王世贞考辨实录的风格。王世贞开考辨实录之先河，钱谦益承其余绪，潘柽章加以深化，从而将实录之考订逐步推向全面而深入。他们治史之方法与考辨的对象皆是一脉相承的。

二则，凡王世贞对《太祖实录》考订的问题，钱谦益、潘柽章皆视作重点，进行细致的论述和考订，王世贞之考订是钱谦益和潘柽章考订的基础和前提，既是其参考的资料，又是其论辨的对象。从上面所论的六条史实来看，莫不如此。钱谦益在王世贞论辨的基

---

① 钱谦益对《国史考异》亦大加称颂，他在给潘柽章的信中多次提及，如言："伏读《国史考异》，援据周详，辨析详密，不偏主一家，不偏执一见。三复深惟，知史事之必有成，且成而必可信可传也。一官史局，半世摩摩，头白汗青，迄无所就。不图老眼，见此盛事。"（《牧斋有学集》卷三八《与吴江潘力田书》，第1319页）又言："手教盈纸，详论《实录辨证》，此鄙人未成之书，亦国史未了之案，考异刊正，实获我心，何自有操戈入室之嫌？"（《牧斋有学集》卷三九《复吴江潘力田书》，第1350页）

础上加以深化，潘柽章则综合二者之考证，加入新的材料，从而进一步发挥，除去历史的疑误，一步步接近历史真相。但事实上，有几个问题他们并没有超出王世贞所作出的论断，只是增加了些材料。王世贞由于历史条件的限制，在他的时代许多材料是难以看到的，故而限制了他考辨。而钱谦益长期担任史职，又与修《神宗实录》，得以参阅文渊阁藏书，看到了像《奸党录》这样的原始档案材料，故而可以将王世贞的考辨加以深化，潘柽章《国史考异》成书于清初，更有条件接触新的材料，故可作出较王世贞更令人信服的考辨结论来，而他们深受王世贞的影响则是不容置疑的。

三则，曲笔之探寻。王世贞史学影响不仅在于他的史实考证成为后人考证之基础，还在于他最早对《太祖实录》曲笔进行之摸索和总结，也得后人予以弘扬。他以为实录中"例凡暴卒者，俱赐自裁者也"，"廖（永忠）、冯（胜）二人尚于卒下立传，而傅颍公（友德）、王定远（王弼）仅于封爵下立传，则二公之祸当尤惨也"。[①]他首先探寻出《太祖实录》处置诸臣笔法之不同，是否有谥号，是否立传，何时、何处立传，皆有一定的寓意。因为实录的曲笔，只能从这样的蛛丝马迹中去捕捉隐藏在背后的历史真相，王世贞的这种摸索判断，开启了后人的注意，同时也获顾炎武和钱谦益之肯定和弘扬。

顾炎武以为前人言："实录中附传于卒之下者，正也；不系卒而别见者，变也。当日史臣之微意也。"将王世贞所言更细致化，他对王世贞《信国公诗》言"所以恩泽终，颍、宋乃反是"，深表

---

① （明）王世贞：《弇山堂别集》卷二〇《史乘考误一》，第369—373页。

赞同，"盖谓二公之不得其死，而不可谓之诛"。①钱谦益在《太祖实录辨证》之最后，更将这种"史臣微意"加以系统化，其《太祖实录辨证》关注的中心是诸开国功臣之结局，而他的成就亦体现在对诸开国功臣结局之考辨及对《明太祖实录》微意之总结，而这二者皆可谓王世贞未竟之事业。他言：

> 考之实录，则义例尤错互不一。有直书自经及赐死者，善长、亨之类是也；有直书其事而曰伏诛者，蓝玉、周德兴之类是也；有于卒之年月立传，且书其赗恤而实以诛死者，廖永忠也；有于卒之年月立传，而不载赗恤者，冯胜也；有卒之年月但书曰卒，而别立传于封爵之年月者，傅有德也；有止书其卒，而封爵之年月并不立传者，王弼也；有其人以诛死而没其事，并不记其所终者，胡美、黄彬之类也；有不记其所终，而略举其事，或在奉朝请之下，或在封爵之下者，陆聚、孙恪之类是也。国史大书特书，发凡起例，在诸公必信而有征，立乎定、哀以指隐、桓，将使谁正之哉？夫班、马传汉，不没韩、彭之婴戮；欧、宋书唐，必著文静之抚膺。山河之誓未乾，麒麟之图安在？逝者不作，来者难诬。安用出入多端，掩沉魂于青史；推敲只字，寄隐狱于丹书也哉？②

钱谦益系统地揭示《太祖实录》曲笔之处置笔法，据此即可推得诸功臣之真实结局，而他的这种总结，可以说其直接渊源于王世

---

① （清）顾炎武：《顾亭林诗文集·亭林文集》卷三《答汤荆岘书》，第51页。
② （清）钱谦益：《牧斋初学集》卷一〇五《太祖实录辨证五》，第2151—2152页。

贞的探寻。

据说钱谦益曾花一千二百两银子购得一部宋版《两汉书》，而此书原来是王世贞以一处庄园而换得。王世贞在《四部稿》对此书有记载，自言乃其所藏二千余卷书中之冠，描述其状道：

> 桑皮纸，匀洁如玉，四旁宽广，字大者如钱，绝有欧、柳笔法，细书丝发肤缀，墨色清纯，奚潘流渖，盖自真宗朝刻之秘阁，特赐两府，而其人亦自宝惜，四百年而手若未触者。前有赵吴兴小像，当是吴兴家物，入吾郡陆太宰，又转入顾光禄，失一庄而得之。噫，余老矣，即以身作蠹鱼其间不惜，又恐兹书之饱我而损也，识其末以示后人。①

王世贞对于此书是极为珍惜的，乃为其藏书"诸本之冠"。但王世贞死后此书被卖出，后来钱谦益从徽人手里购得，但晚年他又将此书卖给了谢象三。他详述其经过：

> 赵文敏家藏前、后汉书，为宋椠本之冠，前有文敏公小像。太仓王司寇得之吴中陆太宰家。余以千金从徽人赎出，藏弃二十余年，今年鬻之于四明谢象三。床头黄金尽，生平第一煞风景事也，此书去我之日，殊难为怀。李后主去国，听教坊杂曲"挥泪对宫娥"一段，凄凉景色，约略相似。②

---

① （明）王世贞：《弇州山人四部稿》卷一二九《又前后汉书后》，第6019页。
② （清）钱谦益：《牧斋初学集》卷八五《跋前后汉书》，第1780—1781页。

可见，钱谦益将此书卖给谢象三后，内心极为难过，竟有李后主"挥泪对宫娥"的心境，表明他十分舍不得，也颇为伤感。后来，绛云楼失火，钱谦益的藏书尽焚，而此书独留人间。当他再见到此书时，不禁稀吁。①打一个不太恰当的比喻，钱谦益的明史研究，就如同那部《两汉书》一样，来自王世贞，当他完成研究后，再传给后人，其关系就是如此紧密，治史一脉相承，这正体现王世贞史学影响巨大，源远流长。

## 第二节　王世贞明史学对清官修《明史》与朝鲜的影响

明末清初的史家研究明史，固然得参考王世贞的著作，多受王世贞启发。而清官修《明史》，在清军入关以后近一百年内成为清廷极其重视的事情，清廷不只是为了修部明史书，更重要的是还有政治上的诸多意图。②在这种官方修明史的过程中，又是如何看待王世贞的明史著作呢？王世贞的史书与史学在周边国家，例如朝鲜又有何影响呢？本节将就这两方面的问题进行讨论，从而在另一层面检视王世贞史学的影响与价值。

---

① 参见（清）周亮工：《书影》卷二，第53页；柴德赓在《史学丛考》之《宋版〈汉书〉问题》一节中，详考了此书的流传状况。参见氏著《史学丛考》，北京：中华书局，2017年，第154—159页。

② 具体参见刘承幹编：《明史例案》，参见杨家骆编：《中国史学丛书》第四集第六册，台北：世界书局，1963年影印本；包遵彭编：《明史编纂考》，此书收录了黄云眉《明史编纂考略》、李晋华《明史纂修考》、陈守实《〈明史稿〉考证》、张须《万季野与〈明史〉》、朱希祖《旧钞本万斯同〈明史稿〉跋》、侯仁之《王鸿绪明史列传残稿》、朱希祖《康熙本明史列传稿跋》、柳诒徵《明史稿校录》、孟森《万季野〈明史稿〉辨诬》，及包遵彭《明史编纂考导论》等十篇论文。

一、清官修《明史》与王世贞

清代官私双方都十分重视明史撰修，王世贞明史学对清官修
《明史》之影响，大体表现在四个方面：一则，《明史》在体例编
排方面，参考了王世贞的史书；二则，王世贞的史书给清人提供了
基本可信的史料；三则，《明史》中的有关人物传记是以王世贞所
撰史传为蓝本，加以改编节略而成；四则，有关明史疑案的论定，
是以王世贞的考辨为基础，《明史》所作的论断未出王世贞所论定
的范围。下面试细论之。

（一）体例方面的影响

《明史》撰修，顺治开馆，经康熙、雍正，一直到乾隆四年
（1739），才最后定稿颁行，历时九十余年，是历代官修正史耗时
最长的一部。耗时如此之长，原因固然是多方面的，而采用纪传体
的哪些体例、如何编排、如何采择史料、对有关明史疑案如何论定
等等问题，皆是不太容易处理的。王世贞作为明代最为重要的当朝
史家，他的史著受到格外关注，因此王世贞对清修《明史》也产生
了深远影响。

编写史书，首先需要明定体例。尽管作为正史，采用纪传体是
不用讨论的，但是"纪"应该包括哪些内容、如何立"传"、如何
立"表"、如何立"志"，各部分采取何种原则，则是首先必须定下
来的。这样，讨论以前相关史书的体例特点，就相当重要。王世贞
平生志向就是要写成一部纪传体的国史，最后尽管未成，但是留下
了类似纪传体的《弇山堂别集》，又著有《史传》，这样王世贞的
史书对《明史》的体例编排就产生了影响。

明史撰修诸臣对《锦衣志》和《四部稿》中的《史传·世家》非常感兴趣，徐乾学就建议："锦衣卫与两厂相连，中涓之爪牙，前代所未有也，故采《弇州志》，特立《锦衣列传》，与《宦官》参观，一代之弊政了然矣。"①明确提出参照王世贞《锦衣志》以设立《锦衣列传》。至于《世家》，朱彝尊和汪由敦都有论及，朱彝尊以为："魏、定、黔、成、英、临淮诸国，衍圣一公，咸与明相终始，则《世家》不可不立。"②汪由敦则主张：

> 世家一体，《史记》《五代史》而外，他无传焉。顾有明魏、定、成、英诸国，或绝或续，与有明相终始，典禁卫，督京营，类用勋旧大臣，其关系安危，视诸藩之虚名列土，不得有为者，相去径庭，目以世家，良不诬也。传中叙嗣爵世数，有开国一传累述而迄于明亡者，名为列传，实具世家之体矣，何不竟立世家而必夷之列传欤？③

虽然《明史》最终并未立世家，但王世贞的《史传·世家》确实为明史撰修诸臣提供了一个参考的标准。而《明史》很获后人称赞的表，则显然是参照了王世贞的《弇山堂别集》中诸表。《四库总目·明史提要》称："表从旧例者四：曰《诸王》、曰《功臣》、

---

① 刘承幹编：《明史例案》卷二《修史条议（六十一条）》，第9b—10a面。
② 刘承幹编：《明史例案》卷五《朱竹垞史馆上总裁第一书》，第3a面。
③ （清）汪由敦：《松泉集》卷二〇《史裁蠡说》，《影印文渊阁四库全书》第1328册，第900页。汪由敦，字师茗，安徽休宁人。雍正甲辰（1724）进士，官至吏部尚书，赠太子太师，谥文端。《四库全书总目》称颂他："记诵淹博，文章典重有体。"《四库全书总目》卷一七三《〈松泉文集〉〈诗集〉》，第1529页。

曰《外戚》、曰《宰辅》。创新例者一，曰《七卿》。盖明废左右丞相，而分其政于六部，而都察院纠核百司，为任亦重，故合而七也。"① 《弇山堂别集》中一共有六十一表，三十四卷，从《同姓诸王表》诸《功臣伯表》《公孤表》《内阁辅臣年表》《六部尚书表》到《卿贰表》，内容远较《明史》的表详细。《明史·七卿表》显然是参考了《别集》的《六部尚书表》和《都察院左右督御史表》而制成的。可见《明史》表例的创新亦是渊源于王世贞的。

（二）史料的影响

对《明史》贡献最大的万斯同坚持以《明实录》为基本史料②，实录不可信，方考以其他野史、家乘，他以为明代野史诸家"无一足满人意者"，只有焦竑的《献征录》"可备国史之采择"③。但万斯同以为即便实录亦"未可尽信也"。因为《明太祖实录》"疏陋已甚，何足征新朝之事实哉"，并以为"君子即不观可也"。④ 而"有明之实录，未有若弘治之颠倒者也"⑤，故实录不能完全为据，就必须依赖野史、家乘。虽然万斯同并没有专门谈到王世贞之史书，但近人揭示出万斯同依赖王世贞之《弇州史料》，以铺陈正德、嘉靖以前的史实。⑥ 而他在论胡宗宪罪状，征引过王世贞之史书，"凡宗宪之罪状，其载于二疏，散见于国史及王元美所纪者，吾

---

① （清）永瑢等编：《四库全书总目》卷四六《明史》，第416页。
② 关于万斯同对清修《明史》的贡献，参见朱端强：《万斯同与〈明史〉修纂纪年》，北京：中华书局，2004年。
③ （清）万斯同：《万季野先生遗稿》之《寄范国雯书》，《丛书集成续编》第126册，第43页。
④ （清）万斯同：《万季野先生遗稿》之《读洪武实录》，《丛书集成续编》第126册，第50页。
⑤ 同上。
⑥ 参见包遵彭：《明史编纂考导论》，第2页。

不具论"①。在这里万斯同明确指出，要考察胡宗宪犯罪情况，可依赖实录和王世贞的史书。这是万斯同依从王世贞史书具体例证。当然对于王世贞著史时挟私报复，他亦表示过批评，在《书国史唐应德传后》一文中，以为《明实录》中唐应德传一定出自吴人之手，"大要为王元美所中耳"，因唐应德与王忬被杀有关，万斯同推测王世贞亦因之怪罪唐，故加贬责，以为："思质（王忬）之死，何预公事，而乃移怨于公耶？元美且不得仇公而史官代为仇耶？"②

王鸿绪总裁《明史》，他在《史例议》中说："明代野史、杂记、小录、郡书、家史，不下数百种，然以编年纪事者多，求其帝纪、列传、撰辑集成者绝少，惟郑晓《吾学编》、王世贞之《史料》、何乔远之《名山藏》，间备其体，三者之中郑、王为胜。"③在明代诸多的史家中，王鸿绪唯独推服郑晓与王世贞，对王世贞的《弇州史料》评价甚高。杨椿与修《明史》，他在《上明史馆疏》中，更明确地提出实录而外，嘉靖、万历以前的史料当以王世贞为准。他说："先是，以《明实录》疏漏脱略，不得已采之稗史。而稗史惟王元美《史料》为胜，然时止于正、嘉。"④据近人考证之，正、嘉以前事，实录之疏漏，所借以参考订证者，唯有王世贞之《弇州史料》，嘉靖间时事奏疏，则多凭黄尊素的《时略》，万历至崇祯间史事，则多凭黄宗羲之《续时略》。⑤于兹可见，王世贞的《弇州史料》《弇山堂别

① （清）万斯同：《万季野先生遗稿》之《书陆给事凤仪王御史汝止劾胡宗宪二疏后》，《丛书集成续编》第126册，第57页。
② （清）万斯同：《万季野先生遗稿》之《书国史唐应德传后》，《丛书集成续编》第126册，第56页。
③ 刘承幹编：《明史例案》卷二《王横云史例议上》，第36a面。
④ 刘承幹编：《明史例案》卷七《杨先农再上明鉴纲目馆总裁书》，第6b面。
⑤ 参见包遵彭：《明史编纂考导论》，第2页。

集》等书对于清撰修《明史》提供了重要的资料。

（三）有关传记影响

如前所言，王世贞史书中，传记类占相当大的比重。《嘉靖以来内阁首辅传》《弇州山人续稿》中的《史传》，及其他碑传铭文都是很重要的史料，《明史》中有些传就是以王世贞的传记为蓝本，加以删节改编而成。

《明史》耗时几十年，历经数稿，诚如李晋华所言："盖史稿构成，本于实录，参之稗官野史，而要以实录为依归。可知实录为纂修官所据以构成史稿之主要材料，再由纂修官之稿变为万稿（有一部分先变为汤斌等稿），再变为四百十六卷本之稿，再变为王鸿绪稿，再变为张廷玉等稿，其本纪一类，复变为乾隆四十二年英廉、于敏中等改稿；以此推之，明史勒成，中间盖经六七次之改变矣。"[①]由兹可见，纂修官稿、万斯同稿、王鸿绪稿，以及最后的张廷玉稿是最为重要的几部明史，后者多因袭前者，稍加修改成编。数稿中皆可见王世贞传记的影响。

侯仁之先生曾作《王鸿绪明史列传残稿》一文，记其所见之王鸿绪史稿残卷。在这部残稿上有明确的批文，提到当参照王世贞的有关传记。第三册《万安传》上有"王元美弇山别记甚佳"之传首墨批；在第三册《于谦传》上又有"王元美所为传，佳处甚多，可参酌。《吾学编》亦有简净处，可酌。大抵公传当以景泰时事有功社稷者为主，余当酌减，须俟细酌，不可草"之墨批加朱圈。侯先生以为此类批评语："按其墨迹，有朱、红、墨、淡墨四色，秉笔或

---

① 李晋华：《明史纂修考》，载包遵彭主编：《明史编纂考》，第135页。

出一人，而修改不止一次。间有离析分合之处，而汰冗点烦，远出原稿之上。"考订推测"至于稿中墨迹或为斯同手笔，或由钱名世代书，亦皆在两可之间也"①。从此残稿之批文中看，对王世贞所作传评价甚高。不仅是其史料之来源，更是其参照之对象。

而参与张廷玉《明史》撰修的汪由敦更明确指出王鸿绪《明史稿》中《张居正传》完全是删节王世贞《首辅传·张居正传》而来，他论道：

> 外间推崇王本太过，遂谓不可增损，今即以行文而论，《江陵传》自是神宗朝第一大传，而王稿竟就《史料·首辅传》删节成文，其中描写热闹处皆弇州笔。弇州逞才使气，抑扬轩轾之间，往往过情，平心观之自见。且私书不妨装点，而乃据为信史，即令弇州知之，恐亦未免失笑。神光以后，此类甚多。②

张居正是明史上极为重要的人物，他的传也是明史上极为重要的传，而此传竟只删节王世贞成文而定，笔法亦不变，惹得汪由敦不免批评起来。汪由敦批评的是王鸿绪的《明史稿》，但是笔者将《嘉靖以来内阁首辅传》与张廷玉之《明史·张居正传》相对较，发现后者依然未脱《首辅传》之影响。《明史·张居正传》前半部只是对《首辅传》进行了某些删节，绝大部分文字亦未改，几乎全文照录，我们不妨抄录几段，对照如次：

---

① 侯仁之：《王鸿绪明史列传残稿》，载包遵彭主编：《明史纂修考》，第239—247页。
② （清）汪由敦：《松泉集》卷七《答明史馆某论史事书》，第763页。

| 《嘉靖以来内阁首辅传》卷七《张居正传》上（第373—377页） | 《明史》卷二一三《张居正传》（第5643—5644页） |
|---|---|
| 　张居正，字叔大，湖广之江陵人也。少颖敏绝伦，十五为诸生，眇小。而是时尚书顾璘抚楚行部，而试其文，奇之，已得召见，复大奇之，曰："此儿国器也。"遗以金钱为膏油费。明年举于乡，谒谢，璘解所系犀带以赠，而曰："为若异时围腰饰，然当且玉，不足久湎也。"自是又六年而登进士高第，改翰林院庶吉士，是时为嘉靖之丁未、戊申中间。诸进士多谈诗为古文，以西京、开元相砥砺，而居正独夷然不屑也。与人多默默，潜求国家典故与政务之要切者衷之，而时时《老》《易》，以为能得其用。诸老先生如徐阶辈重其人，相推许，遂得授编修。寻以妻丧请急归，亡何，还职。 | 　张居正，字叔大，江陵人。少颖敏绝伦，十五为诸生。巡抚顾璘奇其文，曰："国器也。"未几，居正举于乡，璘解犀带以赠，且曰："君异日当腰玉，犀不足溷子。"嘉靖二十六年，居正成进士，改庶吉士。日讨求国家典故。徐阶辈皆器重之。授编修，请急归，亡何还职。 |
| 　居正为人，顾而秀眉目，美须，须几至腹，沉深有城府，莫能测也。时严嵩为首辅而忌徐阶，诸善阶者皆避匿，而居正行意自如。尝考会试，而其门生自喜客於嵩，能得嵩意，居正众斥之……嵩顾亦称居正。久之，迁右春坊右中允，领国子司业事。居正待诸生严，亡所宽假，而独与祭酒高拱善，相期以相业。寻理坊事，遂以选侍裕邸讲读，王颇贤之，邸中中贵人亦不无不贤居正者，而李芳数从问书义，顾及天下事。寻进右谕德兼侍读……进翰林院侍读学士，领院事。 | 　居正为人，顾面秀眉目，须长至腹。勇敢任事，豪杰自许。然沉深有城府，莫能测也。严嵩为首辅，忌阶，善阶者皆避匿。居正自如，嵩亦器居正。迁右中允，领国子司业事。与祭酒高拱善，相期以相业。寻还理坊事，迁侍裕邸讲读。王甚贤之，邸中中官亦无不善居正者。而李芳数从问书义，颇及天下事。寻迁右谕德兼侍读，进侍讲学士，领院事。 |
| 　时阶代严嵩首辅，尽以志事委居正……然中外目瞩居正，谓必大用矣。世宗崩，阶草遗诏，颇引以共谋。事具本传。居正寻迁礼部右侍郎兼翰林院学士，月余，与裕邸故讲臣陈以勤俱入阁，而居正为吏部右侍郎兼东阁大学士，寻充《世宗实录》总裁。经筵开，为同知经筵事。至秋，进礼部尚书兼武英殿大学士，亡何，加少保兼太子太保，去学士之五品仅岁余，而至一品。其登进之速，虽张（璁）、桂（萼）不能过也，时年仅四十三。当居正之进阁，阁臣凡六人，徐阶最为老宿，与李春芳皆好折节礼士。郭朴、陈以勤皆重厚长者，独高拱很躁，而以不得志于言路稍结，寻引去。居正最后拜，独谓辅相体当尊重，于朝堂倨见九卿，他亦无所延纳，而间出一语辄中的，人以是愈畏惮之，重于他相矣。 | 　阶代嵩首辅，倾心委居正。世宗崩，阶草遗诏，引与共谋。寻迁礼部右侍郎兼翰林院学士。月余，与裕邸故讲官陈以勤俱入阁，而居正为吏部左侍郎兼东阁大学士。寻充《世宗实录》总裁，进礼部尚书兼武英殿大学士，加少保兼太子太保，去学士五品仅岁余。时徐阶以宿老居首辅，与李春芳皆折节礼士。居正最后入，独引相体，倨见九卿，无所延纳。间出一语辄中肯，人以是严惮之，重于他相。 |

后面还有相当长的一段，对比二者，我们发现《明史·张居正传》上引的这几段文字，完全是删节王世贞《嘉靖以来内阁首辅传》中之《张居正传》，内容上没有任何增加，文字大部分亦是抄自王世贞的《首辅传》。语句、语序、甚至语气皆同，因此，王世贞的《首辅传》正是《明史·张居正传》之蓝本。虽然汪由敦批评了王鸿绪《明史稿》的毛病，但张廷玉之《明史》并没有作什么改变。

　　《张居正传》当然是一个非常特别的例子，但并非是唯一的事例，《明史·严嵩传》亦是基于王世贞《首辅传》，有人认为《明史》之所以把严嵩列入奸臣传是因为依从了王世贞的评价，参考了《首辅传·严嵩传》中的评价。[①]顾诚详细讨论了《明史·李善长传》对王世贞文稿的因袭，指出"不仅在取材和编排上基本上沿用了王世贞的文稿，许多地方连文字也一样，因袭的痕迹非常明显"[②]。《明史》中的《徐阶传》《高拱传》与《于谦传》等等皆有相同的现象，只是没有《张居正传》《严嵩传》《李善长传》这样，从一开头就完全照搬王世贞所写的传。但间或抄录王世贞所撰传记上的语句则是屡见不鲜的。即如《徐阶传》，《首辅传》有言："严嵩遂谓阶可掣也，所以中伤阶者百方。一日独召对，上与屈指论群臣孰优，至阶，而嵩徐曰：'阶所乏不在才，乃才胜耳，是多二

① 　参阅［美］苏均炜：《大学士严嵩新论》，收入《明清史国际学术讨论会论文集》，第822—862页；曹国庆、赵树贵、刘良群：《严嵩评传》；李焯然：《从〈鸣凤记〉谈到严嵩的评价问题》言："穆宗隆庆年间，徐阶等人修《世宗肃皇帝实录》，开始对严嵩有微词。清人修《明史》，采袭了王世贞的说法，首先把严嵩列入《奸臣传》，再加以〈鸣凤记〉在民间流行，严嵩遂成了后来人们心目中大奸大恶的人物。"（《明史散论》，第105页）
② 　顾诚：《王世贞的史学》，第340页。

心。'盖以其尝请立太子也。"①《明史》言之如次。"嵩因谓阶可间也，中伤之百方。一日独召对，语及阶。嵩徐曰：'阶所乏非才，但多二心耳。'盖以其尝请立太子也。"②此类相似文字很多。由斯可见，《明史》在作此类传记时，王世贞所作相关传即是其必定参考之资料，而有些文字是来自王世贞的史书，这样的关系，既体现了王世贞的史学价值，又表明了其深远的影响力。

（四）有关明史疑案遵从王世贞之论定

明史疑案甚多，如何处理这些疑案，成为官修《明史》的一大难题，有些案件之处理着实令明史馆诸臣颇费心机，即以建文逊国与否为例，从《明史》开馆，到张廷玉《明史》颁行，其间的纷争自非一两言所能说清，而最终的结论还是维持在王世贞所论定的范围。

最初余嘉炎撰《建文本纪》力主逊国说，依存逊国诸书之记载。但朱彝尊分撰《成祖本纪》，他极力反对逊国说，以为逊国纪事者虽不下百家，但大抵齐东野语，不足为信。万斯同亦以为逊国说不足信，因"紫禁城无水关，鬼门亦无其地"，是故王鸿绪的《明史稿》云"帝崩于火"，就沿用自焚说。③张廷玉《明史》为了兼顾逊国说，遂改为："宫中火起，帝不知所终。燕王遣中使出帝后尸于火中，越八日壬申葬之。"然后再将逊国说带出，"或云帝由地道出亡。正统五年，有僧自云南至广西，诡称建文皇帝。思恩知府岑瑛闻于朝。按问，乃钧州人杨行祥，年已九十余，下狱，

①　（明）王世贞：《嘉靖以来内阁首辅传》卷五《徐阶传》，第65页。
②　（清）张廷玉等：《明史》卷二一三《徐阶传》，第5633页。
③　关于此问题，可参阅李晋华《明史纂修考》，此文中有详细论述。

阅四月死。同谋僧十二人,皆戍辽东。自后滇、黔、巴、蜀间,相传有帝为僧时往来迹"①。最终《明史》是维持在王世贞存疑说的结论上,王世贞以为"大抵建文出亡与否不可知"。由兹也体现了王世贞的结论最具客观性,最经得起后人的考验。再有前面已提到有关明开国功臣结局亦是依从王世贞之判断,前既言之,此处不再重复。

综上所论,作为清官修《明史》,王世贞的史书不仅给予其许多可信的史料,而有关传记更成为《明史》之蓝本,王世贞的史书亦是《明史》体例的参考对象,这充分表明王世贞的史书之重要,由此其价值更得以体现。

## 二、王世贞对朝鲜王朝的影响

王世贞的影响不只是在中国,在明清时代的周边国家亦十分有影响,尤其是在李氏朝鲜。朝鲜王朝(1392—1910)是明、清两朝关系最为密切的藩属国,与中国文化上的渊源关系也最近。王世贞作为明代的文、史大家,在朝鲜颇有影响力。他的书是朝鲜使臣搜罗的对象,朝鲜使臣每出使北京之际,总是想方设法搜罗大批中国书籍,而王世贞的书总是其刻意搜求的目标。沈德符《万历野获编》中有记载,其言朝鲜朝贡:"皆妙选文学著称者充使介,至阙必收买图籍,偶欲《弇州四部稿》,书肆故靳之,增价至十倍,其笃好如此。"②《朝鲜王朝实录》中亦有提及王世贞文集的史料。万历四十三年(1615)闰八月,朝鲜国王光海君接见冬至兼陈奏使闵馨

---

① (清)张廷玉等:《明史》卷四《恭愍帝纪》,第66页。
② (明)沈德符:《万历野获编》卷三〇《朝鲜国诗文》,第786页。

男与副使许筠，谈及王世贞文集之事，具体如次：

> 王曰："王世贞所述，何册耶？"许筠曰："《南弇山
> 集》也。"王曰："此集，中朝盛行耶？"闵馨男曰："王世
> 贞，文章大家也，家家皆有之矣。"王曰："王世贞文集，可
> 以刊改耶？"许筠曰："礼部之竣请与否，未可必也。"闵馨
> 男曰："竣请之事，事在中朝，未可从心所为也。"①

可见，朝鲜国王都注意到王世贞的文集，而且有意"刊改"
之，这反映了王世贞影响之大。由于朝鲜使臣刻意搜求，即便如
今，在韩国的许多图书馆还藏有明清刊刻的王世贞的著作，其中，
还真有朝鲜王朝刊改的王世贞文集。现以金学主、吴金成编的《明
清人文集目录》②为据，将现藏首尔的王世贞著作列表如次，我们
就会有个明晰而具体的印象。

表六　韩国现藏明清刊本王世贞著述表

| 书名 | 卷数 | 册数 | 版本 | 藏馆 |
|---|---|---|---|---|
| 《弇州山人四部稿》 | 一百七十四续集二百零七 | 188 | 影印文渊阁四库全书 | 汉城大学 |
| 《弇州山人四部稿》 | 一百七十四目录十二 | 62 | 崇祯刊本 | 奎章阁 |

---

① 《朝鲜光海君日记》卷三十三，光海君七年闰八月壬子，韩国国史编纂委员会
　编刊影印《朝鲜王朝实录》第28册，汉城：韩国国史编纂委员会影印太白山史
　库本，1968年，第511页。
② ［韩］金学主、吴金成编：《明清人文集目录》（韩国重要图书馆收藏），汉
　城：学古房出版社，1991年。

| 书名 | 卷数 | 册数 | 版本 | 藏馆 |
|---|---|---|---|---|
| 《弇州山人四部稿》 | 一百八十<br>目录十二 | 64 | 清刊本 | 成均馆大学 |
| 《弇州山人四部稿》 | | 60 | 明刊本 | 奎章阁 |
| 《弇州山人四部稿》 | | 48 | | 韩国国立<br>中央图书馆 |
| 《弇州山人四部稿》 | | 15 | | 汉城大学 |
| 《弇州山人四部稿》 | 一百七十九 | 70 | 明刊本 | 奎章阁 |
| 《弇州山人四部稿》 | 一百八十一<br>附录四 | 62 | 崇祯刊本 | 奎章阁 |
| 《弇州山人续稿》 | 一百七十四、<br>卷首 | 58 | 万历五年<br>（1577）序刊本 | 奎章阁 |
| 《弇州山人续稿》 | | 40 | | 奎章阁 |
| 《弇州山人续稿》 | 三百零七<br>目录十 | 40 | 明末清初刊本 | 成均馆大学 |
| 《弇州山人续稿》 | 八〇、八九 | 2 | 清刊本 | 成均馆大学 |
| 《弇山堂别集》 | 一百 | 44 | 影印文渊阁四<br>库全书 | 汉城大学 |
| 《弇山堂别集》 | | 16 | 万历十八年<br>（1590）刊本 | 启明大学 |
| 《弇州集》 | 二十 | 10 | 清刊本 | 成均馆大学 |
| 《弇州诗稿》 | | 13 | | 奎章阁 |
| 《新刻重校增补圆<br>机活法诗学全书》 | 二十四 | 16 | 嘉庆六年<br>（1801）刊本 | 高丽大学 |
| 《读书后》 | 八 | 4 | 影印文渊阁四<br>库全书 | 汉城大学 |
| 《读书后》 | 八 | 2 | 乾隆二十一年<br>（1756）序刊本 | 奎章阁 |

从上表可以看出，据不完全统计，明清刊王世贞著作还有近二十部藏于首尔各大图书馆，其中以藏于奎章阁的最多。奎章阁原是1776年朝鲜国王英祖时期建立的朝鲜王朝王室图书馆。朝鲜王朝时期，朝鲜燕行使出使北京，总是想方设法购买中国书籍，回国后将购置的典籍基本收藏在奎章阁。奎章阁现归属国立首尔大学，王世贞的著作有近一半藏于奎章阁。这些王世贞的著作大部分是明清时朝鲜使臣购买回来的。朝鲜不仅搜罗明清刊刻的王世贞书籍，还特别刊刻一种《皇明大家王弇州文抄》一卷一册，还将茅坤（1512—1601）①与王世贞的文章合刊为《茅鹿门王弇州二大家文抄》一册。可见，朝鲜对王世贞之重视。

　　王世贞的诸多著作被传入朝鲜，而朝鲜儒林上下对于王世贞著作也十分熟悉，以至于他们甚至谈及明代的某些地方或人物时，都举王世贞文集的记载为例。即如清兵入关，朝鲜昭显世子当时为人质，随多尔衮进入北京，最初选定世子馆所在广仁街西路边间家，即隆庆皇帝驸马万炜子家②，虽然"其家舍结构宏丽，而庭除狭隘，我人马绝不得容接"，告知多尔衮，两天后，改为隆庆驸马侯拱辰府第，"其宏杰殆非闾里家所比，墙内有石假山，山上建一小阁，登临可以俯瞰长安矣"③。《朝鲜王朝实录》记载朝鲜使臣向国

---

① 茅坤，字顺甫，号鹿门。嘉靖十七年（1538）进士，累官广西兵备金事。善古文，崇拜唐顺之，年九十卒。

② 万炜，穆宗驸马。《明史·公主列传》载："瑞安公主，神宗同母妹，万历十三年下嫁万炜。崇祯时，主累加大长公主。所产子及庶子长祚、弘祚皆官都督。炜官至太傅，管宗人府印。尝以亲臣侍经筵，每文华进讲，佩刀入直。李建泰西征，命炜以太牢告庙，年七十余矣。国变，同子长祚死于贼。弘祚投水死，长祚妻李氏亦赴井死。"《明史》卷一二一《公主列传》，第3675—3676页。

③ （朝鲜王朝）佚名：《沈馆录》卷七，收入金毓黻主编：《辽海丛书》，沈阳：辽沈书社，1985年，第2842页。

王汇报世子在北京的住所时称:"清人入北京后,事机甚密,不能详知……以大家一区定为世子所馆处,即隆庆皇帝驸马侯姓人家也。以五月十三日移寓,诸从者及军兵等,始许入城陪卫……所谓侯姓人,即王世贞文集所载侯拱辰是也。"①朝鲜大臣在上报国王的文书中,竟然以王世贞文集的记载为佐证,可见,他们对于王世贞文集与史籍熟悉到何种程度。不仅如此,各种野史关于王世贞的传说也相当多,有一则史料竟如此演绎王世贞的生活:

> 王世贞一生工文章,居家有五室。妻居中堂,四屋各置一妾。其一室置儒家文籍,有儒客至,见于其室,讨论儒书,其室之妾备礼食待其客。其一室置仙家书籍,有道客至,见于其室,讨论道书,其室之妾备道家之食待其客。其一室置佛家书籍,有释客至,见于其室,讨论佛书,其室之妾备释家之食待其客。其一室置诗家文籍,有诗家至,见于其室,讨论诗家,其室之妾备诗人之食待其客。各于宾主所置纸笔砚,常以书辞往复,未尝言语相接,客去遂编而成书。一日有少时友至,犹尚寒士也。俄而总兵官为亲求碑铭,以千里马三匹、文锦四千

---

① 《朝鲜仁祖实录》卷四五,仁祖二十二年六月戊午,《朝鲜王朝实录》影印本第35册,第186页。《明史·公主列传》载侯拱辰事迹,曰:"寿阳公主,万历九年下嫁侯拱辰。国本议起,拱辰掌宗人府,亦具疏力争。卒赠太傅,谥荣康。"《明史》卷一二一《公主列传》,第3675页。(清)唐执玉、李卫等监修,(清)田易等编纂:《畿辅通志》卷七一载录侯拱辰传:"侯拱辰,大兴人,尚寿阳公主。掌宗人府事五十余年,凡所谏言,皆慷慨切直。万历中,青宫久虚,廷臣拟上疏,莫敢首署名者,拱辰曰:'《会典》以宗人府为文职第一、愿首署名。'至册封代王与挺击狱起,拱辰据经引义,无所顾忌,国是耆定。卒,谥荣康。"(《畿辅通志》,《影印文渊阁四库全书》第505册,第724—725页。)王世贞《弇州山人四部稿》中记载的是石拱辰,而非侯拱辰。而《弇山堂别集》卷三六中载录:"万历九年,□□长公主下嫁驸马侯拱辰。"(第652页)

四、白金四千两为润笔之资。世贞为其使者展纸而挥之，以答之书，尽举润笔之资与寒士，不自取一物，其直可数万金。翰林学士朱之蕃，其弟子也。常在世贞客席，有人为其亲索碑文，其行状成一大册，几至万言，世贞一读，掩其卷，命书字的秉笔而呼之，未尝再阅其卷。既卒业，使之蕃读之，参诸行状，其人一生履历年月官爵，无一时或差，其聪明强记如此，非独其文章横绝万古也。①

　　朝鲜王朝的野史笔记中竟然如此神化王世贞的生活与学识，可见，对他可以说达到崇拜的地步。王世贞的著作被朝鲜使臣广为搜求，固然可以说是王世贞影响的一个方面。而另一方面，在朝鲜人所作的明史著作中，王世贞的著作是必备的参考书籍。朝鲜史家李玄锡（1647—1703）汲汲十余年，作成一部纲目体史书《明史纲目》，就直接征引了王世贞的史书。他在《记梦说》中，记载其梦见宋濂、方孝孺、丘濬、王世贞等人，询问他的明史撰修状况，"有顷，东州先生命持来所撰明史草，余即归家取三十册，裹袱以进"②。在李玄锡等朝鲜史家的心目中，王世贞不仅是个文人，更是一位重要的史家。③在以后朝鲜人所撰的几部比较重要的明史著作中，如朝鲜英祖命编的《皇明通纪辑要》、赵澈永的《续明

---

① 　《於于野谈》卷一，见［韩］郑明基编：《韩国野谈资料集成》第13册，汉城：启明文化社，1992年，第30—31页。
② 　（朝鲜王朝）李玄锡：《游斋先生集》卷一九《记梦说》，韩国学中央研究院藏书阁藏朝鲜王朝木活字本，1715年，第21a面。
③ 　参见孙卫国：《试论朝鲜李玄锡〈明史纲目〉之编撰、史源、刊行与评价》，《清华学报》（台湾）1997年第27卷第3期，第313—345页。

史》、池光翰的《池氏鸿史》，王世贞的著作都是其十分重要的参考资料。[①]王世贞的治史风格，史学论断皆对朝鲜的明史撰修以及朝鲜王朝的史学产生了深远的影响。

综上所述，王世贞的史学对后世的影响极大。他重视典章掌故，公开宣扬明代的盛事、异事、奇事，因而影响了相当多的明代史学家，出现了《万历野获编》这样的典型作品。他首开对明代国史、野史、家乘的考订，对实录之曲笔，野史之臆说，家乘之谀辞进行了清理，从而开启了后人考证之先河，得钱谦益、潘柽章所继承和弘扬，影响一直持续到现在。他的考证是钱谦益、潘柽章进行考证的基础，而他考订的问题也成为后人关注的重心。他的史书不仅为后代明史研究提供了一批可信的史料，有些传记竟是《明史》相关传记的蓝本；而他的有关论断，历经时间的考验，直到如今依然是不刊之论。他的史学影响自明清迄于当今，自中国以及周边各国，到现在已引起国际学人的注意，相信亦会嘉惠未来。

---

① 参见［韩］吴金成：《朝鲜学者之明史研究》，收入"中国韩国学研究会"编：《中韩关系史国际研讨会论文集》，台北："中国韩国学研究学会"，1983年，第405—418页。

# 附录一
# 王世贞著作目录表①

1. 此表资料来源王世贞诸书及《千顷堂书目》《明史·艺文志》《明史艺文志补》《国史经籍志》（焦竑）、《四库全书总目》《续修四库全书总目》《四库存目丛书》《四库禁毁书丛刊》《中国善本书提要》（王重民）、《中国丛书综录》《中国丛书综录补正》《中国丛书综录续编》（施廷镛编撰，北京：北京图书馆出版社，2003年）、《中国丛书广录》（阳海清编，武汉：湖北人民出版社，1999年）、《美国哈佛大学哈佛燕京图书馆中文善本书志》（沈津编，上海：上海辞书出版社，1999年）等。

2. 此表原则如次：

a. 力求最全面地收录王世贞的著作；

b. 凡王世贞自著、自编、批点，他人编辑、刊载及伪托之书皆分类录入；

c. 此表以书名、卷数、备注三部分组成，备注主要载其出处、编者与版本情况。

d. 有可能内容相同而书名有异，但收入不同的丛书，也一一列出。

3. 有关书名简称如次：《弇州山人四部稿》作《四部稿》，《弇州山人续稿》作《续稿》，《弇山堂别集》作《别集》，《明史·艺文志》作《艺文志》，《国史经籍志》作《经籍志》，《四库全书总目》作《四库总目》，

---

① 本书初版之后，曾有人对此表提出异议，撰文补正，然亦未得其详。2012年许建平编著《王世贞书目类纂》，由南京凤凰出版社刊行，凡83万言，煌煌两巨册。将全球各大图书馆所藏王世贞著作，分书名、卷数、作者、版本、馆藏地等项，列表说明。全则全矣，惜失之过繁。本表或有不周，然大体无误，简明扼要，故予以保留，一仍其旧。

《续修四库全书总目》作《续修总目》,《中国善本书提要》作《善本书提要》。

| 序号 | 书　名 | 卷数 | 备　注 |
|---|---|---|---|
| A | 王世贞专著与文集类著作 | | |
| 1 | 《弇山堂别集》 | 一百 | 最早万历十八年（1590）金陵刊本，有多种版本传世。入《四库全书》、吴相湘主编《中国史学丛书》。 |
| 2 | 《嘉靖以来内阁首辅传》 | 八 | 万历四十五年（1617）茅元仪校刊本，有多种版本传世。入《四库全书》及《螺树山房丛书》《借月山房汇钞》《指海》《泽古斋重钞》《式古居汇钞》和沈云龙编《明清史料汇编》等丛书。 |
| 3 | 《读书后》 | 八 | 《善本书提要》载美国国会图书馆藏启、祯间刻本。又有乾隆二十七年（1762）梁溪顾氏刊本等，入《四库全书》《影印文渊阁四库全书补遗》。 |
| 4 | 《弇州山人四部稿》 | 一百八十 | 有一百八十、一百七十四、一百七十六卷本。入《四库全书》、沈云龙编《明人文集丛刊》。 |
| 5 | 《弇州山人续稿》 | 二百一十七 | 目录十卷、正文二七卷；亦有《续稿》二七卷，《再续稿》十一卷之说法。入《四库全书》、沈云龙编《明人文集丛刊》。 |
| B | 见于文集、丛书相对独立而今存的著作 | | |
| 6 | 《觚不觚录》 | 一 | 入《弇州史料》《四库全书》及《广百川学海》《宝颜堂秘笈》《五朝小说》《说郛》《借月山房汇钞》《指海》（赵兆熙编）、《思补过斋残书》《丛书集成初编》《历代笔记小说集成》等丛书。 |
| 7 | 《锦衣志》 | 一 | 入《四部稿》《弇州史料》及《纪录汇编》《胜朝遗事》《说郛》《丛书集成初编》《续修四库全书》。 |

| 序号 | 书 名 | 卷数 | 备 注 |
|---|---|---|---|
| 8 | 《倭志》 | 一 | 入《四部稿》《弇州史料》《明经世文编》。 |
| 9 | 《安南志》 | 一 | 入《四部稿》《弇州史料》《明经世文编》。 |
| 10 | 《庚戌始末志》 | 一 | 入顾炎武编《皇明修文备史》《北京图书馆古籍珍本丛刊》。 |
| 11 | 《哈密志》 | 一 | 入吴丰培辑《明代西域史料辑要》。 |
| 12 | 《张司马定浙二乱志》 | 一 | 入《续稿》及《纪录汇编》《丛书集成初编》《影印元明善本丛书十种》。 |
| 13 | 《名卿绩记》 | 四 | 入《弇州史料》《纪录汇编》《影印元明善本丛书十种》。 |
| 14 | 《安南传》 | 二 | 入《凤洲笔记》《纪录汇编》《丛书集成初编》《影印元明善本丛书十种》和台湾广文书局编《史料丛编》。 |
| 15 | 《国朝丛记》 | 六 | 入《弇州史料》后集,《明儒学案》卷三十二提及此书。 |
| 16 | 《盛事述》 | 五 | 入原刊郿刻《四部稿》,后入《别集》《弇州史料》。 |
| 17 | 《列朝盛事》（《皇明盛事》） | 一 | 入《明六十家小说》《明人百家小说》《五朝小说》《说郛》《借月山房汇钞》《指海》《丛书集成初编》《泽古斋重钞》《历代笔记小说集成》和沈云龙编《明清史料汇编》等丛书。 |
| 18 | 《异典述》 | 五 | 《千顷堂书目》著录,入《弇州史料》《别集》。 |
| 19 | 《皇明异典述》 | 十 | 入《历代笔记小说集成》。 |
| 20 | 《异事述》 | 一 | 《千顷堂书目》著录,入《弇州史料》《别集》。 |
| 21 | 《皇明奇事述》 | 四 | 入《历代笔记小说集成》。 |

| 序号 | 书 名 | 卷数 | 备 注 |
|------|--------|------|-------|
| 22 | 《史乘考误》 | 十一 | 入原刊郧刻《四部稿》《别集》《弇州史料》及顾炎武编《皇明修文备史》(2卷)、《稗统》《北京图书馆古籍珍本丛刊》。 |
| 23 | 《公卿表》(《国朝公卿表》) | 二十四 | 《艺文志》《经籍志》著录,入《别集》。 |
| 24 | 《武宗巡幸记》 | 一 | 入《别集》。 |
| 25 | 《谥法考》 | 六 | 入《别集》。 |
| 26 | 《书二馆人事》 | 一 | 中国国家图书馆藏明刻本。 |
| 27 | 《左逸》 | 一 | 《总目》史部杂史类存目,入《四部稿》。 |
| 28 | 《短长》 | 二 | 《艺文志》《千顷堂书目》《经籍志》著录,入《四部稿》。 |
| 29 | 《弇州山人题跋》 | 七 | 入《四部稿》。 |
| 30 | 《艺苑卮言》 | 十二 | 《卮言》八卷、附录四卷,初单刻,入《四部稿》。《梅冈集古》《谈艺珠丛》《历代诗话续编》《新校本词话丛编》(唐圭璋编)皆录入《艺苑卮言》一卷。 |
| 31 | 《艺苑卮言说诗》 | 一 | 入《诗学丛书》。 |
| 32 | 《新刻增补艺苑卮言》 | 十六 | 入《续修四库全书》。 |
| 33 | 《宛委余编》 | 十九 | 《艺文志》《千顷堂书目》著录,入《四部稿》《说郛续》《稗统》。 |
| 34 | 《王昙阳》(又名《昙阳子传》《王昙阳仙传》) | 一 | 入《四部稿》、张文介辑《广列仙传》。 |

| 序号 | 书 名 | 卷数 | 备 注 |
|---|---|---|---|
| 35 | 《文评》 | 一 | 入《学海类编》《丛书集成初编》《四库存目丛书》。 |
| 36 | 《文章九命》 | 一 | 入《四部稿》《清睡阁快书》《山林经济籍》《闲情小品》《说郛续》《锦囊小史》《锡山华氏丛书》（明华淑编）、《北京图书馆古籍珍本丛刊》。 |
| 37 | 《全唐诗说》 | 一 | 入《四部稿》《学海类编》《丛书集成初编》《四库存目丛书》《古今诗话丛编》（广文编译所编）。 |
| 38 | 《明诗评》 | 四 | 入《凤洲笔记》。 |
| 39 | 《诗评》 | 一 | 入《四库存目丛书》《格致丛书》《明人丛刻》《纪录汇编》《丛书集成初编》《古今诗话丛编》（广文编译所编）等。 |
| 40 | 《国朝诗评》 | 一 | 入《四部稿》《天都阁藏书》《丛书集成初编》。 |
| 41 | 《古夫于亭诗问答》 | 一 | 明刘大勤问，王世贞答，入朱琰辑《学诗津逮》，乾隆二十五年（1760）刊本。 |
| 42 | 《词评》 | 一 | 入《四部稿》《广百川学海》《小石山房丛书》《欣赏续编》（明茅一相编）、《重订欣赏编》（明徐中行编）、《雪堂韵史》《山林经济籍》（明屠本畯辑）、《明人丛刻》《锦囊小史》《居家必备》《丛书集成初编》《北京图书馆古籍珍本丛刊》等。 |
| 43 | 《弇州山人词评》 | 一 | 入《词话丛编》。 |
| 44 | 《曲藻》 | 一 | 入《广百川学海》《欣赏续编》《雪堂韵史》《山林经济籍》《明人丛刻》《锦囊小史》《居家必备》《丛书集成初编》《北京图书馆古籍珍本丛刊》《历代诗史长编二辑》等。 |
| 45 | 《欣赏曲藻》 | | 中国国家图书馆藏明刻本一册。 |
| 46 | 《王氏曲藻》 | 一 | 入《新曲苑》。 |

| 序号 | 书 名 | 卷数 | 备 注 |
|---|---|---|---|
| 47 | 《曲评》 | 一 | 入高奭编《艳雪斋丛书》《北京图书馆古籍珍本丛刊》。 |
| 48 | 《王元美七律钞》 | 八 | 入《石研斋七律抄选》，中国国家图书馆藏清刊本。 |
| 49 | 《曲律》 | 四 | 入台湾鼎文书局《历代诗史长编》。 |
| 50 | 《札记》（又名《弇州札记》） | 二 | 《经籍志》《千顷堂书目》著录，入《四部稿》《弇州史料》。 |
| 51 | 《札记内外编》 | 一 | 入清魏裔介编《槐下新编雅说集》。 |
| 52 | 《弇山园记》 | 一 | 入《续稿》。 |
| 53 | 《阳羡诸游稿》 | 一 | 《善本书提要》载北图藏嘉靖间刻本。入《续修四库全书》。 |
| 54 | 《伏阙稿》 | 二 | 《善本书提要》载北图藏隆庆间刻本。 |
| 55 | 《入楚稿》 | 一 | 中国国家图书馆藏明刊本。 |
| 56 | 《戊辰三郡稿》 | 一 | 明小酉室刊本，《善本书提要》载北图藏隆庆间刻本。 |
| 57 | 《丙辰奉使三郡稿》 | 一 | 明小酉室刊本，《善本书提要》载北图藏隆庆间刻本。 |
| 58 | 《游太和杂稿》 | 二 | 《善本书提要》载北图藏万历间刻本。 |
| 59 | 《山园杂著》 | 二 | 《善本书提要》载美国国会图书馆藏万历间刻本。 |
| 60 | 《论画》 | 一 | 入清邹钟灵编《绘事睟编》。 |
| 61 | 《画跋》 | 二 | 入清邹钟灵编《绘事睟编》。 |
| 62 | 《续画跋》 | 一 | 入清邹钟灵编《绘事睟编》。 |
| 63 | 《泛太湖游洞庭两山记》 | | 入明卓尔昌编《树萱居丛刊》。 |

| 序号 | 书 名 | 卷数 | 备 注 |
|---|---|---|---|
| 64 | 《书应生事》 |  | 《旧小说·戊集·金元明》，中国国家图书馆藏。 |
| 65 | 《史记短长说》 | 一 | 中国国家图书馆藏明万历刻本。 |
| 66 | 《笠泽游记》 | 不分卷 | 王世贞、李维桢等撰，中国国家图书馆藏明万历刻本。 |
| 67 | 《天宁寺塔放光记》 |  | 入《剪灯丛话》，中国国家图书馆藏明刻本。 |
| 68 | 《元主始末志》 | 一 | 入《中国少数民族古籍集成》。 |
| C |  |  | 他人编选王世贞著作 |
| 69 | 《弇州史料》 | 一百 | 董复表编，前集三十卷、后集七十卷。《前集》入《四库存目丛书》，前后集皆入《四库禁毁书丛刊》。 |
| 70 | 《凤洲笔记》 | 三十二 | 黄美中编选，笔记二十四卷，续集、后集皆四卷。入《胜朝遗事》二编、《四库存目丛书》。 |
| 71 | 《凤洲杂编》 | 六 | 入《纪录汇编》《丛书集成初编》《影印元明善本丛书》《笔记丛编》（台湾广文书局）、《历代笔记小说集成》。 |
| 72 | 《皇明人物考》 | 六 | 王世贞撰、焦竑。中国国家图书馆藏明万历三十六年（1608）重刻本。 |
| 73 | 《王凤洲尺牍》 | 二 | 王世贞撰、屠隆辑。中国国家图书馆藏明万历三十九年（1611）刻本。 |
| 74 | 《王副使集》 | 一 | 俞宪编，入《盛明百家诗前编》。 |
| 75 | 《续王副使集》 | 一 | 俞宪编。 |
| 76 | 《王元美先生文选》 | 二十六 | 王世贞撰、乔时敏辑，中国国家图书馆藏明万历四十三年（1615）刻本15册。 |
| 77 | 《凤洲文选》 | 八 | 入卜世昌辑《皇明八才子文选》。 |

续表

| 序号 | 书 名 | 卷数 | 备 注 |
|---|---|---|---|
| 78 | 《王凤洲集》 | 四 | 入赵南星辑《明十二家诗选》，万历序刊本。 |
| 79 | 《续王凤洲集》 | 二 | 入《盛明百家诗后编》。 |
| 80 | 《王凤洲诗》 | 一 | 入蓝庚生编《皇明四大家诗选》。 |
| 81 | 《王凤洲尺牍》 | 二 | 屠隆编。 |
| 82 | 《王弇州集》 | 四 | 入陈子龙编《明经世文编》。 |
| 83 | 《王弇州集》 | 二十 | 入张夏钟评选《明八大家文集》，康熙二十一年（1682）刊本。 |
| 84 | 《王弇州集》 | 二十 | 入张汝瑚评选《明十二家集》，康熙二十一年（1682）刊本。张汝瑚评选《明五家文集》、张汝瑚评选《明八大家文集》。 |
| 85 | 《王弇州诗》 | 一 | 入陈田《明诗纪事》。 |
| 86 | 《王弇州诗》 | 一 | 入清黄昌衢编《蓼照楼明二十四家诗定》。 |
| 87 | 《王世贞诗》 | 一 | 入俞宪编《盛明百家诗》后编。 |
| 88 | 《王弇州集》 | 一百一十五 | 入苏文韩编《皇明五先生文俊》。 |
| 89 | 《弇州集选》 | 六 | 入姚佺、孙枝蔚辑评《四杰诗选》。 |
| 90 | 《弇州稿选》 | 十六 | 不著撰人，《善本提要》著录。 |
| 91 | 《弇州文选》 | 四 | 入陆弘祚编《皇明十大家文选》。 |
| 92 | 《弇州山人续稿选》 | 三十八 | 顾起元编。 |
| 93 | 《弇州山人诗集》 | 五十二 | 入《明四子诗集》。 |
| 94 | 《王世贞诗》 | 一 | 入陈继儒编注、李士安补注《新刻陈眉公考正国朝七子诗集注》。 |
| 95 | 《弇州山人四部稿选》 | 十六 | 沈一贯编，万历二十年（1592）刻本，入《四库存目丛书》。 |

| 序号 | 书　名 | 卷数 | 备　注 |
|---|---|---|---|
| 96 | 《弇州山人文抄》 | 四 | 入陆弘祚校选《皇明十大家文选》。 |
| 97 | 《王元美文抄》 | 一 | 入明李宾辑《八代文抄》。 |
| 98 | 《弇州山人词》 | 一 | 入赵尊岳编《惜阴堂丛书》。 |
| 99 | 《弇州别集》 | | 入《稗统》。 |
| 100 | 《弇州摘芳》 | 三 | 入沈德潜《明诗别裁》。 |
| 101 | 《南北二鸣编》 | 二 | 李攀龙、王世贞著，张献翼校刻。《善本书提要》载北图藏此书。 |
| 102 | 《王弇州先生崇论》 | 八 | 入明李衷纯编《王郭两先生崇论》。 |
| 103 | 《皇明大家王弇州文抄》 | 一 | 朝鲜王朝编。 |
| 104 | 《茅鹿门王弇州二大家文抄》 | 一 | 朝鲜王朝编。 |
| 105 | 《玉茗堂摘评王弇州先生艳异编》 | 十二 | 题汤显祖评，入《续修四库全书》。 |
| 106 | 《重锲凤洲王先生文抄注释》 | 八 | 哈佛燕京图书馆藏明刻本。 |
| 107 | 《陈眉公订正觚不觚录》 | 一 | 王世贞撰、陈继儒订正。中国馆国家图书馆藏明刻本。 |
| 108 | 《二三场经济考》 | 六 | 王世贞辑、江旭奇补辑。中国馆国家图书馆藏明刻本。 |
| 109 | 《弇州山人续稿碑传》 | 八十 | 明人冯复京编选 |

续表

| 序号 | 书 名 | 卷数 | 备 注 |
|---|---|---|---|
| D | | 王世贞编选校点他人著作 | |
| 110 | 《苏长公外纪》 | 十 | 万历二十二年（1594）豫章珺氏燕石斋刊。 |
| 111 | 《苏东坡外纪》 | 十五 | 入明陈之坤编《宋四大家外纪》。 |
| 112 | 《调谑编》 | 一 | 苏轼撰、王世贞辑，入《八公游戏丛谈》。 |
| 113 | 《尺牍清裁》 | 六十 | 补遗一卷，增杨慎书而成，隆庆五年（1571）自刻。入《四库存目丛书》、王云五编《影印岫庐现藏罕传善本丛刊》。 |
| 114 | 《世说新语补》 | 二十 | 刘义庆撰、何良俊增、王世贞删定、王世懋批释、张文柱校注。《善本书提要》载美国国会图书馆藏万历刻本。入《四库存目丛书》。 |
| 115 | 《李卓吾批点世说新语补》 | 二十 | 刘义庆撰、何良俊增、王世贞删定、王世懋批释、李贽批点、张文柱校注。《善本书提要》载北大藏万历刻本。 |
| 116 | 《唐世说新语》 | 十三 | （唐）刘肃撰，王世贞校。 |
| 117 | 《古今法书苑》 | 七十六 | |
| 118 | 《王氏书苑》 | 十 | 郧阳原刊本，《书苑补益》12卷。《艺文志》《千顷堂书目》著录。入《四库存目丛书》。 |
| 119 | 《王氏画苑》 | 十 | 郧阳原刊本，《画苑补益》4卷。《艺文志》《千顷堂书目》著录，入《四库存目丛书》。 |
| 120 | 《乔庄简公集》 | 十 | |
| 121 | 《周叔夜先生集》 | 十一 | 周思兼著、王世贞选。《善本书提要》载美国国会图书馆藏万历刻本。 |
| 122 | 《己宽堂集》 | 四 | |
| 123 | 《王凤洲先生批选元稹长庆集》 | 九 | 《中国丛书综录补正》录入。 |

| 序号 | 书 名 | 卷数 | 备 注 |
|---|---|---|---|
| 124 | 《王凤洲先生校选白乐天长庆集》 | 二十二 | 《中国丛书综录补正》录入。 |
| 125 | 《读易纂》 | 五 | 卷首一卷，张元蒙著，王世贞等校。 |
| 126 | 《南华经注》 | 十六 | 郭象撰、林希逸释义、刘辰翁点校、王世贞评点、陈仁锡批注。 |
| 127 | 《新刊校正增补圆机活法诗学全书》 | 二十四 | 题王世贞校正、杨淙参阅、蒋先根重订。 |
| 128 | 《新刻重校增补圆机活法诗学全书》 | 二十四 | 明万历间刻本。王世贞校正、杨淙参阅、蒋先根重订。《善本书提要》载北大藏。 |
| 129 | 《宗先生子相文集》 | 十二 | |
| 130 | 《杜工部集》 | 二十 | 卷首一卷。杜甫撰，明王世贞、王慎中，（清）王士禛、邵长蘅、宋荦校。中国国家图书馆藏道光十四年刻本。 |
| 131 | 《骆丞集》 | 十 | |
| 132 | 《锲二王分类批点注释国朝垂世胪言》 | 七 | 王世贞选、王世懋注，中国国家图书馆藏明万历二十年（1592）刻本。 |
| 133 | 《明肃皇外史》 | 四十六 | 范守已撰、王世贞订讹。中国国家图书馆藏抄本。 |
| 134 | 《谢茂秦集》 | | 谢榛撰、王世贞辑。 |
| 135 | 《明诗选》 | 十二 | 李攀龙选、蒋一葵笺释、王世贞评。 |
| 136 | 《元本出相北西厢记》 | 二 | 王德信撰，王世贞、李贽评注、释义。 |
| 137 | 《曹子建集》 | | 曹植撰，李梦阳、王世贞等评。 |
| 138 | 《评林新锲甋甄洞稿文类》 | | 吴国伦、王世贞评。 |

| 序号 | 书 名 | 卷数 | 备 注 |
|------|-------|------|-------|
| 139 | 《古今翰苑琼琚》 | 十二 | 杨慎选、王世贞续选、孙矿评并参选、陈元秦等校。哈佛燕京图书馆藏明天启刊本。 |
| 140 | 《皇明宸藻》 | 一 | 杨慎选、王世贞续选、孙矿评并参选、陈元秦等校。哈佛燕京图书馆藏明天启刊本。 |
| 141 | 《孙子》 | 一 | 王世贞评释，入明天启元年（1621）刊《兵垣四编》。 |
| E | | | 王世贞存目著作 |
| 142 | 《天言汇录》 | 十 | 《四部稿》存序文，录太祖到神宗初年制语。《千顷堂书目》《艺文志》著录。 |
| 143 | 《弇山堂识小录》 | 十 | 《四部稿》存序文，即《丁戊小识》，《艺文志》《千顷堂书目》著录。 |
| 144 | 《明野史汇》 | 一百 | 《四部稿》存序文，《经籍志》《艺文志》《千顷堂书目》著录。 |
| 145 | 《少阳丛谈》 | 二十 | 《四部稿》存序文，《经籍志》《艺文志》《千顷堂书目》著录。 |
| 146 | 《古今谥法通纪》 | 三十 | 《四部稿》存序文，《别集》卷七十《谥法考序》提及此书。 |
| 147 | 《丁戊杂编》 | 八 | 《弇州史料》后集卷四十录其序文。 |
| 148 | 《纶音世贵录》 | | 载王世贞家族被赐敕、赐祭者40余人，《四部稿》录其序。 |
| 149 | 《戚武涛机》 | | 录功臣世家之兴亡事，《四部稿》《弇州史料》后集录其序文。 |
| 150 | 《毁论》 | 十（本） | 查慎行《人海记》提及。 |
| 151 | 《阉寺小记》 | 2 | 《弇州史料》后集存序文。 |
| 152 | 《秋官景行志》 | 2 | 《弇州史料》后集存序文。 |
| 153 | 《皇明名臣琬琰录》 | 110 | 《千顷堂书目》载其与杨预孙合著。 |

续 表

| 序号 | 书 名 | 卷数 | 备 注 |
|---|---|---|---|
| 154 | 《大狱招拟》 | | 《四部稿》存序文。 |
| 155 | 《四书文选》 | | 《四部稿》存序文，巡抚郧阳时，编选以供士子参阅。 |
| 156 | 《古今名园墅编》 | | 《续稿》存序文。 |
| 157 | 《凤洲笔苑》 | 八 | |
| 158 | 《汉末英雄传》 | 一 | |
| 159 | 《壬午诸赞》 | 二 | |
| 160 | 《死事诸赞》 | 三 | |
| 161 | 《琅琊法书摹迹集》 | 十 | 《续稿》卷四十四存序文。 |
| 162 | 《三吴妙墨》 | 二 | 《续稿》卷一百六十三存跋文。 |
| 163 | 《国朝名贤遗墨》 | 五 | 《续稿》卷一百六十三存跋文。 |
| 164 | 《续名贤遗墨》 | 一 | 《续稿》卷一百六十三存跋文。 |
| 165 | 《剑侠传》 | 二 | 杂取家藏说剑客事汇辑成书，《总目》著录提要。 |
| 166 | 《权幸录》 | | 《千顷堂书目》著录。 |
| 167 | 《朝野异闻》 | | 《千顷堂书目》著录。 |
| 168 | 《有明三吴楷法》 | | 《续稿》卷一百六十四存跋文。 |
| 169 | 《金虎集》 | 三十一 | 《四部稿》卷七十一存跋文。 |
| 170 | 《金虎别集》 | 六 | 《四部稿》卷七十一存跋文。 |
| 171 | 《幽忧集》 | 二 | 《四部稿》卷七十一存跋文。 |
| 172 | 《海岱集》 | 十二 | 《四部稿》卷七十一存跋文。 |

| 序号 | 书 名 | 卷数 | 备 注 |
|---|---|---|---|
| 173 | 《弇州再续稿》 | 十一 | 《千顷堂书目》著录。 |
| F | | | 他人伪托王世贞所作著作或存疑著作 |
| 174 | 《新刊翰林考正纲目批点音释少微节要通鉴大全》 | 二十 | 江贽撰、王世贞考订、胡宥校阅。另有总论1卷、首外纪2卷。 |
| 175 | 《纲鉴会纂》 | 六十九 | 题袁了凡、王凤洲合编。 |
| 176 | 《国朝纪要》 | 十 | 北图藏明刊本。 |
| 177 | 《通鉴笺注》 | 七十二 | |
| 178 | 《新刻明朝通纪会纂》 | 七 | 王世贞撰、王政敏订、王汝南补,入《四库禁毁书丛刊》。 |
| 179 | 《镌王凤洲先生会纂纲鉴历朝正史全编》 | 二十三 | 入《四库禁毁书丛刊》。 |
| 180 | 《增批历史纲鉴补注》 | 三十九 | 卷首一卷,王世贞、袁黄编纂,国家图书馆藏。 |
| 181 | 《星变志》 | 一 | |
| 182 | 《历史古镜》 | 三十 | 日本藏明刻本。 |
| 183 | 《新刻世史类编》 | 四十五 | 题李纯卿草创、谢迁补遗、王守仁核评、王世贞会纂、李槃增修。 |
| 184 | 《新刊凤洲先生签题性理精纂约义》 | 八 | 万历三十四年(1606)潭邑詹霖宇刻本,入《续修四库全书》。 |
| 185 | 《合锓纲鉴通纪今古合录注断论策题旨大全》 | 二十四 | |
| 186 | 《异物汇苑》 | 五 | 《四库总目》疑非王世贞作,入《四库存目丛书》。 |

| 序号 | 书 名 | 卷数 | 备 注 |
|---|---|---|---|
| 187 | 《汇书详注》 | 三十六 | 《艺文志》著录，入《四库存目丛书》《中国本草全书》。 |
| 188 | 《金瓶梅词话》 | 一百 | 现大多认为非王世贞作品。 |
| 189 | 《艳异编》 | 四十 | 又名《新镌玉茗堂批点王弇州先生艳异编》，王世贞编、玉茗堂批选。入《古本小说集成》《明清善本小说丛刊初编》（12卷）、春风文艺出版社编刊《明人编刊小说总集》（孙葆真点校）、《海外藏中国珍稀书系》。 |
| 190 | 《广艳异编》 | 三十五 | 王世贞编辑，印月轩主人汇次。 |
| 191 | 《续艳异编》 | 四十 | 王世贞撰、汤显祖评，入《明清善本小说丛刊初编》。 |
| 192 | 《弈问》 | 一 | 入《说郛续》、中国国家图书馆分馆编《中国历代围棋棋谱》。 |
| 193 | 《有象列仙全传》 | 九 | 入王云鹏编《中国民间信仰资料汇编》。 |
| 194 | 《列仙全传》 | 八 | 王世贞辑、汪云鹏补，入《中国古代版画丛刊》。 |
| 195 | 《博物异苑》 | 四 | |
| 196 | 《续文章规范百家注》 | 七 | 题邹守益批选、王世贞注。 |
| 197 | 《正续名世文宗》 | 十六 | 题王世贞辑、陈继儒注、钟惺增定。《善本书提要》载美国国会图书馆藏万历刻本，中国国家图书馆藏万历刻本。 |
| 198 | 《鸣凤记》 | 二 | 毛晋《六十种曲》等载系王氏作，但今人多论其非世贞作品，入《李卓吾评传奇五种》《醉怡情杂剧》《方来馆合选古今传奇》（玉茗堂主人点辑）、《三十二种曲》《古本戏曲丛刊初级》《续修四库全书》等。 |

# 附录二
# 征引与参考文献目录

　　本目录分两部分：一是中文目录，分为古籍史料、现代学术著作、期刊论文、学位论文四个模块，按著者姓名之汉语拼音排序进行列述，用"（）"注明其所在朝代，未注明者则是中国现当代人，涵盖中国大陆、香港特别行政区和中国台湾地区的学者。若是外国作者，则用"［］"注明其国别。其中之"朝鲜"，指朝鲜王朝（1392—1910）。同一作者有多种著作，按所选用版本著述的出版年份先后排序。二是外文目录，主要是日文与英文，日文按著者姓氏汉字笔顺排列，英文按著者姓氏字母排列。前述两部分，皆包括著者姓名、书名/文章标题、出版地点、出版社/杂志社、出版时间/发表时间等信息。

## 一、中文目录

### （一）古籍史料

（汉）班　固：《汉书》，北京：中华书局，1974年。

《朝鲜王朝实录》，汉城（今首尔）：韩国国史编纂委员会影印太白山本，1968年。

（宋）陈长方：《步里客谈》，《影印文渊阁四库全书》第1039册，上海：上海古籍出版社，1987年。

（明）陈继儒：《眉公杂著·见闻录》，《清代禁毁书丛刊》第一辑，台北：伟文图书出版社有限公司，1977年。

（元）陈　栎：《定宇集》，《影印文渊阁四库全书》第1205册，上海：上海古籍出版社，1987年。

（明）陈子龙等编：《明经世文编》，北京：中华书局，1962年。

（明）程三省等纂修：《万历上元县志》，刊地未详，铅印本，1948年。

（清）戴名世：《戴名世集》，王树民编校，北京：中华书局，1986年。

（明）方孝孺：《逊志斋集》，上海：商务印书馆，1936年。

（唐）房玄龄等：《晋书》，北京：中华书局，1974年。

（明）方岳贡修、（明）陈继儒纂：《崇祯松江府志》，北京：书目文献出版社影印《日本藏中国罕见地方志丛刊》，1991年。

（清）傅维鳞：《明书》，扬州：江苏广陵古籍刻印社，1988年。

（清）龚自珍：《龚自珍全集》，王佩诤点校，上海：上海古籍出版社，1999年。

（明）顾宪成：《顾端文公遗书》，《四库全书存目丛书》子部第14册，济南：齐鲁书社，1995年。

（清）顾炎武著，（清）黄汝成集释：《日知录集释》，栾保群、吕宗力点校，上海：上海古籍出版社，2006年。

（清）顾炎武：《顾亭林诗文集》，华忱之点校，北京：中华书局，1959年。

（清）顾炎武：《天下郡国利病书》，黄珅等校点，上海：上海古籍出版社，2012年。

（清）谷应泰：《明史纪事本末》，北京：中华书局，2015年。

（明）归有光：《震川集》，《影印文渊阁四库全书》第1289册，上海：上海古籍出版社，1987年。

（明）何良俊：《四友斋丛说》，北京：中华书局，1959年。

（明）何乔远：《名山藏》，张德信、商传、王熹点校，福州：福建人民出版社，2010年。

（明）何心隐：《何心隐集》，容肇祖整理，北京：中华书局，1960年。

（明）胡应麟：《少室山房集》，《影印文渊阁四库全书》第1290册，上海：上海古籍出版社，1987年。

（明）胡应麟：《少室山房笔丛》，上海：上海书店出版社，2009年。

（明）皇甫录：《近峰闻略》，《四

库全书存目丛书》子部第240册，济南：齐鲁书社，1995年。

（明）黄景昉：《国史唯疑》，陈士楷、熊德基点校，上海：上海古籍出版社，2002年。

（清）黄虞稷：《千顷堂书目》，《影印文渊阁四库全书》第676册，上海：上海古籍出版社，1987年；瞿凤起、潘景郑整理，上海：上海古籍出版社，1990年。

（明）黄宗羲：《黄宗羲全集》，吴光主编，杭州：浙江古籍出版社，2012年。

（清）江藩：《经解入门》，上海：华东师范大学出版社，2010年。

（明）焦竑编：《国朝献征录》，台北：台湾学生书局，1984年。

（明）焦竑：《玉堂丛语》，顾思点校，北京：中华书局，1981年。

（明）焦竑：《焦氏笔乘》，李剑雄点校，北京：中华书局，2013年。

（明）柯维骐：《宋史新编》，《续修四库全书》第308册，上海：上海古籍出版社，1996年。

（明）郎瑛：《七修类稿》，上海：上海书店出版社，2009年。

（明）雷礼：《内阁行实》，台北：台湾学生书局，1970年。

（清）李慈铭：《越缦堂读书记》，由云龙辑，本社重编，上海：上海书店出版社，2000年。

（明）李东阳等撰，（明）申时行等重修：《大明会典》，扬州：广陵印社影印本，2007年。

（明）李东阳：《李东阳集》，周寅宾、钱振民校点，长沙：岳麓书社，2008年。

（清）李绂：《穆堂初稿 穆堂别稿》，《续修四库全书》第1421—1422册，上海：上海古籍出版社，2002年。

（明）李攀龙：《沧溟先生集》，包敬第标校，上海：上海古籍出版社，2014年。

（明）李绍文：《皇明世说新语》，上海：上海古籍出版社，1996年。

（明）李维桢：《大泌山房集》，《四库全书存目丛书》集部第150—153册，济南：齐鲁书社，1997年。

（明）李　贤：《大明一统志》，北京：北京图书馆出版社，2009年。

（明）李　诩：《戒庵老人漫笔》，魏连科点校，北京：中华书局，1997年。

（朝鲜王朝）李玄锡：《游斋先生集》，韩国学中央研究院藏书阁藏朝鲜王朝木活字本，1715年。

（唐）李延寿：《北史》，北京：中华书局，1974年。

（明）李　贽：《李贽文集》，张建业主编，北京：社会科学文献出版社，2000年。

（宋）林駉：《古今源流至论》，《影印文渊阁四库全书》第942册，上海：上海古籍出版社，1987年。

（后晋）刘昫等撰：《旧唐书》，北京：中华书局，1975年。

（元）刘　因：《静修先生文集》，北京：中华书局，1985年。

（唐）刘知幾著，（清）浦起龙释：《史通通释》，王煦华整理，上海：上海古籍出版社，2009年。

（宋）陆九渊：《陆九渊集》，钟哲点校，北京：中华书局，1980年。

（明）陆　容：《菽园杂记》，佚之点校，北京：中华书局，1985年。

（清）陆世仪：《思辨录辑要》，《影印文渊阁四库全书》第724册，上海：上海古籍出版社，1987年。

（清）迈柱等监修，（清）夏力恕编纂：《湖广通志》，《影印文渊阁四库全书》第532册，上海：上海古籍出版社，1987年。

《明实录》，台北：中研院历史语言研究所影印本，1962年。

（清）缪荃孙：《艺风堂文漫存》，《清代诗文集汇编》第756册，上海：上海古籍出版社，2010年。

（宋）欧阳修撰，（宋）徐无党注：《新五代史》，北京：中华书局，1974年。

（清）潘柽章：《国史考异》，《续修四库全书》第452册，上海：上海古籍出版社，1996年。

（清）钱大昕：《嘉定钱大昕全集》（增订本），陈文和主编，南京：凤凰出版社，2016年。

（清）钱谦益：《国初群雄事略》，北京：中华书局，1982年。

（清）钱谦益：《牧斋初学集》，

（清）钱曾笺注，钱仲联标校，上海：上海古籍出版社，1985年。

（清）钱谦益：《牧斋有学集》，（清）钱曾笺注，钱仲联标校，上海：上海古籍出版社，1996年。

（清）钱谦益：《绛云楼题跋》，潘景郑辑校，上海：上海古籍出版社，2005年。

（清）钱谦益：《列朝诗集小传》，上海：上海古籍出版社，2008年。

（明）丘濬：《世史正纲》，朱逸辉等校注，海口：海南出版社，2005年。

（清）全祖望：《鲒埼亭集》，《续修四库全书》第1429册，上海：上海古籍出版社，2002年。

（清）邵晋涵：《南江书录》，《丛书集成续编》第2册，台北：新文丰出版公司，1988年。

（明）沈德符：《万历野获编》，北京：中华书局，1959年。

（明）沈节甫辑：《纪录汇编》，北京：中华全国图书馆缩微复制中心，1994年。

（梁）沈约：《宋书》，北京：中华书局，1974年。

（明）史仲彬：《世祖学士忠献公致身自序》，《中国史学丛书三编》第26册，台北：台湾学生书局影印本，1987年。

（宋）司马光：《资治通鉴》，北京：中华书局，2011年。

（汉）司马迁：《史记》，北京：中华书局，1959年。

（汉）司马迁著，［日］泷川资言考证，［日］水泽利忠校补：《史记会注考证附校补》，上海：上海古籍出版社，1986年。

（明）宋濂等：《元史》，北京：中华书局，1976年。

（清）孙承泽：《春明梦余录》，王剑英点校，北京：北京出版社，2018年。

（明）谈迁：《国榷》，张宗祥点校，北京：中华书局，1958年。

（清）谈迁：《枣林杂俎》，罗仲辉，胡明校点校，北京：中华书局，2006年。

（明）田雯：《古欢堂集》，《清代诗文集汇编》第138册，上海：上海古籍出版社，2010年。

（元）脱脱等：《宋史》，北京：

中华书局，1977年。

（清）万斯同：《万季野先生遗稿》，《丛书集成续编》第126册，上海：上海书店出版社，1994年。

（明）王鏊：《震泽长语》，《影印文渊阁四库全书》第867册，上海：上海古籍出版社，1987年。

（明）汪道昆：《太函集》，《四库全书存目丛书》集部第117—118册，济南：齐鲁书社，1995年。

（清）王夫之：《读通鉴论》，舒士彦点校，北京：中华书局，2013年。

（清）王鸿绪：《明史稿》，台北：文海出版社，1962年。

（清）王鸣盛：《十七史商榷》，黄曙辉点校，上海：上海古籍出版社，2013年。

（明）王世贞著，（明）董复表编：《弇州史料》，《四库禁毁书丛刊》史部第48—50册，北京：北京出版社，2000年。

（明）王世贞：《凤洲笔记》，北京大学图书馆藏黄美中刻本，明隆庆三年（1569）。

（明）王世贞：《国朝纪事》，明万历年间刊本。

（明）王世贞：《弇州山人四部稿》，台北：伟文图书出版有限公司，1976年。

（明）王世贞：《觚不觚录》，《丛书集成初编》第2811册，北京：中华书局排印本，1985年。另有《影印文渊阁四库全书》第1041册，上海：上海古籍出版社，1987年。

（明）王世贞：《弇山堂别集》，吴相湘主编，台北：台湾学生书局，1965年；魏连科点校，北京：中华书局，1985年。

（明）王世贞：《读书后》，《影印文渊阁四库全书》第1285册，上海：上海古籍出版社，1987年。

（明）王世贞：《弇州山人续稿》，《影印文渊阁四库全书》第1282—1284册，上海：上海古籍出版社，1987年。又见周骏富辑《明代传记丛刊·综录类》第150—154册，台北：明文书局影印本，1991年。

（明）王世贞：《嘉靖以来内阁首辅传》，北京：中华书局影印《丛书集成初编》本，1991年。

（明）王世贞：《凤洲杂编》，《纪录汇编》本，北京：中华全国图书馆缩微复制中心，1994年。

（明）王世贞：《名卿迹纪》，《纪录汇编》本，北京：中华全国图书馆缩微复制中心，1994年。

（明）王世贞：《弇州史料》，《四库禁毁书丛刊》史部第48—50册，北京：北京出版社，1997年。

（明）王世贞：《艺苑卮言》，陆洁栋、周明初批注，南京：凤凰出版社，2009年。

（明）王世贞：《艳异编》，《古本小说集成》第3辑第157—160册，上海：上海古籍出版社，2017年。

（清）王士禛：《居易录》，《影印文渊阁四库全书》第869册，上海：上海古籍出版社，1987年。

（明）王守仁：《王阳明全集》，吴光、钱明等编校，上海：上海古籍出版社，2015年。

（明）王廷相：《王廷相集》，王孝鱼点校，北京：中华书局，1989年。

（明）王锡爵：《王文肃公文集》，《四库禁毁书丛刊》集部第7—8册，北京：北京出版社，2000年。

（明）王　祎：《王祎集》，顾

庆余点校，杭州：浙江古籍出版社，2016年。

（清）汪由敦：《松泉集》，《影印文渊阁四库全书》第1328册，上海：上海古籍出版社，1987年。

（北齐）魏收：《魏书》，北京：中华书局，1974年。

（唐）魏徵等：《隋书》，北京：中华书局，1973年。

（清）夏　燮：《明通鉴》，沈仲九点校，北京：中华书局，2014年。

（梁）萧统编，（唐）李善注：《文选》，北京：中华书局，1977年。

（明）谢肇淛：《五杂组》，中华书局上海编辑所编辑，北京：中华书局，1959年。

（清）徐乾学：《明史列传》，《明代史籍汇刊》第17种，台北：台湾学生书局，1985年。

（清）徐乾学：《资治通鉴后编》，《影印文渊阁四库全书》第342—345册，上海：上海古籍出版社，1987年。

（明）徐树丕：《识小录》，台北：新兴书局影印本，1985年。

（明）徐学谟：《世庙识余录》，

北京：中华全国图书馆文献缩微复制中心，1991年。

（明）许自昌：《捧腹编》，《续修四库全书》第1273册，上海：上海古籍出版社，1996年。

（宋）薛居正等：《旧五代史》，北京：中华书局，1976年。

（明）杨　慎：《丹铅杂录》，北京：中华书局影印《丛书集成初编》本，1985年。

（明）杨　慎：《丹铅余录》，《影印文渊阁四库全书》第855册，上海：上海古籍出版社，1987年。

（清）叶德辉：《郎园读书志》，杨洪升点校，上海：上海古籍出版社，2010年。

（明）叶　盛：《水东日记》，魏中平点校，北京：中华书局，1980年。

（明）尹　直：《謇斋琐缀录》，《四库全书存目丛书》子部第239册，济南：齐鲁书社，1997年。

（清）永瑢等编：《四库全书总目》，北京：中华书局，1965年。

（明）余继登：《典故纪闻》，北京：中华书局，1981年。

（明）于慎行：《谷山笔尘》，吕景琳点校，北京：中华书局，1984年。

（清）俞正燮：《癸巳类稿》，上海：商务印书馆，1957年；《续修四库全书》第1159—1160册，上海：上海古籍出版社，1996年。

（明）袁了凡、（明）王凤洲合编：《纲鉴合编》，北京：中国书店影印本，1985年。

（清）查继佐：《罪惟录》，杭州：浙江古籍出版社，2012年。

（清）查慎行：《人海记》，北京：北京古籍出版社，1989年。

（明）张　岱：《琅嬛文集》，云告点校，长沙：岳麓书社，1985年。

（明）张　岱：《张岱诗文集》，夏咸淳校点，上海：上海古籍出版社，1991年。

（明）张　瀚：《松窗梦语》，盛冬铃点校，北京：中华书局，1985年。

（明）张居正：《张太岳先生文集》，上海：上海古籍出版社，1984年。

（清）张廷玉等：《明史》，北

京：中华书局，1974年。

（明）张萱：《西园存稿》，清康熙四年（1665）重修本。

（明）张萱：《西园闻见录》，邓之诚等整理，北平：哈佛燕京学社排印本，1940年。

（清）章学诚著，仓修良编注：《文史通义新编新注》，北京：商务印书馆，2017年。

（清）章学诚：《章学诚遗书》，北京：文物出版社，1985年。

（清）赵宏恩等监修、（清）黄之隽等编纂：《江南通志》，《影印文渊阁四库全书》第507—512册，上海：上海古籍出版社，1987年。

（清）赵翼：《廿二史札记校证》，王树民校证，北京：中华书局，2013年。

［韩］郑明基：《韩国野谈资料集成》，汉城（今首尔）：启明文化社，1992年。

（明）郑晓：《今言》，李致忠点校，北京：中华书局，1984年。

（明）郑晓：《吾学编》，《北京图书馆古籍珍本丛刊》第12册，北京：书目文献出版社影印本，1990年。

（明）周晖：《二续金陵琐事》，《笔记小说大观》第十六编第四册，台北：新兴书局有限公司影印本，1977年。

（清）周亮工：《书影》，上海：上海古籍出版社，1981年。

（清）周中孚：《郑堂读书记》，北京：中华书局，1993年。

（明）朱国桢：《涌幢小品》，中华书局上海编辑所编，北京：中华书局，1959年。

（明）朱国桢：《皇明史概》，台北：文海出版社影印崇祯年间刊本，1984年。另有广陵印社本，扬州：江苏广陵古籍刻印社，1992年。

（宋）朱熹，（宋）黎靖德编：《朱子语类》，王星贤点校，北京：中华书局，1992年。

（宋）朱熹：《朱子全书》（修订本），上海：上海古籍出版社；合肥：安徽教育出版社，2010年。

（宋）朱熹：《朱熹集》，郭齐、尹波点校，成都：四川教育出版社，1996年。

（清）朱彝尊：《曝书亭集》，《四部丛刊初编》集部第278—280册，上海：上海书店出版社，1989年。

（明）朱元璋：《洪武御制全书》，张德信、毛佩琦主编，合肥：黄山书社，1995年。

（战国）左丘明撰，（三国吴）韦昭注：《国语》，上海：上海古籍出版社，2015年。

## （二）现代学术著作

白寿彝：《中国史学史论集》，北京：中华书局，1999年。

包遵彭主编：《明史编纂考》，台北：台湾学生书局，1968年。

仓修良、魏得良：《中国古代史学史简编》，哈尔滨：黑龙江人民出版社，1983年。

仓修良：《史家·史籍·史学》，济南：山东教育出版社，2000年。

曹国庆、赵树贵、刘良群：《严嵩评传》，上海：上海社会科学院出版社，1989年。

柴德赓：《史学丛考》，北京：中华书局，2017年。

陈国球：《唐诗的传承：明代复古诗论研究》，台北：台湾学生书局，1990年。

陈其泰：《史学与民族精神》，北京：学苑出版社，1999年。

陈其泰：《史学与中国文化传统》，北京：学苑出版社，1999年。

陈登原：《古今典籍聚散考》，上海：上海书店出版社，1983年。

陈守实：《明史考证抉微》，台北：台湾学生书局，1968年。

陈万益：《晚明小品与明季文人生活》，台北：大安出版社，1997年。

［美］陈学霖：《史林漫识》，北京：中国友谊出版公司，2001年。

陈寅恪著，陈美延编：《陈寅恪集》，北京：生活·读书·新知三联书店，2011年。

杜乃济：《明代内阁制度》，台北：台湾商务印书馆，1980年。

杜维运等编：《中国史学论文选集》，台北：幼狮文化事业公司，1983年。

杜维运：《与西方史家论中国史学》，台北：东大图书有限公司，1981年。

杜维运：《清代史学与史家》，台北：东大图书公司，1984年。

杜维运：《中西古代史学比较》，台北：东大图书公司，1988年。

杜维运：《中国史学史》，台北：三民书局，1993年。

范文澜：《范文澜全集》，石家庄：河北教育出版社，2002年。

傅衣凌主编，杨国桢、陈支平著：《明史新编》，北京：人民出版社，1993年。

傅玉彰、傅正：《明清史学史》，合肥：安徽大学出版社，2003年。

高春媛：《黄佐生平及其史学》，高雄：台湾高雄文化出版社，1992年。

高国抗：《中国古代史学史概要》，广州：广东高等教育出版社，1985年。

葛剑雄：《往事和近事》，北京：生活·读书·新知三联书店，2007年。

葛荣晋主编：《中日实学史研究》，北京：中国社会科学出版社，1992年。

顾诚：《明朝没有沈万三：顾诚文

史札记》，北京：光明日报出版社，2012年。

怀效锋：《四朝政治风云》，成都：四川人民出版社，1988年。

怀效锋：《嘉靖专制政治与法制》，长沙：湖南教育出版社，1989年。

［美］黄仁宇：《赫逊河畔谈中国历史》，北京：生活·读书·新知三联书店，1992年。

［美］黄仁宇：《万历十五年》，北京：中华书局，2006年。

黄云眉：《明史考证》，北京：中华书局，1979—1986年。

黄云眉：《史学杂稿订存》，北京：商务印书馆，2018年。

黄彰健校勘：《明实录：附校勘记》，台北：中研院历史语言研究所影印本，1984年。

黄彰健：《明清史研究丛稿》，台北：台湾商务印书馆，1977年。

林庆彰：《明代考据学研究》，台北：台湾学生书局，1986年；上海：华东师范大学出版社，2015年。

林永钦：《骑墙孔子——冯道》，

台北：万象图书股份有限公司，1996年。

嵇文甫：《嵇文甫文集》，郑州：河南人民出版社，1990年。

姜德成：《徐阶与嘉隆政治》，天津：天津古籍出版社，2002年。

姜公韬：《王弇州的生平与著述》，《文史丛刊》第39种，台北：台湾大学出版社，1974年。

姜胜利：《清人明史学探研》，天津：南开大学出版社，1997年。

［韩］金学主、［韩］吴金成编：《明清人文集目录：韩国重要图书馆收藏》，汉城（今首尔）：学古房出版社，1988年。

金毓黻：《中国史学史》，上海：上海古籍出版社，2014年。

李文琪：《焦竑及其〈国史经籍志〉》，台北：汉美图书有限公司，1991年；台北：花木兰文化出版社，2007年。

李小林：《万历官修本朝正史研究》，天津：南开大学出版社，1999年。

李焯然：《明史散论》，台北：允晨文化事业股份有限公司，1987年。

李宗侗：《中国史学史》，北京：中华书局，2010年。

梁启超：《中国历史研究法》，北京：中华书局，2016年。

刘承幹编：《明史例案》，北京：文物出版社，1982年。

刘　节：《中国史学史稿》，郑州：中州古籍出版社，1982年；北京：商务印书馆，2020年。

柳诒徵：《柳诒徵史学论文集》，柳曾符、柳定生选编，上海：上海古籍出版社，1991年。

［美］牟复礼、［英］崔瑞德编：《剑桥中国明代史》，张书生、谢亮生等译，北京：中国社会科学出版社，1992年。

南炳文审定，李小林、李晟文主编：《明史研究备览》，天津：天津教育出版社，1988年。

南炳文、汤纲：《明史》，上海：上海人民出版社，2003年。

南开大学《中国历史与史学》编辑组编：《中国历史与史学——祝贺杨翼骧先生八十寿辰学术论文集》，北京：北京图书馆出版社，1997年。

［日］内藤湖南：《中国史学史》，马彪译，上海：上海古籍出版社，2008年。

钱茂伟：《明代史学编年考》，北京：中国文联出版社，2000年。

［日］内藤湖南：《明代史学的历程》，北京：社会科学文献出版社，2003年。

乔治忠、朱洪斌编著：《增订中国史学史资料编年：清代卷》，北京：商务印书馆，2013年。

乔治忠：《清朝官方史学研究》，台北：文津出版社，1994年。

瞿林东主编：《中国骄子　史学巨擘》，北京：龙门书局，1994年。

瞿林东：《中国史学散论》，长沙：湖南教育出版社，1992年。

瞿林东：《历史·现实·人生——史学的沉思》，杭州：浙江人民出版社，1994年。

瞿林东：《中国古代史学批评纵横》，北京：中华书局，1994年。

瞿林东：《中国史学史纲》，北京：北京出版社，2000年。

瞿林东：《瞿林东文集》，北京：北京师范大学出版社，2017年。

饶宗颐：《中国史学上之正统论》，北京：中华书局，2015年。

任冠文：《李贽史学思想研究》，桂林：广西师范大学出版社，2000年。

沈　津：《美国哈佛大学哈佛燕京图书馆中文善本书志》，上海：上海辞书出版社，1999年。

施廷镛编撰：《中国丛书综录续编》，北京：北京图书馆出版社，2003年。

孙学堂：《崇古理念的淡退——王世贞与十六世纪文学思想》，天津：天津古籍出版社，2004年。

谭天星：《明代内阁政治》，北京：中国社会科学出版社，1996年。

台湾"中央"图书馆编：《明人传记资料索引》，北京：中华书局，1987年。

王嘉川：《布衣与学术——胡应麟与中国学术史研究》，北京：商务印书馆，2005年。

王锦贵：《中国纪传体文献研究》，北京：北京大学出版社，1996年。

王其榘：《明代内阁制度史》，北

京：中华书局，1989年。

［美］汪荣祖：《史传通说——中西史学之比较》，北京：中华书局，1992年。

王天有：《明代国家机构研究》，北京：故宫出版社，2014年。

王重民：《中国善本书提要》，上海：上海古籍出版社，1983年。

韦庆远：《暮日耀光：张居正与明代中后期政局》，南京：江苏文艺出版社，2017年。

魏应麒：《国朝列卿记》，台北：成文出版社，1984年。

魏应麒：《中国史学史》，太原：山西人民出版社，2014年。

吴　晗：《读史札记》，北京：生活·读书·新知三联书店，1956年。

吴　晗：《江浙藏书家史略》，北京：中华书局，1981年。

吴　晗：《吴晗史学论著选集》，北京市历史学会主编，北京：人民出版社，1984—1988年。

吴怀祺主编：《中国史学思想通史》，合肥：黄山书社，2002年。

吴怀祺：《宋代史学思想史》，合肥：黄山书社，1992年。

吴　泽、杨翼骧主编：《中国历史大辞典·史学史》，上海：上海辞书出版社，1983年。

向燕南：《中国史学思想通史·明代卷》，黄山书社，2002年。

向燕南：《中国史学思想会通·明代史学思想卷》，福州：福建人民出版社，2018年。

肖黎主编：《中国历史学四十年，1949—1989》，北京：书目文献出版社，1989年。

谢贵安：《明实录研究》，台北：文津出版社，1995年。

谢国桢：《增订晚明史籍考》，上海：上海古籍出版社，1981年。

谢国桢：《明末清初的学风》，上海：上海书店出版社，2004年。

谢国桢：《明清笔记谈丛》，上海：上海书店出版社，2004年。

谢巍编撰：《中国历代人物年谱考录》，北京：中华书局，1992年。

许冠三：《大（活）史学答问》，台北：桂冠图书股份有限公司，1996年。

许建平编著：《王世贞书目类纂》，

南京：凤凰出版社，2012年。

徐朔方：《晚明曲家年谱》，杭州：浙江人民出版社，1993年。

阳海清编：《中国丛书广录》，武汉：湖北人民出版社，1999年。

杨伯峻译注：《孟子译注》，北京：中华书局，1988年。

杨艳秋：《明代史学探研》，北京：人民出版社，2005年。

杨翼骧：《学忍堂文集》，北京：中华书局，2002年。

杨翼骧编著，乔治忠、朱洪斌订补：《增订中国史学史资料编年：先秦至隋唐五代卷》，北京：商务印书馆，2013年。

杨翼骧：《增订中国史学史资料编年：宋辽金卷》，北京：商务印书馆，2013年。

杨翼骧：《增订中国史学史资料编年：元明卷》，北京：商务印书馆，2013年。

杨翼骧审订，乔治忠、姜胜利编著：《中国史学史研究述要》，天津：天津古籍出版社，1996年。

杨永安：《吴中四才子——祝允明之思想与史学》，香港：香港先锋出版社，1987年。

姚名达：《邵念鲁年谱》，上海：商务印书馆，1939年。

尹达主编：《中国史学发展史》，郑州：中州古籍出版社，1985年。

余英时、沈志佳编：《余英时文集》，桂林：广西师范大学出版社，2014年。

余英时：《士与中国文化》，上海：上海人民出版社，2003年。

余英时：《论戴震与章学诚：清代中期学术思想史研究》（增订本），北京：生活·读书·新知三联书店，2012年。

张大可、俞樟华等：《司马迁一家言》，西安：陕西人民出版社，1995年。

张显清、林金树：《明代政治史》，桂林：广西师范大学出版社，2003年。

张显清：《严嵩传》，合肥：黄山书社，1992年。

赵令扬：《明史论集》，香港：史学研究会，1975年。

赵令扬：《关于历代正统问题之争论》，香港：学津出版社，1976年。

赵　园：《明清之际士大夫研究》，北京：北京大学出版社，1999年。

郑克晟：《明清史探实》，北京：中国社会科学出版社，2001年。

郑克晟：《明代政争探源》，北京：故宫出版社，2014年。

郑利华：《王世贞年谱》，上海：复旦大学出版社，1993年。

郑利华：《王世贞研究》，上海：学林出版社，2002年。

郑樑生：《明史日本传正补》，台北：文史哲出版社，1981年。

郑樑生：《明代中日关系研究——以明史日本传所见几个问题为中心》，台北：文史哲出版社，1985年。

郑天挺主编：《明清史资料》，天津：天津人民出版社，1980—1981年。

中国科学院图书馆整理：《续修四库全书总目提要（稿本）》，济南：齐鲁书社，1996年。

中国社会科学院历史研究所明史研究室编：《中国近八十年明史论著目录》，南京：江苏人民出版社，1981年。

周少川：《中国史学思想通史·元代卷》，合肥：黄山书社，2002年。

朱东润：《张居正大传》，武汉：湖北人民出版社，1981年。

朱端强：《万斯同与〈明史〉修纂纪年》，北京：中华书局，2004年。

朱　星：《金瓶梅考证》，天津：百花文艺出版社，1980年。

## （三）期刊论文

鲍永军：《王世贞的史学思想》，《史学史研究》2001年3期。

鲍永军：《王世贞史学理论探析》，《杭州师范学院学报》（人文社会科学版）2001年第4期。

包遵彭：《王世贞及其史学——为弇山堂别集影印版作》，《新时代》（台湾）1965年第5卷第8期；另见《弇山堂别集》，吴相湘主编，台北：台湾学生书局，1965年。

仓修良、夏瑰琦：《明清时期"六经皆史"说的社会意义》，《历史研究》1983年第6期。

仓修良：《明代大史学家王世贞》，

《文献》1997年第2期。

［美］陈学霖：《明代宋史学——柯维骐〈宋史新编〉述评》，《明代人物与史料》，香港：中文大学出版社，2001年。

［美］陈学霖：：《〈明实录〉与明初史事研究》，载林徐典编《汉学研究之回顾与前瞻　下册：史学　哲学卷》，北京：中华书局，1995年。

陈作荣、赵毅：《王世贞与明代史学》，《长白论丛》1992年第2期。

葛兆光：《明代中后期的三股史学思潮》，《史学史研究》1985年第1期。

葛兆光：《明清之间中国史学思潮的变迁》，《北京大学学报》（哲学社会科学版）1985年第2期。

顾　诚：《王世贞的史学》，《明史研究论丛》（第2辑），南京：江苏人民出版社，1983年。

侯仁之：《王鸿绪明史列传残稿》，包遵彭主编：《明史编纂考》，台北：台湾学生书局，1968年。

黄文如：《弇州先生文学年表》，《文学年报》1938年4月第4期。

黄云眉：《明史编纂考略》，包遵彭主编《明史编纂考》，台北：台湾学生书局，1968年。

姜胜利：《明代野史述论》，《南开学报》（哲学社会科学版）1987年第2期。

姜胜利：《王世贞与〈史乘考误〉》，《海南大学学报》（社会科学版）1997年第2期。

李晋华：《明史纂修考》，参见包遵彭《明史编纂考》，台北：台湾学生书局，1968年。

李焯然：《明中叶的反传统思潮——吴中四才子与明代文人的自我追求》，见黄俊杰、［日］町田三郎主编：《东亚文化的探索：传统文化的发展》，台北：正中书局，1996年。

李焯然：《从〈鸣凤记〉谈到严嵩的评价问题》，收入氏著《明史散论》，台北：允晨文化事业股份有限公司，1991年。

钱茂伟：《弇州史学新探——从历史上对弇州史学的评价说起》，《论衡》（香港）1995年第2卷第1期。

钱茂伟：《论王世贞对理学化史学的批评》，《华东师范大学学报》（哲学社会科学版）2002年第5期。

钱　穆：《〈新亚学报〉发刊辞》，《新亚学报》1955年第1卷第1期。

商　传：《关于明太祖实录三修本的评价问题》，《文史》1987年总第28辑。

［美］苏均炜：《大学士严嵩新论》，载《明清史国际学术讨论会论文集》，天津：天津人民出版社，1982年。

孙卫国：《试论朝鲜李玄锡〈明史纲目〉之编撰、史源、刊行与评价》，《清华学报》（台湾）1997年第27卷第3期。

孙卫国：《论王世贞〈弇山堂别集〉对〈史记〉的模拟》，《南开学报》1998年第2期。

孙卫国：《清官修〈明史〉与王世贞》，《史学史研究》1999年第2期。

孙卫国：《试论王世贞的史学批评》，《纪念南开大学建校八十周年暨古籍所成立十六周年文史论集》，天津：南开大学出版社，1999年。

孙卫国：《钱谦益与王世贞》，《郑天挺先生百年诞辰纪念论文集》，北京：中华书局，2000年。

孙卫国：《试论王世贞的史学思想》（上、下），《大陆杂志》（台湾）2000年第101卷第6期；2001年第102卷第1期。

孙卫国：《王世贞明史研究之成就与特点》，《史学史研究》2004年第1期。

王和安：《〈嘉靖以来内阁首辅传〉之〈严嵩传〉研析》，《史汇》2004年第8期。

吴　晗：《清明上河图与〈金瓶梅〉的故事及其衍变——〈王世贞年谱〉附录之一》，《清华周刊》1931年第36卷第4、5期。

吴　晗：《谈迁与〈国榷〉》,（明）谈迁：《国榷》，张宗祥点校，北京：中华书局，1958年，"序"。

吴　晗：《记〈明实录〉》，载《吴晗史学论著选集》第二卷，北京：人民出版社，1986年。

［韩］吴金成：《朝鲜学者之明史研究》，录入"中国"韩国学研究会编《中韩关系史国际研讨会论文集》，台北，1983年。

吴振汉：《王世贞〈史乘考误〉所论嘉、隆之际史事考释》，《"中央"大学人文学报》（台湾）1998年总第17期。

吴智和：《何良俊的史学》，《明史研究专刊》第8期，台北：大立出版社，1985年。

吴智和：《朱国桢的史学》，《明史研究专刊》第8期，台北：大立出版社，1985年。

向燕南：《从"荣经陋史"到"六经皆史"——宋明经史关系说的演化及意义之探讨》，《史学理论研究》2001年第4期。

向燕南：《论王祎的史学思想》，《学术月刊》2002年第3期。

向燕南：《引领历史向善——方孝孺的正统论及其史学影响》，《齐鲁学刊》2004年第1期。

向燕南：《王世贞〈祝子罪知录序〉真伪考》，《中州学刊》2004年第3期，第87页。

谢贵安：《〈明实录〉修纂与明代政治斗争》，《武汉大学学报》（哲学社会科学版）1997年第1期。

徐　彬：《明代杰出史家王世贞》，

《文史知识》1997年第1期。

徐　彬：《论王世贞的考辨史学》，《史学史研究》2003年第4期。

杨文信：《浅论王世贞的当朝史著作》，《论衡》（香港）1994年第1卷第1期。

杨艳秋：《论明焦竑的史学思想——兼评其〈国史经籍志·史类〉》，《史学月刊》2002年第11期。

杨艳秋：《明代中后期私修当代史的繁兴及其原因》，《南都学坛》2003年第3期。

赵伯雄：《先秦"志"书考》，《古籍整理研究学刊》1990年增刊第1辑。

赵　园：《明清之际作为话题的"建文事件"》，《学人》第10辑，南京：江苏文艺出版社，1996年。

郑利华：《明代中叶吴中文人集团及其文化特征》，《上海大学学报》（社会科学版）1997年第2期。

朱仲玉：《明代福建史学家柯维骐和〈宋史新编〉》，《福建论坛》（文史哲版）1984年第1期。

## （四）学位论文

黄志民：《王世贞研究》，台湾政治大学博士学位论文，1976年。

姜公韬：《王弇州的生平与著述》，台湾大学硕士学位论文，1971年。

王　燕：《王世贞史学研究——简论明代中后期的私人修史》，苏州大学硕士学位论文，2003年。

夏素青：《论王世贞的史学》，南开大学硕士学位论文，1985年。

徐　彬：《王世贞史学研究》，北京师范大学硕士学位论文，1986年。

许建昆：《王世贞评传》，台湾东海大学硕士学位论文，1976年。

颜婉云：《王世贞〈艺苑卮言〉诗论研究》，香港大学硕士学位论文，1975年。

杨文信：《王世贞史学研究》，香港大学硕士学位论文，1992年。

# 二、外文目录

[日]内藤湖南：《内藤湖南全集》，东京：筑摩书房，1969年。

[日]内藤湖南：《支那史学史》，东京：弘文堂，1950年。

[日]桥本循：《王弇州の文章观と其文章》，《支那学》1921年第1卷第5号；《王世贞的文章观及其文章》，汪馥泉译，《青年界》1933年第4卷第4期，第105—121页。

[日]横田辉俊：《明代文人结社研究》，日本论说资料保存会编制《中国关系论说资料集》文学第12册，1975年。

Franke, Wolfgang（傅吾康），*An Introduction to the Sources of Ming History*（明代史籍汇考），Kuala Lumper: University of Malaya Press, 1968.

Goodrich, L.Carrington & Fang Chao-ying eds., *Dictionary of Ming Biography（1368-1644）*（明代名人传），New York and London：Columbia University Press, 1976.

Hammond, Kenneth John, "Beyond Archaism：Wang Shizhen and the

Legacy of the Northern Song," *Ming Studies*, No.36, 1996.

——: *History and Literati Culture: Towards and Intellectual Biography of Wang Shizhen（1526-1590）*, Ph.D.dissertation, Harvard University, 1994.

Huang,Ray,1587, *A Year of No Significance*.New Haven：Yale University Press, 1981.

Mote, Frederick, W.&Twitchett, Denis eds.,*The Cambridge History of China*, Volume 7, *The Ming Dynasty* （剑桥中国明代史）, Cambridge：Cambridge University Press, 1988.

Struve, Lynn A., *The Ming-Qing Conflict, 1619-1683: a Historiography and Source Guide*, Ann Arbor, Mich.：Pulished by the Association for Asian Studies, 1998.

Walter, Ann. "Tan Yang-tzu and Wang Shi-chen：Visionary and Bureaucrat in the Late Ming". *Late Imperial China*, 8, No.1.

# 后 记

　　本书是根据本人南开大学的博士论文修订而成的。1994年9月，我考上南开大学历史系的博士生，跟随杨翼骧先生在职攻读中国史学史专业博士学位。杨先生是中国著名的史学史专家，治学严谨，学识渊博。杨先生对学生要求严格，入学之时，鉴于史学史功底不厚，就给开列了《中国史学史专业入门阅读书目》。书目凡十一类，若海内外出版之《中国史学史》著作、中国史学史研究的工具书与资料编年、史学理论书目、目录学与目录学史著作、史学史有关论文集、史评与历史评论类著作、宋清人之史学考证著作、学术史著作、史家传记、年谱、重要史家的序跋与文集等等全都包览无遗（现经乔治忠、姜胜利等老师修订补充，成为南开大学史学史专业硕士、博士生的必读书目）。在第一学年内主要是阅读这些书籍并修完相关课程，当时，虽然杨先生已年逾七旬，依然亲自给我们讲授了中国史学史等课程。在读书的过程中选定自己的研究题目，第二学年开始论文的研究与写作。因为在硕士期间是跟随郑克晟先生学习明史的，本人对明史了解较为深入些，最终选定论文题目就是研究明代著名史家王世贞的史学。杨先生认为前人对王世贞大多注重其文学上的成就，对其史学研究不够，而明代史学向来不为学术界所重视，是一个值得认真探究的领域，因而肯定了我的选题。于是我就广泛搜集资料，并很快写出了大纲。

在开始正式研究的时候，我得到了一个去香港科技大学攻读博士学位的机会，但我十分犹豫，不敢向杨先生提及，担心杨先生不同意。过了一周以后，突然有一天杨先生托乔治忠老师传话来，让我去他家一趟。当我诚惶诚恐地坐在他面前时，他面带笑容地对我说："听说你收到了香港科大的录取通知书，机会难得，还是去吧。只是南开的学位也不要放弃，毕竟你已经花了一年半时间了，把论文写出来吧。"我哽咽无语，只是使劲点了点头。1996年元月，我去了香港科大人文学部，尽管科大的学习与工作十分紧张，而研究方向也并非史学史，但我始终牢记杨先生的话，一定不能辜负杨先生的期望。于是一边完成科大的学习任务，一边努力搜集王世贞的资料，并时常向杨先生写信汇报自己的进展情况及所遇到的问题。先生是每信必复，对我的问题不厌其烦地解答，并时常叮嘱我注意身体。终于又花了两年半时间，在1998年2月份，我把论文写完了。因为当时杨先生有好几位学生同时毕业，忙不过来，就请乔治忠老师协助指导。乔老师具体负责我的论文，他看稿十分细致，批改也极其认真，多方给予指导，使我获益良多，最后杨先生还亲自审查了一遍。1998年5月29日，在杨先生、施丁先生、罗澍伟先生、南炳文先生和乔治忠先生组成的答辩会上，我顺利通过了答辩，论文得到较高的评价。而论文评阅人施丁先生、瞿林东先生、吴怀祺先生、陈其泰先生、林金树先生在他们的学术评语中，也对论文给予了肯定。如今七年过去了，七年间虽然我还得顾及其他研究，但对王世贞史学的研究始终记挂于心，并尽可能地利用机会修改润色，力争使其更为完善些。

我深知学术研究并非只是与古人对话，更重要的是要与时贤交流。而所研究的问题，以往或多或少都有人涉猎，所以在撰写与修改过程中，始终将学术史的梳理放在首位。凡是征引了往哲时贤的论著与观点，不敢掠人之美；而有不同看法，亦不敢苟同迁就，皆一一注明。书中若就某些问题，与时贤有不同的看法，皆只就学术论学术，相信能得到相关学者的原谅与理解。

七年的时间虽不太长，但已经物是人非了。恩师杨翼骧先生于2003年2月22日与世长辞。先生一生，为人诚恳，以谦虚忍让为上，澹泊名利，宠辱不惊。西南联大时立下了专攻中国史学史的志向，从此一生不悔，不管境况如何，六十余年来始终孜孜以求，矢志不渝。1984年，杨先生创立了南开大学古籍所，并担任首任所长，又在南开大学创设了中国史学史的博士点，贡献良多。先生大作《中国史学史资料编年》《中国历史大辞典·史学史》《学忍堂文集》在中国史学史领域内，奠定了先生如山一般的地位。"高山仰止，景行行止"，先生山一样的品行、山一样的成就，永远是对我们弟子的鞭策，也将永远成为我们弟子师法的榜样。本书的出版，也算是对杨先生的一点纪念。杨先生第一位史学史专业方向的弟子叶振华教授也于2003年6月29日随杨先生去了。叶老师待人真诚，心地善良，乐于助人。博学多才，文笔优美。然天不予年，竟英年早逝！记得七年前我答辩之时，叶老师不辞辛劳，担当秘书工作，答辩后的次日，我就匆匆赶回香港，余下相关事宜皆由他处理。他毫无怨言，整理答辩记录、处理有关表格，有条不紊，一丝不苟。此书的出版，也算是对叶老师的一点纪念。

自从1988年9月进入南开大学，跟随郑克晟先生攻读明史硕士学位以来，郑克晟先生就一直对我关爱有加，1991年我研究生毕业后，将我留在古籍所工作，给我开展研究工作提供了一个较稳定的环境。十多年来他不仅关心我的学业，对我的生活也十分照顾。郑先生开朗豁达、澹泊名利、超然物外的品性，常常使我深受教益。乔治忠老师多年来不仅对我的学业帮助甚大，而且对我的生活亦予以无微不至的关心。在近来的修改中，乔老师一如既往地对我给予指导，去年10月他去日本作访问学者，但经常以电子邮件给我答疑解惑，在看完修改稿后，又从日本打来国际长途电话，一一指明书中的问题，细致到标点符号，时间长达近两个小时。此种细致严谨、尽心尽力，令我感激不尽。谨此致谢！

　　参与答辩会和论文评议的施丁先生、瞿林东先生、吴怀祺先生、陈其泰先生、林金树先生、罗澍伟先生、南炳文先生等也指教良多。施丁先生冒着酷暑，不辞辛劳从北京赶来天津，指导答辩，令我感激不尽。而高校古委会邀请两位专家匿名评审，提出了许多有益的修改意见，但至今我仍不知他们的尊姓大名。姜胜利老师将他的相关论著赠送给我，并从各方面给予帮助与指导。师兄封越健研究员尽管研究任务很重，还是抽空将书稿认真地读了一遍，提出不少有价值的修改意见。南开大学古籍所赵伯雄教授、邓安生教授等先生们对我的求学与研究工作也一直大力支持，赵老师对本书的修改亦提出了许多非常有用的建议。台湾汉学研究中心的耿立群教授寄来台湾相关论文，南开大学历史学院王晓欣教授提供最新出版的有关著作，扬州大学王嘉川教授也发来他研究胡应麟的书稿，古委会北京大学顾歆艺教授也帮助良多，南开大学历史学院资料室侯咏梅老师也多方给予帮助。近年来，因为对王世贞的共同关心，使我结识了美国新墨西哥州立大学历史系主任韩慕肯（Kenneth J.Hammond）教授和复旦大学的郑利华教授，他们都给予我很多的帮助。香港科技大学的老师们王心扬教授、吕宗力教授、甘德星教授对我的多方指导，使我开阔了眼界，完善了知识结构。对诸位先生与学友的关爱与帮助，谨此一并表示衷心的感谢！

最后，对我的家人多年来的体谅、理解与支持，予以衷心的谢意。家父、家母与岳父、岳母多年来一直协助我们照看孩子，料理家务，使我能全身心地投入研究。而内子绳建敏大夫对我的包容与理解，解除我的后顾之忧，更是我强有力的后盾。谨此致谢！

孙卫国

2005年4月11日于天津八里台南开园

# 修订版后记

　　本书初版于2006年，原书印数不多，早已买不到原著了，有不少学友敦促再版。今在谭徐锋先生的督促下，耗时数月，终于将本书修订完毕。1995年最初选定"王世贞史学研究"作博士论文选题之时，无论是对王世贞史学还是对明代史学的研究成果都相当有限。2006年本书初版之时，相关研究状况已有改观。而今又十四年过去了，围绕王世贞的研究成果相当丰富，学术环境大为改善。

　　首先是《王世贞全集》的整理，乃是由上海交通大学许建平教授主持的国家社科基金重大攻关项目，现已持续数年。由上海古籍出版社相继出版了点校本《弇山堂别集》《弇州山人四部稿》等，推进了王世贞著作的出版，为学术研究提供了更多的便利。与此同时，一系列与王世贞有关的学术专著也得以出版，如周颖《王世贞年谱长编》（上海：上海三联书店，2016年）、郦波《王世贞文学研究》（北京：中华书局，2011年）、汤宇星《弇山之石：王世贞与苏州文坛的艺术交游》（北京：中国美术学院出版社，2015年）、魏宏远《王世贞文学与文献研究》（上海：上海古籍出版社，2017年）等相继出版。再则，有一批博士与硕士毕业论文涉及王世贞研究，除了继续深化与拓展王世贞在文学领域成就之外，还有关于王世贞的书画鉴藏、园林实践与观念、《水程图》与大运河等方面的论文。对于王世贞的著述研究，也进一步深化，关于《弇州史料》《艺苑卮言》、王世贞著述序跋等都有专门的学位论文，王世贞研究得以全面深化。尽管如此，对于王世贞史学研究，虽不乏单篇学术论文就某些方面进行讨论，但全面讨论王世贞史学成就的论著与学位论文，则并未出现，本书依然是王世贞史学研究最为系统的著作。本书初版之时，本人正在境外访学，当时编辑甚至都没有让作者校对过一遍清样，印出来后书中错别字不少，相当遗憾，这样就更有修订重版的必要。

旧书新版是件令人高兴的事，说明此书还有一定价值，但毕竟已经过去了十几年，如果现在重新思考，在当下的学术背景下，一定会写出更好的著作。但要重新推倒重来，暂时又不大可能，故而原则上，本次修订在内容上未做大的变动，基本保持初版的架构，略加修订。主要做了以下工作：

第一，调整了章节的安排。初版将《绪论》作为第一章不妥，现将原来的六章改为《绪论》加上主体五章，使之更符合当今学术专著的体例。第二，全部查对了原始引文，校正了错别字，个别地方适当增添了少许内容。第三，初版书的注释是放在每章之后，阅读起来相当不便，现全部改为页下注，以利于正文阅读和理解。第四，调整了文末《参考文献目录》的排列体例，初版系以著者姓氏笔画排列，今改为两部分：一是中文目录，分为古籍史料、现代学术著作、期刊论文、学位论文四个模块，按著者姓名之汉语拼音排序进行列述。二是外文目录，主要是日文与英文，日文也是著者姓氏音序，英文是著者拼音顺序排列。使之符合当今大多数专著的体例。

如果不是谭徐锋先生的鼓励，此书恐怕暂时难以再版，特此致谢！南开大学史学理论及史学史研究中心博士生吴东铭同学给本书作了初校，相当用心，不少征引文献都采用了新的版本，也纠正了不少错误；袁昆仑同学也帮助提供了很多电子书籍。一并谨表谢忱。

书中可能还有这样那样的问题，则概由作者负责，并请读者诸君批评指教。

孙卫国

2020年8月18日

于南开津南校区